宏观经济学十二讲

中国情景

韩立岩　赵尚梅◎著

12 LECTURES ON MACROECONOMICS

CHINA'S SCENES

图书在版编目（CIP）数据

宏观经济学十二讲：中国情景 / 韩立岩，赵尚梅著. —北京：北京大学出版社，2022.1

ISBN 978-7-301-32694-7

Ⅰ. ①宏… Ⅱ. ①韩… ②赵… Ⅲ. ①宏观经济学 Ⅳ. ①F015

中国版本图书馆CIP数据核字(2021)第216342号

书　　名	宏观经济学十二讲：中国情景 HONGGUAN JINGJIXUE SHIER JIANG：ZHONGGUO QINGJING
著作责任者	韩立岩　赵尚梅　著
责任编辑	裴　蕾
标准书号	ISBN 978-7-301-32694-7
出版发行	北京大学出版社
地　　址	北京市海淀区成府路205号　100871
网　　址	http://www.pup.cn
电子信箱	em@pup.cn
新浪微博	@北京大学出版社　@北京大学出版社经管图书
电　　话	邮购部010-62752015　发行部010-62750672　编辑部010-62750667
印 刷 者	三河市博文印刷有限公司
经 销 者	新华书店
	720毫米×1020毫米　16开本　27印张　593千字
	2022年1月第1版　2022年1月第1次印刷
定　　价	79.00元

韩立岩和赵尚梅两位教授所著《宏观经济学十二讲：中国情景》是经过长期教学实践和悉心思考的好书。通读全书给你以清新和引发深入思考的感觉。

我一直以来教学和科研的领域是：时间维和空间维的国民经济核算、金融风险计量和管理、宏观经济学，其中宏观经济学是我思考和质疑比较多的学科。一个根本性的问题在于，如何给来自美国的宏观经济学以通常意义下的科学性和普适性的评价。

凯恩斯创立于1936年的宏观经济学在第二次世界大战以后通过麻省理工学院以萨缪尔森为代表的新古典综合派在美国发扬光大，进而走向世界很多国家，也在20世纪80年代以“西方经济学”的形式进入中国大学的课堂。40年来，美国学者宏观经济学的研究范式也影响着中国经济学和商学的研究，成为研究学术问题的规范。但也要看到，美国的宏观经济学研究一直呈现学派林立的现象。比较有影响的是所谓“咸水学派”和“淡水学派”，它们属于主流经济学派。实际上在美国和其他发达国家的大学里，还有很多具有其他思想形态的经济学家，但这些人通常并不十分为人所知。例如，后凯恩斯学派曾经是很有影响力的学派，但现在其影响力也日渐式微。同时，一些大的历史事件也使得一些非主流学派在短时间内兴盛起来。例如里根总统的经济政策使得供给学派成为美国政策思想的主流。2008年的次贷危机使得海曼·明斯基（Hyman Minsky）的金融不稳定理论成为时尚。2020年以来，美联储和美国财政部出台的眼花缭乱的货币、财政政策，也使得现代货币理论成为美国宏观政策新的理论基础。

如果我们把视角集中在美国，我们就很难讨论一般意义下的宏观经济学，而不涉及学派。因此，比较容易的方法是讨论对于美国政府宏观经济政策有较大影响力的理论派别，特别是在美国学术机构居于主导地位的学派，因为这些学派也是对中国的经济学教学和研究影响比较大的学派。因此，我们可以局限于讨论所谓的“咸水学派”和“淡水学派”。

美国价值观主导的美国式市场经济模式，经过第二次世界大战后数十年的发展，确实展现过资本主义世界的辉煌，也吸引了一些人。但是正如马克思所说，资本主义的商业周期规律和相对贫困化、绝对贫困化规律是不可避免的。这些构成了资本主义生产方式演进过程中所伴随的结构性问题。信息技术革命和经济全球化加剧了美国资本主义中的结构性问题，也让宏观经济政策由于短期化视野，而陷入危局不可自拔。对于美国经济中的这些问题，美国主流宏观经济学并没有给予足够的重视和研究，也没有获得具有实践意义的政策解决方案。

因此，我们要以客观的、历史的和辩证的观点认知所谓的现代宏观经济学的价值和局限性。特别要指出的是，马克思主义研究所指出的自由放任的市场经济将会出现周而复始的经济危机，也在过去一百多年的历史中不断得到证实。我们知道，马克思就亲身考察和研究过第一次全球性经济危机——1857 年的全球经济危机（见《危机论笔记》①)。

中国特色社会主义的建设与改革实践借鉴了包括宏观经济学在内的西方经济学的分析方法，形成了独具特色的富有中国文化思想的宏观经济学方法论和系统化政策。四十多年中国特色社会主义市场经济的实践证明了中国制度、中国道路和中国模式的成功。本书的十二讲内容结合中国在改革开放进程中对宏观经济政策的探索与实践，给出了具有中国情景支撑的对宏观经济学原理与政策手段的解读。这个工作是有意义的，对于学生和老师有参考价值和启发性。据此，我向读者推荐这本书，希望对于他们的学习、思考与探索有所帮助。

逻辑分析和实证检验是现代宏观经济学的研究方法论，其中以结构线性方程组形式出现的计量经济学模型发挥了重要作用。在时间序列和横截面数据的处理中，已经

---

① 马克思 . 危机论笔记 [M]// 马克思，恩格斯 . 马克思恩格斯全集：第 14 卷 . 北京：人民出版社，2013.

形成了有一定成效的庞大的模型库，也为经济学结论提供了统计意义上的支持。但是，如歌德所言，理论是灰色的，而生命之树常青。统计与计量经济学的推演仍然是局部的、不完全可靠的，受制于假设和变量设计的片面性。同时，多年以来在不同学科中兴起的因果分析方法，揭示了统计学中回归分析的局限性。在宏观经济学中应用科学的因果分析方法，真正探索宏观经济中的因果关系，并将其作为政策设计的基础还任重而道远。

重视调查研究和典型实验，然后由点及面，是中国改革实践的法宝。定量分析有参考价值，但是不能成为简单的教条。应当破除市场原教旨主义的迷信，相信实践的检验，采用定量与定性分析相结合的分析方法。我相信，在中国特色社会主义市场经济实践的进程中，中国学者一定会形成由中国特色社会主义实践支持的宏观经济学理论体系。

任若恩

2021 年 8 月

这是一本中级水平的宏观经济学教材。加上“中国情景”这样一个副标题，意为本书将更多地针对或者结合中国的宏观经济问题。

本书可以作为学习过“经济学原理”相关课程的本科，以及 MBA 等专业硕士学生的宏观经济学教材，尤其适合理工基础较好的经济学与管理学专业学生。当然，初学者直接阅读本书也没有问题，但他们遇到一些不熟悉的概念时需要查一查《经济学原理》等初级教材。

中国高校从 20 世纪 70 年代末开始以“西方经济学”的形式为经济学和管理学专业的大学生讲授以凯恩斯理论为基础的来自欧洲和美国的“宏观经济学”。目前，经济学专业领域已经形成大学本科阶段的“初级宏观经济学”（“经济学原理”）和“中级宏观经济学”，硕士和博士阶段的“高级宏观经济学”的教学模式；在理工类专业也普遍开设了与经济学相关的选修课程。第二次世界大战结束以后，发达经济体通行的主流经济学不断被中国高校学生学习。中国高校的老师们也结合中国国情对经典宏观经济学理论的缺陷开展理论与实证研究，以改进教学。现行经济学理论与现实的不断冲突正是吸引人们对其进行研究与探索的魅力之所在。

在二十多年的教学中，笔者不断思考与反思，总结自己的心得，整理学生的疑问，也发表了一些专题学术论文。我们在已有的国际主流经济学体系中加入了中国问题与我们的思考，形成了这本书。

本书的编写体现了如下理念：

第一，突出宏观经济学思维。宏观经济学是在欧美从自由资本主义进入垄断资本主义以后经济危机频现而最终爆发大萧条的背景下诞生的，与微观经济学的思维与方法论显著不同。如果说微观经济学是在理性人和资源稀缺的假设下寻求微观主体的最优目标，那么宏观经济学只能在相互制约的关系中妥协，寻求全社会的可持续发展与平衡。由于假设学生有“经济学原理”课程的先修基础，本书不再从主要框架和基本概念来组织叙述过程，而是以经济增长率、失业率和通货膨胀率三个指标的相互关系为主线，抓住难点和关键环节，展示宏观经济学的关键逻辑。我们特别设计了“货币与通货膨胀”“失业与通货膨胀”两讲，揭示在实现经济增长的过程中，降低失业率与控制通货膨胀的矛盾冲突，呈现宏观经济学的辩证思维，展现货币的本质与货币政策的两难选择。在“货币与通货膨胀”一讲中，我们着重从交易余额的角度阐述货币数量理论，从信息与资源的角度分析货币的非中性理论，厘清两个理论的差异，也从理论上说明了“保增长”与“控通胀”的冲突与协调。这就突出了中级宏观经济学的侧重点——建立宏观经济学思维，形成分析疑难问题的方法论。

第二，突出问题导向的发展路径。宏观经济学的主题总是“救急”的，或者是应急应景的，必须不断回应政策制定者的诉求，没有时间实现从容的优化过程。因此宏观经济学理论先在问题导向中形成理论观点，再进行逻辑构建与修补。我们在每一个主题上都体现了这个宏观经济学发展的历史逻辑，并特别针对中国情景，分析相关的知识点和理论点。提出问题和展现主要矛盾是宏观经济学思维的根本。

第三，突出宏观经济学分析方法。现实问题是多场景的交叉与时空的并行，如何抓住主要矛盾，从最简单的因果关系或者相关关系，形成变量体系的递进，是宏观经济学思维养成的最困难之处。创新的过程总是蜿蜒曲折的，但是叙述的过程却是简约明了的。如郑板桥诗云：“删繁就简三秋树，领异标新二月花。”宏观经济学在讨论与解决问题中发展，针对问题的症结形成概念创新与方法创新。我们在主要问题与理念的引入及讨论中突出创新的过程，突出经济变量删繁就简和模型体系形成的思考过程。出于不同的角度和价值观，宏观经济学是分流派的，而流派的本质区别在于方法论。我们在各讲展示了强调政府和强调市场这两个思路的冲突点，解释了新凯恩斯主义与新古典主义的历史逻辑，并在最后一讲对宏观经济学主要流派的价值观与方法论进行了总结。

第四，平衡长期问题与短期问题。1973年石油危机是一个分水岭。从第二次世界大战结束与布雷顿森林体系建立到石油危机爆发，机电一体化引导的传统制造业在国际贸易与国际金融的新秩序下发展到极致，发达经济体宏观经济管理的重点在于宏观经济的短期政策实施。石油危机标志着以信息技术与节能减排理念引领的新经济的开始，短期管理已经不“灵”了。宏观经济学的研究重点转向旨在实现可持续经济增长的理论问题。增长与就业的协调、促进就业与控制通货膨胀的冲突愈发凸显。凯恩斯的“长期我们都会死亡”的名言必须被打破。此后的宏观经济学教材大多开篇就介绍长期问题。中国改革开放正值世界范围内宏观经济学从关注短期向关注长期的转变之际，而建立市场经济体制所面临的主要矛盾正来自发展与资源的冲突、效率与公平的兼顾。本书在前半部分着重讨论增长、就业与通货膨胀的冲突与协调，并从理论上为后面的对宏观经济政策更为深入的讨论奠定基础。深入讨论货币需求与通货膨胀这对矛盾，自然要先介绍货币政策。而在引入财政政策之前则必须进一步阐述实体经济的需求原理与乘数原理。

经过改革开放后四十余年的快速发展，中国已经成为全球第二大经济体和第一大制造业与国际贸易国。从2013年起，中国经济进入“新常态”。实际上，我们已经开启了避免中等收入陷阱而成长为发达经济体的“新长征”。中国特色社会主义市场经济以公有制为主体，四十多年的改革开放已经形成独具中国特色的宏观经济调控之路。我们可以简单跟随或者复制的目标已经悄然遁去，接下来要自己向前探索了。经济与社会发展是如此，宏观经济学的发展更是如此。经典的宏观经济学理论已经不能满足中国发展的现实需要了，与产业升级中的研发与创新一样，中国特色的宏观经济学也要进行理论创新与发展。如何完善市场经济制度？如何完善市场交易机制？如何形成知识经济的创新能力？如何持续提升整个社会的劳动力素质？如何稳步消除贫富差距，实现社会和谐稳定发展？如何实现生产与生态环境的和谐互动？如何实现多方共赢、全球化并消除战争？对这些问题，从凯恩斯主义、货币主义到新古典主义和新凯恩斯主义，都没有现成的答案与思维框架。我们需要遵循“否定之否定”的认识轨迹，对人类已有经济学理论进行扬弃。我们年轻一代的学生面对的正是这样一个极富吸引力和挑战性的领域，我们要为他们的成长上好课。

充分体现课程思政的教学指导思想是本书的一个特色。第一，在宏观经济问题的分析中要贯彻马克思主义唯物辩证法的方法论，运用马克思主义哲学思想指导我们的思考与研究；分析问题的过程中坚持存在决定意识、物质决定精神、精神又反作用于物质、事物总是变化的且是普遍联系的等马克思主义基本观点与研究方法。第二，坚持马克思主义政治经济学和习近平新时代中国特色社会主义思想的基本观点，充分体现马克思主义的批判性思维，以批判的观点认识基于私有制的市场经济形态的痼疾，反思西方理论的弊病与局限性，突出中国特色社会主义形态的中国特色，这尤其体现于中国宏观经济政策的原创性探索与贡献。第三，坚定"四个自信"，突出中国共产党和中国政府在宏观经济调控中的人民至上的思想。人民的利益高于一切，一切为了人民。青年学生世界观的形成是在生活、学习和社会实践中一点一滴完成的，经济学则应在具体知识点和分析方法的教授中对学生进行潜移默化的教育。

我们衷心感谢郑海涛、喻雪莹、洪洁瑛、牟晖、金昊、李伟等老师友情录制精彩的小视频；衷心感谢（拼音为序）陈欣怡、侯建磊、姜雪、金佳宇、刘阳、马恺、祁梦超、孙振、王单、王文涛、吴优、徐扬等诸位博士为本书的研讨与写作所做出的贡献。同时，本书得到国家自然科学基金项目（71850007、71673020）的资助，在此表示感谢。

我们希望这是一个开始，我们和我们的教学小组会一直探索下去，答疑解惑，贡献新知识，为经济学的科学化发展不断努力。任何形式的批评，我们都真心欢迎。

韩立岩　赵尚梅
2021 年立春于北京

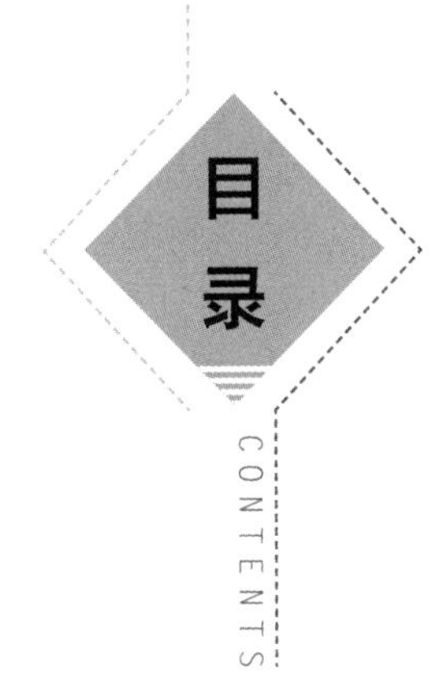

目录
CONTENTS

第1讲 宏观经济评价

如果说微观经济学是关于市场的经济学，那么宏观经济学就是关于政府的经济学。前者研究以价格形成为核心的市场运行机制，后者研究以国民收入分配为核心的政府调控机制。实际上，当市场通过充分竞争，组织形式与交易机制发展到高级阶段，从而出现垄断时，市场的运行与经济的发展就离不开政府了。

但是正如宏观经济学创始人约翰·凯恩斯（John Keynes）所言："政府的当务之急，不是要去做那些人们已经在做的事，无论结果是好一点还是坏一点；而是要去做那些迄今为止还根本不曾为人们付诸行动的事情。"① 用通俗的语言引申这一思想，就是市场能做的尽可能让市场去做，政府要保证市场稳定运行、良性循环，防止市场陷入崩溃。

① Keynes, J. M. The End of Laissez Faire [M]. London: Palgrave Macmillan, 1926.

1.1 来自生活的感受

我们生活在社会主义市场经济的环境中，每天也同时感受到政府的管理。在微观经济学的学习中，我们区分了私有品和公共品，我们知道公共品的生产和消费离不开政府的主导。政府要主持基础设施建设，发展交通和网络，为企业提供公平、安全和高效的发展环境；政府要推动环境立法，建立各个行业的治理“三废”和节能减排的标准，要执行食品与药品的质量监督，保障食品安全；政府要投资教育和基础研究，培育有利于技术创新和中小企业发展的经济生态；政府要救助弱势群体，执行救灾和减灾的应急预案。总之，政府要大力推动具有正外部性的产品和服务，降低企业生产的负外部性。

但是政府不能“包打天下”。政府取代了企业，市场就会消亡，经济就会萎缩。市场经济的本质在于对市场参与者的激励机制，调动所有人的积极性、主动性与创造性。政府既是市场的引导者和规范者，又是市场的服务者。政府要随时观察市场的“晴雨”与“情绪”，适时提出指导意见，并在必要时进行干预。

那么，我们如何认识与评价市场状态呢？我们需要简明的观察与评价指标。这就是评价宏观经济状态优良程度的三大指标。

1.2 三大指标

宏观经济三大指标直接来自我们的生活感受。

（1）财富水平

财富水平就是评价当前生活水平及其可持续性的国内生产总值（Gross Domestic Product，GDP）及其增长率。

目前的生产与服务如何？明天又会怎样？要衡量这些问题，就要用到所考察时间段的产出水平及其后续增长指标，该指标需要覆盖整个经济的各个行业。其中最重要的指标是经济增长率，也就是当年实际 GDP 相比去年同期实际 GDP 的增长率。当年实际 GDP 代表当前经济整体的生产量，也就是人们可以消费的产品与服务以及可以继续投资的总量。

经济增长率是一个人人都可以理解的简明指标。经济增长率是 3%、5%，还是 10%？对于某个增长率，人们满意还是不满意？不同发展阶段，人们有不同的心理尺度。一个具有后发优势的追赶型发展中经济体要有较高的经济增长率，才可能实现追赶。而发达经济体要探索新的增长点甚至新的发展模式，则只能保持较低的经济增长率。对于进入 21 世纪第三个 10 年的美国，要走出 2008 年金融危机的影响，要寻求产业新的发展点已非易事，若能达到 2%—3% 的增长水平，则可以算是经济繁荣了。欧洲和日本则可能长期停滞在经济的零增长状态。而作为世界第二大经济体的中国，在改革开放后，GDP 增长率先是在十多年中保持在 10% 以上，后是维持了五六年的 8%—9% 的较高速增长。1978—2014 年中国的 GDP 指数见图 1–1。

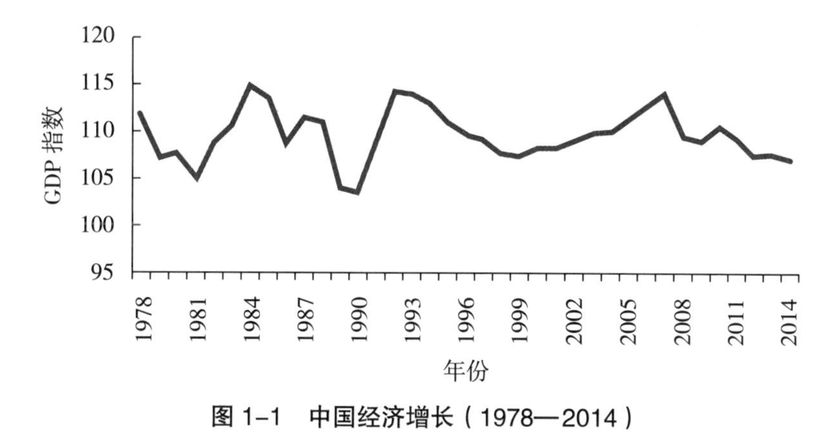

图 1–1　中国经济增长（1978—2014）

资料来源：国家统计局网站（http://data.stats.gov.cn/）。

经济增长的态势好不好，要看其发展趋势，即经济增长率保持在何种水平。评价趋势、评估增长性质要有一个时间概念，通常使用连续两个季度的水平。如果月经济增长率连续两个季度保持较高水平，则认为经济增长的态势良好；如果月经济增长率连续两个季度处于低迷状态，甚至停滞，则认为是经济衰退的迹象。

评价财富水平除了用经济总量，还可以用人均水平，即人均 GDP 及其增长率。

（2）就业水平

我们通常使用失业率来表示就业水平。就业水平决定了人民的基本生活水平，也决定了社会的安定。考虑到人们的职业转换和选择需要时间，一个经济体的失业率不可能为 0。因此，需要有一个合理的或者可以接受的失业率。这就是第 2 讲将要阐述的自然失业率。有趣的是，自然失业率是具体社会经济形态的产物，与社会福利水平和文化传统有关。

（3）物价水平

给定收入水平，物价的高低决定了货币的购买力，从而决定了人们的生活水平。我们常使用居民消费者价格指数（Consumer Price Index，CPI）来表示物价水平，并以其变化率来表示物价的变化率——通货膨胀率。CPI 表示的是居民主要消费的商品和服务的价格水平，其构成具有代表性，不同经济体的 CPI 覆盖的商品和服务从数百种到上千种不等。学者们将通货膨胀划分为温和通货膨胀、严重通货膨胀、恶性通货膨胀三类，其 CPI 变化率分别为 2%—5%、5%—10% 和 10% 以上。

1949—1978 年，中国实行中央政府负责的计划经济模式，其间物价与配给相配合，受到严格管理，因此物价几乎保持不变。1978 年以后，中国实行改革开放，恢复民间贸易，物价也不断变化。1984 年启动的工业经济体制改革将价格改革列为改革的第一关口。在从计划价格向市场价格过渡的进程中，产生了两次恶性通货膨胀。1987—1988 年，CPI 变化率为 11%—14%，这是第一次恶性通货膨胀。1993—1994 年，CPI 变化率高达 24.5%，这是第二次恶性通货膨胀。见图 1–2。这两段历史值得研究和回顾，特别是居民的心理转变和市场意识的形成，是经济学研究和经济政策评价的绝好素材。

评价宏观经济状态的三大指标：GDP 及经济增长率、失业率、通货膨胀率。GDP 代表财富水平；失业率刻画就业水平，而就业是一个家庭生活的根本保障；通货膨胀率表示物价水平的变动，反映了居民实际购买力的变化。

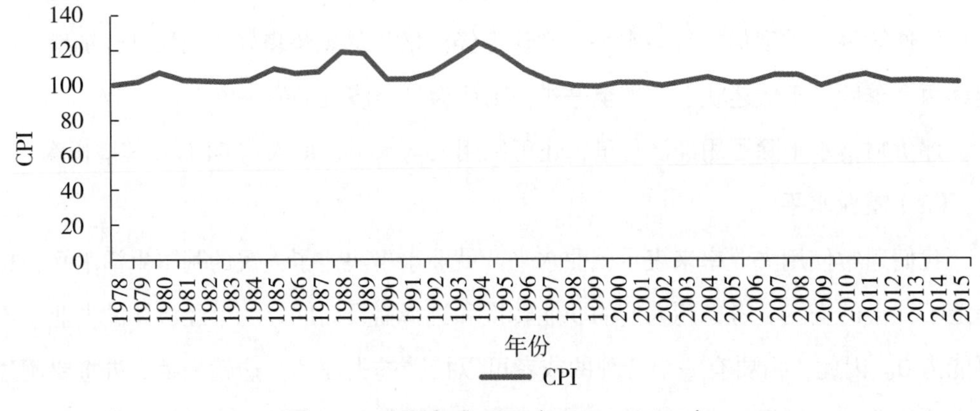

图 1–2　中国年度 CPI（1978—2015）

资料来源：国家统计局网站（http://data.stats.gov.cn/）。

1.3 四个部门和四种市场

宏观经济学考虑的是经济体的总体情况，因此，在研究中抽象地将经济系统的行为人归为四个部门，也相应地设定了四个市场。

刻画宏观经济系统行为人的四个部门分别为家庭、企业、政府和国外。进而，可构成两部门经济（家庭、企业），三部门经济（家庭、企业、政府），四部门经济（家庭、企业、政府、国外）。两部门经济侧重研究市场行为与其运行机制，是从微观经济学向宏观经济学的过渡。三部门经济侧重研究封闭环境下政府与市场的关系，分析政府实施的宏观经济政策的效果与适用市场条件。四部门经济则在开放的背景下研究国际贸易、国际金融、国际经济危机等相关问题，研究开放条件下的宏观经济政策。从两部门、三部门到四部门的递进式研究是宏观经济学研究的一般过程。

四个部门的行为人要在四个市场上从事生产、贸易、投资等基本经济活动。这就是产品市场、货币市场（金融市场）、劳动力市场和国际市场。讨论市场离不开价格。以上四个市场的第一信号就是价格，依次是产品市场的物价指数、货币市场的利率、劳动力市场的劳动工资率和国际市场的汇率。

宏观经济系统是四个市场交织运行的不确定系统，它比微观经济系统更为复杂，这也是宏观经济学的魅力所在。我们应该特别注意两点：第一，在每个市场，在其价格信号之下，行为人的行为是理性的。由于个体理性和对于未来预期的异质性，市场的宏观表现是不确定的。第二，市场之间存在交互影响。例如，产品市场的通货膨胀会使劳动力市场的劳动工资率上涨，进而两个市场价格上涨的信号会进一步传递到货币市场，利率有可能上升；这个信号会进一步作用于外汇市场，本币相对于外币有可能升值；这对于产品市场也会继续产生影响，由于单位本币能够兑换更多的外币，所以出口产品在外国市场的价格就会上升，这有可能会抑制出口，或者减少外部需求，这对于经济增长是一个负面的因素。

1.4 三个账户

家庭过日子需要算账，国家也不例外。一个经济体主要包含三个账户：私人账户、政府（公共部门）账户和国际收支账户。

（1）私人账户

私人账户比较家庭储蓄与企业投资。家庭总收入减去所得税得到可支配收入，再减去消费就得到储蓄。而企业的投资来自家庭储蓄，家庭储蓄减去企业投资的余额表示私人账户的平衡状态。当储蓄大于投资时，社会就有了剩余资金，可以用于其他领域。

（2）政府账户

政府账户比较税收收入与政府支出。当然政府还有其他收入，如国有资产收入，这部分收入在中国是一个不小的数额。但是为了理论分析的简洁性，我们仅考虑税收收入。如果税收收入大于政府支出，政府账户就有盈余，否则就是赤字。一般而言，家庭遵循量入为出的支出理念，而政府要满足巨大的公共需求，总是奉行量出为入。当税收不宜增加时，政府就需要从私人部门融资，即发行国债，有时政府还需要从国外借款。

（3）国际收支账户

在开放经济环境下，一个经济体对外的出口与进口的比较构成了最基本的国际收支状况。进口额等于出口额则实现了国际贸易平衡，出口额大于进口额等价于对外借款，而出口额小于进口额相当于从外部融资。再加上资本流动，情形更加复杂。出口是外汇流入，国外对本国投资也属于外汇流入；进口和对外投资构成外汇流出。此种现金流入与流出就是一般意义的国际收支。设想，若贸易盈余以外汇余额形式存在，其用途只能在国外，自然转换为对外投资，形成实物资产或者金融资产。如果在贸易盈余的情况下，同时流入的外国投资大于对外投资，就会形成外汇的净流入，那么中央银行就要发出依汇率等额的本国货币，这就同时形成了外汇储备和外汇占款。那么，外汇储备和外汇占款数额是多多益善的吗？进入 21 世纪，中国对美国的出口远远大于进口，美国对中国的投资也大于中国对美国的投资，形成了中国持有大额美国债权而美国承担对中国的大额债务的局面。这种状态可以长期持续下去吗？我们在国际经济部分将对此进行深入讨论。

为了更简洁地理解三个账户及其相互关系，我们给出国民收入恒等式。

以 Y 表示整个经济体的总产出，C 表示提供给家庭的消费品，I 表示提供给企业的资本，G 表示政府的支出，X 表示出口产品，M 表示进口产品。那么，产出的分解式如下：

$$Y=C+I+G+(X-M) \tag{1-1}$$

式（1–1）是产出的分解式，下面给出收入的分解式。设 Y 是总收入，C 是居民消费，S 是居民储蓄，T 是政府税收，有

$$Y=C+S+T \tag{1-2}$$

请注意，产出的总价值就是经济体的总收入，而资本的市场价值也就是经济体的总投资。于是，我们得到国民收入恒等式：

$$Y=C+I+G+(X-M)=C+S+T \tag{1-3}$$

国民收入恒等式具有广泛的应用。首先，我们可以通过国民收入恒等式表达三个账户的平衡状态。由式（1–3），我们有

$$(I-S)+(G-T)+(X-M)=0 \tag{1-4}$$

式（1–4）的第一项是私人账户，第二项是政府账户，第三项是国际收支账户。如果三个账户分别平衡，总体平衡自然实现。但是三个账户分别平衡不是总体平衡的必要条件。总体平衡时，如果其中一个账户不平衡，则一定有另外至少一个账户也不平衡。例如，如果财政赤字，即 $G-T>0$，则可以与 $I<S$ 配对，以实现平衡。目前中国账户的情形是，储蓄超过投资，而政府因赤字而发国债，贸易又是盈余，为美国提供债务融资。美国则保持财政赤字，私人储蓄不足，而对外举债。这种不平衡如果数额很大，能够长期持续吗？在国际经济部分我们将深入讨论。

由式（1–3），我们还可以讨论私人储蓄与国家储蓄问题，进而延伸到财政政策与货币政策的配合。

> 宏观经济系统价值核算由三个账户构成：私人账户、政府账户、国际收支账户。三个账户合在一起构成整体平衡。一个账户的失衡可以由另外两个账户的调整来弥补。

1.5 宏观经济政策

从 1871 年普法战争结束到 1914 年第一次世界大战爆发的四十余年间，资本主义经济从自由竞争演变为垄断形态。长期的矛盾积聚，终于爆发了 1929—1933 年的全球资本主义国家的经济大萧条。就美国而言，其最高的失业率达到 25%，GDP 减少了三分之一，其生产直到太平洋战争爆发的 1941 年才恢复到大萧条之前的水平。依照凯恩斯的宏观经济学理论，“自由放任”的市场经济形态终结了。政府必须在经济中有所作为，必须参与对经济运行的调控。凯恩斯还开出了增加公共支出的救急的短期“药方”。从那以后一直到 1973 年以美元为中心的布雷顿森林体系解体，发达经济体不断重复着“市场失灵找政府，政府失灵再反过来找市场”的循环。人们一直在探索政府参与市场的恰当形式。中国从 1978 年实行改革开放以来，也开始了对政府与市场关系的探索。

在全世界的实践探索和理论争鸣中，政府在市场经济中的常规行为已经规范为宏观经济政策，包括财政政策和货币政策。可以说“左手”财政与“右手”货币，共同调节着市场经济的走向。

财政政策手段包括收与支两个方面。具体实施的策略分为积极与紧缩两个类型。实施积极的财政政策就是减税或者增加政府支出，而实行紧缩的财政政策就是增税或者缩减政府支出。四十多年来，在中国经济高速发展中，积极的财政政策成为主流，以公共投资为主导的财政政策成为中国经济增长的重要动力。尤其是交通设施建设，中国在高速公路和高速铁路发展方面投入巨大，这为市场运行提供了极为重要的前提条件。

实施积极的财政政策应以政府债务负担适度为前提。1999 年推出的欧元体系建立了政府债务负担的国际标准，即当年财政赤字应低于 GDP 的 3%，国债余额应低于 GDP 的 60%。对于经济发达的欧洲国家，这是一个并不容易实现的标准。事实上，绝大多数欧洲国家的债务余额占 GDP 的比重远远高于上述标准，已经失去了实施积极财政政策的条件。

中国是为数不多的具有很大财政政策执行空间的经济体。只要不出现全局性的经济负增长，中国的政府债务水平就是安全的。从发达经济体的经验看，狭义政府负债率控制在 60% 以下，政府的信用就不会下降。

同时，我们还需要考虑养老金的代际平衡。一个简单的道理是：如果将人口分为每个时期的青年和老年，那么从生产的角度，总是当代青年赡养当代老年。从财务上讲，一个人在青年时期，要将收入一分为二，用于当前的消费和未来的养老。青年通过金融系统将储蓄下来的养老金借贷给企业用于生产或者借贷给私人用于消费，当青年进入老年后再将资金取出用于养老。因此，养老金增值的标准就是“跑赢”通货膨胀率，使得存入的钱在取出时具有没有贬损的购买力。但是，养老金的提取不足、投资失败，年老时经济体的生产率下降，都会造成养老的财务困境或者经济困境。目前对此类问题的学术研究和政策研究集中在养老金的代际平衡和对策上。

货币政策是最普遍使用的宏观经济政策，也是颇具争议的手段。货币政策指中央银行对在市场上发行的货币量的调节，常用的货币政策有“三大法宝”。

第一，公开市场操作。公开市场操作就是中央银行在商业银行间的国债市场上买卖国债，这是每天都在进行的业务，旨在实时调节流通的货币，进而影响银行信贷利率。

第二，调整基准利率。公开市场操作更多地以微调的形式影响短期利率，直接调整基准利率则是更有力的调节方式。在美国，美联储决定的联邦基金利率会辐射到美国货币市场，进而影响欧洲美元的伦敦银行间拆借利率（London Interbank Offered Rate，LIBOR）。中国的情景则更为独特，在改革开放进程中中国的利率经历了由完全计划管理逐渐转变为市场化管理的过程。1993 年《国务院关于金融体制改革的决定》中提出，中国利率改革的长远目标是：建立以市场资金供求为基础，以中央银行基准利率为调控核心，由市场资金供求决定各种利率水平的市场利率体系的市场利率管理体系。中国由此开启了漫长而稳健的利率市场化改革的进程。至 2014 年 7 月，中国实行的是半市场化的利率调整机制。中国人民银行直接确定一年期的存款利率和贷款利率，对商业银行，除了居民存款利率不超过 10% 的限定，商业银行拥有自主定价权。

第三，调整法定准备金率。更有力度而较少使用的方式是中央银行依法调整商业银行缴存在中央银行的法定准备金率。有趣的是，在外汇储备持续快速增长而引起外汇占款连续增人的 2007—2010 年间，中国人民银行以月度频率调整法定准备金率，其最高值甚至达到 21.5%。这个过程值得我们学习和思考。

中央银行运用“三大法宝”不断调节市场中的货币量，进而影响经济增长，管控通货膨胀。货币发行的经济学依据和“三大法宝”的作用机理，我们将在货币政策部分进一步讲解和讨论。

1.6 中国情景案例分析

本节通过典型案例说明中国宏观经济的特点。

案例 1-1：20 世纪 80 年代的价格改革“闯关”

为了保证工业化，1955 年中国实行粮食“统购统销”。此后直到 1978 年，中国实行了政府严格控制价格的计划经济体制，保持了城乡低物价和城镇低工资的经济形态。

但是，十几年不变的价格管理背离了市场经济法则，限制了供给发展。率先突破“坚冰”的是广州。1978 年 8 月，广州市政府决定将蔬菜购销的政府定价方式改为一定控制范围内的市场议价方式，很快市场供给改善，物价也在生产迅速增加后回落到一个稳定的区间。1978 年年底党的十一届三中全会以后，随着农村推行家庭联产承包责任制和工厂实行扩大企业经营自主权，市场供给显著增加，而固定的物价成为经济进一步搞活的瓶颈。价格的市场化改革成为第一道难关。中国的价格改革在“摸着石头过河”的策略下，走过了相对稳健的历程。1979—1984 年是价格改革的“前哨战”，重点是调整不合理的价格体系，提高农产品和基础工业原材料的价格。1985—1988 年是价格改革的“攻坚战”，分批次放开小商品价格和耐用消费品价格。此间计划价格标以红价签，允许适度浮动的指导价格标以蓝价签，放开交给市场决定的自由价格标以绿价签。据国家物价局计算，1978 年在社会商品零售总额中，国家定价占 97%，市场调节只占 3%；1984 年，红价签占 73.5%，蓝价签占 10.5%，绿价签占 16%；到了 1990 年，红价签占 29%，蓝价签占 17.2%，绿价签 53.8%。这个时期人们对于市场定价的认识经历了从抵触到习惯的过程，加上消费需求的释放，商业零售随着物价上涨一路上行，多次发生全国性抢购。

由于前期价格改革中没有出现大的社会问题，而且党的十三大提出“社会主义有计划商品经济的体制应该是计划与市场内在统一的体制”，1988 年年初曾经出现过一年内价格“闯关”的思路。同年 8 月通过的《关于价格、工资改革的初步方案》明确提出：除少数重要商品和劳务价格由国家管理外，绝大多数商品价格放开，由市场调节。但是，在供给仍然弱于需求的情形下，涨价预期推动了居民的消费热潮，一时银行的新增存款小于提款，1988年前三个季度的CPI增长率也高达16%。于是，有关部门决定放弃价格“闯关”的计划，转而实施调整与稳定的方针。“闯关”的失利主要在于生产能力没有跟上，大多数日用工业品市场并没有向非公领域开放，市场的竞争性结构还没有形成，供需缺口尚大。但是宣传和引导的效果已经达到，人们已经接受了物价要变动的经济生活的铁律。改革设计者和领导者们也意识到改革推进的稳健性的重要性。从此，改革的稳健性成为基调，在发展资本市场、建立商业银行体系、利率市场化、汇率市场化、人民币国际化甚至最为艰难的国有企业市场化改革的设计和推进中都成功贯彻了这个基本策略。这个思想具有深远的历史意义，它的出现远远早于东欧和苏联的“休克疗法”。东欧剧变、苏联解体的事实也证明了美国经济学家主张的以革命手段和“短痛”的理念实现经济市场化的思想是何等脱离现实。

在渐进开放价格和开放市场的进程中，国外直接投资进入中国，民间财富的创造力焕发出来。到了1993年，农副产品和日用工业品的市场供给能力迅速提高，尤其是冠以消费“新大件”的家用电器的供需达到平衡状态。此时正值1992年下半年开始的房地产泡沫所引起的改革开放以来最严重的通货膨胀，1994年全国CPI增长率高达24.1%。政府大力治理通货膨胀，财政上紧缩政府购买，货币上实施最为严厉的紧缩手段，除大幅度提高利率外，还创造性地实行了定期存款和国债保值补贴政策。三年期以上存款和国债的持有人到期结算时可以获得投资期间累计通货膨胀率高出累计利息率部分的财政补贴。在这样严重通货膨胀的形势下，居民的反应却相当平静，没有出现持续的商品抢购风潮。其原因在于，第一，供给能力上去了，市场供给充分，商品不断档；第二，人们已经有了价格波动的心理准备，而且收入和就业的增长提供了一定程度的保障。值得一提的是，1993年是中国现代经济和工业化的转折点，中国告别了“短缺经济”时代，迎来了需求决定供给的新时代。

案例1-2：20世纪90年代以来的国有企业改革

无论传统资本主义体系还是传统社会主义体系都不同程度地拥有国有资产和国有企业，都存在国有企业改革的问题。自1973年石油危机以来，伴随着经济全球化和金融危机的爆发，许多发达经济体都遇到国有企业私有化和金融企业国有化之间切换的难题。但是一个发展中的社会主义国家，如何为建立社会主义市场经济制度而实行国有企业改革，却是一个前无古人的课题。中国自1956年实行全行业社会主义改造以来，形成了全国范围的从工业、手工业到服务业的国有企业和集体企业体系，这些企业主导着中国经济的运行。纵观1949年中华人民共和国成立以来的发展历程，应当承认，面对工业化水平几乎可以忽略的历史起点，实行计划经济体制的工业发展道路是成功的。到1965年，历经三个五年计划的发展，中国已经建立了可以自主运行的工业体系。在此过程中国营企业发挥了重要作用。但是，以革命精神运行企业可以支撑企业的创立，而缺乏落实到劳动者个人的激励机制使得企业无法在创新中发展。1978年改革开放之后，企业重建针对超额绩效的奖金制度，激励机制的引入成为改革的动力。与安徽、四川农村实行“大包干”的改革同步，通过改革提高国营企业的经营效益也提上了日程。

国有企业在20世纪80年代以前称为国营企业，国有的意义在于市场经济条件下国家拥有资产，而企业实行法人经营。国有企业的改革经历了三个主要阶段。

第一阶段：1978—1985年，增强企业活力。

1978年10月，四川省率先在代表不同行业的6家国营企业试行“扩大企业经营自主权”改革，允许企业在年终完成计划以后提留少量利润作为企业的基金，并允许给职工发放少额奖金。经过4个月的成功试行，1979年2月中共四川省委制定了《关于扩大企业权利，加快生产建设步伐的试点意见》(简称“十四条”)。文件提出，要使企业拥有利润提留权、扩大再生产权、联合经营权、外汇分成权和灵活使用奖金权。将企业的责、权、利结合起来，兼顾国家、集体、个人三者利益，决定在100家企业中进行扩权试点。作为工业经济体制改革宣言，1984年党的十二届三中全会通过《中共中央关于经济体制改革的决定》，提出要“增强企业的活力，特别是增强全民所有制的大、中型企业的活力，是以城市为重点的整个经济体制改革的中心环节。”这个阶段的国有企业改革在指导思想上与农村推行家庭联产承包责任制和“大包干”管理模式如出一辙，旨在允许企业在完成国家计划之后通过自主经营获得额外利润，提高职工收入，增强企业发展能力。但是如何分清国家计划下拨的资源和市场获得的资源，分清给国家的劳动和为自己的劳动，又如何防止价格双轨制下的腐败呢？企业的长期发展能力如何靠短期激励形成？这确实是改革的难题。但是，此后7年的实践激发了企业职工的潜在能量，国有企业、集体企业和外资企业一起提高了供给能力和国家的综合实力，这些都说明了市场因素的正面作用。

第二阶段：1986—1998 年，市场化改造。

1986 年 12 月 5 日，国务院发布《关于深化企业改革增强企业活力的若干规定》。该规定提出“抓大放小”的国有企业改革新思路。全民所有制小型企业可积极试行租赁、承包经营；全民所有制大中型企业要实行多种形式的经营责任制；各地可以选择少数有条件的全民所有制大中型企业，进行股份制试点。此时，除乡镇集体企业、外国独资企业、中外合资企业和中外合作企业等独立企业法人外，政策已经允许在部分竞争性领域建立完全来自民间资本的私人企业。这就是说，国有企业与其他所有制企业并存发展，并且可以通过市场化手段将部分国有资产以股份的形式向民间资本转让，混合所有制经济形态产生了。很快，在竞争性产品市场，尽管市场规则还不健全，非公资本的效率优势得以凸显。国有企业退出竞争性领域而聚焦于具有长期发展价值的战略性和公共性领域成为自然的选择。

1990 年上海证券交易所和深圳证券交易所的设立成为中国现代资本市场发展的起点。沪深两市设立证券交易所的初衷就是配合国有资本逐步退出竞争性领域，面向全社会开放原国有资本的股权。中国证券市场走出了中国特色的发展路径，恰当地平衡了保证国有资本在战略领域的领导地位和引入民间资本增强发展活力之间的冲突。先是大中型国有企业的部分优质资产上市且上市部分的三分之一流通，而后在 2005 年实行上市资本的全流通改革，如此，稳妥地建立起现代资本市场。

第三阶段：1999 年至今，国有企业全面改革。

随着 1994 年社会主义市场经济体制改革的正式实施，市场化浪潮对国有企业的定位提出新的要求。

1999 年，政府决定保留少量关系国计民生和国防科技的战略性领域的大型国有企业，其余中小企业一律市场化。而重点国有企业也要逐步上市，实行国有资本控股的经营格局。1998 年全国国有企业总数为 792 万家，其中县级以上国有企业为 9.86 万家，而国有大中型工业企业为 6.47 万家。国有企业改革的主要模式是股份制改革：国有大中型企业采取股份制；国有大型企业采取集团公司控股上市公司的模式；国有中小企业则完全市场化，实行股份制或者股份合作制。

改革的难点在于裁减冗余职工。1998—2000 年，中国国有企业共有下岗职工 2137 万人：从地域分布看，下岗职工主要集中在老工业基地和经济欠发达地区，东北三省占 25%；从行业分布看，主要集中在煤炭、纺织、机械、军工等亏损行业。这是改革以来最为猛烈的社会冲击，政府配合企业采取了提前退休、买断工龄、低保救助和辅导再就业的措施，对于吸收下岗职工的企业给予税收减免。1999—2001年国有企业改革经历了最困难的时期。2001全年共有227万名国有企业下岗职工通过各种渠道实现了再就业，比上年减少133.7万人，再就业率为30.6%，比2000年下降4.8个百分点。2001年年底国有工业企业数量降至34530家。2013年国有工业企业数量为6831家，仅占工业企业总数的1.85%，一个国有企业领导的多元化所有制的经济生态形成。2015年年初，新一轮国有企业改革成为中国股市的热门概念，市场称2015年为国有企业改革的"落地年"。到2015年6月底，由国务院国有资产监督管理委员会所辖的居重点行业领先地位的中央国有企业数量为111家。

案例1-3：21世纪前10年的中国经济"新常态"

2013年中国经济进入"新常态"，这为宏观经济政策的目标与实施方式确定了新时期的主基调。"新常态"是习近平于2014年对于中国经济增长目标与模式的解读：一是从高速增长转为中高速增长，二是经济结构不断优化升级，三是从要素驱动、投资驱动转向创新驱动。

2008年国际金融危机是中国经济增长的转折点。此前中国经济增长保持了近十年的10%以上的水平。"十二五"期间中国已经将预期增长率调整到8%，2014年和2015年以及"十三五"期间更是调整到7%。国际金融危机后，世界经济需求增长减缓，中国制造业的产出水平已经能够完全满足世界需求，原有层次的增长已经缺乏国际动力。中国必须实施创新立国，必须走向技术前沿。因此，中国经济进入工业化的第三个阶段，以创新驱动产业升级和发展模式转型。进入21世纪，在"中国制造"走向世界的高潮中，中国已经提出"产业升级"的战略措施。十多年来，产业升级的理念和行动已经深入各个行业。但是相比"引进来、走出去"，创新更加艰苦，是一次真正意义上的"长征"。美国的产业升级给了我们许多经验和教训。今天，在"新经济形态"的理念下，产业升级被赋予两个根本性属性：信息化和环保化。在工业4.0的框架下，信息化又上升到数字经济环境下的智能化。这对制造业体系的发展提出了新的更高的要求。

在"新常态"阶段，中国经济与社会面临的第一个难点就是人口老龄化，而劳动力供给也跨过了"刘易斯拐点"，即劳动力总数从2012年开始进入下降状态，且下降速度逐渐加快。必须大力发展教育和科研，以创新性和智能化应对老龄化。

第二个难点是收入差距的调整。凯恩斯关于边际消费倾向递减的定律揭示了长期贫富悬殊导致消费需求增长乏力的规律。中国高收入群体与低收入群体的收入差距对于社会稳定和经济增长的影响不可忽视。

第三个难点是城镇化与新型工业化进程中技术人才的供给不足。新型工业化最主要的制约因素是人才缺乏，这需要从教育体制改革与教育水平提升两方面着手。这需要时间，但是“新常态”发展目标留给我们的时间并不充裕。

第四个难点是市场创新机制和企业创新能力的不足。中国的制造业奇迹是实施以出口加工为先导的跟随战略的结果。从前期的跟随到领先创造需要更大的智慧。人民的智慧、市场的智慧乃至国家的智慧来自教育与研究的长期积累、探索，以及对创新的激励。2007 年党的十七大报告中指出，国家发展战略的核心、提高综合国力的关键是提高自主创新能力，建设创新型国家。自此，创新型社会的理念改变着发展观，市场的激励机制也在建设之中。在这个攻坚阶段，市场化的推进、科研体制的改革、数千万事业编制科技人才的激励、金融发展都应该围绕和服务于创新型社会的建立。

目前中国发展的主要思路之一是挖掘改革红利。行政体制需要实施持续的深度改革，将加强市场在配置资源上的基础性地位与主要运行模式作为主攻方向，最大可能地提升行政管理效率和降低行政运行成本，实现服务性政府的改革目标。

“新常态”的内涵包含新一代工业革命的理念和方法论。中国应在环保化和智能化的标准下，对传统工业进行“互联网 +”全面改造，实现新型商业模式与服务型业态，以成为引领世界经济的新兴工业化经济体。作为国民经济根本的农业将在“新常态”下实现信息化意义下的现代化。每年数千万的农业人口向城市转移，为农业的集约化发展提供了前所未有的机遇与成长空间。中国的农业现代化模式创造了传统农业大国的新历史，也丰富了发展经济学理论。按照《国家新型城镇化规划（2021—2035）》，中国常住人口城镇化率突破 70%，中国将有约 4 亿人口生活在村镇并从事现代农业、手工业、旅游业，他们从事的将是生态化和智能化的精准农业。

1.7 经济史与经济学说史

与微观经济学不同的是，宏观经济学的每一个进展都对应着现实问题。不了解历史就无法理解宏观经济学的理念与逻辑。理解宏观经济学的一般理论需要理解世界现代经济史，而理解中国经济必须学习中国当代改革史。

宏观经济学是舶来品。1936年英国经济学家凯恩斯的《就业、利息和货币通论》（*The General Theory of Employment, Interest and Money*）的发表标志着现代宏观经济学的诞生。一开始，宏观经济学的关注点在于解释1929—1933年经济大萧条的起因与对策。凯恩斯提出了需求创造供给的观点，发现了边际消费倾向递减的规律，提出了政府通过宏观经济政策调控经济的主张。1944年产生了奠定第二次世界大战胜利后国际经济秩序的布雷顿森林体系、国际货币基金组织（International Monetary Fund，IMF）和世界银行（World Bank），诞生了推动贸易自由化的“关税及贸易总协定”（General Agreement on Tariffs and Trade），美国提出了为宏观经济政策提供法律依据的《1946年就业法》（Employment Act of 1946）。自20世纪60年代末，随着德国和日本制造业的兴起，美国制造业的世界市场份额不断被蚕食，加上美国陷入越南战争的泥潭，国内财政与国际收支趋于恶化，美元与黄金的固定兑换已经难以为继。1971年美元与黄金脱钩，1973年美元与主要工业化国家货币的固定汇率体制瓦解，布雷顿森林体系告终。随即，1973年石油危机爆发，美国制造业开始向外转移，高新技术创新与新经济模式开启。此时，货币学派、新古典经济增长理论、理性预期学派、供给学派相继向凯恩斯主义发起挑战。在20世纪60年代开启的技术创新和中小企业创业的持续推动下，传统经济周期的规律被打破，于是很快诞生了对此做出理论解释的真实周期理论。为了支撑美国经济转型、保持美元的国际主导地位，金融自由化思潮从欧美走向发展中经济体，世界资本市场体系开启了新航程。直到以出口加工为发展战略的中国制造业兴起和美国经济向服务化转变，经济全球化和金融国际化成为世界经济的主流，互联网、智能化和环保化成为世界经济新形态的特征。但是，美国贸易逆差的长期高企，特别是美国投资银行金融创新的失控、世界范围金融泡沫的膨胀和金融系统性风险的冲高，终于导致了2008年全球金融危机，世界经济经历了长达8年的低位调整。对此，宏观经济学的新古典主义和新凯恩斯主义展开了新的争论。

宏观经济学是整个经济学科的理论基础，并衍生出国际经济学、发展经济学、劳动经济学、环境经济学、金融经济学、贸易经济学、货币经济学、能源经济学等现代经济学的主要分支。

要结合中国国情，我们还要学习和理解 1978 年以来中国改革开放的发展史与历史逻辑。从 1949 年到 1966 年的 17 年是以社会主义经济建设为主、以计划经济为发展模式的生气勃勃的 17 年，奠定了中国制造业的基础。为突破激励机制的长期缺失和经济体制的长期僵化，1978 年中国开始了史无前例的从计划经济体制向社会主义市场经济体制转型的“长征”。在农村实施家庭联产承包责任制，在企业实行扩大经营自主权和多劳多得的奖金制度，短短两三年市场供给大为改善。因此，必须放开市场流通，促进生产与供给的持续提升。这就有了计划指导下的社会主义商品经济的概念和允许个体和私人经济进入流通行业的改革举措。与之相适应，必须放开部分价格，于是就有了社会主义市场经济价值规律的理论创新和价格改革“闯关”的壮举。此间实施了价格双轨制和红蓝绿三种价签模式，实现了计划价格、浮动价格和自由价格的并存与逐步动态演化。随之，经过 1988 年价格“闯关”的尝试和后来价格市场化的渐进实施，反映供需关系的市场价格机制建立起来了。随后，1990 年中国证券市场建立。1995 年中国开始银行商业化改革。1998 年国有企业改革的启动标志着第二次“闯关”，其难度之大前所未有。

中国社会主义市场经济体制的建立经历了一个渐进的过程。1982 年，党的十二大正式提出“计划经济为主，市场经济为辅”的观点。1984 年，党的十二届三中全会提出“社会主义经济是公有制基础上的有计划的商品经济”的观点。1987 年，党的十三大明确了“社会主义有计划商品经济的体制应该是计划与市场内在统一的体制”的思想。1992 年党的十四大最终提出建立社会主义市场经济的改革目标。

中国宏观经济政策的运行模式也经历了渐进发展的过程。1993 年党的十四届三中全会决议通过《中共中央关于建立社会主义市场经济体制若干问题的决定》，明确了“社会主义市场经济必须有健全的宏观调控体系”的思想，指出宏观调控的主要任务和货币政策与财政政策的目标。宏观调控的主要任务是：保持经济总量的基本平衡，促进经济结构的优化，引导国民经济持续、快速、健康发展，推动社会全面进步；货币政策与财政政策的目标是：调节社会总需求与总供给的基本平衡，并与产业政策相配合，促进国民经济和社会的协调发展。后面内容，在讨论货币政策和财政政策的时候，我们将在介绍西方理论的同时，重点介绍中国宏观经济政策的特色。

小结

本讲介绍了宏观经济状态与宏观经济政策的基本框架。宏观经济学是政府调节市场的理论与政策，其核心是保证市场的良性循环与经济的持续发展。理论与政策的出发点是评价宏观经济运行的三大指标：GDP 及经济增长率、失业率和通货膨胀率，以及私人、政府与国际收支三个账户。宏观经济分析的基本内容包括：家庭、企业、政府和国外组成的四个部门，以及产品、货币、劳动力、国际四类市场。政府的调控体现为财政政策和货币政策，而其实施是有条件的。更深入的内容将在以后各讲展开。

思政教学要点

1. 中国特色社会主义市场经济与资本主义市场经济的根本区别在于，中国是以生产资料公有制为基础的。人民利益高于一切，共同富裕是中国特色社会主义市场经济的根本原则。公有制下，政府的宏观经济政策要充分反映人民的意志与根本利益，这也使得政府能够有效调动公共资源，有效实施政策。

2. 充分体现马克思主义唯物辩证法的方法论。事物是普遍联系的、相互关联的。解释宏观经济三大指标在实际运行中表现出的相互作用与联系；理解任何概念与概念之间的联系都具有时间属性，需要不断迭代、演化，体现“否定之否定”的规律。

3. 经济学理论不是简单的教条，要结合经济发展阶段的特殊性，要以相对真理的发展规律批判地借鉴西方经济学的观点。中国要提炼适合自身特点的可行的经济规律。

扩展阅读

1. 中共中央党校 . 习近平新时代中国特色社会主义思想基本问题 [M]. 北京：人民出版社，2020.

2. 吴敬琏 . 改革大道行思录 [M]. 北京：商务印书馆，2017.

3. 林毅夫 . 解读中国经济 [M]. 北京：北京大学出版社，2018.

重点概念

宏观经济学；国内生产总值；经济增长；失业率；通货膨胀；国民收入恒等式；

宏观经济政策；货币政策；财政政策；中国改革开放

习 题

一、选择题（在以下四个选项中选择一个最合适的）

1. 微观经济学与宏观经济学最重要的区别是（　　）。

A. 微观经济学是个体，而宏观经济学是总体

B. 微观经济学研究市场，而宏观经济学研究政府

C. 微观经济学聚焦定价机制，而宏观经济学聚焦国民收入分配

D. 微观经济学强调优化，而宏观经济学强调平衡

2. 经济增长可持续的含义包括（　　）。

A. 通货膨胀可以维持

B. 良好环境可持续

C. 经济增长率保持高速

D. 实现零失业

3. 利率是货币市场的价格，其含义是（　　）。

A. 利率是货币供需平衡的结果

B. 利率是货币政策的工具

C. 利率变动影响投资

D. 利率变动影响金融

4. 经济增长的最佳定义是（　　）。

A. 投资和资本量的增加

B. 由于要素供给增加或生产率提高而使潜在的国民收入有所提高

C. 实际国民收入在现有水平上有所提高

D. 人均货币收入的增加

5. 国民经济账户的意义在于（　　）。

A. 反映国民经济的平衡或者失衡程度

B. 提供经济运行的战略信息

C. 评价宏观经济政策的综合效果

D. 以上都有

二、问答题

1. 简述微观经济学与宏观经济学的主要区别与联系。

2. 中国 1987 年的百分之十几的通货膨胀率导致抢购，而 1994 年的百分之二十几的通货膨胀率却没有引起市场的剧烈反应，原因何在？

3. 当政府出现财政赤字时，弥补的主要手段是什么？

4. 如何认识与评价中国经济自 2013 年开始的“新常态”？

5. 合理的通货膨胀率是多少？有经济发展阶段的差异吗？

6. 如何理解自然失业率的国别差异？

7. 欧元区宏观经济政策的主要手段是什么？走出 2009 年开始的欧债危机的难点是什么？

8. 如何理解中国经济高质量发展的新动能？

请扫描上方二维码

观看“迷你课程视频”

第2讲

三大指标的内涵与关联

描述宏观经济状态的三大指标抓住了宏观经济形势的核心，是对政府管理绩效的评价，也是人民对生活最直接的感受。但是，三大指标不是相互独立的，这就有了奥肯定律和菲利普斯曲线。我们应该辩证地认识三大指标的相互关联以及宏观经济政策的矛盾性与实施难点。

2.1 产出统计

国内生产总值（GDP）指一个国家在一年内生产的所有最终产品和服务的市场总价值。它是核算国民经济活动的核心指标，也是衡量一个国家或地区经济发展状况的重要依据。在对 GDP 概念的理解过程中，要明确以下三个要点：

第一，GDP 衡量最终产品的价值。这包括两方面的含义：所有中间产品（原料、半成品等）均不能计算在内，否则会产生重复计算的问题；GDP 衡量的是一定时期内的流量，而不是某一时点上的存量。

第二，GDP 指由市场活动产生的价值，即 GDP 是一个价值的概念，所有的最终产品和服务都要通过货币进行衡量，因此，如家务劳动等未得到报酬的非市场活动均不计入 GDP 核算中。

第三，GDP 指一定时期内生产的最终产品和劳务，而不是销售出去的能够转化为可流通财富的产品和劳务。

在明确 GDP 的基本概念之后，本节主要介绍 GDP 的三种核算方法：生产法、支出法和收入法。三种核算方法从不同的角度计算 GDP：生产法从得到增加值的角度，收入法从生产过程形成收入的角度，支出法从生产活动成果最终使用的角度。尽管上述三种方法对 GDP 的核算角度不同，但是在不考虑统计误差的前提下，理论上它们计算所得到的数据是相同的。原因有两点：第一，由于交易均涉及买方和卖方，所以卖方销售最终产品和服务的收入一定等于买方购买最终产品和服务的支出；第二，消费者购买最终产品与服务的价格与生产者生产该产品与服务的市场价值相等。因此，上述三种核算方法是等价的。下面详细介绍三种核算方法。

（1）生产法

生产法指从生产过程中创造的产品和服务价值中，剔除生产过程中投入的中间产品和服务价值核算 GDP 的一种方法。国民经济各行业生产法增加值的计算公式如下：

$$\text{增加值}=\text{总产出}-\text{中间投入} \tag{2-1}$$

将国民经济各行业生产法增加值相加，便得到生产法 GDP。在通过生产法对 GDP 进行测算时，要剔除中间产品的市场价值，否则会产生重复计算的问题。然而在实际的生产活动中，有时区分中间产品和最终产品有一定难度，可按如下标准区分：某一产品如果直接出售即为最终产品，如果继续用来生产其他产品即为中间产品。基于上述考虑，通过运用增加值的概念对GDP进行计算，即对最终产品在每个生产环节中产生的增加值求和，就得到该产品的最终价值，因此生产法又称增加值法。

（2）收入法

收入法指从生产过程形成收入的角度，对生产活动成果进行GDP核算的方法。按照这种计算方法，收入法增加值由劳动者报酬、生产税净额、固定资产折旧和营业盈余四个部分组成。国民经济各行业收入法增加值之和等于收入法GDP。计算公式如下：

$$增加值=劳动者报酬+生产税净额+固定资产折旧+营业盈余 \tag{2-2}$$

（3）支出法

支出法指加总最终使用者购买产品和服务的全部支出来核算GDP的方法。支出通常包括四大类，即消费（Consumption，用变量C表示）、投资（Investment，用变量I表示）、政府购买（Government Purchases，用变量G表示）和净出口（Net Export，用变量NX表示）。其中，消费支出包括耐用品、日用品以及服务的消费支出；投资支出包括企业固定投资、住宅投资以及建筑物投资三部分。这里需要注意的是房屋属于投资支出而不属于消费支出。政府购买指由各级政府购买的本国以及外国生产的最终产品和服务的支出。由于转移支付并没有创造市场价值，仅将收入进行了转移，因此不计入GDP。净出口是最终产品与服务的出口总额与进口总额之差。综上，由支出法核算GDP的公式如下：

$$\mathrm{GDP}=C+I+G+\mathrm{NX} \tag{2-3}$$

用E表示出口，S表示进口，则式（2-3）可写为

$$\mathrm{GDP}=C+I+G+(E-S) \tag{2-4}$$

表2-1与表2-2分别为中国与美国2014年按支出法核算的GDP及其构成。

表2-1 支出法核算的中国2014年GDP

	总额（10亿元人民币）	占GDP比重（%）
GDP	64069.7	100.0
消费支出（C）	24280.5	37.9

（续表）

	总额（10亿元人民币）	占 GDP 比重（%）
投资支出（I）	29378.3	45.9
政府购买（G）	8664.6	13.5
净出口（NX）	1746.3	2.7

资料来源：《2015年中国统计年鉴》。

表 2–2　支出法核算的美国 2014 年 GDP

	总额（10亿美元）	占 GDP 比重（%）
GDP	17348.1	100.0
消费支出（C）	11865.9	68.4
投资支出（I）	2860.0	16.5
政府购买（G）	3152.1	18.2
净出口（NX）	–530.0	–3.1

资料来源：U.S. Bureau of Economic Analysis.

名义 GDP（Nominal GDP）指以当期市场价格衡量的最终产品和服务的价值。名义 GDP 的优点在于能够将相同时段内不同种类的产品和服务的市场价值进行求和。然而其在比较不同时点的总产出的价值时具有较大的局限性。GDP 的变化来自产量和价格两方面，由于名义 GDP 运用当期价格进行衡量，因此在比较不同时点的名义 GDP 时，无法判断其变动是由价格和产量中哪个因素的变化引起的（或是两者共同作用的结果）。基于名义 GDP 的上述缺陷，发展出实际 GDP（Real GDP）的衡量方法。实际 GDP 以某一年作为基年，用基年的价格来计算不同时期的 GDP，从而能够比较出产量变化对 GDP 产生的影响。而通过比较不同时期的名义 GDP 与实际 GDP，则能够明确价格与产量对 GDP 产生的影响。

下面我们举例说明名义 GDP 与实际 GDP 的计算。假定一个简单经济体只生产电脑和沙发两种产品，表 2–3 给出了具体的产量和价格数据。我们发现，2014 年与 2015 年按当期价格计算的名义 GDP 分别为 40000 元和 60000 元；2015 年的涨幅达到 50%，然而，在这 50% 的涨幅中有多少是由于价格变化引起的，又有多少是由实际数量所引起的，我们不得而知。因此，为剔除价格变动带来的影响，观察数量变动对 GDP 产生的影响，假定 2014 年为基年，分别计算这两年的实际 GDP。从表 2–3 可以看出，基期的名义 GDP 与实际 GDP 数据一致，均为 40000 元；而 2015 年按基期价格计算的实际 GDP 为 56000 元，较上一年涨幅达到 40%，由此可知，2015 年因产量变化导致的 GDP 实际增长率为 40%。

表 2–3　名义 GDP 与实际 GDP 计算举例

	2014 年	2015 年
价格		
电脑	1000 元	600 元
沙发	300 元	400 元
产量		
电脑	10 台	20 台
沙发	100 张	120 张
名义市场价值		
电脑	10 000 元	12 000 元
沙发	30 000 元	48 000 元
名义 GDP	40 000 元	60 000 元
2014 年为基期的实际市场价值		
电脑	10 000 元	20 000 元
沙发	30 000 元	36 000 元
实际 GDP	40 000 元	56 000 元
2014—2015 年平均价格		
电脑	800 元	800 元
沙发	350 元	350 元
按平均价格计算的市场价值		
电脑	8 000 元	16 000 元
沙发	35 000 元	42 000 元
总计	43 000 元	58 000 元
产值比率	1.0	1.35
以 2014 年为基年计算的链式加权实际 GDP		
	40 000 元	54000 元

然而，虽然上述计算实际 GDP 的方法有效剔除了价格变动产生的影响，但这种计算方法依然存在缺陷。如果我们假定某一年为基期，始终用基期的价格来计算其他年份的实际 GDP，那么随着时间的推移，产品之间的相对价格的变化幅度会不断增大，继续使用陈旧过时的基期价格计算当前时期的实际 GDP 会使结果严重失真。例

如，10年前，一台电脑的价格远高于一张沙发，而现在，电脑价格急剧下降，同时产量大幅增加，如果仍然以10年前的电脑价格作为基期价格计算现在电脑的市场价值，则会大大高估其对GDP的贡献，况且此时的产品与彼时的产品在性能上已经难以类比。因此，为解决在计算实际GDP时遇到的上述问题，1996年美国经济分析局（US Bureau of Economic Analysis）提出链式加权（Chain-Weighted）的实际GDP计算法，也称链式法则。链式法则计算方法如下：计算出相邻两年的平均价格，用平均价格计算出相邻两年该产品的市场价值，从而得到产值的比率，重复上述方法计算出全部相邻两年的产值比率，全部相乘得到目标年份对基期的链式比率，乘以基期名义GDP即得到目标年份的链式加权实际GDP。链式法则的好处在于解决了基期价格陈旧失真和难以类比的问题，能够反映产品相对价格逐年变化对实际GDP产生的影响。

下面我们继续以表2–3为例说明链式法则的计算方法。通过表2–3计算得到2014年与2015年电脑与沙发的平均价格分别为800元与350元，按照平均价格计算的总产值分别为43000元与58000元，因此2015年对2014年的产值比率为1.35。由上文可知，基期实际GDP与名义GDP相等，2015年链式加权的实际GDP为基期名义GDP与产值比率的乘积，即40000元乘以1.3得到54000元。若要计算2016年链式加权的实际GDP，则要按照上述方法分别计算出2015年对2014年、2016年对2015年两个相邻年份的产值比率，相乘得到2016年对2014年的链式产值比率，以2014年为基期计算得到2016年的链式加权实际GDP。

国民生产总值（Gross National Product，GNP）指一段时间内由一个国家的生产要素所生产的所有最终产品和服务的市场价值。而国内生产总值（GDP）指一段时间内一个国家内生产的全部最终产品和服务的市场价值。区别在于GDP强调“地域”，而GNP强调“国民”。也就是说，某国要素在其他国家和地区生产的产品和服务的市场价值应计入该国的GNP，而不计入GDP。例如，日本索尼公司在中国建厂生产的产品价值应计入日本的GNP，同时计入中国的GDP。

GNP与GDP都是描述一个国家经济活动情况的重要指标，两者之间的联系可用下列等式表示：

GDP＝GNP－本国国民在国外产生的收入＋外国国民在本国境内产生的收入

如果GDP大于GNP，则表示外国要素获得的本国财富大于本国要素在国外获取的财富；如果GDP小于GNP，则表示本国要素在国外获得的财富大于本国被外国要素赚走的财富。对于中国，近年来，中国的GDP与GNP相差不大，处于国际收支相对平衡的状态。2005—2014年中国GDP与GNP的具体情况如图2-1所示。

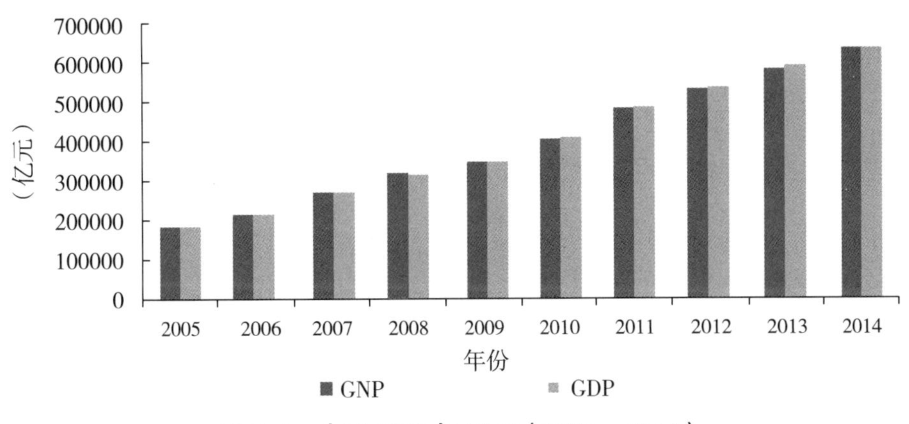

图2-1　中国GDP与GNP（2005—2014）

2.2 失业率统计

在人的一生中，失去工作可能是最悲惨的经济事件之一。大多数人依靠自己的劳动收入维持生活水平，而且许多人也从工作中获得了个人成就感。失去工作意味着生活水平的降低、对未来的担忧，甚至对自尊心的伤害。

2.2.1　失业的定义与衡量

一个经济社会的就业或失业状况往往通过失业率（Unemployment Rate）来衡量，失业率也与经济增长率具有反向的变动关系。所谓失业率，指失业的劳动力（失业者）占意愿劳动力总量的比例。

劳动力（Labor Force）是统计失业率的基础，指在法定劳动年龄以内的具有劳动能力的人口，不包括全日制的学生、家务劳动者和退休人员等。各国关于法定劳动年龄的规定不一致，如美国规定为16岁至65岁之间。具有工作能力并愿意参加劳动的人，是正在工作的劳动力（就业者）和已经失业的劳动力（失业者）的总和。

就业者包括为得到报酬而工作的员工，以及在家族企业里工作但不获得报酬的人。无论全职工作还是兼职工作的人员都属于就业者。就业者还包括现在不工作但有工作岗位，只是由于度假或者天气恶劣等原因暂时不在工作岗位的人。

所谓失业者，指具有劳动能力、有工作愿望但没有找到工作的人，不包括自愿失业的人。美国将失业者定义为：在过去几周内，一直努力找工作但没有找到的人，或已被雇用正在等待被重新召回工作岗位的人。在一个动态的社会中，失业者并不总是固定不变的，而是处在不断变动的过程之中的。从失业队伍的流动来看，失业队伍主要具备三个特征：第一，失业队伍中有相当一部分是长期处于失业状态的人，其被称为失业队伍中的"硬核"，这些人主要集中在文化技术水平较低的大龄人群；第二，失业队伍的流入、流出都较大，在任何时点上，总会有一部分人成为失业者，而在另一时点上这些人则会找到工作，离开失业队伍；第三，在任何国家，并非所有劳动者都面临同样的失业风险，不同人口群体之间失业率的差别相当大，如青年人的失业率往往高于成年人，受过高等教育的劳动者的失业率大大低于没有受过高等教育的劳动者等。

为了进一步衡量人们参与经济活动的状况，劳动参与率（Labor-Force Participation Rate）定义为劳动力数量占劳动年龄（如美国为16岁至65岁）人口数量的比率。这一数字反映了潜在劳动者个人对于工作收入与闲暇的选择偏好。其偏好不仅受到个人意愿、保留工资、家庭收入规模、性别、年龄等个人特征的影响，还受到社会保障的覆盖率和水平、劳动力市场状况等社会宏观经济环境的影响。劳动参与率多用于反映特殊群体参与经济活动的状况，如按年龄段、性别等划分。当前，中国的工资和福利政策、教育和社会保障的发展程度等多方面因素共同决定了中国具有较高的劳动参与率。

2.2.2 失业的类型和原因

（1）摩擦性失业

摩擦性失业（Frictional Unemployment）指人们在寻找工作或转换工作过程中的失业现象，即劳动者想要工作与得到工作之间的时间消耗所造成的失业，是经济中的正常现象。经济总是变动的，劳动者寻找适合自己爱好和技能的工作需要时间，一定数量的摩擦性失业不可避免。摩擦性失业只是由于经济运行中各种因素的变化和劳动力市场的功能缺陷所造成的临时性失业。政府的公共政策可以减少摩擦性失业，如政府就业机构公布招聘信息，使供求双方更有效地匹配，或者政府实行再培训计划，使工人从衰退行业转入新兴行业等。

（2）结构性失业

结构性失业（Structural Unemployment）指市场竞争或者生产技术改变而造成的失业现象，主要是由于经济结构（包括产业结构、产品结构、地区结构等）发生了变化，现有劳动力的知识、技能、观念、区域分布等不适应这种变化，使得劳动力供给与市场需求不匹配而引发的。结构性失业通常较摩擦性失业更持久，因为结构性失业常表示人员需要再次接受培训或迁移才能找到工作。结构性失业水平取决于转移成本的高低，转移成本越高，花费时间越长，结构性失业越严重。而转移成本主要取决于两方面的因素：第一，不同产业部门之间的差异程度。差异越大，劳动力转移成本越高。第二，劳动力基础水平及培训机制。基础水平越高，就越容易接受新技能的培训；培训机制越完善，转移成本越低。

（3）周期性失业

周期性失业（Cyclical Unemployment）指随着经济周期而波动的失业，即当对劳动的总需求下降（而不是对某些部门的工人的需求下降）时产生的短期失业现象。周期性失业在经济衰退时增加而在扩张时减少。周期性失业对于长期经济增长和人民生活的冲击大，通常需要较长时间才能恢复。

区分周期性失业、摩擦性失业和结构性失业，可以帮助经济学家诊断劳动力市场的健康状况。首先，周期性失业与摩擦性失业之间存在重大区别。摩擦性失业是由劳动力市场的结构所造成的，即由经济中各种工作的性质和社会习惯以及劳动力市场制度（如失业救济金）对工人与企业行为的影响造成的。而周期性失业是超过摩擦性失业的失业部分，此时由于投资与产出迅速下降使得经济显著低于充分就业水平。从劳动力供求的角度来分析，摩擦性失业是一种均衡失业，即劳动力市场上劳动力的供求相等，处于均衡，但这一均衡就业量小于充分就业量。而结构性失业是一种非均衡失业，如当工资高于使供求均衡的水平时（如由于最低工资法、工会和效率工资导致工资较高），劳动力市场发生的结构性扭曲所造成的失业。

从长期来看，经济学家主要关注结构性失业（非均衡失业）；而在短期内，经济学家则更关注周期性失业（均衡失业）。

2.2.3 中国的二元经济结构与劳动力转移

二元经济结构是发展经济学中一个非常重要的概念，最早由英国经济学家威廉·阿瑟·刘易斯（William Arthur Lewis）提出。它指发展中国家现代化的工业和技术落后的传统农业同时并存的经济结构，即在农业发展还比较落后的情况下，超前进行工业化，优先建立现代工业部门。由于经济增长的效应源于部门扩展以及资源在部门之间的优化配置，因此，二元经济结构转化实质上就是一个经济增长的过程。二元经济结构转化意味着农业部门产值和就业比重逐渐降低，但是农业生产效率在工业的反哺之下不断提高，农村地区的城镇化水平不断提升。

中国是世界上最大的发展中国家，在全面建成小康社会而实现现代化的进程中存在显著的二元经济结构，也面临着促进二元经济结构转化以实现经济持续增长的任务。中国的二元经济结构和户口制度决定了劳动力市场和实际就业的复杂性。在计划经济时代，城镇户口居民的就业由政府统一安排；而农村居民在人民公社制度下靠耕种土地保证农民的就业。但是改革开放后的沿海地区外向型工业迅速发展，需要大批劳动力，而农业生产手段的提升也产生了大批富余劳动力。因此，在原有户口框架下的农民工就出现了。问题在于这部分人的失业率应如何计算？特别是进入 21 世纪，国际市场的波动直接影响农民工就业情况。当订单下降时，企业就让农民工回家休息；订单恢复了，再召唤农民工返岗。在这个大背景下，就产生了各级统计部门公布的城镇登记失业率和学术界发布的农村失业率。二元经济结构下的失业率统计与就业促进是一个重要而富有挑战性的课题，值得长期深入跟踪研究。从时间序列的角度看，中国二元经济结构转化并不是沿着一条平滑曲线变动的，而具有比较明显的波动性。改革开放之后，由于先实验再推广的改革思路，各地区的二元经济结构转化状况存在着较大差异。总体上，东部地区的二元经济结构转化进程最快，中部地区次之，而西部地区相对迟缓。这意味着，加速落后地区的二元经济结构转化正是实现地区经济发展趋同的一个重要途径。2012 年党的十八大以后，新农村建设、农民工城镇落户和全面扶贫工作的持续开展成为解决二元经济结构的世界范围的历史性创举。同时，随着中国劳动力总数在达到峰值后的下降，失业率的统计也将不断完善。

2.3 通货膨胀率统计

稳定物价是货币政策的重要目的之一。通货膨胀问题一直是各国货币政策关注的核心问题。20 世纪 70 年代，西方发达国家的通货膨胀问题突出。20 世纪 80 年代，拉美国家成为通货膨胀的“重灾区”，平均年通货膨胀率超过 80%，阿根廷、巴西、智利、秘鲁、玻利维亚和尼加拉瓜等国甚至出现三四位数的恶性通货膨胀。20 世纪 90 年代，转型国家和一些发展中国家的通货膨胀较为严重。

通货膨胀表现为商品和服务价格水平的持续普遍上涨，一般情况下用年增长率来度量。当发生通货膨胀时，消费者手中所持有的货币的购买力就会下降。

我们使用通货膨胀率来衡量通货膨胀，具体表示为物价总水平的增长率：

$$\text{通货膨胀率}=\frac{\text{现期物价水平}-\text{基期物价水平}}{\text{基期物价水平}} \tag{2-5}$$

其中基期物价水平指选定的某年的物价水平，这样就可以把其他各期的物价水平通过与基期水平比较，从而衡量其他各期的通货膨胀水平。度量通货膨胀的程度，从世界各国的实际做法看，主要采取三个衡量指标：消费者价格指数、生产者价格指数（Producer Price Index，PPI）、GDP 平减指数（GDP Deflator）。

（1）消费者价格指数

消费者价格指数是对一个固定的消费品篮子价格的衡量，主要反映消费者支付商品和劳务的价格变化情况，也是一种度量通货膨胀水平的工具，以百分比变化为表达形式。在美国构成该指标的主要商品共分七大类，包括：食品、酒和饮品、住宅、衣着、交通、医药健康、娱乐，以及其他商品及服务。美国消费者价格指数由美国劳工统计局（Bureau of Labor Statistics）每月公布，分为两种不同的消费者价格指数：一是工人和职员的消费者价格指数；二是城市消费者的消费者价格指数。中国的消费者价格指数统计，大体上仍然沿用 1992 年确定的八大基本分类以及中类和小类，根据国家统计局标准各类均采用千分制。例如，食品权重约为 337‰，烟酒及用品权重约为 50‰，家庭设备及维修服务权重约为 41‰，衣着权重约为 90‰，医疗保健及个人用品权重约为 110‰，交通和通信权重约为 91‰，居住权重约为 136‰，娱乐教育文化用品及服务权重约为 145‰。在居住类指标中只考虑了租房价格，而没有考虑商品房销售价格，把商品房的购买算为投资，故而消费者价格指数对房价的波动并不敏感，只要房租价格不涨，消费者价格指数就不会受到影响。目前，随着居民收入水平的提高，消费结构不断升级。

消费者价格指数水平反映消费者的购买能力，也反映经济的景气状况，如果该指数下跌，则说明发生经济衰退。

（2）生产者价格指数

生产者价格指数是反映一定时期内全部工业产品出厂价格总水平的变动趋势和程度的相对数。该指数可以用于观察出厂价格变动对工业总产值及增加值的影响。中国工业生产者出厂价格统计调查涵盖根据《国民经济行业分类》标准分类的 1638 个基本分类的 20000 多种工业产品的价格。工业生产者价格调查采取重点调查与典型调查相结合的方法：对年主营业务收入在 2000 万元以上的企业采用重点调查方法；对年主营业务收入在 2000 万元以下的企业采用典型调查方法。

根据价格传导规律，生产者价格指数对消费者价格指数有一定的影响。生产者价格指数反映生产环节的价格水平，消费者价格指数反映消费环节的价格水平。整体价格水平的波动一般先出现在生产领域，然后通过产业链向下游产业扩散，最后波及流通领域的消费品。生产者价格指数不包括商业折扣，故无法完全反映真实的物价上升速度，以至于有时出现夸大的效果。另外，由于农产品价格是随季节变化的，而且能源价格也会发生周期性变动，对该价格指标影响很大，所以使用该指标时应考虑周期性因素。

（3）GDP 平减指数

GDP 平减指数又称 GDP 缩减指数，指剔除物价变动前的 GDP（名义 GDP）增长与剔除物价变动后的 GDP（实际 GDP）增长之比。它的计算基础比消费者价格指数更广泛，涉及全部商品和服务，除消费外，还包括生产资料和资本、进出口商品和劳务等。因此，这一指数能够更加准确地反映一般物价水平走向，是对价格水平的宏观测量。具体公式如下：

$$\text{GDP 平减指数}=\frac{\text{名义 GDP 增长}}{\text{实际 GDP 增长}}\times 100\% \tag{2-6}$$

2.4 三大指标的自然状态

微观经济学是以最优化为特征的，而宏观经济学中没有最优，只有适度。从“经济学原理”课程的学习中，我们知道了三大指标是相互制约的，那么，三大指标达到什么水平才是我们满意的状态呢?

2.4.1 经济的自然增长率

经济的自然增长率也称潜在经济增长率，指一个国家或地区的经济所生产的最大产品和劳务总量的增长率，或者说一个国家或地区在各种资源得到最优和充分配置的情况下，所能达到的最大经济增长率。这里的资源包括自然资源，也包括人力资源，还包括制度安排和经济政策。潜在经济增长率有两种含义：一种指正常的潜在可持续的增长率，即在各种资源被正常、充分利用时所能实现的经济增长率；另一种指最大潜在经济增长率，即在各种资源被最大限度地利用时所能实现的增长率。社会总需求小于社会总供给时，社会的生产潜力没有得到充分发挥，这表明现实经济增长率低于潜在经济增长率。反之，社会总需求大于社会总供给时，表明现实经济增长率高于潜在经济增长率。从上述相互联系的意义上，我们也可以说经济“冷”“热”就是现实经济增长率小于或大于潜在经济增长率，经济“冷”“热”的程度就是现实经济增长率小于或大于潜在经济增长率的程度。正是这一点，使得经济增长率成为从总体上衡量经济“冷”“热”的反映经济全局的动态指标。

2.4.2 自然失业率

如果没有周期性失业，或者说，当所有失业都是摩擦性和结构性失业时，就实现了充分就业，此时的失业率就称为自然失业率（Natural Rate of Unemployment），可以用来反映周期性衰退或经济过热后回归的失业率。没有人能明确地指出一个社会的自然失业率是多少，它会随着人口结构的变化、技术进步、产业升级而变化。但是，如果当前失业率持续高于以往平均水平，则可以判断实际失业率高于自然失业率。只有当实际失业率超过自然失业率时，失业才成为突出的宏观经济问题。

在充分就业时，仍然可能存在一定程度的失业。正常的劳动力流动、人们不满意现有工作于是辞职去寻找更理想的工作、技术进步以及产业结构变化导致人们的技能与工作机会不相适应等均会引起失业，任何一个社会的失业率都不会降为0。为了接近自然失业率，政府必须采取扩张性的宏观经济政策，如岗位培训、鼓励人才流动以及通过税收手段鼓励人们参加工作等。

自然失业率主要受到以下因素的影响：第一，劳动力人口的构成与劳动技能；第二，劳动力市场的信息效率与价格弹性；第三，社会福利水平与最低工资标准的匹配。

2.4.3 适度的通货膨胀率

控制通货膨胀是宏观经济良好运行的标准，但是这并不意味着要将通货膨胀率降为0。事实上，适度的通货膨胀不是宏观经济政策有意为之的，而是经济增长和市场运行的天然伴生物。适度的通货膨胀起到了鼓励投资的作用。要知道通货紧缩比通货膨胀的经济后果更为严重，通货紧缩的信号会降低市场信心，抑制新的投资。没有新的投资就没有新的就业。对于储蓄较多的人，每一次通货膨胀都是经济规律自身不声不响地掀起的一次“征税”活动，其被“征税”的数量正好与其储蓄的货币财富数量成正比，即货币财富的数量越多，被“征税”的数量也就越多。因此，通货膨胀会推动人们投资，使经济进入良性循环。但是，过度的投资会导致过度的通货膨胀，一旦通货膨胀超过适度水平，宏观经济政策的反制就会增加投资成本从而抑制过热投资。

问题在于：什么程度的通货膨胀是适度的通货膨胀？迄今为止，人们通常通过历史分析的经验数值进行研究和政策制定。发达经济体认为适度的通货膨胀应是将物价上涨幅度控制在1%—2%，而中国则认为通货膨胀率应在5%以内。

2.4.4 发达经济体与新兴经济体的差异

新兴经济体，指某一国家或地区经济蓬勃发展，成为新兴的经济实体。国际上通常将新兴经济体分为两个梯队：第一梯队为中国、巴西、印度、俄罗斯和南非等“金砖国家”；第二梯队包括墨西哥、越南、伊朗、墨西哥、尼日利亚、巴基斯坦、孟加拉国、菲律宾、土耳其、印度尼西亚、埃及等“新钻国家”。新兴经济体在世界舞台上的角色越来越重要，为发展中国家与发达国家实现共同发展的双赢模式做出了重要的贡献。探究发达经济体与新兴经济体之间的异同，加强发达经济体与新兴经济体之间的合作，有利于促进世界经济持续稳定发展。

（1）发达经济体与新兴经济体的综合竞争力对比

竞争力并不是从一个角度就可以比较得出的，要从基本要素、创新要素以及效率要素三个方面来进行综合分析。

基本要素包括国家的制度、宏观经济环境、基础设施以及健康与初等教育四个部分。在制度方面，主要比较企业制度与法律制度两方面内容。法律制度方面包括法律的细化和独立性——有效保护企业家和中小投资者，严厉打击各种腐败现象和行为；提高对知识产权与家庭财产的保护；持续消除基于政府权力的寻租行为，净化政府工作环境，提升营商效率；坚决打击任何形式的恐怖主义以及有组织性犯罪，保障政策制定的透明化，降低商业成本。企业制度方面包括对企业的相关制度规定进行有效的改革；加强对企业财务管理的审核力度；加强对企业各种投资的安全保护力度；提高公司管理层的工作效率；促进市场的监管与发展。新兴经济体的基本要素比发达经济体更弱，但随着新兴经济体的人口不断增多，需要的食物越来越多，对基础设施的要求也会越来越高。因此，新兴经济体要想提高自己的竞争力，就要在基本要素方面进行改善和提高。

在科技创新方面，新兴经济体明显有很多的不足——经验不够丰富，技术不够先进。完善新兴经济体的商业机制可以通过提高其商品供给者的质量和数量、提高企业竞争优势、加强市场化、提高开放度来进行。

效率要素包括商品市场效率、技术储备、高等教育、劳动力市场效率和市场规模。新兴经济体在效率要素方面有很多需要解决的问题和提升的地方：第一，要提高教育的质量，完善高等教育体制，丰富教学资源；第二，要提高商品市场的运行效率，减少市场垄断现象的出现，促进新企业的建立；第三，要注意技术储备，增加对新技术的试验和应用，扩大通信技术和信息技术的使用范围；第四，要扩大国内外市场规模，促进国内消费和对外出口。

（2）发达经济体与新兴经济体的发展形势比较

在金融方面，2010年以来发达经济体不断恢复，新兴经济体则问题增加。2008年全球金融危机给欧美等一些发达国家造成了严重的冲击。面对债务、金融等危机，这些受到影响的发达国家建立了稳固有效的风险防范体系，以减少危机造成的损害。在危机过后，发达国家大多采取强化金融监管和完善金融系统的资产结构等方法来维护和保障金融稳定。从2013年开始，美国逐渐从银行业危机中恢复，银行的利润开始回升，亏损也逐渐下降；欧元区银行业资金紧张的情况也得到了明显的改善。与发达经济体相比，由于没有完善的监管制度，新兴经济体的金融体系在资本外流和经济增长速度下降的双重冲击下变得更加脆弱。主权债务违约风险明显上升，银行不断暴露系统性风险，债务融资的难度越来越大。吸取1997年亚洲金融危机和2008年全球金融危机的深刻教训，我们应反思金融自由化的负面作用，同时要重新认识金融创新与政府监管的辩证关系。

在市场地位方面，发达经济体处于支配地位。在国际市场，发达经济体牢牢占据着支配地位，其政策产生的效应对新兴经济体有着显著的影响。这些发达国家能够对国家金融产品进行定价。此外，以美国为代表的一些发达国家，凭着自己发行国际货币的权利，采取以自身利益为中心的政策，在一定程度上深深地影响着世界经济的发展。而新兴经济体是国家金融市场的重要参与者，由于其结构还没有完成优化，仍旧脆弱，在应对能力方面还有不足。所以，新兴经济体在发展中比较容易受到伤害。发达经济体的资本回流造成了新兴经济体的“出血”，并导致货币在短时间内发生了严重的贬值，一些新兴经济体陷入了保证增长和预防风险的两难之境。

就发展阶段而言，发达国家处于国家产业链的上端，经济结构比较完整，受到国际产品价格波动的影响比较小。发达国家的金融体系对资本流动的承受能力相对较强，对于一些失衡的部分，可以自发调节使之达到再平衡。对于实体经济，与发展中国家相比，发达国家的汇率波动产生的冲击更小。新兴经济体现阶段处于消费结构和产业结构的底端，过于依赖国际产品，金融体系抵抗风险的能力明显不足。由于受到市场经济不够成熟和经济结构不够合理等问题的影响，新兴经济体的局部问题非常容易变成结构性的问题和矛盾。

2.4.5 中国的自然状态

潜在经济增长率由许多因素决定，如外部经济环境、进出口、汇率、体制创新、科技进步、结构优化、劳动力供给、资本形成等。1998—2001年，中国GDP年增长率分别是7.3%、8.0%、7.1%、7.8%；2000—2010年，中国GDP年平均增长率为10.5%。这说明在这两个不同时期，中国的潜在经济增长率发生了变化。中国加入世界贸易组织（World Trade Organization，WTO）是提升中国潜在经济增长率的重要因素，即我们常说的外需拉动了中国经济增长。2008 年全球金融危机之后，欧美经济复苏缓慢，加之近年来人民币不断升值，这些因素抑制了出口，于是外需拉动不足又成为中国潜在经济增长率再次返回 7%—8% 区间的阻碍。中国 2013 年以后进入“新常态”，劳动力与资本对潜在经济增长率的约束相对偏小，而技术进步与能源因素对潜在经济增长率的约束相对更大。因此，在未来较长时间的发展调整期内，中国潜在经济增长率将进入一个渐进下移的过程，主要原因在于：第一，政府主动宏观调控，包括以稳健为主基调的货币政策、严格的房地产调控政策等；第二，主动转变经济发展方式，主动进行结构调整；第三，外需持续低迷，出口不振，2008 年全球金融危机后世界经济复苏的不确定性占据主导地位；第四，消费新动力需要缓慢发展，产业投资需求不稳定；第五，创新、资源、环境、劳动力供给等约束增强。

实证研究表明，中国的自然失业率近年来呈现先上升后下降的变化趋势。1990—2003 年，中国的自然失业率大体呈现逐年增加的趋势，并在 1997—2003 年剧烈波动。其中，自然失业率从 1997 年的 3.8% 上升到 2000 年的 4.7%，从一定程度上说明了 1997 年亚洲金融危机加大了中国摩擦性失业和结构性失业的规模。在这一时期，国有企业改革产生了大量下岗工人，而中国经济结构调整的速度也明显加快，自然失业率逐年上升，2003 年达到 5.4%。从 2003 年开始，积极的劳动力市场政策效果逐步显现，劳动力市场的供求关系也明显改善，中国的自然失业率水平又开始逐渐回落。到 2009 年中国的自然失业率水平为 4.1%。中国在 1990—1999 年出现了典型的菲利普斯曲线特征，即短期失业率与通货膨胀之间存在负相关关系。然而自 2000 年以来，中国短期失业率与通货膨胀之间的关系变得十分复杂，特别是受到 2008 年全球金融危机的影响，中国短期失业率上升的同时伴随着通货膨胀率的上升。考虑到劳动生产率、人口结构、劳动力市场制度等影响因素，中国未来的自然失业率可能将持续下降。

1980 年以来中国已经历过数次比较大的通货膨胀，尤其是 1988 年和 1993 年，当时的通货膨胀率均是两位数，分别高达 17% 和 24%，这种价格的快速上涨是人们难以接受的。1988 年，中国尚未完全放开市场经济，仍处于短缺经济之中，很多商品供不应求。老百姓手中有存款，但买不到想要的东西，物价一旦上涨，反而推动人们去购买。所以在 1988 年的恶性通货膨胀中，人们出于预防性目的，购买了许多家里实际暂时用不上的东西。1993 年是一个历史转折点。中国市场的供给第一次超过需求，当年全面取消票证制度，中国告别了短缺时代。随着 1996 年以后通货膨胀得到有效治理和1998—1999年在亚洲金融危机后经历通货紧缩，中国的适度通货膨胀率下降到5%以下，这也成为宏观经济政策的参考点和市场理性预期的标准。

2.5 奥肯定律

代表新增财富的产出与代表获取财富机会的就业不是相互独立的，经济增长率和失业率之间存在联系，这就是奥肯定律（Okun's Law）。

奥肯定律由美国经济学家阿瑟·奥肯（Arthur Okun）提出，被用以近似地描述失业率和实际GDP之间的交替关系。其内容是，当实际GDP增长相对于潜在GDP增长（美国一般将之定义为3%）下降2个百分点时，失业率上升大约1个百分点；当实际GDP增长相对于潜在GDP增长上升2个百分点时，失业率下降大约1个百分点。潜在GDP这个概念是由奥肯首先提出的，它是指在保持价格相对稳定的情况下，一国经济能够生产的最大产值。潜在GDP也称充分就业GDP。

奥肯定律曾经相当准确地预测了美国失业率。例如，美国1979—1982年经济滞胀时期，实际GDP没有增长，而潜在GDP保持高位。根据奥肯定律，实际GDP增长比潜在GDP增长下降2个百分点时，失业率会上升1个百分点。当实际GDP增长比潜在GDP增长下降9个百分点时，失业率会上升4.5个百分点。已知1979年失业率为5.8%，则1982年失业率应为10.3%（＝5.8%＋4.5%）。1982年美国的实际失业率为9.7%，与奥肯定律预测的失业率10.3%相当接近。奥肯定律可以用下面的公式来表示：

$$\frac{y-y_f}{y_f}=-\alpha(u-u^*) \tag{2-7}$$

其中，y为实际产出，y_f为潜在产出，u为实际失业率，u^*自然失业率，α为大于0的参数。

奥肯定律揭示出实际GDP必须保持与潜在GDP同样的增长速度，以防止失业率的上升。如果政府想使失业率下降，那么该经济社会的实际GDP的增长必须快于潜在GDP的增长。

从中国的实际情况出发，虽然经济增长无疑是就业增长的前提，但是，由于农民工大规模从农村进入新兴工业区，高经济增长并没有显著降低失业率。中国自20世纪80年代以来经济保持了较高的增长率，但并没有带来就业的相应快速增长。

1981—1985 年，中国 GDP 年平均增长率为 10.74%，同期城镇登记失业率为 2.60%；1986—1990 年，中国 GDP 年平均增长率为 8.02%，同期城镇登记失业率为 2.22%；1991—1995 年，中国 GDP 年平均增长率为 12.32%，同期城镇登记失业率为 2.58%。数据显示。1991 年以来，中国 GDP 增长对就业的拉动作用与前期相比有较大幅度的降低，奥肯定律在中国出现“变异”。其实，奥肯定律在学术上是一个有争议的话题。争议主要由于不同研究者对 GDP 增长率和自然失业率的估计方法不同。近年来，中国学者对奥肯定律是否适用于中国也进行了有益探索。一种意见认为，在中国不存在典型的失业率与经济增长率的相关关系。1980—1996 年中国经济增长总量与城镇登记失业率之间的关系违背了奥肯定律。另一种意见表明，2000 年以前，奥肯定律在中国是存在的，奥肯系数约为 -3.79。[①]

中国的奥肯定律出现“变异”的原因包括经济结构、就业压力、数据争议。中国长期以来坚持“增长优先论”。改革开放以来，在经济增长的不同阶段，中国的经济增长率对失业率的影响是不同的。当经济处于衰退期时，经济增长对失业的影响为负，即经济增长对就业有拉动作用，但是拉动系数较小。当经济处于扩张期时，经济增长对失业的影响为正，但经济增长对就业拉动的线性关系并不清晰。中国二元经济结构的历史起了重要作用，源源不断的农业劳动力向城市的转移影响了失业率随着经济高速增长而显著降低。

图 2-2、图 2-3 是 2005—2014 年中国 GDP 增长率与中国城镇登记失业率的情况。

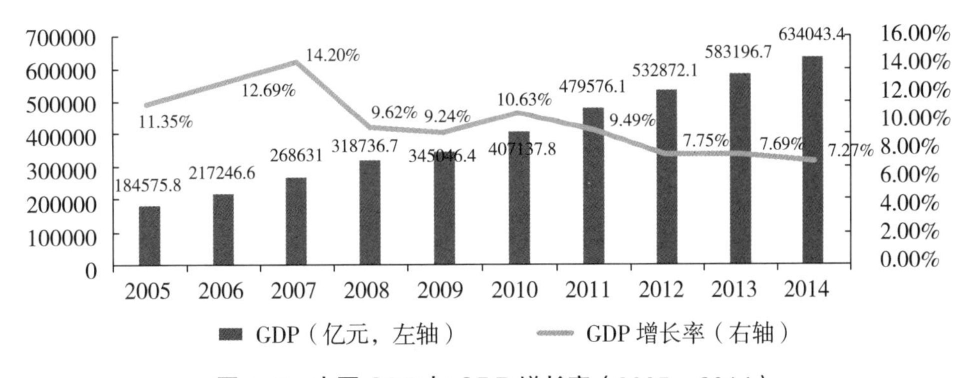

图 2-2　中国 GDP 与 GDP 增长率（2005—2014）

资料来源：国家统计局网站（http://data.stats.gov.cn/）。

① 邹薇，胡翾. 中国经济对奥肯定律的偏离与失业问题研究 [J]. 世界经济，2003（6）：40-47; 邹沛江. 奥肯定律在中国真的失效了吗？ [J]. 数量经济技术经济研究，2013，30（6）：91-105.

图 2-3　中国城镇登记失业率（2005—2014）

资料来源：中华人民共和国人力资源和社会保障部网站（http://www.mohrss.gov.cn/）。

同时，中国国有企业改革加大了就业压力。中国的国有企业在国民经济中占有相当大的比重，而且存在员工数量庞大、效率低下等问题。在市场经济改革中，相当多的国有企业员工离岗或下岗，但由于这些被释放出的劳动力普遍年龄偏大，拥有的技能有限，在市场竞争中没有优势，而经济增长对过剩劳动力的吸收能力又远小于市场供给，导致相当多的人员在下岗后不能重新就业。

再者，奥肯定律原本是根据美国的经验数据估计出来的，它是一种经验数量关系。这种经验数量关系主要适用于那个时期美国经济中的产出变化与失业率变化，并不一定适用于其他国家经济中的产出变化与失业率变化。此外，由于种种原因，中国的失业率统计数据不够全面，失业率统计值与实际值存在一定偏差。失业后到有关部门登记的人数与失业人数之间有很大的出入，没有工作的下岗人员及农村剩余劳动力和外出务工人员都未被有效地加以统计，这也是奥肯定律在中国出现偏离的原因之一。

通过历史数据，可以看出中国经济增长率与失业率之间的关系是非线性的。宏观经济政策的四大目标是充分就业、价格水平稳定、经济增长和国际收支平衡。那么宏观经济政策的首要目标是经济增长还是充分就业呢？

一般来说，经济发展战略有两种不同思路：一种是经济增长优先论，即经济增长是最重要的目标，也是首要目标，这是以经济增长为中心的发展思路；另一种是就业增长优先论，即增加就业岗位、降低失业率是最重要的目标，也是首要目标，这是以就业增长为中心的发展思路。几乎所有的计划经济国家都选择第一种模式，以追求经济增长为第一目标；而几乎所有的市场经济国家都选择第二种模式。长期以来，中国一直采用第一种模式，但随着市场经济转型、经济结构变革、失业问题日益严重，必然会从“经济增长优先”向“就业增长优先”转变。

1998年，中国政府实行扩大内需的方针，采取积极的财政政策和稳健的货币政策，有效地阻止和抵御了亚洲金融危机和世界经济与贸易下滑的冲击，保持了经济的持续高增长。与此同时，宏观经济政策目标和就业政策开始转变。2001年11月，中央经济工作会议提出各级党委和政府要把扩大就业作为重要的工作目标。2002年11月，十六大报告更加明确地提出国家实行促进就业的长期战略和政策。2012年，党的十八大提出推动实现更高质量的就业，遵循劳动者自主就业、市场调节就业、政府促进就业和鼓励创业的方针，实施就业优先战略和更加积极的就业政策。这标志着中国政府的宏观经济政策目标已逐渐从以追求经济增长率为主转向以创造就业为主。

2.6 菲利普斯曲线

1958年，伦敦政治经济学院教授、经济学家威廉·菲利普斯（William Phillips）对1861—1957年英国失业率和货币工资变化率数据进行了统计研究，他发现货币工资变化率和失业率存在明显的负相关关系，进而得到一条刻画失业率和货币工资变化率之间交替关系的曲线。在一个短期的经济周期中，当经济上升时，失业率会下降，而货币工资变化率会上升；而当经济不景气时，失业率会上升，货币工资变化率会下降。这是菲利普斯曲线的第一种表现方式，如图2–4所示。

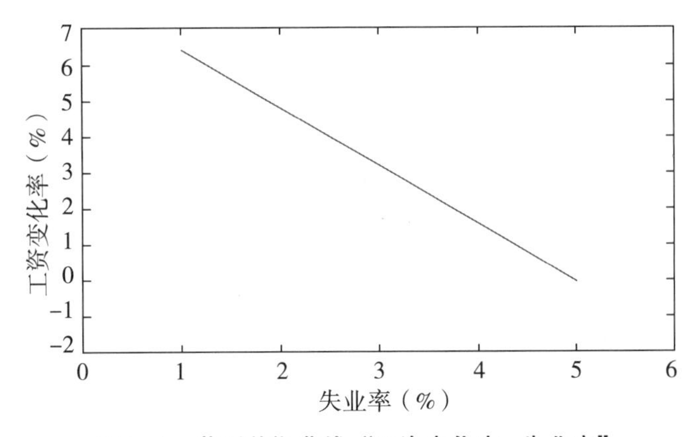

图2–4　菲利普斯曲线“工资变化率–失业率”

1960年，保罗·萨缪尔森（Paul Samuelson）和罗伯特·索洛（Robert Solow）用通货膨胀率替代了货币工资变化率，从而得出失业率与通货膨胀率之间存在负相关关系，并把这条曲线称为菲利普斯“失业率–物价”曲线，即第二种菲利普斯曲线。萨缪尔森和索洛的这一替代公式是根据“通货膨胀率 = 货币工资增长率–劳动生产增长率”得出的，只需把第一种菲利普斯曲线的纵坐标工资变化率改为通货膨胀率。第二种曲线中，失业率和通货膨胀率存在负相关关系：失业率高，表明经济处于低迷状态，这时人们的工资水平和市场的物价水平都比较低，于是通货膨胀率也随之降低；反之，失业率低，表明经济进入一个繁荣时期，此时物价水平和工资水平相对较高，从而推动通货膨胀率升高。于是失业率和通货膨胀率两者表现出反向变动的关系。

20 世纪 60 年代，美国的宏观经济决策者们开始利用菲利普斯曲线制定经济政策，旨在将失业率维持在一定可接受的范围内，将通货膨胀率控制在一个较低的水平上。事实显示，1960—1970 年的 10 年间，美国失业率从 6.4% 下降到 3.4%，通货膨胀率随之从 1% 攀升到 5.5%。这种负相关的关系确实为决策者们提供了一个可靠的政策方针。但是，1973 年石油危机以后菲利普斯曲线不再清晰。

从菲利普斯曲线可以得出以下几个结论：首先，工资的变化推动了通货膨胀，这也验证了成本推动通货膨胀理论。因此，从这一个理论出发，经济学家开始把货币工资变动率和通货膨胀率联系在一起。其次，失业率和通货膨胀率存在负相关关系，失业与通货膨胀也可能并存，这是对凯恩斯主义观点的否定。最后，也是在宏观经济政策中最重要的一点，由于失业率和通货膨胀率之间存在替代关系，因此可以运用扩张性的宏观经济政策，用较高的通货膨胀率来换取较低的失业率，也可以运用紧缩性的宏观经济政策，以较高的失业率来换取较低的通货膨胀率。这也给政策的制定者提供了一个矛盾的政策“菜单”：为了降低通货膨胀率，政府必须接受高失业率；而获得低失业率则需要付出高通货膨胀率的代价。

小结

代表一个经济体产出水平的国内生产总值（GDP），其统计方法最为常用的是支出法、生产法和收入法；在实际 GDP 增长率的计算中使用链式法则。刻画失业水平的主要指标是失业率和劳动参与率，后者反映劳动力对于就业的信心和劳动工资的评价。通货膨胀水平主要用 CPI 和 PPI 来刻画，而通货膨胀率通常使用 CPI 的变化率表示。评价宏观经济的三大指标均有适度的基准：经济的自然增长率（潜在增长率）、自然失业率和适度通货膨胀率。各个国家在不同发展阶段的指标是不同的。三大指标在统计上不是相互独立的，我们有两大定律刻画它们之间的联系：奥肯定律和菲利普斯曲线。这两大定律不仅表示了三大指标之间的辩证关系，更说明了宏观经济政策的内在矛盾和复杂性。

思政教学要点

1. 以辩证的观点看待三大指标的关联，进一步认识奥肯定律和菲利普斯曲线的作用。

2. 以变化的观点看待菲利普斯曲线存在的形式，分析其对于中国经济的宏观信号作用。

3. 运用辩证法所陈述的矛盾的同一性与斗争性的关系解读菲利普斯曲线。

扩展阅读

1. 余永定．九十年代以来中国宏观调控研究 [M]. 北京：中国社会科学出版社，2019.

2. 刘元春．中国通货膨胀成因的研究 [M]. 北京：中国人民大学出版社，2018.

重点概念

国内生产总值；支出法；生产法；收入法；失业率；劳动参与率；消费者价格指数；生产者价格指数；通货膨胀率；潜在产出水平；自然增长率；自然失业率；适度通货膨胀率；奥肯定律；菲利普斯曲线

习题

一、选择题（在以下四个选项中选择一个最合适的）

1. 实际 GDP 使用（　　）价格衡量，而名义 GDP 使用（　　）价格衡量。

A. 现期，基期

B. 基期，现期

C. 中间物品，最终物品

D. 最终物品，中间物品

2. GDP 平减指数是衡量相对于基期物价水平的当年物价水平的物价指数，通常用（　　）与（　　）的比率乘以 100 得到的物价水平指标衡量。

A. 名义 GDP，真实 GDP

B. 真实 GDP，名义 GDP

C. 人均名义 GDP，人均真实 GDP

D. 人均真实 GDP，人均名义 GDP

3. 以下关于 GDP 平减指数和 CPI 的说法中，错误的是（　　）。

A. GDP 平减指数用名义 GDP 与真实 GDP 的比率乘以 100 来计算，而 CPI 用当年一篮子物品和服务与基期一篮子物品和服务价格的比率乘以 100 来计算

B. GDP 平减指数反映国内生产的所有物品和服务的价格，而 CPI 反映消费者购买的所有物品和服务的价格

C. CPI 用固定的篮子来计算，这一篮子物品和服务只有在物价统计部门重新选择时才会变动；而 GDP 平减指数使用现期生产的物品和服务的价格来计算，因此，其物品和服务的组合自动地随着时间的推移而变动

D. 尽管 CPI 和 GDP 平减指数密切相关，但是 CPI 由于固有的替代偏向及新物品引进偏差，可能下降得更快

4. 经济中正常存在的失业率是（　　）。

A. 效率工资失业

B. 摩擦性失业

C. 周期性失业

D. 自然失业率

5. 假设一国的总人口为 195.4 万人，成年人口为 139.7 万人，失业人口为 5.7 万人，就业人口为 92.3 万人。其中，劳动力、失业率、劳动力参与率分别等于（　　）。

A. 92.3 万人，3.2%，47.1%

B. 98 万人，5.8%，70.2%

C. 134 万人，5.7%，50.2%

D. 139.7 万人，6.2%，65.9%

6. 由于寻找工作需要时间而产生的失业属于（　　）。

A. 摩擦性失业

B. 结构性失业

C. 周期性失业

D. 永久性失业

7. 根据菲利普斯曲线，降低通货膨胀率的后果是（　　）。

A. 减少货币供给量

B. 降低失业率

C. 提高失业率

D. 增加财政赤字

二、论述题

1. GDP 平减指数与 CPI 的两个指标的重要差别是什么？

2. 菲利普斯曲线有哪几种类型？其各自的政策含义是什么？

三、计算题

1. 2013 年，某个经济体生产 100 艘轮船，每艘以 2 万美元的价格出售。2014 年，这个经济体生产 200 艘轮船，每艘以 3 万美元的价格出售。计算每年的名义 GDP、实际 GDP 和 GDP 平减指数（以 2013 年为基期）。

2. 假设王某以 9% 的名义利率借给张某 100 元，为期 1 年。达成贷款协议时，双方预期该年通货膨胀率为 5%，请回答下列问题：

（1）年底时，张某应向王某支付多少利息？双方预期贷款的真实利率是多少？

（2）假定年底时，该年的实际通货膨胀率是 8%，这笔贷款的真实利率发生了什么变动？在上述描述下，实际通货膨胀高于预期，王某与张某谁有未预期的收益与损失？

3. 中国经济充分就业时，GDP 增长率可以达到 6%。假设今年中国的失业率为 6%，GDP 增长率为 6.7%，为了将明年的失业率降到 5%，根据奥肯定律，明年中国的 GDP 增长率至少要达到多少？（用取值为 2 的奥肯系数计算）

请扫描上方二维码
观看“迷你课程视频”

第3讲

经济增长理论

进入20世纪70年代，世界制造业的格局因为德国和日本制造业的追赶发生了历史性的变化，形成了美国、欧洲和日本相互竞争的局面，而美国陷入越南战争加快了美元贬值的步伐。1971年8月15日，时任美国总统尼克松宣布美元与黄金脱钩，布雷顿森林体系开始解体。这使得持续了26年的美元、黄金和石油的稳定“铁三角”开始晃动。紧接着的1973年，石油价格快速上涨，宣告第二次世界大战以后以机电与石油化工为标志的传统制造业的衰落和以信息技术和节能环保技术为标志的工业革命的开始。

这是一个历史转折点，也是宏观经济学思想史的转折点。在传统技术出于商业目的从欧美向东亚转移之时，新产业正在实验室和车库中萌发。以刺激消费为宗旨的凯恩斯理论遇到了政策实践中的“滑铁卢”。人们不得不将对宏观经济学的思考从短期转向长期、从需求侧转向供给侧，经济增长理论成为经济学家们的主攻方向。

3.1 古典经济增长理论

在凯恩斯的现代宏观经济学理论之前，古典经济学理论着重于供给侧，因为在市场经济的供需矛盾中，供给是短板，是矛盾的主要方面。对此，萨伊定律给予了高度概括：供给创造它的需求。因而，在这个阶段，古典经济增长理论是宏观经济学研究的主流。

理解古典经济增长理论要以自由资本主义的发展历史为背景。通常情况下，人们把 1928 年作为古典经济增长理论与新古典经济增长理论的分水岭。相比后面要介绍的新古典经济增长理论，古典经济增长理论是奠基石。由于在 1928 年以前经济学领域没有一种固定的分析模型或研究方法，所以经济学家们只能对不同的数据素材进行分析，这也使得古典经济增长理论成为一个丰富的思想库。亚当·斯密（Adam Smith）在《国富论》（全称：《国民财富的性质与原因的研究》，*An Inquiry Into the Nature and Causes of the Wealth of Nations*）中提出了分工促进经济发展的理论，卡尔·海因里希·马克思（Karl Heinrich Marx）在《资本论》（*Das Kapital*）中介绍了内涵式经济增长等理念，这些观点都体现了古典经济增长理论中丰富的思想内涵及其为现代经济增长理论所提供的广泛的思想来源。

3.1.1 古典经济增长理论的发展时期

15 世纪，封建制度下的欧洲开始寻求经济制度改革，一种支撑第三等级的经济思想——重商主义诞生了。相较于封建时期被人们接受的重农主义，重商主义更关注财富的积累和贸易政策，其研究的重点在于如何增加财富。重商主义认为财富就是货币，衡量国家富裕程度的指标是该国的货币数量。于是，一个国家经济活动的最终目标便落在了尽可能多地增加货币数量上。重商主义主张对外贸易和直接增加国内金银财富的供给，因为对外贸易能从国外获取货币或者金银财富，从而增加本国的财富。

到了 17 世纪中期，重商主义干预国家经济政策和垄断对外贸易的做法严重阻碍了经济发展。资本主义的快速发展使产出处于经济发展的核心位置，重商主义淡出了。被誉为英国“政治经济学之父”的威廉·配第（William Petty）是英国古典经济学的奠基人，他所著的《赋税论》（*A Treatise of Taxes and Contribution*）被认为是统计学的开端。《赋税论》首次以统计学为基础，对英国的经济政策进行分析。而配第对古典经济增长理论更重大的贡献在于他提出了劳动决定价值的基本原理。他区分了自然价格和市场价格，认为地租是剩余价值的基本形态，劳动和土地共同创造价值，即所谓“劳动是财富之父，土地是财富之母”。

法国经济学家弗朗索瓦·魁奈（Francois Quesnay）第一次尝试说明社会总资本和再生产的流通过程，创作了《经济表》（*Tableau Economique*）一书。当时的法国以及整个欧洲都处于重商轻农的鼎盛阶段，而《经济表》把农产品生产放在财富积累的核心位置，提出了经济史上第一个增长模型，并提出了财富增值的基础——社会总产品再生产过程。这个思想在古典经济增长理论中是非常重要的，因为重农主义认为，交换是一种等价行为，流通并不能增加财富，所以重农主义把研究重心从流通转向了产品生产。但同时重农主义只关注产品的生产、排斥其他商业行为的观点也最终损害了市场的发展。

大卫·休谟（David Hume）在哲学领域更为人所熟知，其实他在古典经济学领域做出的贡献也很大。休谟认为产业规模决定生产力，对内与对外的贸易规模决定了产业规模。同时休谟考虑了生产力和经济增长的关系，他认为低工资和科技进步能促进弱国经济的发展，而经济增长具有极限问题。这一深刻思想至今仍然影响着经济增长理论的发展。

3.1.2 古典经济增长理论的鼎盛时期

17世纪中期以前，在配第、魁奈、休谟等一批批判重商主义的经济学家进行的充分准备之后，1776年亚当·斯密《国富论》的面世标志着古典经济学理论体系的建立，也第一次从理论上提出了经济增长的思想。

（1）亚当·斯密与《国富论》

亚当·斯密的《国富论》系统地将经济学阐述为一个完整的思想体系。他以国民财富为研究对象，认为政治经济学的最终目的就是促进和增加国民财富的积累。在《国富论》中，他提出政治经济学具有两个不同的目标：第一，给人们提供充足的收入或生计；第二，给国家或社会提供充分的收入，使公务得以进行。总之，其目的在于富国裕民。

亚当·斯密还在《国富论》中提出国民财富的增长取决于两个条件：劳动生产率

的提高和劳动人数的增加。促进劳动生产率提高的主要因素就是分工，分工是亚当·斯密经济理论的起点。他认为增加国民财富主要通过提升劳动生产力，而分工决定了是否能够提高生产力。在《国富论》中，斯密将分工归结于交换。他认为人类的本性具有利己的特点和交换的倾向，在人类的发展进程当中，人们逐渐发现专一地从事一项特定的工作要比泛泛地进行多项工作高效得多，于是各人有各人的工作，并各自在自己的岗位上从一而终地工作，从而形成了分工。分工也对财富的积累具有很大的影响，这一观点直接否定了重农主义认为农产品生产是累积财富的唯一来源与重商主义把货币视为财富唯一形态的局限思想。

（2）李嘉图与《政治经济学及赋税原理》

斯密的《国富论》激发了当时还是一个证券经纪人的大卫·李嘉图（David Ricardo）对于政治经济学的兴趣。他从价格、货币和税收入手，于1817年完成了《政治经济学及赋税原理》（*On the Principles of Political Economy and Taxation*）。他倾向自由贸易，主张减少政府的干预行为并减少税收，认为这样的政策是经济增长最好的政策。这无疑是新古典增长理论的思想基础。

李嘉图继承了斯密的“劳动决定商品价值”的理论，以此为基础考察资本主义经济的规律。在李嘉图的价值理论中，他区分了使用价值、交换价值和价值之间的不同，分析了劳动量与商品之间的关系，还定义了直接劳动和间接劳动。分配理论是李嘉图经济增长理论的核心，他认为收入的分配直接影响利润和资本积累，更影响着社会生产力的发展以及国民财富的增长。所以李嘉图说“确立支配这种分配的法则，乃是政治经济学的主要问题”。更进一步，李嘉图认为利润对社会发展是最重要的，因为在社会生产当中，只有利润增加，才能增加资本的积累，从而刺激生产。但是，利润又受到工资和土地的限制，所以工资、利润、土地之间如何分配及其分配比例，就构成了李嘉图分配理论的主要内容。但是他把资本主义视为永恒的范畴，只关注经济对象之间的数量关系，在方法论上有形而上学的缺陷。

（3）李斯特与《政治经济学的国民体系》

与斯密的自由贸易观点不同，德国经济学弗里德里希·李斯特（Friedrich List）是古典经济学的怀疑者和批判者。受美国学派思想的影响，他认为国家在经济政策中起主导作用，他主张国家应该尽快迈入工业化，进行贸易保护等，这样才能使弱国尽快晋升强国之列。

李斯特主要关心如何将一个弱国变成工业强国，在《政治经济学的国民体系》（*The National System of Political Economy*）中，他将工业进步放在经济发展理论的中心位置。相比于对外贸易和关税，李斯特的经济理论更注重工业进步，因为他认为对外贸易和关税只在国家工业水平较低时起较大作用，一旦一个国家建立起稳固的工业制造体系，一切都将让位于工业进步。他甚至认为工业增长是带动国民经济发展的主要因素，只有发展制造业，才能发展贸易，才能带动农业的繁荣。李斯特认为财富的作用是交换，而财富的原因是生产力，对于财富，必须从长远的角度来考虑，既不能忽视当下的财富积累，也要注重未来潜在的财富积累。落后的国家可以牺牲眼前的利益，通过贸易保护政策，提高国内制造业的生产力，再通过对外贸易与强国进行竞争。虽然在发展过程中弱国的经济会受到影响，但是待制造业发展起来之后，从长期来看国家的财富将会得到增长。这种对一个国家经济增长应该从长远来看的想法是正确的，强国与弱国的发展轨道不同，适当的贸易保护政策是使弱国变成强国的必要保障。

（4）马克思与《资本论》

马克思的政治经济学思想继承并超越了亚当·斯密的古典政治经济学理论，形成了以剩余价值理论为核心的马克思主义政治经济学。但是，应当看到劳动价值理论是马克思经济增长理论的基础。

在《资本论》中，马克思的经济增长理论主要可以从以下几点体现：第一，从生产力与生产关系的矛盾运动中解释社会经济制度的变迁，在历史形成的社会经济结构整体制约中分析个体经济行为，以生产资料所有制为基础确定整个社会经济制度的性质。第二，依据经济关系来理解和说明政治法律制度和伦理规范，通过生产力发展和社会实践实现社会经济发展及规律的对立统一。第三，资本主义扩大再生产是经济增长的必要条件，而只有通过增加生产要素的积累和提高生产要素的使用效率，才能有效地扩大再生产。更为重要的，马克思认为经济增长不只是财富的积累，经济增长还包含其他复杂的社会效应。只有通过科技进步，才能提高生产效率，减少劳动时间。应当看到，马克思在《资本论》中的分析逻辑为今天的内生增长理论提供了思想基础。

3.2 新古典增长理论

离开凯恩斯的轨道，重新回到供给侧来研究经济增长的规律并去发现新的规律，这是宏观经济学继续前进的方向。第二次世界大战以后形成的新技术浪潮正在改变着人们的生产方式，各个行业技术周期的缩短和资产折旧的加快成为经济运行的基本特征。新的经济增长理论要从这个背景出发。新古典增长理论是在政府失灵的情况下经济学理论对市场机制探索的回归，新古典增长理论也由此得名。

新古典增长理论的代表人物首推美国经济学家罗伯特·索洛（Robert Solow）。

1940年，一位16岁的美国少年进入世界顶尖学府哈佛大学求学，他就是罗伯特·索洛。因童年时经历过大萧条，故而索洛对社会动荡背后的推动因素产生了浓厚的兴趣。大萧条期间政治与经济无法正常运转，但没有人真正知道怎么解释这些现象，更不知如何解决这些问题，这促使索洛学习社会学、人类学以及一些基础的经济学。1945年，索洛师从研究投入产出的著名教授瓦西里·里昂惕夫（Wassily Leontief），开始了他的经济学生涯。

20世纪50年代，第二次世界大战后工业化国家的重建和新独立殖民地经济的发展将经济增长理论带入经济学家的研究范围。索洛对于工业化与经济长期发展的动因十分感兴趣。当时最前沿的观点是哈罗德-多马增长模型，在这个模型中，储蓄率、资本产出率和劳动力增长率这三个变量是固定的、外生的，分别由关于偏好、技术和人口的假设所决定。但索洛认为，使得上述假设成立的理由是不充分的，他将注意力聚焦于生产环节的技术假定。索洛从生产技术的变化出发，得到技术进步导致富有弹性的资本产出比率，进而带来新的稳态增长的分析路径，这就形成经济学逻辑演绎的过程，使得增长理论具有动态的属性。1956年，他发表的《经济增长的理论贡献》（A Contribution to the Theory of Economic Growth）一文成为新古典增长理论的发端。

在此基础上，索洛开始思考如何将技术加入经济增长理论中。索洛在最初研究这个问题的时候，曾认为经济增长的动因在于资本的积累，但当他试图以此来衡量美国经济时却惊奇地发现，从更广泛的意义上来说，技术进步比单纯的资本积累重要得多。1957年，他用理论模型将增长的源泉分解为资本、劳动和技术进步，并且发现技术进步而非资本积累才是经济长期增长的主要动力。

在研究中，索洛发现，除资本和劳动外的其他因素对经济增长贡献的总残差的均值与波动远不到可以忽略的标准，其重要性出乎他的意料。根据1909—1949年美国制造业高峰时期的资料与数据，索洛论证了当时人均工时产量增长的八分之一是由于所用资本的增加，而大约八分之七则来自技术变化。索洛意识到，还有更多技术变革的内容包含在经济增长的过程中，正像人们在实际经济生活中对技术变化与创新所感受到的那样。经过理论论证与实证分析，索洛明确地指出，自然资本的积累并不是一个国家经济增长的根本所在，而技术进步是经济增长的唯一源泉。

1987年，瑞典皇家科学院授予罗伯特·索洛诺贝尔经济学奖，以表彰他在研究产生经济增长与福利增加的因素方面所做出的特殊贡献。

3.2.1 索洛模型的基本假设

劳动和资本可以互相替代，也就是说，资本不足时，可以增加劳动投入；劳动不足时，可以增加资本投入——这是索洛模型对于哈罗德-多马模型的突破。从理论上讲，劳动密集型和资本密集型经济体可以达到同样的总产出目标，但是却拥有不同的技术效应，也就承担着不同的边际产出。

设经济体在一年的投入要素：劳动（L）、资本（K）、全要素生产率（A）是长期可变的要素。采用柯布-道格拉斯（Cobb-Douglas）函数可以简约地表示投入、产出关系和经济增长规律，如式（3-1）所示：

$$Y=AK^{\alpha}L^{\beta} \tag{3-1}$$

其中α、β分别表示产出关于资本和劳动的弹性，满足

$$\alpha+\beta=1 \tag{3-2}$$

式（3-2）意味着经济的规模效益不变。事实上，对于一个乘数h，hK的资本投入和hL的劳动投入所得到的产出$\widetilde{Y}$如下：

$$\widetilde{Y}=A\ (hK)^{\alpha}\ (hL)^{\beta}=Ah^{\alpha+\beta}K^{\alpha}L^{\beta}=h(AK^{\alpha}L^{\beta})=hY$$

因此，产出也增加了h倍。这里，式（3-1）和式（3-2）的数学形式起到决定性作用。

α和β的经济含义是明显的。对式（3-1）的两边取自然对数，再计算全微分，

我们得到：

$$\ln Y = \ln A + \alpha \ln K + \beta \ln L$$

$$\mathrm{d}\ln Y = \mathrm{d}\ln A + \alpha \mathrm{d}\ln K + \beta \mathrm{d}\ln L$$

$$\frac{\mathrm{d}Y}{Y} = \frac{\mathrm{d}A}{A} + \alpha\frac{\mathrm{d}K}{K} + \beta\frac{\mathrm{d}L}{L} \tag{3-3}$$

从式（3–3）我们看到，α 是产出的资本弹性，β 是产出的劳动弹性。

但是，如果说劳动和资本是刻画经济体投入状态的变量，那么技术水平就是刻画经济体性质的变量。技术水平的持续提升需要长期因素的积累，需要国家层面的制度安排。

除了以上对生产函数的柯布–道格拉斯假设和规模报酬不变假设之外，我们还需要对投入要素进行几点假设。

假设一，时间不直接进入生产函数，而通过影响全要素生产率、劳动和资本间接影响产出。换句话说，只有在全要素生产率、劳动和资本随时间变化而变化的时候，产出才随时间变化。同时，我们假设时间是连续的，在模型中任何一个时间点都对应一个有意义的变量。

假设二，劳动、资本和全要素生产率的初值是事先给定的，并严格大于 0。据此，我们设：

$$\frac{\mathrm{d}L}{\mathrm{d}t} = nL(t) \tag{3-4}$$

$$\frac{\mathrm{d}A}{\mathrm{d}t} = gA(t) \tag{3-5}$$

其中 n 和 g 是外生参数，$\frac{\mathrm{d}L}{\mathrm{d}t}$为劳动关于时间的变化率，可知 n 为劳动的增长率；同理，可知 g 为全要素生产率的增长率。

假设三，总产出全部用于消费和投资。我们得到单位时间资本增量的函数：

$$\frac{\mathrm{d}K}{\mathrm{d}t} = sY(t) - dK(t) \tag{3-6}$$

其中，s 是产出用于投资的比例（储蓄率），d 是折旧率，式（3–6）的意义在于新资本的增长量等于单位投资获得的新资本减去现有资本的折旧。

索洛模型在假设中把很多方面都大大简化了：产品单一，无政府干预，储蓄率、折旧率和人口增长率都是常数。这个简化的模型抓住了事物的本质，恰当地抽象出最为重要的因素，实现了增长要素的比较。

3.2.2 人均水平的索洛模型

经济增长的人均水平是宏观经济学研究的关键。

我们用 Y/L 表示人均 GDP，用其来评估国民生活质量，记：

$$y=\frac{Y}{L}, k=\frac{K}{L} \tag{3-7}$$

其中，k 表示人均资本量，人均资本量的提高被称为资本深化。结合式（3-1）和式（3-7），我们可以得到人均生产函数：

$$\frac{Y}{L}=AK^{\alpha}L^{\beta-1} \tag{3-8}$$

$$\frac{Y}{L}=A\left(\frac{K}{L}\right)^{\alpha} \tag{3-9}$$

进而，

$$y=Ak^{\alpha}=f(k) \tag{3-10}$$

从式（3-10）出发，分析人均 GDP 的增长率（即单位劳动 GDP 增长率）与人均资本量增长率的关系，我们有

$$\frac{\mathrm{d}y}{y}=\frac{\mathrm{d}A}{A}+\alpha\frac{\mathrm{d}k}{k} \tag{3-11}$$

由式（3-11），我们看到，人均 GDP 增长率取决于人均资本量增长率和技术进步的速度。而系数 α 是人均 GDP 增长率的资本深化弹性。资本深化的物质存在是更高水平的生产装备。这意味着：第一，要有技术进步，才能获得新装备；第二，与此同时，劳动者的知识与技术水平要跟上来，要能够操作新装备。试想，没有受过信息科学与技术的教育与训练，一个原本在普通车间工作的工人能够直接使用数控加工机器吗？这就为后面的内生增长理论打好了伏笔。

如果一个经济体的人口增长进入稳态，那么劳动的人口比例就是一个常数，因此，代表实际生活水平的人均产出和劳均产出就是等价的。资本的增长要和人口的增长达到同步，才能实现真正国民福利意义下的经济增长。这就使得我们必须统筹考虑人口增长、教育增长、储蓄增长和资本增长，使其达到系统意义下的整体均衡。

在式（3-4）和式（3-6）中，我们主要考虑了劳动和资本，而忽略了其他一系列对产出也有影响的因素。对人力资本的投资是对产出影响最大的因素之一。1992 年保

罗·罗默（Paul Romer）就提出了这个观点，他认为人力资本（H）应该和资本、劳动对产出的影响一致。因此我们将生产函数变形为

$$Y=AF(K,H,L) \tag{3-12}$$

图 3-1 显示了 1960 年各国教育投资比例与人均 GDP 的关系，图 3-2 显示了 1960 年各国人均受教育年限与人均 GDP 的关系。根据这两幅图我们可以得出两点结论：一是教育投资比例与人均 GDP 正相关；二是人均受教育年限也与人均 GDP 正相关。

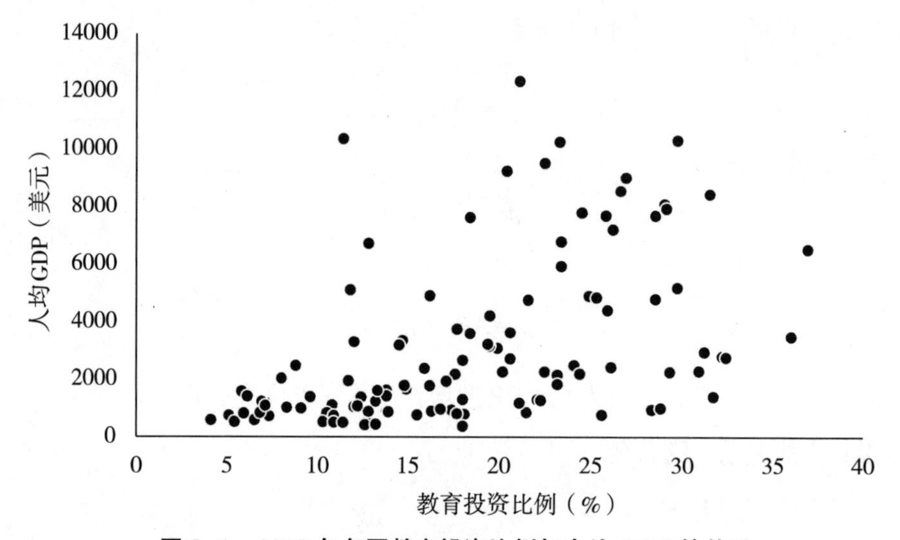

图 3-1　1960 年各国教育投资比例与人均 GDP 的关系

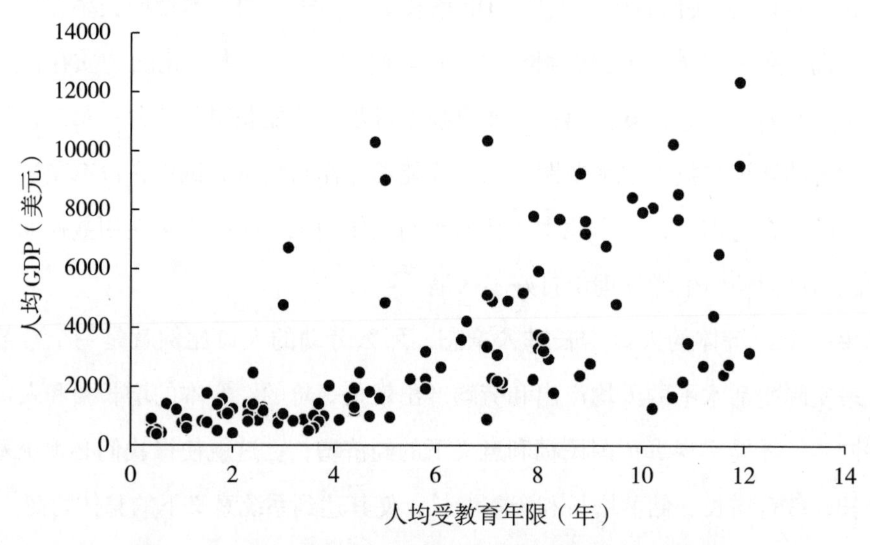

图 3-2　1960 年各国人均受教育年限与人均 GDP 的关系

（1）没有技术进步时资本积累的极限

为了深入论证技术是促进经济长期增长的唯一因素的观点，新古典经济理论的核心问题之一是分析资本积累和储蓄率之间的关系。

假定没有技术进步，则 A 是常数。由式（3–10），可得

$$\frac{\mathrm{d}y}{\mathrm{d}k}=f'(k)=A\alpha k^{\alpha-1}>0 \tag{3–13}$$

$$\frac{\mathrm{d}^2y}{\mathrm{d}k^2}=f''(k)=A\alpha(\alpha-1)k^{\alpha-2}<0 \tag{3–14}$$

并且，

$$\lim_{k\to+\infty}\frac{\mathrm{d}y}{\mathrm{d}k}=\lim_{k\to+\infty}A\alpha k^{\alpha-1}=0\quad（因为\ \alpha<1） \tag{3–15}$$

因此，假设没有技术创新而仅仅提升人均资本量的水平，人均经济增长率也必然在长期达到一个接近0的稳态，如图3–3所示。于是，人均资本量的增长率也接近0。

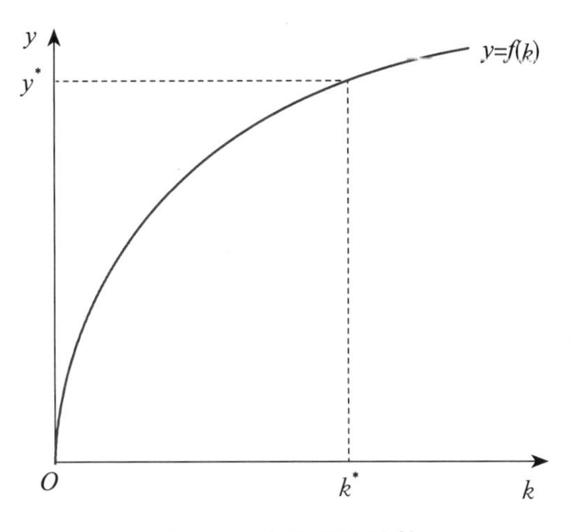

图3–3　人均增长趋势

下面，我们进一步从资本增量的结构分解上认识仅提升人均资本量的局限性。

由式（3–7），对于 k 求其关于时间的导数 $\frac{\mathrm{d}k}{\mathrm{d}t}$，得到

$$\begin{aligned}\frac{\mathrm{d}k}{\mathrm{d}t}&=\frac{1}{L}\frac{\mathrm{d}K}{\mathrm{d}t}-\frac{K}{L^2}\frac{\mathrm{d}L}{\mathrm{d}t}\\&=\frac{1}{L}\frac{\mathrm{d}K}{\mathrm{d}t}-\frac{k}{L}\frac{\mathrm{d}L}{\mathrm{d}t}\end{aligned} \tag{3–16}$$

其中 $k=K/L$。再由式（3–6），可得

$$\frac{\mathrm{d}k}{\mathrm{d}t}=\frac{sY-dK-k\frac{\mathrm{d}L}{\mathrm{d}t}}{L}$$
$$=s\frac{Y}{L}-dk-nk$$
$$=sy-(d+n)k \tag{3-17}$$

假设经济和金融发展充分，储蓄可以全部转化为投资(即为实际投资)。根据式(3-17)，要让人均资本量随着时间提升，实际投资首先要覆盖折旧，其次要覆盖人口增长，保障原有的人均资本量不变。我们定义$(d+n)k$为持平投资，表示经济保持原有人均资本量水平的新增投资。只有实际投资大于持平投资，人均资本量才能随时间提升，即必须保持投资增速等于$(d+n)k$才能维持经济的发展。由式（3–10）可知实际投资关于k的导数为

$$\frac{\mathrm{d}(sy)}{\mathrm{d}k}=sA\alpha k^{\alpha-1} \tag{3-18}$$

持平投资关于k的导数为常数$d+n$，实际投资关于k的导数随着k的增加而递减，因此两个变化率有唯一交点k^*：

$$k^*：s\alpha Ak^{\alpha-1}=n+d$$
$$\Rightarrow k^*=\left(\frac{s\alpha A}{n+d}\right)^{\frac{1}{1-\alpha}} \tag{3-19}$$

k^*是k的时间增长率的最大值，如图3–4所示，当$k<k^*$时，$\mathrm{d}k/\mathrm{d}t>0$，于是$k$增加；当$k>k^*$时，$\mathrm{d}k/\mathrm{d}t<0$，于是$k$减少。$k$动态收敛于$k^*$，$k^*$是长期均衡点。特别

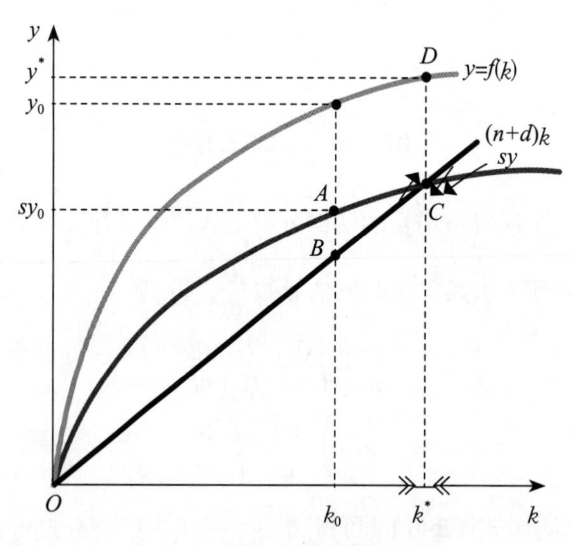

图3–4　实际投资与持平投资

注意到，式（3-19）告诉我们，k^* 是技术进步 A 的增函数，是人口增长率 n 和折旧率 d 的减函数，因此提高 A 可以提升 k^*。

综上所述，如果没有技术进步（即 A 的增加），仅靠提升人均资本量 k，不可能实现持续的人均经济增长。实际上，根据式（3-13），由 $dk=0$ 可知 $dy=0$ 。

（2）储蓄率变化的影响

在稳态时，储蓄率 s 的上升会导致实际投资曲线向上移动（由 sy 移至 $s'y$），如图 3-5 所示，最终 k^* 增大到 k^{**} 。实际上，s 的突然上升并不能导致 k^* 瞬间增大，在 s 上升时，随着实际投资超过持平投资，技术进步落实到产品上，实现资本深化，k 会增大，直到稳定在新的 k^{**} 上，达到新的平衡。

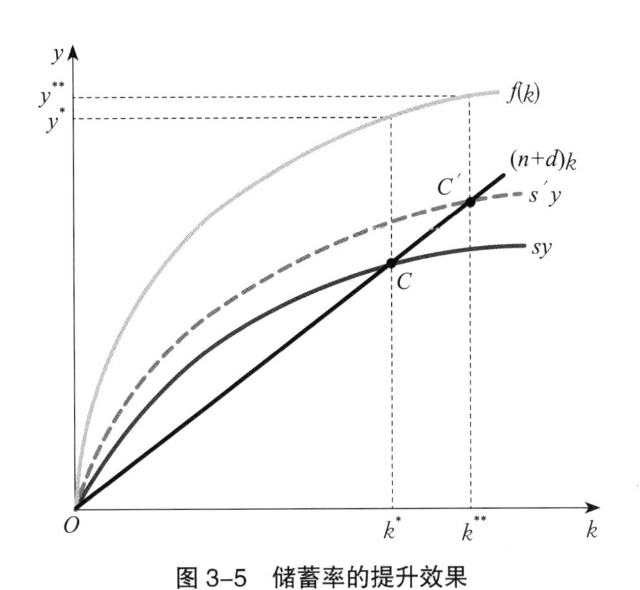

图 3-5 储蓄率的提升效果

因此，在新古典增长理论里，尽管没有政府的作用，但是适度的储蓄率是金融发展的必要条件。金融的不当约束可能成为经济增长的瓶颈。然而，和前面分析的逻辑一样，没有技术进步支撑的储蓄率提升仍然不可能持续发挥作用。

（3）人口增长和技术进步的影响

除了储蓄率，人口增长和技术进步也与经济的长期稳态有着紧密的关系。当人口增长时，持平投资曲线的斜率最大，于是导致了 k 和 y 的减小，但同时也提升了总产出的增长率。在大多数发展中国家，人口增长率的增加常常会导致人均产出的减少。相反，人口增长率的下降会导致持平投资斜率减小，增大了人均产出率和人均资本积累，却降低了总产出的增长率。但是，归根结底，还要看技术进步的推进。

通常全要素生产率大于0，我们定义 $g=\frac{\Delta A}{A}$ 为技术变化率，于是产出的增长率就与 g 相关。当 g 增大时，产出增长率和资本积累率随之增加，如图 3–6 所示。

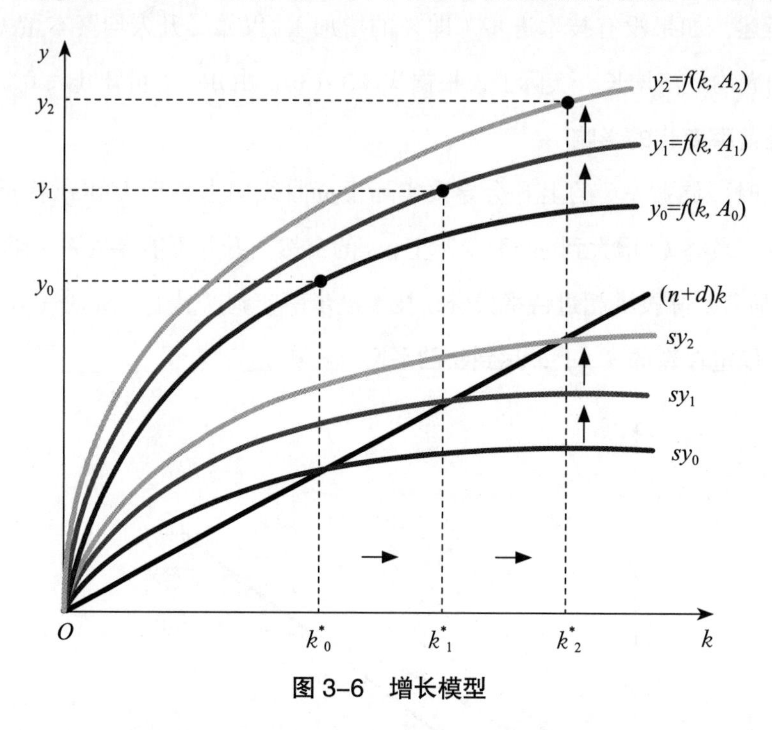

图 3–6　增长模型

（4）长期经济增长稳态的影响因素

在前面的分析中，我们看到保证储蓄与投资畅通的市场机制的重要性。但是如果没有技术进步的持续作用，即使投资不断增加，所达到的经济增长的稳态也不过是增长停滞的稳态。技术进步要物化在新的实物资本和人力资本之中，要转化为劳动的技术素质，都需要更为深远的长期机制来保障。因此，当纯粹的市场机制失灵、新古典主义失灵时，政府的干预就必不可少了。

（5）“三一规律”

劳动生产率的增加直接影响人均实际 GDP 的增加，因此，我们通常将劳动生产率作为衡量国家技术水平的标尺。劳动生产率的增加主要依赖以下几个元素：投资、实物资本、储蓄、人力资本和技术。

在实际经济中，技术进步对于经济增长率的贡献率到底是多少呢？索洛在美国案例的研究中发现了美国人均产出的“三一规律”，即在技术不变的情况下，资本深化或者人均资本量的增长对人均产出增长的贡献为 1/3。例如，如果人均资本量增长了

3%，而人均产出增长了2.5%，那么其中人均资本量对人均产出的贡献仅为1个百分点，其他的1.5个百分点来自人力资本的增长和技术进步。表3-1是1960—1995年美国人均产出增长的结构。

表3-1　美国人均产出增长的结构（1960—1995）

时期	人均产出增长（%）	人均资本量增长（%）	人力资本的增长与技术进步贡献（%）
1960—1973年	39	24	39-24/3=31
1973—1983年	8	15	8-15/3=3
1983—1995年	18.5	11	18.5-11/3=14.83

资料来源：帕金.宏观经济学：第8版[M].北京：人民邮电出版社，2008.

3.2.3　中国的全要素生产率

在新古典经济增长理论当中，全要素生产率是以系数的方式加入生产函数的，也就是说，全要素生产率在索洛模型中对劳动与资本的组合产生综合作用。它的重要性我们将在后文讨论内生增长理论时进一步阐述。在索洛的统计检验模型中，全要素生产率指各生产要素投入之外的技术进步导致的额外产出，是减去劳动与资本投入贡献后所得到的"残差"。索洛指出这个"残差"并不是标准统计学意义上的残差，其包含着有用的信息，这就是"索洛剩余"。在针对中国全要素生产率的研究中，许多学者已经取得了一定的进展。舒元（1993）利用生产函数法估计中国全要素生产率的增长率，1979—1999年全要素生产率的增长率为1.46%，对经济增长的贡献率为14.9%。易纲、樊纲和李岩（2003）提出了中国经济存在效率提升的四点证据，证明了中国经济的效率在提升。但是由于中国的全要素生产率较低，且之前研究者未考虑中国和西方体制上的差异，其研究有一定的片面性。

鲁晓东、连玉君（2012）运用多种统计方法使用1999—2007年的中国工业企业调查数据库数据进行了行业和地区层面的中国工业企业全要素生产率的估算。该数据库由国家统计局每年对销售额在500万元以上的大中型制造型企业进行统计整理而得。他们使用的数据涵盖了中国31万多家企业，占中国工业总产值的95%左右。在14个行业中，生产率增长最快的是金属冶炼、电子通信、仪器仪表，其全要素生产率增长率分别为4.70%、3.96%和3.67%。省级单位的比较也引人注目，参见表3-2。

表 3-2 省级单位制造业企业全要素生产率（TFP）比较（1999—2007）

	安徽	北京	福建	甘肃	广东	广西	贵州	海南	河北	河南
TFP 均值	4.37	4.48	4.53	3.75	4.51	4.00	3.96	4.56	4.12	4.07
平均增长率 (%)	3.74	2.11	2.48	1.93	2.44	3.92	1.73	3.45	3.35	4.27
	黑龙江	湖北	湖南	吉林	江苏	江西	辽宁	内蒙古	宁夏	青海
TFP 均值	3.58	4.28	4.05	4.23	4.63	4.13	4.14	4.32	4.20	3.97
平均增长率 (%)	3.10	2.96	5.19	2.65	2.12	2.17	3.53	5.03	1.40	4.37
	山东	山西	陕西	上海	四川	天津	新疆	云南	浙江	重庆
TFP 均值	4.41	3.78	3.98	4.68	4.37	4.44	3.56	4.24	4.38	4.41
平均增长率 (%)	3.02	4.33	2.89	2.51	3.94	3.40	1.01	1.46	1.89	3.69

资料来源：鲁晓东，连玉君 . 中国工业企业全要素生产率估计：1999—2007[J]. 经济学（季刊），2012，11（2）：541–588.

如何评价快速发展时期中国的全要素生产率呢？表 3–3 对比了美国、日本、德国和加拿大等发达经济体在制造业与国际贸易发展关键时期的全要素生产率的增长率。可以看到在技术上注重引进和再创新的日本与对基础理论与技术基础均保持高投入的德国在从美国手中抢得世界制造业份额的过程中具有突出的全要素生产率增长率。而以出口加工型经济模式为主的新加坡和韩国，在经济起飞时期也有比较高的全要素生产率增长率。与之相比较，中国加入世界贸易组织后迅速成长为世界制造业大国，其全要素生产率无论从行业角度还是从地区角度都有很高的增长率。在北京、上海、天津、重庆等科技中心城市，在广东、福建、浙江、山东等沿海制造业重点地区，全要素生产率的平均增长率在 4.0% 以上。因此，对于中国在走向世界经济过程中的科技发展与产业技术进步应给予积极的评价。

表 3–3 代表性经济体全要素生产率（TFP）

	时间	TFP 增长率（%）		时间	TFP 增长率（%）
美国	1947—1973	1.4	加拿大	1947—1973	1.8
日本	1952—1973	4.1	新加坡	1966—1990	–0.3
德国	1950—1973	3.7	韩国	1966—1990	1.6

资料来源：易纲，樊刚，李岩 . 关于中国经济增长与全要素生产率的理论思考 [J]. 经济研究，2003（8）：13–20，90.

3.3 内生增长理论

新古典增长理论指出经济增长的唯一源泉在于技术进步，强调市场运行的机理机制。但是如何实现技术进步？如何建设市场的激励机制？政府应做什么？对这些问题，需要进一步进行理论探索。于是，20世纪80年代诞生了内生增长理论，其也被称新增长理论。

内生增长理论形成了两条研究思路。

第一条思路是从知识积累与溢出、人力资本发展的角度解释持续技术进步的路径。代表模型有罗默的知识溢出模型、罗伯特·卢卡斯（Robert Lucas）的人力资本模型、巴罗模型、格鲁斯曼-赫尔普曼模型等。这些模型使用整个经济范围的收益递增、技术正外部性等解释技术进步的持续动力。

第二条思路是用资本持续积累解释经济内生增长的路径。代表模型是琼斯-真野惠里模型、雷贝洛模型等。

完全竞争条件下内生增长模型存在一定的缺陷：一是完全竞争假设条件过于严格，限制了模型的解释力和适用性；二是完全竞争假设忽视了技术的非竞争性和部分排他性。

3.3.1 内生增长模型与索洛模型

索洛模型论证了全要素生产率所代表的技术进步是经济增长的唯一源泉。但是该模型假设全要素生产率是外生变量，却又推导出它是经济增长的长期驱动力，这就从逻辑上用外部因素解释了经济增长，这从经济学逻辑上讲是不完备的。索洛模型以新古典经济学之名强调市场机制的完备性，但是如果长期源泉是外生的，而不是循环于市场内部的，就失去了理论自身的逻辑完备性和对于实际的指导意义。如果新古典经济学坚持市场机制的完备性，那么一个长期动力怎么会是外部的呢？如果这个外部指的是市场以外的社会资源，那么政府则应被加入其中。

内生增长理论将政府加入模型中，让政府在教育、知识产权保护等制度因素方面发挥其应有的作用。于是，新古典增长理论和内生增长理论在融合中走向了新凯恩斯主义。

不仅如此，索洛模型对全要素生产率的解释并不清晰，模型中将其称为劳动效率，是除劳动和资本外影响总产出的其他因素。但是它的内涵是什么？什么因素能影响它的变化？对这些问题，索洛模型却没有给出更为深入的解释。

在内生增长理论问世以前，劳动效率被认可的一种解释是其代表知识和技术进步。不难想象，在其他条件不变的情况下，一个公司取得了专利形式的新技术优势后，这个公司可以在知识产权保护的制度下获得比之前更多的合法的垄断收益。但是，知识是如何被定量计算到模型当中的？哪些因素影响了知识的价值？这是内生增长理论所要重点讨论的问题。

3.3.2 模型概述与假设

在内生增长理论中，罗默提出一种新的关于全要素生产率的理解方式。首先，他认为全要素生产率不足以概括在生产过程中的全部要素的职能。于是，他将公式里的 A 定义为知识。同时他将 A 放入函数中，采取和劳动相乘的形式出现，体现知识对于劳动力素质的促进作用。

我们沿用索洛模型中的部分假设，同时设定生产和研发部门为独立的两个部门：一个负责产品的产出，另一个负责基于目前技术水平的研究和开发。同样根据柯布-道格拉斯函数，可以变形得到一个新的生产函数：

$$Y=((1-a_K)K)^{\alpha}((1-a_L)AL)^{1-\alpha},\ 0<\alpha<1 \tag{3-20}$$

在式（3-20）的生产函数中，$(1-a_K)$为用于生产产品的资本比例，$(1-a_L)$为用于生产产品的劳动比例。其他四个经济变量为产出（Y）、资本（K）、劳动（L）和知识（A）。由于 a_K、a_L 是刻画实际经济投入的参数，我们假设这两个参数在模型的连续时间序列里不变。同理，根据柯布-道格拉斯函数，定义一个基于现有知识的知识边际生产函数：

$$\frac{\mathrm{d}A}{\mathrm{d}t}=B(a_K K)^{\beta}(a_L L)^{\gamma}A^{\theta},\ B>0,\ \beta\geq 0,\ \gamma\geq 0 \tag{3-21}$$

在式（3-21）中，B 为转换参数。与柯布-道格拉斯函数定义有所区别的是，新知识边际生产函数具有规模报酬可变的性质，这和我们的常识相符。我们可以说在生产部门，双倍的投资可以迎来双倍的收益，但是这在研发产出方面却并不适用。有时双倍的资金投入并不能获得超越原有资金投入的效果，而有时资本意外的冲击却能导致技术上的突变并带来数倍的经济效益。因此，该函数既有可能出现边际递减，也有可能出现边际递增。式（3–21）还刻画了一个关于研发成功率的参数 θ，其取值可正可负。当 θ 为正的时候，研究处于早中期，研究者容易从过往的经验中获取灵感而创造出新知识。但是在中后期，该项技术的优势逐渐消失，研发进入低效阶段，创造新知识变得越来越困难，因此 θ 转而取负值。β 和 γ 为控制资金和劳动的新知识产出弹性的参数。我们同样假设储蓄率（s）和人口增长率（n）是外生不变的，并假设折旧率为0。因此我们得到以下等式：

$$\frac{\mathrm{d}K}{\mathrm{d}t}=sY \tag{3-22}$$

$$\frac{\mathrm{d}L}{\mathrm{d}t}=nL,\ n\geq 0 \tag{3-23}$$

与索洛模型一样，我们假设 A、K 和 L 的初始值严格大于0。

3.3.3 特殊情况下的模型

这一节主要讨论 A 的本质和性质。首先考虑一种特殊情况——K 为常数。在简化后的模型当中，我们主要考虑劳动与生产函数、新知识研发函数之间的关系，即 α 和 β 为0的情形。此时可以得到简化后的生产函数和新知识研发函数：

$$Y=(1-a_L)AL \tag{3-24}$$

$$\frac{\mathrm{d}A}{\mathrm{d}t}=B(a_L L)^{\gamma}A^{\theta} \tag{3-25}$$

从简化后的生产函数我们可以看出，在给定 L 的情况下，劳动效率直接决定了产量，且二者成正比。进而我们聚焦简化后的新知识研发函数。考虑劳动效率的时间增长率 g_A，我们得到：

$$g_A=\frac{\frac{\mathrm{d}A}{\mathrm{d}t}}{A}=\frac{\mathrm{d}\ln A}{\mathrm{d}t}$$

$$=Ba_L^{\gamma}L^{\gamma}A^{\theta-1} \tag{3-26}$$

对式（3–26）两边同时取对数并对时间求导（其中 g_A、L 和 A 是关于时间的函数），我们就可得到 g_A 的增长率的结构表达式：

$$\frac{\frac{\mathrm{d}g_A(t)}{\mathrm{d}t}}{g_A(t)}=\gamma n+(\theta-1)g_A(t) \tag{3-27}$$

进而，

$$\frac{\mathrm{d}g_A(t)}{\mathrm{d}t}=\gamma n\, g_A(t)+(\theta-1)g_A(t)^2 \tag{3-28}$$

接下来，我们通过三种情形分别讨论劳动效率的性质。

情形一： $\theta=1$。

由于 θ 是关于产品研发成功率的参数，所以当 $\theta=1$ 时，我们认为目前的知识水平正好能使新知识的边际产量与之成正比。于是，根据式（3–26）和式（3–28），我们简化劳动效率的增长率公式和 g_A 的增长率的表达式：

$$g_A=B\,a_L^{\gamma}L^{\gamma} \tag{3-29}$$

$$\frac{\mathrm{d}g_A(t)}{\mathrm{d}t}=\gamma n\, g_A(t) \tag{3-30}$$

根据式（3–29）和式（3–30），我们可以看出人口增长率对劳动效率的增长率具有突出的影响，进而对经济产出产生影响。当人口增长率为正的时候，g_A 是时间的增函数，从而经济进入持续快速上升的道路；这时投入科研的劳动的比例 a_L 也同样影响着劳动效率的增长率。当人口增长率为 0 的时候，则 g_A 为常数，在这种情形下，经济会稳定增长。根据产品的生产函数的表达式（3–20），我们可以推出 a_L 将影响长期经济增长率。与此同时，我们假设一切产出都用于消费，且每次产出都会被全部消费。所以我们可以将 $(1-a_L)$ 视为用于生产当前消费品的比例，而 a_L 作为研发的劳动投入比例可以被视为用于生产未来消费品的比例，所以 a_L 可以被视为经济的储蓄率。

式（3–30）揭示了基于知识的劳动效率的增长率与人口增长率正相关，或者说，人口停止增长将导致劳动效率停止增长。这与我们的常识相一致：人口不增长了，研究人才的增长就会受到制约。

情形二： $\theta>1$。

当 $\theta>1$ 时，我们认为当前的知识存量能激发出超过目前存量的更多新知识，于是我们通过式（3–30）发现，g_A 的时间增长率与 g_A 呈正相关关系，如图 3–7 所示。

从长期来看，经济增长不会出现收敛的形式，而会随时间不断扩大增长速率。从数字上来说，这种情况对经济会产生巨大的推动和积极的影响。知识的存量会随时间推移而不断扩张，同时扩张的知识存量又直接推动经济更进一步的发展，形成正反馈。

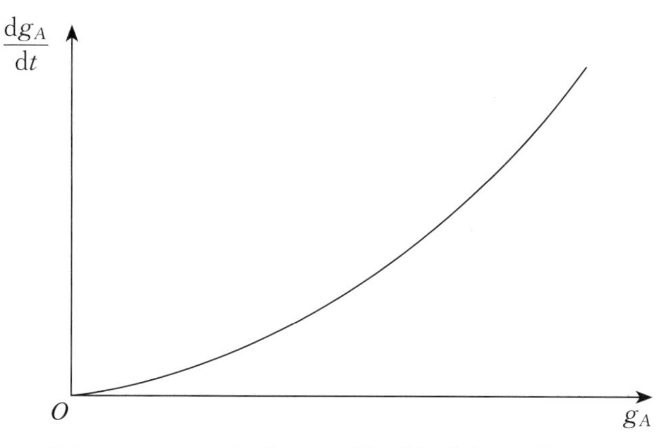

图 3-7　$\theta>1$ 情形下 g_A 时间增长率与 g_A 的关系

研发的劳动投入比例 a_L 同样会对经济增速产生很大的影响。从劳动效率增长率表达式来看，增大研发投入的劳动比例能直接增大劳动效率增速，从而促进 $\frac{dg_A}{dt}$ 的增大，最终导致劳动效率新旧增长率之间的差距越来越大。

情形三：$\theta<1$。

根据 $\frac{dg_A}{dt}$ 与 g_A 的关系式，我们可以知道在 $\theta<1$ 的时候，$\frac{dg_A}{dt}$ 为 g_A 的二次项系数为负的二次函数，对称轴为 $g_A=\frac{\gamma n}{2(1-\theta)}$。由于 g_A 恒为正，所以我们只考虑正半轴图像，解得函数与横轴交点为 $\frac{\gamma n}{(1-\theta)}$（记作 g^*），如图 3-8 所示。

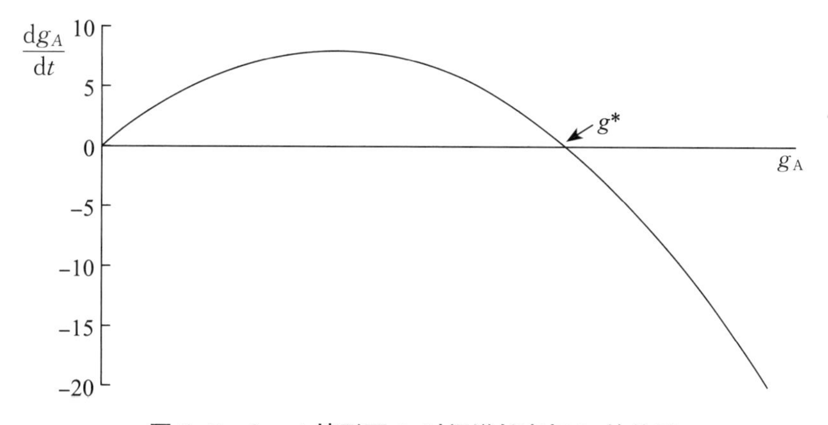

图 3-8　$\theta<1$ 情形下 g_A 时间增长率与 g_A 的关系

我们可以从图 3-8 中看到，当 g_A 在交点左边的时候，$\frac{\mathrm{d}g_A}{\mathrm{d}t}$ 大于 0，于是 $\frac{\mathrm{d}g_A}{\mathrm{d}t}$ 会促进 g_A 增大；当 g_A 在交点右边的时候，$\frac{\mathrm{d}g_A}{\mathrm{d}t}$ 小于 0，$\frac{\mathrm{d}g_A}{\mathrm{d}t}$ 会导致 g_A 减小。最终，g_A 总会收敛于 g^*，A 和 $\frac{Y}{L}$ 都会以 g^* 的速率平稳增长，经济达到一个动态平衡的状态。

通过这个简化模型的例子我们可以看出，$g^*=\frac{\gamma n}{(1-\theta)}$，所以最终稳定增长率（$g^*$）和人口增长率成正比。人口的快速增长能够直接拉动经济的快速增长，这是我们能从中国的经济增长历程中观察到的。同时，我们也发现研发的劳动投入比例 a_L 并不影响经济的长期增长，这和我们的直觉相悖，但其实我们仔细分析便可以找出其中的原因。由于研发的劳动投入是外生给定的，虽然 a_L 的提升能够使 g_A 在短时间内增大，但是一旦 g_A 的数值超过了 g^*，数值为负的 g^* 在之后的一段时间会迫使 g_A 回到 g^*，然后稳定经济增长率。

因此，长期增长率是内生决定的。虽然外生变量能够使经济增长短期波动，但是从长远来看，人力资本、创新能力、地缘政治环境与制度因素内生地决定了经济增长的长期均衡水平。

3.3.4 一般情况下的模型

下面我们讨论内生增长模型的一般情形，即在加入资本（K）之后内生变量 A 和 K 的性质。结合式（3-20）和式（3-22），我们可以得到

$$\frac{\mathrm{d}K}{\mathrm{d}t}=s((1-a_K)K)^{\alpha}((1-a_L)AL)^{1-\alpha} \tag{3-31}$$

令 $c=s(1-a_K)^{\alpha}(1-a_L)^{1-\alpha}$，变形上式，我们得到资本的时间增长率 g_K：

$$g_K=\frac{\frac{\mathrm{d}K}{\mathrm{d}t}}{K}=\frac{\mathrm{d}\ln K}{\mathrm{d}t}=c\left(\frac{AL}{K}\right)^{1-\alpha} \tag{3-32}$$

两边取对数再对时间求导数可得 g_K 的结构表达式：

$$\frac{\frac{\mathrm{d}g_K(t)}{\mathrm{d}t}}{g_K(t)}=(1-\alpha)(g_A+n-g_K) \tag{3-33}$$

注意到 $\frac{\mathrm{d}c}{\mathrm{d}t}=0$。

根据式（3-32），g_K 恒为正。根据式（3-33），由于 $0<\alpha<1$，当 g_A+n-g_K 大

于0时，g_K 随着时间推移而增大；当 g_A+n-g_K 小于0时，g_K 随着时间推移而减小；当 g_A+n-g_K 等于0时，g_A 与 g_K 之间呈关于人口增长率的互补关系：

$$g_A-g_K=n\text{，或者 }g_A=n+g_K$$

这就是说，知识增长率要达到人口增长率加上资本增长率的水平。如果资本增长要达到促进经济内生增长的效果，也就是说，使得资本增长率提升的话，那么知识增长率要大于人口增长率加上资本增长率，这就是产业升级。

图形上讲，g_A 与 g_K 的关系呈现一条以 n 为截距、1为斜率的射线。

同样，我们对 A 做进一步的讨论。用式（3–21）两边除以 A，令 $c'=Ba_K^{\beta}a_L^{\gamma}$，我们得到一般情况下 A 的增长率：

$$g_A=c'K^{\beta}L^{\gamma}A^{\theta-1} \tag{3–34}$$

同理，我们对上式取对数然后求导，得到 g_A 的变化率：

$$\frac{\frac{\mathrm{d}g_A(t)}{\mathrm{d}t}}{g_A(t)}=\beta g_K+\gamma n+(\theta-1)g_A \tag{3–35}$$

与 g_K 的讨论相同，我们有：当 $\beta g_K+\gamma n+(\theta-1)g_A$ 大于0的时候，g_A 随时间推移而增大；当 $\beta g_K+\gamma n+(\theta-1)g_A$ 小于0的时候，g_A 随时间推移而减小；当 $\beta g_K+\gamma n+(\theta-1)g_A$ 为0的时候，g_A 与 g_K 之间成正比，且 g_A 与 g_K 的关系为一条截距为 $\frac{-\gamma n}{\beta}$、斜率为 $\frac{(1-\theta)}{\beta}$ 的一次函数曲线。

将式（3–33）和式（3–35）的曲线放在一起（见图3–9），讨论曲线相交和不相交的情况。曲线不相交的情况又具体分为 $\frac{(1-\theta)}{\beta}<1$，或者 $\frac{(1-\theta)}{\beta}=1$ 且 $n>0$ 两种情形。在这两种情形下，经济的发展均不会收敛，即新知识的产生与资本的产生会越来越多，且其速率会越来越快，持续呈现边际收益递增的情形。这是产业革命的情形，不属于常规经济增长的范畴。本书主要讨论曲线相交的情况，曲线相交的情况又具体分为 $\frac{(1-\theta)}{\beta}>1$，或者 $\frac{(1-\theta)}{\beta}=1$ 且 $n=0$ 两种情形。

情形一：$\dfrac{(1-\theta)}{\beta}>1$。

当 $\dfrac{(1-\theta)}{\beta}>1$ 时，曲线 $\dfrac{\mathrm{d}g_A(t)}{\mathrm{d}t}=0$ 的斜率大于 1，且在 y 轴上的截距 $\dfrac{-\gamma n}{\beta}$ 小于 $\dfrac{\mathrm{d}K_A(t)}{\mathrm{d}t}=0$ 在 y 轴上的截距 n，从而我们得出这两条曲线一定会在第一象限有一个交点（如图 3–9 所示）。

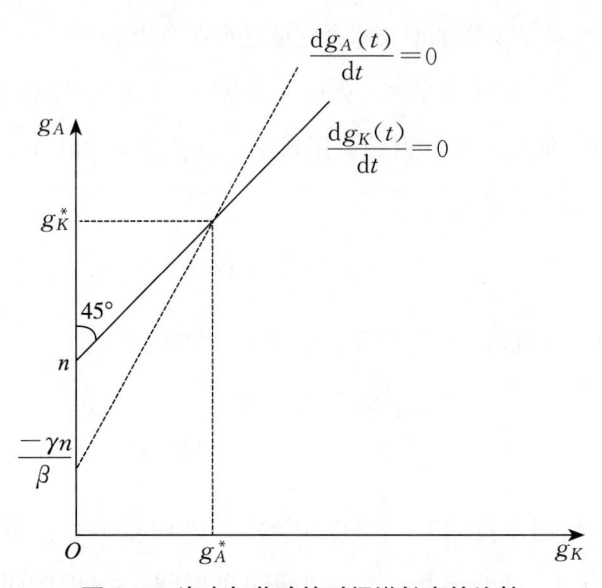

图 3–9　资本与劳动的时间增长率的比较

如图 3–9 所示，当 (g_K, g_A) 落在两条直线之间时，整个经济系统是可控和收敛的。无论 g_K 和 g_A 的值为多少，它们最终会收敛于图上的交点处点 (g_K^*, g_A^*) 处。解方程组：

$$\begin{cases}\dfrac{\mathrm{d}g_A(t)}{\mathrm{d}t}=0\\[2ex]\dfrac{\mathrm{d}g_K(t)}{\mathrm{d}K}=0\end{cases}$$

得

$$g_A^*=\frac{(\beta+\gamma)n}{1-\beta-\theta} \tag{3–36}$$

$$g_K^*=\frac{(\beta+\gamma)n}{1-\beta-\theta}+n \tag{3–37}$$

因此，我们得出了在加入资本增长且 $\frac{(1-\theta)}{\beta}>1$ 情形下经济的最终发展情况，即产出会以 g_K^* 的速度增长，而新知识的产出会按照 g_A^* 的速度增长。同样，我们也可以发现最终经济长期增长率和人口增长率成正比，人口增长率的增加导致经济的快速发展，而人口增长的倒退或者停滞（负增长率）则从长期来看将直接影响经济的发展。同时，劳动力的分配比例和研发的分配比例在长期中与经济增速无关，即使它们在短期中能对经济产生一定的影响。因此，在一般情况下，长期的经济增长率同样是由内生因素直接决定的。

情形二：$\frac{(1-\theta)}{\beta}=1$ 且 $n=0$ 。

当我们考虑这种情况时，读者可以发现，曲线 $\frac{\mathrm{d}g_A(t)}{\mathrm{d}t}=0$ 和曲线 $\frac{\mathrm{d}g_A(t)}{\mathrm{d}K}=0$ 已经在 $y=x(x\geq 0)$ 上相互重合，于是，我们需要引进一个新的观点——动态经济学。

在这种情形下，无论初始时 g_A 和 g_K 在哪个位置，它们最终都会收敛到 $y=x$ 曲线上，具体收敛到哪一点我们无从而知，但是我们知道 (g_A, g_K) 运动到 $y=x$ 后，它们将在长期的经济发展中保持平衡。我们还可以证明，给定一组确定的 (g_A, g_K) 初始值，将对应一组唯一的平衡增长路径和确定的最终值。同时我们也可以证明提高人口增长率 n 和增加储蓄率 s 对长期的经济增长有极大的帮助。对这个问题的推导十分复杂，已经属于高级宏观经济学的范畴，在此不详细介绍。

3.3.5 内生增长理论讨论的核心问题

到目前为止，我们仅仅把劳动效率（A）看作知识，知识只是劳动效率的一种高度抽象的概括，在实际经济中劳动效率表现为各种各样的形式。例如，知识可以是我们学习到的前人总结的逻辑化的经验提炼，也可以是大学或科研部门的学者在进行了大量研究所得出的理论认知，还可以是在生产与商业活动中“干中学”（Learning-by-doing）所形成的技能、规则与流程。内生增长理论中“知识”这个经济学概念是人类在生存与发展中所获得的可以传承下去的提升生产效率的思想，是可以转化为生产力的物质力量。

从知识积累到技术进步的转化对经济增长可持续性的重要性不言而喻。2010 年以前，人们还习惯于使用传统手机，通信是手机的主要功能，人与人之间直接的移动金融服务与交换似乎还离现实很远。现在，智能手机已经成为通信市场的主导产品，基于智能手机开发的互联网金融活动已经从各个角度进入金融服务业，指纹与虹膜识别等最新信息技术的出现使人们用手机就能够实时支付，显著提升了货币流通的速度，也提升了贸易与要素流动的速度和总量。作为新一代工业革命的标志，大数据与智能技术通过智能制造、智能社区与智能社会使人类的生活形态发生了颠覆性的变化。

然而，所有的知识都具有一个共同特征，那就是非竞争性。如果一个新的知识被研发出来，除了研发人员能使用，其他生产者也能利用该新知识获得经济利益，那么就会导致市场的竞争力量不能直接决定知识的生产和分配问题。新知识生产的非排他性无法激发其他人继续研发新知识，所以就需要严格的法律措施来保护知识产权，并用其他外力来促进新知识的发展。

从古典经济增长理论的观点来看，政府的财政政策很难对经济的发展产生作用。但是从我们刚刚讨论的内生增长理论来看，政府的财政政策，即外力资源，可以对知识研发产生推动作用，从而对长期的经济增长产生推动作用。本节将着重讨论教育、基础科研、市场环境和金融发展等因素对经济增长的长期决定性作用。

（1）教育

教育形成的人力资源在人类经济活动中发挥着核心作用，也是现代文明的基本要素。基础教育、高等教育以及社会终身教育体系决定国家的劳动力素质、企业研发能力。国家对初级与中级教育的投资是必不可少的，是决定一个民族未来的具有战略价值的长远投资。政府教育投入的运行模式是多方争论的热点问题。

美国经济学家西奥多·舒尔茨（Theodore Schultz）认为人力资本是指通过教育、在岗培训和工作经历内化于劳动者的创造超额财富的能力，表现为财富的价值形式。人力资本是推动社会经济发展的动力，这主要有三个原因：第一，人力资本的收益率超过物质资本的投资量；第二，人力资本对于资本要素具有长期的替代和互补作用；第三，也是舒尔茨最重要的发现和理论，他对美国教育与经济收益的关系进行了实证研究，发现教育对经济的促进主要在于启发发明者与技术人才突破现有的技术范式方面。教育提高了人们劳动的效率，促进了劳动力资源随着产业升级而重新配置的能力。并且舒尔茨认为教育能促进经济增长是因为它能平衡整个社会的个人收入，增加个人收入，缓解社会收入分配的不平等现象。教育因为其特殊的性质，能提高人民的生产技能、知识和学习能力，从而使工资随着技术进步而提高，使社会的薪酬结构发生变化，促进收入差距的减小。

爱德华·丹尼森（Edward Denison）运用因素分析法论证了教育在经济发展中所具有的决定性作用。普遍性的强制义务教育是让劳动力掌握某项技能的必要条件，只有劳动力的教育程度迅速提高，劳动力的技术和创新能力才能不断提高，国民产出才能内在地持续提高。丹尼森构建的教育对经济增长贡献的模型具有广泛的影响力。

发达国家在国民义务教育上的长期投入为其社会经济的领先地位提供了长期保障。特别值得研究的是德国和日本的普通高等教育和技术教育的双轨制，其为工业与服务业发展提供了全方位的人力资源供给。第二次世界大战结束时这两个国家都是一片废墟，工业设备丧失殆尽，但是受过良好技术教育的人还在。这些人与新的工业资本结合，提高了生产力，推动了制造业的崛起。美国利用其第二次世界大战后独有的实力，吸引各国受过良好基础教育的优秀人才去美国留学，再通过市场机制的筛选获得持续不断的技术移民，这是美国利用全球人力资源所形成的最大优势。

中华人民共和国成立后的大规模扫盲运动和逐步形成的九年制义务教育体系成为中国工业化的基石。到了21世纪，中国为世界提供了近十亿人的高素质劳动力。在20世纪五六十年代的工业化初期，技术人才极为匮乏，中国曾经实行半工半读模式，以及中等技术学校和中等专业学校体制，这些举措尽最大可能缩小了人才缺口，为中国独立的工业体系提供了人才支撑。在发展策略上，中国将工业人才的培养与工业发展整合在各个工业部门，进行统一计划、统一管理、统一调配，创造性地取得了工业化初期的成功。而此后通过四十多年的改革开放，中国将工业劳动力和农业转移劳动力大规模投入出口加工生产，迅速提高了劳动力遵循国际标准的能力。进入经济“新常态”，面对创新人才的新的巨大需求，如何提升义务教育的水平，进一步缩小区域发展的不平衡，实现贫困地区的根本性脱贫？如何建设国际一流的高等教育体制，提高高等教育质量，构建终身教育的学习型社会，以形成创新型人才培养的社会生态？这些问题是中国教育界面临的新挑战。人才培养新模式是中国通过高质量发展成为世界一流的社会主义现代化强国的根本保障。

（2）基础科学研究

因为科学探索的高度不确定性，短期内不能给企业带来市场回报，所以很多企业没有动力从事基础科学研究。再者，由于没有市场交易，就没有市场价格，因此科学探索也无法计算探索的人力成本，无法分解所投入的实物资本成本。而一项应用技术或者基础科学发现可以带来数不清的新产品，使得众多企业受惠，因此也无法令相关企业给研究者提供报偿，因而，只有国家集中社会资源去组织基础科学研究才是最合适的。

18 世纪德国的研究型大学体制为基础科学研究提供了可持续的发展机制，随后美国大学将其推向极致。目前美国与中国均将科研基金制度与研究型大学相结合，形成了政府投资基础科学研究的运行机制。在国家财政投入的科研基金的引导下，形成了科学家或者学者主导的自由探索的科学社区。基础性探索的主题选择由科学家的相互评审产生，代表了多数学者对于主流科学问题的认知，这是一种科学民主的运行机制。在大量的探索与碰撞中，推动人类认知进步的成果产生了，这就是基础科学研究的“风险投资”。虽然这些研究成果极少数是有价值的，但就是这极少数的成果改变着人类社会。

在国家之间的竞争中，每个国家都有自己的发展战略，有推动自身社会经济发展、影响国家安全的重点学科。这就会形成国家主导的在一定时期重点投资的基础科学领域。美国的曼哈顿计划、星球大战计划、航天飞机，中国的血吸虫防治、“两弹一星”、登月工程、载人航天、深海探测等都是国家主导的重大科学技术项目。在中国建设社会主义市场经济和融入全球化的过程中，国家科研基金支持的重大项目产生了巨大的科学效应和经济效应。针对一定时期的发展重点，国家关于基础科学研究与技术研究的系统性支持对于工业化、产业升级和工业革命的引导作用尤其突出。

政府支持基础科学研究的财政政策与货币政策的组合效果十分突出。政府财政的直接投入可以通过支出乘数效应成倍拉动市场投资，促进相关产业的发展；货币政策有针对性的倾斜可以调动社会金融资源，促进市场资本的投入。例如，中国中央与地方政府主持的科技园区可以获得低成本的直接信贷支持，为科技型小微企业提供信用担保。

（3）市场环境

根据内生增长理论，一个国家要保持经济长期而持续的增长，就必须采用持续有效的财政政策，加快人力资本开发与积累，促进技术进步。在中国，由于区域资源禀赋的巨大差异，经济发展需要考虑地区间的协调性。政府的资源调动作用必不可少，但是完善的市场机制也是必要条件。党的十八大明确指出“更大程度更广范围发挥市场在资源配置中的基础性作用”。因此必须建设责任政府、服务政府和法治政府，尽可能减少政府对于市场资源配置的干预，降低交易成本，提供公平的市场激励机制。优化市场机制是中国经济增长的根本性制度因素，也决定了中国能否从中等收入国家走向发达国家。

市场化进程对于经济的发展来说并不完全是外生的。生产力决定生产关系，市场制度与环境应该随着产业生态的发展而不断完善。所有的经济政策都必须依据实际经济情况制定。以中国为例，在1997年亚洲金融危机之后，中国的市场化进程加快，因而中国的财政政策也必须进行相应的调整。

内生增长理论在政策上更关心经济的长期发展，是供给侧方面的管理。它强调政府的政策环境应该以促进公共资产、人力资本积累和技术进步为核心，来促进长期的经济发展。但是，内生增长理论还有一个观点：企业是经济增长的最终推动力——经济增长，不能仅靠政府的政策投入，政府财政更重要的作用是提供一系列有利于企业发展的外部条件，特别是政府服务与税收优惠，以充分调动企业的研发积极性。

（4）金融发展

在西方经济学发展的早期，金融发展理论并没有受到广泛的重视，工业化、资本积累等支配着金融的发展。20世纪60年代以后，新古典经济学开始被经济学家所接受，人们开始意识到金融市场对国家长期经济发展产生的重大作用和深远影响。第二次世界大战之后，以罗纳德·麦金农（Ronald Mckinnon）和爱德华·肖（Edward Shaw）为首的一批经济学家开始研究金融发展与长期经济发展的关系。他们认为，发展中国家的经济得不到较好的发展是由于发展中国家的金融体系不完善，造成了资本利用率低下，并且不同于当时的主流思想，他们认为经济发展迟滞是由于“资本匮乏”。由此，麦金农提出了“金融抑制”和“金融深化”的观点。

麦金农对发展中国家的经济发展进行了深入分析，他认为资本并不是唯一使经济发展缓慢的原因，金融市场的扭曲才真正抑制了经济的正常发展。由于市场被分割，彼此缺乏沟通交流，所以发展中国家的金融市场是一个封闭的不完全的市场。由于政府的原因，这种封闭的不完全的金融市场体制直接将中小企业隔绝在金融市场之外。然而实际上，这些中小企业有很大的能量，但是却没有足够的财力和物力使它们靠自己的实力跨入这个“高门槛”的金融市场。没有外部融资的支持，企业只能靠自身的积累，但是这样做对它们来说成本过高。在发展中国家，高通货膨胀造成的实际利率过低甚至为负，直接导致了投资贫乏。麦金农还分析，政府错误的财政政策也是导致实际利率低下的原因。由于金融市场的需求大于供给，中央银行会扩大货币供给，而由于实际利率为负，所以借款者只要能借到资金，就能得到其中的收益。这样造成的结果就是投资收益低，国民产出水平低，最终导致储蓄率下降，储蓄和投资的缺口进一步加大。这迫使政府进行更严格的管制，从而导致金融市场更加封闭与不完全，最终形成麦金农所说的“金融抑制”。

同时，麦金农也提出了应对“金融抑制”的“金融深化”理论。他认为政府应该围绕提高实际利率来制定金融政策，放开对金融市场的严格管制，使利率充分反映资金的供求状况，这样投资者能通过预期判断投资是否值得。最终资金将流入具有高收益的地方，同时，高储蓄率也刺激了投资热情，促进金融市场更加活跃，带动整个社会的经济发展。

但是，麦金农和肖的理论向金融政策和体制改革的延伸却陷入了形而上学的困境。他们简单地主张，发展中经济体只要实施对内对外的金融自由化政策，让外国资本自由进入本国市场就可以提升金融服务效率和资本配置效率，却忽略了国际资本的逐利本性和实体经济对于金融服务的根本性支撑作用。20 世纪 80 年代以来，听从麦金农和肖的建议而快速实施金融自由化的发展中经济体无一例外地陷入了货币危机。40 年来金融自由化的实验结果宣告了麦金农和肖理论的破产。学术研究的每一个细节都要遵循形而上学的逻辑，但是实践要复杂得多，不能形而上学，而要辨证施治。

（5）自然资源与土地限制

自然资源与土地限制是环境问题中最基本，也是最常被提及的两个因素。我们考虑加入自然资源（R）和土地资源（T）的柯布－道格拉斯生产函数：

$$Y(t)=K(t)^{\alpha}R(t)^{\beta}T(t)^{\gamma}\left[A(t)L(t)\right]^{1-\alpha-\beta-\gamma},\quad \alpha,\beta,\gamma>0,\text{且 }\alpha+\beta+\gamma<1 \tag{3-38}$$

其中，α 为资本份额，β 为自然资源份额，γ 为土地资源份额。

我们假设土地资源是恒定不变的，因此在长期的经济发展中，土地的使用量的增长率为 0。同样，自然资源也是固定不变的，人类对自然资源的索取的增长率最终会下降，直到所有资源枯竭。所以我们有

$$\frac{\mathrm{d}T}{\mathrm{d}t}=0 \tag{3-39}$$

$$\frac{\mathrm{d}R}{\mathrm{d}t}=-bR,\quad b>0 \tag{3-40}$$

同样地，我们研究这种情况下是否存在经济的平衡增长路径。我们考虑 K 的增长率，根据式（3–5），K 的增长率为

$$g_K=\frac{\dot{K}}{K}=S\frac{Y}{K}-d \tag{3-41}$$

首先，我们对式（3–41）进行平衡增长分析。假设经济处于长期稳态之中，这时候如果 g_K 增大，则 $\frac{Y}{K}$ 减小，于是等式的右边就会减小。反之，如果 g_K 减小，则 $\frac{Y}{K}$ 增大，最终会有一个上升趋势将其补偿，于是经济最终会收敛于平衡增长路径。若 K 的增长率不变，则说明 $\frac{Y}{K}$ 是一个常数，我们对式（3–38）两边同时取对数然后对时间微分可得

$$g_Y(t)=\alpha g_K(t)+\beta g_R(t)+\gamma g_T(t)+(1-\alpha-\beta-\gamma)[g_A(t)+g_L(t)] \tag{3-42}$$

我们设定土地（T）的增长率为 0，自然资源（R）、知识（A）和人口（L）的增长率为 b、g 和 n。由于 $\frac{Y}{K}$ 为一个常数，也就是说 Y 的增长率等于 K 的增长率，于是我们令 $g_K=g_Y$，求解上式，得

$$g_Y=\frac{(1-\alpha-\beta-\gamma)(n+g)-\beta b}{1-\alpha} \tag{3-43}$$

同时我们考虑平均产出的增长率，即

$$\begin{aligned} g_{Y/K}^{NR}=g_Y-g_K&=\frac{(1-\alpha-\beta-\gamma)(n+g)-\beta b}{1-\alpha}-n \\ &=\frac{(1-\alpha-\beta-\gamma)g-\beta b-(\beta+\gamma)n}{1-\alpha} \end{aligned} \tag{3-44}$$

式（3–44）表明在经济长期平衡路径上，我们无法判断平均产出率的正负，也就是说在考虑自然资源和土地的有限性之后，平均产出率也会受到限制。我们看到，虽然人口和自然资源的损耗与平均产出率是负相关的，但是知识技术的进步又能促进长期的经济发展。因此，我们便需要考虑这些因素之间的关系，如果知识技术进步的动力大于资源限制带来的阻力，那么长期的经济发展指日可待。

接下来，我们定量计算由自然资源限制带来的增长阻力。之前的模型中我们考虑了含阻力的经济增长，现在我们假设自然和土地资源充沛，即假设 $\dot{T}=nT, \dot{R}=nR$。应用和之前一样的求解方法，我们得到这种情形下（不含增长阻力）的平均产出增

长率：

$$g_{Y/K}^{R}=\frac{(1-\alpha-\beta-\gamma)g}{1-\alpha} \tag{3-45}$$

我们用不含增长阻力的平均产出增长率减去含阻力的平均产出增长率就得到了增长阻力（Res）的表达式：

$$\begin{aligned}\text{Res}&=g_{Y/K}^{R}-g_{Y/K}^{NR}\\&=\frac{(\beta+\gamma)n+\beta b}{1-\alpha}\end{aligned} \tag{3-46}$$

从式（3–46）我们可以分析得出，资源份额、土地份额、人口增长率、资本份额和资源下降比率都和增长阻力正相关。但是根据经济学家实证研究的结果，自然资源的限制对经济发展来说影响并不大，大约每年为 0.24 个百分点，在这些阻力中，也只有三成来自自然资源和土地资源的限制。同时还有研究发现，只有自然资源、土地资源发生相当大的变化时，平均产出和平均收入才可能下降。

（6）环境与气候问题

经济增长对于环境与气候的影响导致增长具有不可持续性，这迫使经济学家们开始思考经济增长对环境的影响与耗费环境资源反过来对经济增长的抑制作用。大多数经济学模型在资源问题上进行了理想化处理，忽略了自然资源的有限性，以及环境破坏等一系列环境问题。但是这些问题已经在经济增长的过程中逐渐占据重要的地位。因此，环境因素便有很高的研究价值。一方面，市场可以指导环境产品。在供给约束的条件下，高昂的石油价格便促进生产商节约使用石油并研发高效利用石油的技术，所以最终生产者和消费者自动处理了和环境之间的关系。另一方面，环境产品自身具有市场价值，环境友好的制度要求推动了新能源的发展。

环境污染与碳排放会加速气候变暖，这也是生产过程中我们面临的一大难题。在生产中的三废排放会对环境和气候产生不同程度的破坏，使环境的可用面积和有效性变低。我们定义产出包含所有生产出来的产品，并且产出价值为所有产品价值的总和，那么生产中产生的环境污染也应该包含在产出中，其价值为负。同时，严重的环境污染甚至会导致总产出的减少。

从经济学角度来分析，由于环境污染问题具有外部性，即对环境的污染不能在市场内部反映出来，也不能在市场内部进行调解，因此，我们必须通过对市场加以管制，防止过度污染造成灾难性事件的发生。解决污染问题需要政府的政策支持，环境标准可以导出硬性的市场准入标准；在排放程度的控制上，可以实施污染税和碳排放税。

3.4 中国道路

中国的经济增长模式伴随着中国的工业化道路，其主要包括三个历史发展阶段。

3.4.1 计划经济时期

1949—1979 年，中国采用计划经济发展模式完成了工业化的原始积累，形成了比较完整、独立的工业体系，为之后的市场化奠定了基础。在此过程中，中国学习苏联的工业化经验，形成了全国统一的工业结构，即以各个工业门类形成组织体系，如机械工业部、纺织工业部、轻工业部、航空工业部等；每个工业部内设立庞大的研究院所，支持整个行业的技术研发及基础研究。与之相配合，中国形成了以行业划分的从中等专业学校到高等工程技术院校的专业教育体系，行业对口地提供专业人才。在有外国工业概念与发展模式借鉴但无技术与工艺资料可循的环境下，中国走出了快速发展道路。这个阶段的发展可以从内生增长理论中找到依据。知识、教育和积累（计划性金融）有效支持了中国工业基础的建立。中国是肯尼斯·阿罗（Kenneth Arrow）“干中学”理念最好的实践者。从 1949 年到 1966 年，中国主要依靠自己的力量，仅用了 17 年时间，就形成了相对完整、自主运行的独立工业体系和国民经济体系。1954—1960 年，苏联向中国提供的 150 套制造业生产线及其技术，为中国工业化的起步起到了关键性作用。在中国与西方发达国家陆续建立外交关系的背景下，1975 年的第四届全国人民代表大会第一次会议重提“四个现代化”（工业、农业、国防、科技），这为中国之后的经济开放打好了基础。

3.4.2 改革开放环境下的出口加工型发展时期

20 世纪 80 年代到 90 年代，跨国公司进入中国市场。外国直接投资首先带来了资本和技术，然后带来了研发资源。20 世纪 80 年代初，在经历了 10 年高速发展之后，“亚洲四小龙”的劳动力成本上升，美国、日本以及欧洲的传统制造业企业寻求新的出口加工地。中国内地关注到这一动向，形成了以出口加工发展经济的思路。1987 年

10月，国家计委经济研究所青年学者王建在新华社《国内动态清样》撰文，提出“两头在外，参与国际经济大循环”的建议，国家高层形成了全面引进外国直接投资的战略部署。在这一思想的推动下，中国启动了出口加工型的发展战略。随后民营经济加入，在沿海经济试验区形成了以“世界工厂”闻名的强大的中国制造业加工基地，并且辐射内陆的老工业基地。到了21世纪初，中国的制造业能力得到空前的提高。金融危机后的2010年，中国超越美国成为制造业产值世界第一大国。2010年世界制造业总产出达到10万亿美元，其中，中国占世界制造业总产出的19.8%，略高于美国的19.4%，美国失去了从1895年以来所保持的制造业世界第一的地位；同年，中国GDP以美元市场价格计算也超越日本，达到世界第二位。

在基础工业领域，2010年中国粗钢产量为6.27亿吨，占世界总产量的44.3%，超过第二至第二十名的总和；水泥产量为18.68亿吨，占世界总产量的60%；电解铝产量为1565万吨，占世界总产量的65%；煤炭产量为32.4亿吨，占世界总产量的45%；化肥产量占世界总产量的35%；化纤产量占世界总产量的42.6%；玻璃产量占世界总产量的50%。在装备制造领域，中国的产出能力更为突出。2010年中国汽车产量为1826.47万辆，超过美国，占世界总产量的25%；船舶产量占世界总产量的41.9%；工程机械产量占世界总产量的43%。2010年中国生产了世界68%的计算机、50%的彩电、65%的冰箱、80%的空调、70%的手机、44%的洗衣机、70%的微波炉和65%的数码相机。

人口红利是中国这个阶段经济高速增长的要素优势。2012年，中国劳动力总数达到顶峰的9.17亿人。此前，每年以1000万人的规模增加。青年农民是工业发展所需的劳动力供给的生力军。跨国资本来到东部沿海，中西部青年农民来到东部沿海，优势资源的结合产生巨大的生产力。1994—2003年，短短10年间，中国制造就走向全世界，改变了世界制造业的格局。

中国成功的必要条件是全面引进外资。中国从20世纪80年代开始引进华侨资本，90年代中期国际领先的跨国公司大规模进入中国。中国的劳动力优势、不断成长的巨大市场和优惠的市场条件成为外国资本成功进入中国的充分条件。除此之外，中国政府的动员能力和资源调动能力也起到了关键作用。

高储蓄率是中国经济增长尤其突出的优势。没有其他国家像中国人一样为了家庭的未来和后代储蓄如此高比例的收入。储蓄期间利率走高而不走低以及1993年高通货膨胀时期的“保值贴补政策”是极具中国特色的储蓄文化。内部资本与外部资本的结合使得中国经济在增长中没有长时间受到资本短缺的约束。

资本市场的循序发展是中国成功的策略。有了资本，还要有资本流动的条件。在改革开放的历史进程中，在金融自由化风靡发展中经济体的时候，中国采取了稳中求进的策略。1990 年年底，深圳证券交易所与上海证券交易所相继成立，形成了中国证券市场的发展格局。在国有股和国有法人股控股的模式下，中国完成了国有企业股份制改革。证券市场一边发展一边整顿，2005—2006 年中国完成了股权分置改革，实现了资本市场的全流通。

1990 年 10 月中国郑州粮食批发市场开业，中国期货市场诞生。在随后的 4 年间，郑州商品交易所、大连商品交易所、上海期货交易所、天津联合交易所等 14 家期货交易所相继设立。到了 1998 年，国务院又将原 14 家期货交易所合并为大连商品交易所、郑州商品交易所、上海商品交易所三家，形成从农产品、工业金属到能源类商品期货的发展格局。后续又成立了网络化交易的天津渤海商品交易所，形成了现货与期货的交叉联结。

根据内生增长理论，教育和人力资源的发展对经济增长起关键作用。应该肯定的是，1949—1966 年的计划经济体制下的工业人才的培养为工业化提供了人才保障，这是中国独有的道路。改革开放后，各个工业部逐渐解散，高等院校与工业主管部门分离，归属教育部或者省级单位，高等教育持续发展。在 1999 年的大学扩招后的十几年间，中国的高等教育水平发生了翻天覆地的变化，到 2014 年，已有 2529 所高校，是 2000 年高校数目的两倍多（参见表 3-4）。中国高等教育开始更多地参考美国的综合化高等教育模式。实际上，随着工业化及现代化进程的推进，中国在经历了商业人才“大补课”之后，开始了工业人才、商业人才与学术人才齐头并进的培养格局，这是中国经济在世界崛起的保障。

表 3-4　中国高等教育发展的里程碑

年份	1952	1954	1965	1982	2000	2014
普通高校（所）	201	188	434	715	1041	2529
毕业人数（万人）	3.2	4.7	18.6	45.7	94.9	659.4
每 10 万人口高等学校平均在校生数（人）	33	42	93	114	723	2488

资料来源：国家统计局网站（http://data.stats.gov.cn/）。

3.4.3 “新常态”——创新驱动的发展转型时期

以2012年中国实际经济增长率从10%水平下滑到7%水平为标志，中国进入经济增长的“新常态”。从经济增长的长期动力与保障来看，“新常态”的核心在于以下三点：

第一，确立市场配置资源的基础性地位。这是宏观经济增长在微观层面的建设，市场运行的制度性基础设施建设需要被提到首位。在这个过程中，一个“正面清单”和一个“负面清单”代表了制度建设的风格。在大力削减政府干预市场职能的过程中，形成了“政府权力清单”。在清单上的，政府应该管理；不在清单上的，政府不能干预。作为深化改革的试验田，2013年9月建立在上海浦东新区的中国（上海）自由贸易试验区则实行了“负面清单机制”——不在该清单上的业务都可以合法开展。这种生产关系的大幅调整，减少了寻租的机会，有力地推动了创新生产力的持续提升。

第二，创新成为经济增长的长期动力。在成为世界制造业产量第一大国后，中国的工业发展从以加工为主转向以创新为主，研发投入与激励成为推动创新的主要手段。在“互联网+”模式下，“大众创业”与“万众创新”成为掌握新技术的小微企业发展的重要模式。在这方面以完善的市场制度与创业生态为特征的深圳走在了“新常态”经济创新发展的前面，并为全国其他地区提供了范例。2015年，深圳已经成为世界第一大商业无人机制造基地、智慧医疗装备制造基地和机器人示范基地。2015年，深圳获得国内发明专利授权16957项，平均每天创造46项发明专利；在世界产权组织的PCT（Patent Cooperation Treaty，专利合作条约）申请中，平均每天创造36项。深圳从20世纪80年代的“三天一层楼”到2015年的“每天46项发明专利”，以“新深圳速度”引领着经济“新常态”。

伴随军民产业融合与混合所有制改革，涉及数千万科技人员的事业单位进行了市场化改革。数千万科技人员从“体制内”走向市场，获得了超过50%的在职技术成果收益分成。这是与20世纪80年代家庭联产承包责任制改革同样重要的一场里程碑式的改革，引领和推动了中国的创新发展。

第三，经济体制改革进入深水区，制度改革红利替代了以往的人口红利。改革开放后，中国几亿人的劳动力走向市场，2012年达到9.17亿人的峰值，超过了发达经济体的人口总和，这是全世界的人口红利。进入“新常态”，中国的人口红利逐渐消失。提高劳动力科技素质与商业素质的市场制度完善与公共管理转型成为制度创新的核心。难点在于，将行政资源转化为市场资源，要剥夺一部分既得利益者的长期利益，同时还要实现平稳过渡。

要实现创新驱动增长，就要在宏观和微观两个层面创造良好的创新生态，使财政与金融资源市场化配置和企业研发投入齐头并进。在这个进程中，我们需要新的理论创新与实践。

3.5 发展经济学

第二次世界大战结束后，随着中国、印度、埃及等国家的发展，发展中经济体的概念形成。这些具有后发优势的经济体，可以充分利用国际贸易、国际金融和全球化的新格局，走出有别于发达经济体的新的发展模式。服务于发展中经济体增长与发展的经济学理论也因此从宏观经济学框架中分离出来。发展经济学可以说是宏观经济学中关于经济增长的理论向发展中经济体的延伸。

发展经济学的核心是研究发展中经济体的经济增长规律与发展模式。20 世纪 40 年代，中国学者张培刚于 1945 年在哈佛大学撰写的博士论文《农业与工业化》是发展经济学的奠基之作。张培刚认为，农业作为产业的一部分，其发展应该与工业化相协调，应该将农业和工业作为整体来发展，而不是牺牲农业去发展工业。张培刚讨论了三个核心论题：农业革命与工业革命谁是必要条件？农业部门与工业部门应该如何平衡发展？农业国与工业国的经济关系如何协调？

在经济建设初期，中国的工业化借鉴苏联模式，强调优先发展重工业，同时以“集体化”与“粮食统购统销”为工业发展提供制度保障。在实施“第一个五年计划”的后期，国家一方面坚持重点发展重工业的方针，另一方面在国家投资的计划上又实行了“按照农、轻、重的次序来安排国民经济发展计划”的策略。也就是说，在配额与票证的制度下，保障农业和轻工业的基本供给，再将其他资金投向重工业领域。在 1959—1961 年三年经济困难发生之后，农业发展对于工业的支撑作用得到决策者的认同，财政资金的配置策略发生了变化，农田基本建设和水利建设的投资得到加强，这就提升了“农、轻、重”投资顺序中农业投资的基本水平。回顾历史，作为发展经济学基础的“张培刚模式”符合产业演进的一般规律。工业化与农业现代化形成交错上升、渐进互动的格局：农业生产力的发展和农业效率的提高为工业发展提供劳动力和原材料；而工业的发展反过来为农业提供技术手段，逐步实现农业机械化和农业现代化，实现工业对于农业的反哺效应。这种农业与工业兼顾的经济学理论模式成为张培刚发展经济学的基石。

从时间上看，中国用了50年实现了初步工业化，并且中国的世界工业产出比重大于世界人口比重。在免除农业税和农业土地经营权市场化流转的制度激励下，新型农业合作组织和现代农业企业成为发展新模式。未来将形成农业现代化的高潮；城乡人口比例将趋于稳定；环保化与智能化标准下的新型农业现代化和工业化将得以发展。这些进程将为发展经济学的理论突破提供丰富的素材。

发展经济学的研究范式与范畴是动态演进的。研究的主题除了农业经济体的工业化之外，还有发展中经济体的制度改革、人口增长与经济发展、教育与人力资源、土地资源配置、经济发展与收入不平等、发展与环境的关系、金融自由化、开放与国际贸易、贸易政策调整等领域。可以说，经济学的任何一个问题都可在发展的情境下成为其主题。

小结

进入20世纪70年代，随着发达经济体传统制造业的下滑和新经济的萌芽，宏观经济学的关注点从传统凯恩斯理论与宏观经济政策向长期问题转移。经济增长成为最受关注的论题。宏观经济学的天平又从需求侧偏向了供给侧。

现代经济增长理论由新古典增长理论和内生增长理论两个部分构成。前者在完全竞争的市场环境下提出了技术进步是经济增长的唯一源泉的论断，而储蓄以要素供给的方式为技术进步和全要素生产率的提升提供保障。但是，一个社会如何持续实现技术进步呢？内生增长理论给出了答案：重点发展基础科学研究与教育，而储蓄与金融支撑是必要条件。

对于发展中经济体的经济增长，发展经济学给出了更为细致的研究，更加强调农业与工业的协调发展、市场产权制度、经济公平和环境保护。

思政教学要点

1. 马克思主义、毛泽东思想和习近平新时代中国特色社会主义思想关于人的价值的观点如何体现在经济增长理论之中?

2. 回顾中国改革开放四十多年的历史，如何理解经济发展的效率与公平的对立与统一?

3. 运用历史唯物主义的观点解释技术进步是实现经济增长的唯一源泉的论断。

4. 中国特色社会主义道路如何保障中国工业化的跨越式发展?

5. 在实现共同富裕发展目标的历史进程中，中国特色的经济增长模式具有何种优势?

扩展阅读

1. 舒元 . 中国经济增长分析 [M]. 上海：复旦大学出版社 , 1993.

2. 易纲 , 樊纲 , 李岩 . 关于中国经济增长与全要素生产率的理论思考 [J]. 经济研究 , 2003(8):13−20.

3. 鲁晓东 , 连玉君 . 中国工业企业全要素生产率估计：1999—2007[J]. 经济学（季刊），2021，11(2) ：541−558.

4. 张培刚 . 农业与工业化 [M]. 武汉 : 华中工学院出版社 , 1984.

重点概念

萨伊定律；凯恩斯定律；全要素生产率；技术进步；知识产权；新古典增长理论；内生增长理论；发展经济学

习 题

一、选择题（在以下四个选项中选择一个最合适的）

1. 关于经济增长的描述，下列哪一项是正确的？（　　）

A. 经济增长可以被视为生产可能性边界的向外移动。

B. 经济增长可以用名义 GDP 的增加来衡量。

C. 经济增长就是资本的积累过程。

D. 新增长理论认为经济增长的源泉来自人们对利润的追求。

2. 下列关于新增长理论的描述中错误的是（　　）。

A. 人均实际GDP可以无限增长

B. 资本的边际产量随资本量的增加而递减

C. 实际利率越高，资本供给的增加就越快

D. 经济增长产生于创新的激励

3. 实现持续技术进步的保障包括（　　）。

A. 积极的财政政策和积极的货币政策

B. 积极的财政政策和稳健的货币政策

C. 国家创新体系建设、金融发展和教育投入

D. 国际收支平衡

4. 内生增长理论指出（　　）。

A. 各国经济增长会达到同一个水平

B. 教育与基础研究具有长期与战略价值

C. 国际化是发展趋势

D. 技术进步是经济增长的唯一源泉

5. 在经济增长中起着最大作用的因素是（　　）。

A. 资本

B. 劳动

C. 技术进步

D. 人口增加

6. 经济增长的黄金分割率指（　　）。

A. 产出增长率等于储蓄率

B. 资本边际产品等于劳动增长率

C. 产出增长率等于技术变化率

D. 储蓄率等于人口增长率

7. 假如要使经济增长率从5%提高到8%，在资本－产量比率为2的前提下，根据哈罗德－多马模型，储蓄率应该为（　　）。

A. 10%　　　　B. 6%

C. 16%　　　　D. 5%

8. 下列选项中，哪一项属于资本深化？（　　）

A. 人口增长2%，资本存量增加5%。

B. 人口增加2%，资本存量增加1%。

C. 人口增长2%，资本存量增加2%。

D. 人口没有增长，资本存量也没有增加。

二、问答题

1. 经济增长率是7%，资本增长率是8%，劳动力增长率为3%，产出的资本弹性为0.6，那么技术进步的贡献是多少？如果劳动力增长率降低到1%，要保持原有经济增长率，技术进步应该达到何种水平？此时，劳动生产率的增长如何？进而，依据内生增长理论简要总结在劳动力总数开始下降的中国，实现持续经济增长的关键战略措施。

2. 新古典增长理论如何论证经济增长的唯一源泉是技术进步？

3. 新古典增长理论与内生增长理论的继承关系是什么？在国家层面对长期战略的认识上的飞跃是什么？

4. 根据新古典增长理论，为什么说没有技术进步，资本深化不能保证长期经济增长？

5. 根据内生增长理论简述实现技术进步的条件，据此进一步解释实现以信息化和环保化为标志的产业升级所需要的政策支持。

请扫描上方二维码
观看“迷你课程视频”

第4讲

货币与通货膨胀

美国经济学家约翰·加尔布雷斯（John Galbraith）在名著《不确定的年代》（*The Age of Uncertainty*）有一句一语中的的话："历史上，货币一直这样困扰着人们：要么很多却不可靠，要么可靠但又稀缺，二者必居其一。"这就是难解的"货币困境"。当人们不得不告别金本位时，只能将货币的发行权交给同样在实践中探索的政府。政府则需依从经济学家的告诫发放数量不可能精准的货币，同时既要满足经济增长的需要，又要防止通货膨胀的失控。本讲从货币与通货膨胀的关系上解读货币的本质，讨论走出困境的指导思想。

4.1 货币职能与困境

货币是我们最熟悉又陌生的东西，货币主义学派的代表人物米尔顿·弗里德曼（Milton Friedman）称这种矛盾的关系为“货币之谜”。

经过以货易货的长期实践，人们发现了一种受到交易者信赖的通货。这样，人们卖出具体货物换得通货，再以通货买进所需要的具体货物。“交易媒介”是货币的第一属性。随着贸易的深入，交易与结算分离，“支付手段”就成为更具一般性的货币属性。而“价值尺度”作为“交易媒介”的自然附着，“储藏手段”作为“支付手段”的自然延伸，不断丰富着人们对于货币功能的解读。以上四项属性或者功能是货币概念最容易被接受的解释。由于货币具有一般等价物的作用，谁掌握了货币，谁就自然掌握了市场权力。

金本位制的历史也是自由资本主义的发展史。1717 年，大名鼎鼎的英国物理学家艾萨克·牛顿（Isaac Newton）在担任英国铸币局局长时设计实行了金本位制——基于黄金发行英镑，黄金的价格固定为每克 3 英镑 17 先令 10.5 便士；黄金可以自由铸造、自由熔化，与银行券自由兑换，且在国际贸易中自由流通。1816 年，英国通过《金本位制法案》（Gold Standard Act），以法律的形式承认了黄金作为货币的本位来发行纸币；1819 年又颁布条例，要求英格兰银行的银行券在 1821 年能兑换金条，在 1823 年能兑换金币，并取消对金币熔化及金条输出的限制。从此英国实行了真正的金本位制。到 19 世纪 80 年代，在实行金本位制的基础上，英国凭借其在制造业上的绝对领先地位确立了主要资本主义国家在国际贸易和国际投资领域内的金汇兑本位制。金汇兑本位制的本质是其他国家以黄金储备为基础发行货币，该货币不能在国内直接兑换黄金，但是可以兑换英镑进而兑换黄金。由于英镑计价资产的收益性和当时英国在国际经济体系中的突出地位，形成了实际上的以英镑为中心、以黄金为基础的国际混合金本位制。但是该制度仅持续了 30 年，随着第一次世界大战的爆发，各个国家进入战时体制，并禁止黄金流出，金本位制被迫中断。1918—1945 年，世界经济先后经历了第一次世界大战后的经济恢复、大萧条和更为惨烈的第二次世界大战，金本位制在全球全面恢复的可能性已经荡然无存。

第二次世界大战结束后，美国通过战争物资的供给获得世界黄金存量的 70%，

OECD（Organization for Economic Cooperation and Development，经济合作与发展组织）国家经济的恢复又必须仰仗占世界56%份额的美国制造业。在此背景下，布雷顿森林体系形成，该体系的关键在于美元与黄金按照每盎司黄金兑换35美元的固定汇率实施挂钩，进而其他发达国家货币与美元实行固定汇率制。其实质是以美元为中心、以黄金为抵押的货币体系。这是世界经济告别金本位制的过渡。

事实上，在金本位制之前，银本位制曾经作为以中国为代表的主要经济体的货币制度长达400年。16世纪西班牙在玻利维亚发现高产银矿，世界贸易中的白银供给发生了根本性变化。当时中国的丝绸、棉布、瓷器以及其他日用工业品经过菲律宾等地大规模出口到欧洲、美洲。高额的贸易顺差使得白银持续流入中国，史学家估计当时美洲白银产量的三分之一到二分之一、日本白银产量的超过四分之一流入中国。由于中国的白银只进不出，人们称中国是“银窖”。白银的缺乏也是欧洲实行金本位制的原因之一。通过以手工业品换取大量白银，中国彻底改变了两千多年来商品贸易中金银稀缺的局面，促使明代确立银本位货币制度，也为税收从徭役和实物缴纳转入货币缴纳奠定了基础。1436年，朝廷允许江南诸省以白银替代大米纳税。1581年，张居正在全国全面推行“一条鞭法”，一切赋税、徭役统一折银缴纳，这标志着中国银本位制和货币税收制度的正式确立。明代中期至清代中期的300年间的银本位（包括银两本位和银币本位）制的实施，有力地保证了中国商品经济的繁荣。中国的银本位制一直延续到1935年，由于美国推行吸收白银的《购银法案》（Silver Purchase Act）而最终结束。①

历史上，金银复本位制的困境充分说明了货币的内在属性。无论是自由资本主义时期欧洲选择的金本位制还是中国明清两代实施的银本位制，从根本上都基于黄金或者白银的增长与实体经济增长保持平衡，既没有严重的通货膨胀也没有通货紧缩。1792年美国最初的13个州实现独立后，经济步入快速稳定发展时期，法定货币的确立迫在眉睫。1792年4月2日，美国国会通过《铸币法案》（Coinage Act），将基本美元单位的1美元规定为等于371.25格令纯银或者24.75格令纯金（1格令约等于0.0648克），宣告了美元金银复本位制的诞生。彼时的金银比价为1∶15。但是，此后的40年间，白银的生产率毕竟略高于黄金，此间金银比价也就略高于1∶15。到了1834年，世界市场的金银比价上升到1∶15.625。在此期间，欧洲的货币制度以金本位制为主

① 李剑农．中国古代经济史稿[M].武汉：武汉大学出版社，2005.

导且存在贸易顺差，于是套利者就在美国市场用白银买入黄金，用黄金到欧洲市场兑换为白银，再将白银运到美国市场购买黄金。在这个循环套利过程中，黄金流向欧洲，白银流向美国。美国市场上黄金稀缺，变成了实际的银本位制度。这样，格雷欣法则的“劣币驱逐良币”效应发生了。为了维持金银复本位制，1834年美国通过了新的《铸币法案》，将官定金银比价提高到1∶16。于是，黄金开始回流美国。此后的1840—1850年，加利福尼亚和澳大利亚金矿的相继发现，加大了美国市场的黄金供给，短时间导致黄金与白银的市场比价降低，市场流通中的黄金增加。

1861年美国南北战争的爆发，打破了金银复本位制的平静。为了满足战争需求，联邦政府发行了与金银不挂钩的美元纸币。到1865年战争结束后进入大规模工业化时期，金、银和纸币混行的局面加剧了美国的通货膨胀。1873年美国通过法案，不再使用标准银元，保留了金币和银辅币，正式确立了金本位制，和欧洲的金本位制合为一体。再者，由于中国留存了世界贸易中的多数白银，欧洲和美国也无法实施银本位制。实行金本位制的基础是黄金产量的年增长率与经济增长率基本一致，同时也能够满足国际贸易增长的需要。

在欧洲和美国的货币与白银脱钩后，白银逐渐成为工业原料和贵金属。白银的市场供给毕竟长期高于黄金。1873年以后，金银比价突破1∶35，一度高达1∶40；到了20世纪初，稳定在1∶35的水平上。

进入20世纪，美国引领的电力革命席卷欧美。随着工业增长的加快和市场经济形态的发展，贵金属货币的增长已经不能满足经济增长对于支付的需求，人们只有选择由政府发行纸币。在20世纪的前半段，伴随西方国家与大萧条的抗争，政府发行的信用货币动摇了金本位制的根基。第二次世界大战结束以后，以美元为中心、以黄金为基础的布雷顿森林体系建立，开始了世界经济离开金本位制的整体过渡。到了1971年8月15日，由于美元的贬值预期导致黄金持续流出美国联邦储备体系，时任美国总统尼克松宣布美元与黄金正式脱钩，黄金作为贵金属分别在现货市场和期货市场交易。人类全面告别金银本位制时代，政府主导的信用货币的时代来临。弗里德曼将1971年称为货币发展史上的里程碑。他指出：“从远古直到1971年，每种主要货币都直接或间接地与一种商品相联系，偶然与固定联系相脱离的事情也出现过，但那通常是在危机时期。”①

① 弗里德曼．货币的祸害：货币史片段[M].安佳，译．北京：商务印书馆，2009.

那么政府应该发行多少货币？发行少了，交易中的钱不够，会发生通货紧缩，导致投资减少、经济增长减缓；发行多了，就会造成通货膨胀，导致经济调整。在中国元朝，由于贵金属匮乏而无法满足跨境贸易的需求，政府曾经主导发行纸币，这是人类历史上第一次全面实行政府发行的官定纸币。但是由于难以控制发行量，再加上市场对于贵金属的偏爱传统，很快纸币就大幅度贬值。最终，这个第一次由政府主导发行纸币的尝试因恶性通货膨胀而宣告失败。

4.2 通货膨胀的本质

通货膨胀指经济中商品价格普遍上涨的现象。普遍上涨虽然不是全部上涨，但一定是足够数量的物价上涨，这就等价于物价指数上涨，且这种上涨必然会持续一段时间。在微观经济学中，价格受到供需缺口的影响。但是，如果是多数商品价格同时上涨，就只能从共同的宏观经济环境中去寻找原因。

我们先看一个简单的模型：经济由一种商品和货币组成，二者的数量都是给定的。一件商品的价格由货币的多少表示，而一个单位的货币的价值由商品的数量来表示。如图 4-1 所示。

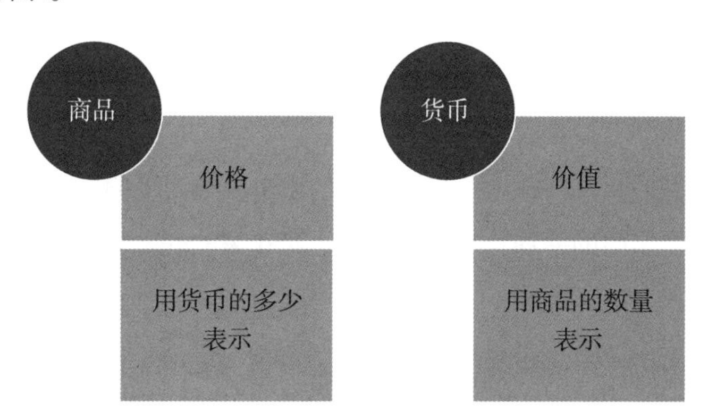

图 4-1　通货膨胀概念模型

假设模型中有 N 件商品和 M 元的货币，那么，一件商品的价格就是 $\frac{M}{N}$ 元，而 1 元货币的价值就是 $\frac{N}{M}$ 件商品。现在商品数量不变，而将货币增加 ΔM 元，货币总量就是 $M+\Delta M$ 元。于是，商品价格就上涨为 $\frac{M+\Delta M}{N}$ 元，而货币价值就降低为

$\frac{N}{M+\Delta M}$件商品，这就是通货膨胀。用一句话概括，通货膨胀本质上是一种货币现象。这是货币主义学派的基本观点，也为现代宏观经济学的各个流派所接受。

现代国家的货币都是由政府担保而发行的主权货币，其发行量由政府授权中央银行决定并调节。政府要保就业、促增长，就有多发货币的动机。发行数量适度，保证了经济增长的需求，而物价上涨不大；发行数量过多，就会形成严重的通货膨胀。但是，经济增长和通货膨胀很难预测，调节货币发行量也是困难的。

在实际经济中，通货膨胀随着经济增长呈现不规则的周期性变化，或者说通货膨胀率会出现难以预测的周期性波动。

4.3 货币数量说

在市场经济发展初期，古典经济学家纷纷根据观察和归纳提出了通货膨胀与货币量相关的经济学观点，如欧文·费雪（Irving Fisher）的现金交易说、亚瑟·庇古（Arthur Pigou）的现金余额说等。

现金交易说认为，基于经济产出的交易量决定了人们对于货币的需求量，考虑货币的平均交易次数，就可以得到适度的货币发行量。

现金余额说认为，货币需求量就是人们为应付日常开支平均经常保留在手边的货币数量，它与国民生产总值相关。

两种学说得出了同样的结论。我们不妨从货币流通速度的概念出发。V表示货币流通速度，例如一年内的平均交易次数；M为货币发行量；Y为总产出；P为价格水平，于是有

$$V=\frac{\mathrm{GDP}}{M}=\frac{P\cdot Y}{M} \tag{4-1}$$

根据式（4–1），我们可以从数量层面和变化率层面分别阐述货币数量说的观点。

求解式（4–1）中的价格P，得到

$$P=\frac{V}{Y}\cdot M \tag{4-2}$$

在实际经济中，一年的产出是既定的，如果金融系统稳定，则货币流通速度也是

稳定的。因此，$\frac{V}{Y}$ 就是一个常数，进而，价格与货币发行量成正比。这就是说，价格由货币供给量所决定。如果货币市场是均衡的，则货币发行量与需求量应该相等。但是，均衡实现很难。而货币总是倾向于多发，所以经济一般处于一定程度的通货膨胀中。

我们再看变化率层面。改写式（4–1），得到

$$M \cdot V = P \cdot Y \tag{4–3}$$

式（4–3）是货币数量说的一般形式。将式（4–3）两边取自然对数再求微分，依次得到

$$\ln M + \ln V = \ln P + \ln Y \tag{4–4}$$

$$\mathrm{d}\ln M + \mathrm{d}\ln V = \mathrm{d}\ln P + \mathrm{d}\ln Y \tag{4–5}$$

$$\frac{\mathrm{d}M}{M} + \frac{\mathrm{d}V}{V} = \frac{\mathrm{d}P}{P} + \frac{\mathrm{d}Y}{Y} \tag{4–6}$$

如果金融系统稳定，那么货币流通速度 V 就是常数，其微分为 0。于是就有了货币数量说的变化率形式：

$$\frac{\mathrm{d}P}{P} = \frac{\mathrm{d}M}{M} - \frac{\mathrm{d}Y}{Y} \tag{4–7}$$

式（4–7）告诉我们，通货膨胀率等于货币发行量的增长率超过实际 GDP 增长率的部分。因此，通货膨胀是由货币的超量发行造成的，即

通货膨胀率＝货币发行量增长率－实际 GDP 增长率

美国的货币流通速度相对比较稳定，根据相关研究，我们可以看到美国在 1960—2000 年间的 M1（狭义货币）和 M2（广义货币）的流通速度，如图 4–2 所示。

从图 4–2 可以看到，M2 的数值是相对稳定的，这说明主要针对工商业投资活动的信贷业务的货币流通速度是稳定的。M1 的功能主要是满足居民消费和企业短期流动资金的需求。1960—2000 年，M1 的流通速度从 4 提升到 9 以上，说明在信息化的大背景下，非现金化的信用卡和企业间的电子转账方式在 40 年间不断发展，提升了消费和短期信贷领域的资金运转效率。进入 21 世纪，世界范围的电子商务和移动支付不断创新，中国更是走在了世界的前列。支付宝、微信支付等第三方支付在消费中

迅速普及，现金流通量在中青年消费者中不断下降，M1 的流通速度大幅度提高。一个非现金的消费时代正在到来。

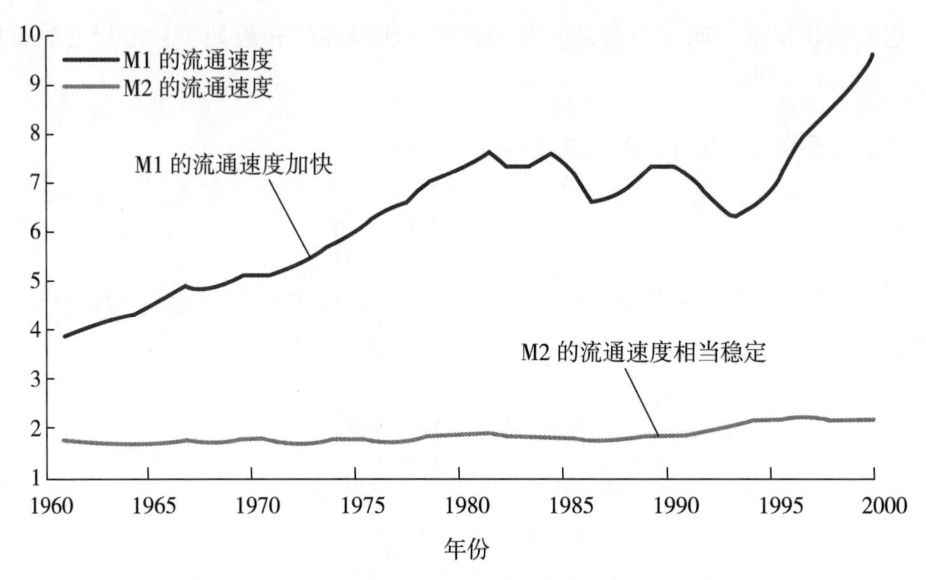

图 4-2　1960—2000 年美元货币流通速度（倍数）

资料来源：Wind 数据库。

货币不等于现金，计算货币量仍然需要一个精确的公式，于是在货币数量说的基础上设立的统计模型就派上了用场。通过经济增长率、利率、汇率和 M2 增长率与通货膨胀率的回归关系，决策者可以找到货币发行增长率的适当区间。

4.4 货币需求

经典的货币数量论是从实体经济的交易需求出发的，从方程推导的过程可见，产出量决定了交易量，进而决定了交易需求。因此，我们可以说，货币需求量是 GDP 的正向函数（增函数）。

但是，当经济系统存在金融行为后，我们需要为金融系统提供流动性。金融系统包含商业银行体系、证券市场、保险市场、期货市场、外汇市场及其衍生品市场，我们知道，在金融系统中货币市场的利率是中心环节，影响着每一个细分市场的资产收益率。当中央银行决定的基准利率上升时，资金就会从资本市场流向商业银行体系，证券、期货和期权的价格就会下跌，金融投资就会收缩。同时，在实体经济系统，利率的上升增加了实体投资的成本，一部分微利项目从原有的盈利转为亏损。于是，整个经济的总投资量就会下降，对于货币的这部分投资需求也会下降。因此，货币需求量是利率的反向函数（减函数）。

将交易需求和投资需求相结合，便得到了经济对于货币的总需求（D_M），具体公式如下：

$$D_M = hY - ki \tag{4-8}$$

其中，Y表示GDP；i表示市场利率（通常是中央银行决定的基准利率）；h、k是参数；$h>0$，表示货币交易需求关于GDP的敏感度；$k>0$，表示货币投资需求关于利率的敏感度。

将市场形成的货币需求与中央银行主导的货币供给结合在一起就可以讨论货币均衡问题，形成均衡货币量与均衡利率。在后文的货币政策部分我们还将探讨相关内容。

式（4–8）在讨论市场总体均衡的IS–LM模型框架中表示货币需求，而h和k的相对大小决定了LM曲线的斜率，揭示了给定货币市场状态下财政政策的效果，特别是挤出效应产生的条件。

4.5 何以适度

我们需要结合不同经济体在具体阶段的不同特点理解货币发行的均衡思想和策略。

4.5.1 经济成长时期德国马克的发行策略

第二次世界大战（以下简称“二战”）结束之前的德国经历了魏玛共和国和二战期间纳粹统治时期的两次恶性通货膨胀。二战后，德国的物资极度匮乏，物价飞速上涨，但由于建立了市场经济模式并实施了严格的货币政策，德国经济在几年间快速走上正轨。二战后联邦德国的新马克克服初期种种不利的政治经济条件，在不到20年的时间内顺利地成为币值稳定的国际货币。如今，德国经济总量位居欧洲首位、全球第四位，并成为欧元区重要的“火车头”。在本节，我们将探讨在二战结束后，德国货币发行和货币政策对抑制通货膨胀、恢复经济起到了哪些作用。

（1）联邦德国马克

1948 年德国币制改革成功后，规定联邦德国马克替代原纳粹德国政府发行的德国马克，正式在美、英、法军事占领区内流通，并在 20 世纪 90 年代成为两德统一的官方货币。2002 年 1 月，马克完成其历史使命而被欧元取代。

（2）高速发展时期联邦德国的货币发行（1948—1973）

二战后，在欧洲局势趋于稳定、美国提供经济援助的大环境下，1948 年联邦德国在盟军占领区实施货币改革，放开物价管制。1957 年，位于联邦德国法兰克福的中央银行——德意志联邦银行，取代原先的两级中央银行，统一了货币发行权，并负责全国的货币政策运作。由于吸取了历史上两次通货膨胀的教训，二战后德意志联邦银行一直以维持国内物价稳定为货币政策的首要目标，在自由市场价格的环境下通过对发行货币量的控制来影响物价，致力于建立以市场竞争和市场价格为主的市场经济体制。联邦政府并不是对价格管理不作为，而是通过有效的货币政策间接调控价格，形成以市场自由调节为主、政府干预为辅的运行机制。在经济高速增长的 25 年间，德意志联邦银行成功运用货币政策工具，保持了马克币值的基本稳定，为国内经济发展和国际贸易奠定了良好基础。

在此期间德意志联邦银行采取的主要措施包括：第一，推出全新货币。在控制恶性通货膨胀之后，通过发行联邦德国马克大幅度降低票面数额，短时间内市场上的名义货币量减少了 93.5%，实现了货币供应量与国民经济目标的适应，形成了消费者稳定的市场预期，使价格发挥了其市场作用。第二，公开发行货币量的目标数字，用于稳定民心，使得物价不会因为民众对通货膨胀的过高预期而上涨。第三，按照货币政策的需要自行决定再贴现率并控制各信贷机构的最低准备金。第四，根据货币政策或经济政策的需要，买进或卖出短、长期的有价证券，以影响市场利率。第五，在美国经济强大平稳和布雷顿森林体系的背景下，实行固定汇率制，保证贸易上的优势地位。

经过一系列改革，联邦德国经济顺利地走上了正轨并飞速发展。20 世纪 50 年代至 60 年代中期，是联邦德国经济增长最快的时期。根据国际货币基金组织（International Monetary Fund，IMF）统计，1950 年联邦德国实际 GDP 相当于美国的 13.2%，该比例在 1960 年和 1970 年分别提高到 20.8% 和 22.2%；联邦德国国际贸易额占全球贸易总额的比重从 1955 年的 7% 以下提高到 1965 年的 10%；德国的名义有效汇率也在 10 年间大幅上升，至 1970 年年底，联邦德国的名义有效汇率几乎是 1965

年1月的两倍，而美国的名义有效汇率则较1965年降低20%左右。早在20世纪50年代上半期，联邦德国对外贸易就存在顺差，到1960年，贸易顺差达到52亿马克，这为资本项目管制的放松奠定了基础。

与同一时期的欧洲其他国家相比，1948—1973年，联邦德国通货膨胀的走势一直保持相对平稳并维持在欧洲平均水平以下。联邦德国在二战后几十年间的经济发展证明了货币的稳定和独立的银行体系对经济发展的重要性，有效的货币政策使得联邦德国成为经济最稳定的国家之一。但在1966—1967年遭遇了二战后首次经济危机之后，联邦德国的经济实际上告别了此前单边高速增长和近乎充分就业的状态。

（3）曲折前行时期联邦德国的货币发行（1973—1990）

如图4–3所示，20世纪70年代到90年代，联邦德国经济告别了高速增长时期，开始曲折前行。此间联邦德国先后经历了两次石油危机、两德统一等严峻考验。第一次石油危机爆发后，美元持续走弱，联邦德国马克被迫升值，再加上布雷顿森林体系的解体，1973年联邦德国放弃了固定汇率制，实行浮动汇率制，保住了独立的货币政策。到1974年，德意志联邦银行的货币政策目标转向货币供应量增长率，根据实际产出的增长率、目标通货膨胀率、货币流通速度计算出货币供应量增长率。1974—1976年间货币投放由较快增长到逐渐放缓，既防止了经济增长停滞，又使通货膨胀率

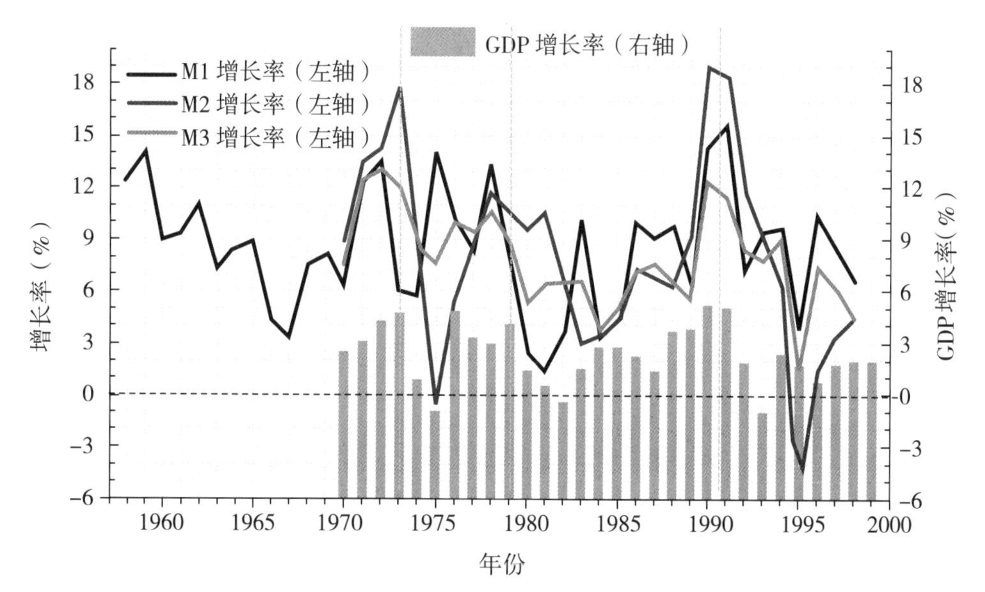

图4–3　联邦德国GDP增长率，以及M1、M2和M3货币供应量变化率（1960—2000）

资料来源：IMF网站（https://www.imf.org）。

有效地控制在 4% 以内。与同期美国的经济增长停滞和通货膨胀并存的状况相比，联邦德国的货币政策的宏观效果是十分突出的。

1979—1980 年的第二次石油危机，又给包括联邦德国在内的北美和欧洲经济带来巨大冲击。在出现经济衰退的同时，通货膨胀率跃升至 6%，并在之后的两年保持在较高的水平。1982 年的经济衰退可以被视为联邦德国经济发展的一个转折点，人均 GDP 增长率逐渐下降，到 20 世纪 80 年代已下降到 2.0%。德意志联邦银行迅速调整货币投放量，M1、M2 和 M3 的增长率都大幅度降低，直到 1984 年 GDP 增长率回升后，货币供应量增长率才慢慢恢复至过去的平均水平，通货膨胀率也有效地再次控制在 4% 以内。与此同时，为了改善恶化的国际收支情况，联邦德国马克主动贬值，见图 4-4（2）阶段。

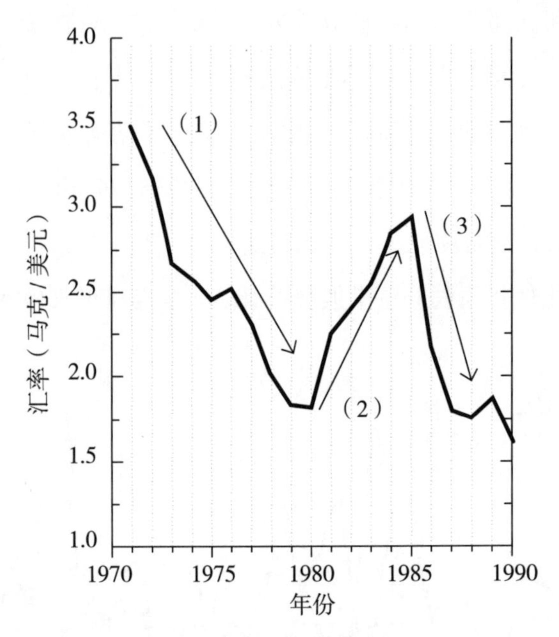

图 4-4　联邦德国马克对美元汇率变化情况（1970—1990）

资料来源：IMF 网站（https://www.imf.org）。

面对两次石油危机的冲击，加上美国货币政策所引发的流动性泛滥导致国际货币体系的剧烈动荡，作为战略举措，联邦德国联合其他欧洲国家在美元体系之外建立了欧洲区域内的货币联动机制——欧洲货币单位。在欧洲货币单位机制的帮助下，马克升值的压力得以转移，从而避免了国内资本市场泡沫的产生；同时联邦德国制造业在国际市场影响力的持续提升也为马克在国际货币中的强势地位提供了有力支撑，让马克在众多欧洲货币中脱颖而出，与美元一起成为欧洲的主导货币和储备货币，这为后面欧元的诞生提供了物质准备。同时联邦德国政府以贸易竞争力为基础逐步稳健开放金融市场，提升联邦德国商业银行系统的马克清算与支付能力，为马克在欧洲的自由流通提供金融基础设施。20 世纪 80 年代，联邦德国马克在各国官方持有外汇总额中的比重，由最初的 14.9% 上升到 19.3%。

马克升值期间的货币供应量与经济增长紧密配合，防范了金融资产泡沫化。在 1970—1990 年间的经济转型期，除在维持固定汇率制的 1971—1973 年和联邦德国和民主德国统一的 20 世纪 90 年代初货币投放增长较快外，M2 和金融债券与票据的增长率基本保持在 10% 以下，平均增速高于实际 GDP 增速和 CPI 之和约 1.78%。从马克成为强势国际货币的历史来看，防范金融风险的前提是避免金融资产泡沫化，而杜绝泡沫的前提是稳健的货币发行策略和保持适度的社会融资规模。

（4）欧元的发行（1999—2015）

1999 年 1 月 1 日欧元诞生，2002 年 1 月 1 日欧元现金进入流通，这宣告德国马克与欧元区其他国家的原主权货币同时退出了历史舞台。执行欧元货币政策的欧洲中央银行汲取了德国马克的历史经验，要求各成员国必须坚决执行稳定的财政政策和保证货币政策制定的独立性，维持物价稳定。虽然欧元区还没有完全达到“最优货币区域”的标准，但欧债危机以来欧元区在整合度和灵活性方面已经取得了重大的进展。

4.5.2 中国经济从高速增长到“新常态”的货币发行

2000—2011 年的 12 年间，中国经济在改革开放的进程中实现了前所未有的高速增长，实际 GDP 增长率超过 10%。从 2012 年起，随着国际需求的减缓，出口驱动的作用下降，中国进入消费升级、产业升级和经济转型的“新常态”。货币发行量发生了很大变化，见表 4-1。

表 4-1 从高速增长到“新常态”的货币发行量的变化（2000—2015）

（单位：%）

年份	2000	2001	2002	2003	2004	2005	2006	2007
实际经济增长率	8.4	8.3	9.1	10.0	10.1	11.3	12.7	14.2
M2 增长率	12.3	14.4	16.8	19.6	14.7	17.6	16.9	16.7

（单位：%）（续表）

年份	2008	2009	2010	2011	2012	2013	2014	2015
实际经济增长率	9.6	9.2	10.6	9.5	7.7	7.7	7.3	6.9
M2 增长率	17.8	28.5	19.7	13.6	13.8	13.6	12.2	13.3

资料来源：国家统计局网站（http://data.stats.gov.cn/）。

2012 年，正是中国经济从前期的高速增长到“新常态”的中高速增长的转变之年。此时，中国的劳动力总数也从 9.17 亿人的历史峰值缓慢下行。2012 年以前，中国实际 GDP 的年增长率在 10% 水平上，M2 的年增长率为 16%—17%。2008 年由于国际金融危机爆发，中国实行高强度量化宽松政策，当年 M2 增长率达到 17.8%，次年甚至达到历史新高 28.5%。2012 年以后，实际经济增长率进入 6.5%—7% 的目标区间，于是，M2 的年增长率降到 13% 左右。按照货币数量说中货币发行量与通货膨胀率的关系，相对于通货膨胀率，M2 增长率有 4%—7% 的超额空间。这既是一种经验对应，也在一定程度上说明中国金融服务效率仍然较低。

我们以 M2/GDP 表示货币强度，它在一定程度上揭示了以商业银行为代表的直接金融的发展水平。进入 21 世纪，中国的货币强度一直在高位运行。进入经济“新常态”之后，中国的货币强度进一步攀升，2015 年达到 2 以上，见表 4-2。这说明，21 世纪前十余年，中国经济增长的第一动力来自投资，所需长期信贷量超常，M2 自然高企。2012 年以后，外需大幅度缩减导致经济增长率下降至 7% 的水平，但是 M2 依然在高水平运行。货币政策成为经济“新常态”的主要宏观调控手段。在供给能力大大超过需求的情景下，高强度货币发行或许不能立即引发通货膨胀，但是，在此期间，中国房地产市场泡沫化，房地产资产的价格膨胀吸收了相当大的货币量。而实体经济的信贷水平增速却在 2015—2016 年处于低水平，银行苦于没有好项目。按照货币数量说，潜在通货膨胀风险正在增大。

表 4-2　中国的货币强度（2000—2015）

年份	2000	2001	2002	2003	2004	2005	2006	2007
M2/GDP	1.34	1.43	1.52	1.61	1.57	1.59	1.57	1.49
年份	2008	2009	2010	2011	2012	2013	2014	2015
M2/GDP	1.49	1.75	1.76	1.74	1.80	1.86	1.91	2.06

资料来源：国家统计局网站（http://data.stats.gov.cn/）。

2005 年中国农业银行的上市标志着国有体制下商业银行市场化机制的确立，中国金融发展进入一个稳步持续发展的新阶段，直接融资比例稳步上升。而互联网金融与数字金融业态的加入进一步提高了货币流通速度，提升了产业发展的融资效率。影响通货膨胀和经济增长的货币发行指标从 M2 过渡到社会融资总额。一年的社会融资总额是指整个金融体系给实体经济带来的年度新增融资总量，其内涵主要涉及银行的全部贷款、债券市场交易的全部债券和股票市场交易的非金融企业的全部股票。

由表 4–3 可以看到，中国的社会融资总额的增长是相当不稳定的，与 M2 的增长不存在匹配关系或者相关关系。值得注意的是，在全球金融危机最为严重的 2009 年，配合 4 万亿元的全社会支出计划，货币与债券发行量达到新高，与 28.42% 的 M2 增长率相对应的是社会融资总额增长率达到 99.28%。而次年的 2010 年，该指标居然跌至 0.78%，2014 年还出现了负增长。其原因值得深入研究，粗略地看，至少包括中国股市二级市场交易的“过山车式”的运行和股票发行的开闸与关闸；债券市场发行的低效。

表 4–3　中国社会融资总额增长率与 M2 增长率的比较（2004—2014）

（单位：%）

年份	2004	2005	2006	2007	2008	2009	2010	2011	2012	2013	2014
社会融资总额增长率	–16.08	4.82	42.28	39.74	16.99	99.28	0.78	–8.49	22.87	9.86	–5.22
M2 增长率	14.7	17.6	16.9	16.7	17.8	28.5	19.7	13.6	13.8	13.6	12.2

资料来源：国家统计局网站（http://data.stats.gov.cn/）。

4.5.3　国际比较

（1）直接融资比重

货币发行量的适度水平不存在绝对标准，还要结合金融结构。我们可以使用存量法的直接融资比重来简要地刻画金融结构：

$$直接融资比重=\frac{股市市值+债券余额}{银行贷款余额+股市市值+债券余额}$$

德国是典型的以商业银行为中心的经济体，在银行资本向工业资本的渗透过程中，形成了金融寡头。在以机电一体化为标志的传统工业时代，以银行为中心的金融寡头模式保证了工业行业垄断竞争格局的稳定性。但是，在金融危机面前，金融寡头可能利用其对国家政权的影响力将危机转嫁给国际竞争对手。

美国在成为世界第一工业大国之后的 20 世纪的前十年，就已经向以证券市场为中心的直接金融模式过渡。在资本市场的推动下，美国的公司治理机制不断完善，消费者的储蓄资本向证券市场聚集，进而有效支持了企业的创新发展。第二次世界大战结束以后，美国制造业发展达到历史高峰，证券市场进入公募的“共同基金”时代，发达的证券市场有力地推动了美国工业的创新发展。1973 年以后发展起来的纳斯达克市场与创业金融体系配合，进一步推动了美国在产业向外转移的历史背景下，高科技中小企业的发展，创造了信息革命与网络革命的神话。同时，为了应对布雷顿森林体系解体所导致的主要发达经济体货币相对于美元的浮动，美国资本市场迅速建立了外汇和利率衍生品市场，形成了新的金融产业。进入 21 世纪以来，美国的直接融资比重持续处在高位，长年保持在 82% 以上，且基本没有大的变动，除了在 2008 年由于金融危机，美国股市全年蒸发约 7.3 万亿美元的市值，当年的直接融资比重大幅下挫，但随后的直接融资比重就开始在波动中向上攀升。

相比美国直接融资居于支配地位的局面（见图 4–5），中国的直接融资比重较低（见图 4–6）。尽管近年来中国的直接融资比重一直处于上升趋势，但仍然有很大的提升空间。在 M2/GDP 持续高企的状态下，直接融资比重很低，说明中国目前的货币供应多是通过银行体系来实现的。考虑到间接融资容易产生金融资本与实体经济的结构错配，进而导致融资效率低下，并且难以满足多层次资本市场发展的需求，未来中国对直接融资渠道的关注与投入应持续加大。

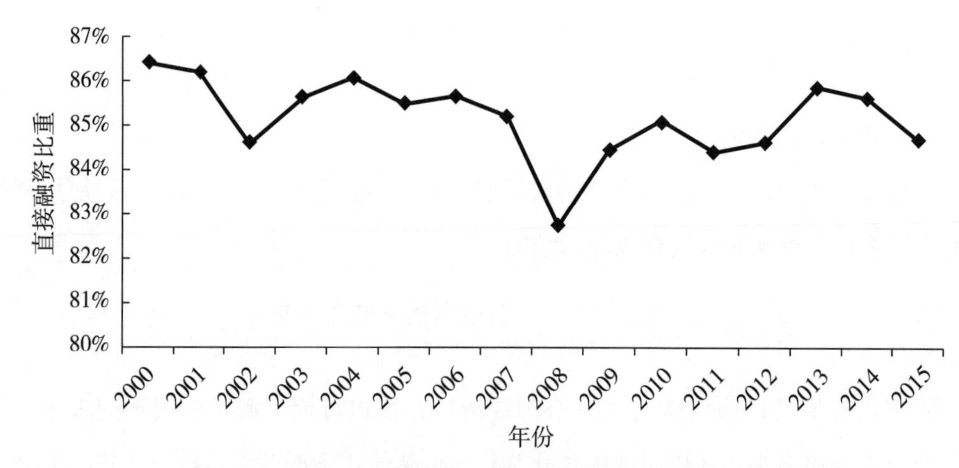

图 4–5　美国的直接融资比重变化趋势（2000—2015）

资料来源：Wind 数据库。

（2）货币强度

在主要发达经济体，代表金融发展水平的货币强度如何呢？表 4–4 给出了主要发达经济体与中国的货币强度（M2/GDP）的比较。以直接融资为主的美国的货币强度不仅明显低于其他国家，而且一直在 100% 以下，基本上处于 70% 到 80% 的水平。以间接融资为主的德国，在 2008 年金融危机之前，其货币强度超过 180%；2008 年金融危机后，在投资需求骤减的情况下，德国乃至整个欧元区并没有过度放松银根，货币强度也骤降至 80% 的水平，直到 2014 年才恢复到 90% 的水平。以银行占据优势的日本，进入 21 世纪以来货币强度一直保持在较高水平，长期维持在 200% 以上，2014 年和 2015 年甚至高达 250% 以上，同期日本的直接融资比重也在 75% 左右。2015 年，中国的直接融资水平达到 25% 左右，而货币强度也升至 205.74%。

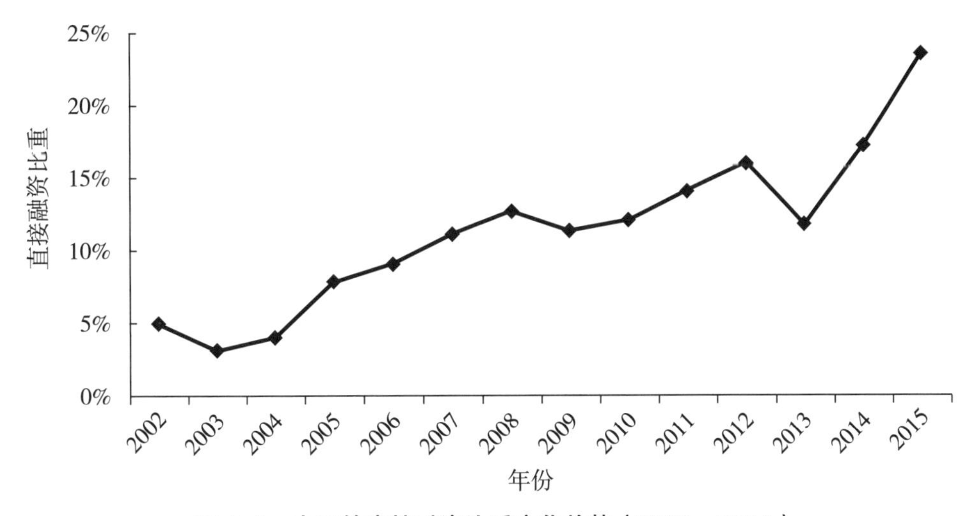

图 4–6　中国的直接融资比重变化趋势（2002—2015）

资料来源：Wind 数据库。

表 4–4　中国与主要发达经济体的 M2/GDP（2000—2015）

（单位：%）

年份	中国	英国	美国	法国	德国	日本
2000	136.27	100.83	68.29	100.99	169.58	240.56
2001	141.84	105.67	71.37	104.04	169.13	200.79
2002	146.25	105.60	72.13	104.90	171.96	205.24
2003	154.52	109.22	71.82	110.51	174.79	206.47
2004	150.84	113.74	71.21	114.28	177.39	205.75
2005	152.24	122.16	72.15	117.96	182.18	206.70

（单位：%）（续表）

年份	中国	英国	美国	法国	德国	日本
2006	158.78	131.83	74.32	123.50	182.29	204.04
2007	150.53	144.69	79.46	133.20	183.00	202.81
2008	150.01	166.49	84.55	89.70	83.95	209.08
2009	176.55	170.17	91.06	88.29	84.96	227.02
2010	177.51	169.02	85.34	89.87	84.04	225.46
2011	175.90	155.17	87.78	89.73	84.65	237.43
2012	182.38	152.07	88.45	90.48	88.05	240.70
2013	188.18	149.03	89.50	87.65	89.18	247.18
2014	193.17	138.67	90.33	89.78	90.00	250.48
2015	205.74	137.82	90.32	85.26	93.41	251.92

资料来源：世界银行网站（https://www.worldbank.org）。

与其他金砖国家和亚洲国家相比，中国的货币强度更高。在亚洲，韩国和新加坡两个发达经济体、马来西亚和泰国两个新兴经济体具有水平大体相当的货币强度，见表 4–5。可见，货币发行适度性值得深入研究下去。

表 4–5　中国以外金砖国家及代表性亚洲国家的 M2/GDP（2000—2015）

（单位：%）

年份	巴西	印度	南非	俄罗斯	韩国	新加坡	马来西亚	泰国
2000	46.49	53.70	52.71	21.47	65.03	103.44	122.70	111.21
2001	58.41	56.74	57.31	23.91	111.16	113.09	135.31	111.24
2002	55.05	61.54	58.26	26.43	114.45	109.52	133.10	106.95
2003	56.09	62.09	60.63	30.00	110.75	115.29	132.31	112.05
2004	56.43	63.52	61.60	31.12	108.98	107.24	131.71	107.46
2005	60.42	64.46	66.97	33.42	111.05	103.64	124.96	104.12
2006	64.57	67.43	73.19	37.62	118.96	111.73	129.34	102.07
2007	69.81	71.00	79.09	42.82	122.08	109.70	125.20	100.38
2008	72.54	75.78	80.80	39.43	129.10	122.59	119.59	102.46
2009	79.02	77.72	77.68	49.21	136.05	132.64	139.17	109.99
2010	79.25	76.19	75.80	51.38	131.24	125.05	129.64	109.05
2011	82.03	78.84	74.60	48.17	131.42	128.07	133.89	120.00
2012	86.15	76.86	72.75	48.15	133.26	131.51	136.80	121.21
2013	83.76	77.91	71.13	52.48	134.37	131.98	140.06	124.51

（单位：%）（续表）

年份	巴西	印度	南非	俄罗斯	韩国	新加坡	马来西亚	泰国
2014	89.15	77.77	71.03	55.21	139.78	132.01	137.09	128.01
2015	95.15	79.19	74.55	63.76	144.19	129.27	135.12	129.66

资料来源：世界银行网站（https://www.worldbank.org）。

4.6 货币是不是中性的

关于货币中性的讨论由来已久，货币中性是古典经济学派的重要观点和基本主张，古典经济学派代表人物威廉·配第、约翰·洛克（John Locke）、亚当·斯密、大卫·李嘉图等都认为货币只是流通手段，仅仅作为交易的介质而存在，不对实际价值产生影响。法国经济学家让-巴蒂斯特·萨伊（Jean-Baptiste Say）提出“萨伊定律”，认为供给会创造其自身的需求，经济能自动达到充分就业状态。凯恩斯学派兴起前，货币只影响物价不影响产出的思想占据主导地位。

1929—1933年，世界经济危机爆发，在此背景下约翰·梅纳德·凯恩斯（John Maynard Keynes）建立了较为完整的有效需求理论，否定了供给会自动创造需求的观点，论述了货币非中性的思想。凯恩斯学派认为，在危急时刻，银行体系流动性显著下降，若不通过货币发行注入流动性，工商活动难以维持，投资活动停滞，进而失业恶化，进一步导致经济下行。因此，货币发行可以挽狂澜于既倒，通过新注入的货币维持银行系统的运行，增加消费需求，进而刺激经济复苏。货币不是中性的，增发货币是有效渡过危机的手段。

在信息价值启蒙的20世纪50年代，米尔顿·弗里德曼对凯恩斯主张的政府干预政策和思想提出挑战。他于1968年提出自然率假说，认为货币在短期内可以影响产出和物价，但在长期内只影响物价而不影响产出。

20世纪70年代初从货币主义学派分化出理性预期学派，其代表人物罗伯特·卢卡斯（Robert Lucas）、托马斯·萨金特（Thomas Sargent）和尼尔·华莱士（Neil Wallace）等认为预期到的货币变化和未预期到的货币变化对经济产生的影响有着很大的区别。预期到的货币变化能作用于通货膨胀率和名义利率，但对产出和就业等实际变量没有影响。而未预期到的货币变化则能对产出起到实际作用。理性预期学派认为在个体和企业可以进行理性预期的前提下，货币无论在短期内还是在长期内都是中性的，货币政策是无效的。

20世纪70年代末，在吸收和反思其他学派对凯恩斯主义批判的基础上形成了新凯恩斯主义。新凯恩斯主义延续凯恩斯主义的思想，认为政府的经济政策在大多数时期是重要的。针对理性预期学派认为预期到的货币冲击不会影响实体经济这一观点，斯坦利·费希尔（Stanley Fischer）、约翰·泰勒（John Taylor）等提出即使引入理性预期的假设，只要工资和价格不具有充分灵活性，名义冲击仍能产生真实效应。新凯恩斯学派的学者们从不同角度阐述了工资和价格不充分灵活的原因，进而指出货币是非中性的。斯坦利·费希尔认为名义工资是由长期合同的形式规定的，除非合同工资是指数化的，一般情况下政府的货币政策变动频率要高于合同工资修订的频率；在名义工资非充分灵活的条件下，政府可以通过货币政策调整实际工资水平，从而影响就业和产出。乔治·阿克尔洛夫（George Akerlof）和珍妮特·耶伦（Janet Yellen）以及格里高利·曼昆（Gregory Mankiw）指出，在不完全竞争市场条件下，价格和工资的调整有一定的成本，如果价格和工资的最优长期均衡状态被打破，那么使得价格和工资再次回到最优均衡可能比维持现状花费的成本更多，此时名义价格和工资具有黏性，因此货币增量所引起的名义总需求的增加会推动产出增加。

而对于真实工资刚性，新凯恩斯主义主要有效率工资理论（Efficiency Wage Theory）和局内人－局外人模型（Insider-Outsider Model）两种解释。效率工资指高于市场水平的工资。企业提供效率工资主要出于提升员工忠诚度、减少劳动力流失、吸引高素质员工以及防止员工出工不出力等方面的考虑。此时，工资是黏性的，工资水平不会随着需求的变化而迅速调整。局内人－局外人理论是由阿瑟·林德贝克（Assar Lindbeck）等人提出的，在技术劳动力市场，局内人指已经在职的员工，局内人为了维护既得利益会利用自身权力来阻止雇主雇用局外人，而雇主雇用局外人代替局内人需要付出解聘、招聘以及新员工职业培训等成本，因而雇主宁愿付给局内人高于市场水平的工资，也不愿意雇用只要求低工资的失业者，这是对真实工资存在刚性的另一种解释。

在综合了名义工资刚性和真实工资刚性两种观点后，劳伦斯·鲍尔（Laurence Ball）和大卫·罗默（David Romer）指出，只有在价格黏性以至刚性的情形下，真实工资和名义工资的显著差异才会导致货币对实际经济产生较大的冲击，单纯的真实刚性和单纯的名义刚性都不足以解释货币非中性。

值得强调的是，在货币主义的理论以及理性预期学派的阐述中，对货币中性的严格证明都是基于没有“货币幻觉”这个关键假设的。“货币幻觉”一词由美国经济学家欧文·费雪于1928年提出，刻画了积极货币政策带来的市场货币感觉乃至通货膨胀效应。消费者和投资者在其经济活动中，首先会感知到货币的易得性也就是流动性，感知到由于货币量增加所诱发的银行信贷市场的活跃和证券市场的泡沫，进而通过金融体系的繁荣启动实体经济的复苏。但是，这只是投资者对货币名义价值做出的反应，而忽视了货币实际购买力的变化。因此，“货币幻觉”是一种心理错觉。费雪原本想告诉人们，投资某种资产的时候不应该只看所投资产的货币价值，还要考虑货币增加引起的通货膨胀所导致的实际购买力的变化。但是，正因为有“货币幻觉”，才有投资者和消费者市场信心的建立，进而对陷入衰退的实体经济起到刺激作用。或者，以一种保守的心态来看，货币的注入是危机中的“救命稻草”。因此，从这个意义上来讲，货币是非中性的。

那么，伴随“货币幻觉”的宽松货币政策对经济复苏的作用可以持续多久？也就是说，在严重通货膨胀出现之前，有多长时间可以拉动从金融市场到实体经济的投资信心的复苏？这要看长期经济增长动力的大小，以及是否被投资者所认同。市场信心决定市场走向，而信心需要有物质基础。2008年10月在金融危机全面爆发的关键时刻，有一句广为流传的话：“信心比黄金更重要。”这成为中国政府启动4万亿元全社会支出计划的根本依据。随后银行信贷全面跟进，M2一路走高，高铁、城市基础设施和房地产成为中国经济继续保持高增长的主要驱动力，此间恶性通货膨胀并没有发生。同样，为避免银行体系崩溃和遏制失业率突破10%，美国实行了历时7年的4轮美元量化宽松，8年后通货膨胀仍保持在较低水平。这两个实例说明，货币的非中性效应能够持续4—7年。当然，关于货币非中性的市场条件是什么，还有待深入研究。

4.7 治理通货膨胀的案例

1973年世界石油危机之后，通货膨胀在各个经济体中呈现非规律的周期性变化，而新兴经济体和发达经济体的通货膨胀又体现了各自的制度特征和发展阶段特征。管理当局选择积极的货币政策的出发点当然不是要引发通货膨胀，其动机是支撑或者保障经济增长，以实现既定的增长目标。然而，不当的货币发行很容易引发通货膨胀。

4.7.1 20世纪80年代美国治理通货膨胀的启示

石油危机之后，美国首先遵循传统的凯恩斯主义，推行积极的货币政策来刺激经济增长，而后又转为大力治理通货膨胀，迅速收缩货币发行。

透过20世纪80年代美国政府治理滞胀问题的一系列举措可知，要想带领美国经济走出困扰多年的滞胀困境，关键在于培育新技术和控制通货膨胀，而不是单纯实施凯恩斯主义的刺激社会总需求的政策。之所以要把治理通货膨胀放在重要位置，是因为稳定而正确的价格预期是企业决策的主要参考，是公众生活的重要保障，是维持市场经济运行的基本要素。与经济运行相匹配的通货膨胀能够稳定债权债务关系，协调经济社会中的短期利益与长期利益，而不合适的通货膨胀将导致价格信息紊乱，进而阻碍经济迈入良性循环的轨道。因此如何治理通货膨胀成了摆脱滞胀困境的重要问题。

回顾美联储前主席保罗·沃尔克（Paul Walker）的经典论述："如果公众的长期通货膨胀预期（对经济）不再是一种困扰，那么衰退就是值得的。"也就是说，要想治理好通货膨胀，就必须恢复公众的信心，因此需要重建投资者和消费者对于通货膨胀的预期。如果公众对通货膨胀形成非理性预期，就会扭曲自身的经济行为。1971年美国民众对于通货膨胀的反应是增加家庭储蓄率，人们预期价格将上涨，并没有囤积商品或提前消费，而是向银行存入更多的现金。这一方面是因为通货膨胀有利于债务人，而导致债权人的成本持续增加；另一方面则是考虑到货币的贬值将来会以提高利率的方式来弥补，因此通货膨胀预期不但没有引导经济走出低谷，反而导致高储蓄率和高利率并存的局面，进一步引起经济下滑。同时通货膨胀的非理性预期还将严重干扰宏观经济政策的执行效果。例如，居民家庭储蓄率高企，会直接影响消费需求，这势必会削弱凯恩斯主义的经济刺激效果。较高的通货膨胀率又将降低企业对税率降低的敏感度，也将削弱供给学派经济刺激方案的效果。

在达成了一致认识之后，美国政府开始积极推行控制通货膨胀的措施，美联储更是走在了处理这场经济危机的最前方。虽然以往美联储最主要的功能就是"最大限度地促进就业，提高生产和购买能力"，但这次美联储的政策显得更加独立，其目标是控制货币供应量，进而调节全社会流通中的货币总量。美联储在1979年10月6号宣布"采用货币主义的政策来适度增加货币供应量，减少对短期联邦基金利率的关注…… M1 的年增长率设定为 3%—6%（后调整为 4%—6.5%）”，该货币政策持续了整整 3 年，1982 年 10 月 9 日结束。该政策被媒体和一些经济学家称为“货币主义实验”。不过我们应当注意到，尽管美联储已经给自己设定了一个较为严苛的要求，但其实际的执行力度却更大。1981 年，美国货币增长率只有 2.1%，远低于规定的下限；在经济危机非常严重的 1982 年，美联储仍坚持紧缩银根，实际货币供应增长率也仅有 2.5%—5.5%。相应地，普通民众在这场转变中对于通货膨胀的预期也发生了显著的变化，他们开始相信政府有决心也有能力调控全社会的通货膨胀。这一点也在保罗·沃尔克的论调中得到了充分的体现——“解决通货膨胀问题必须被提升到国家级的优先地位，货币政策只有从始至终地持续下去才能获得成功，任何的犹豫不决、拖延、对衰退的恐惧只会徒增风险”。继伯南克之后，艾伦·格林斯潘（Alan Greenspan）出任美联储主席。这一阶段的美联储采取控制通货膨胀的措施主要包括：积极完善的宏观调控机制，实行及时小幅调整货币供应量和利率的货币政策；同时注意加强对经济形势的预测分析，变被动应对为主动预防，尽可能避免突发性状况对经济社会的巨大冲击；此外，美联储还注重加强货币政策执行的透明度，及时向市场发出带有倾向性的信号，进而引导投资和消费行为的理性转变。

虽然实行紧缩的货币政策对于治理危机背景下的通货膨胀十分有效，但历史经验告诉我们不能仅仅依赖于单一的政策，综合协调实施多种政策的效果往往更佳。20 世纪 80 年代美国政府在治理通货膨胀时，还采纳了供给学派的思想，积极调整税率，努力减轻纳税人负担。这种举措能够增加居民可支配收入，提升居民消费能力，刺激企业扩大生产规模，增加固定资产投资。依据这一思想，里根政府实施的具体措施包括：加速企业固定资产折旧、降低公司所得税税率、降低资本增值税、减少对利息收入的征税、降低个人所得税税率等。其中，降低个人所得税是政策的关键所在。1981 年美国全国个人所得税税率降低 5%；1982 年继续下调 10%；1983 年再次下调 10%；1984 年政府宣布对现行税制进行简化和改革的计划；1986 年将税收档次由原先的 14 个简化为 2 个，使个人最高税率从 50% 降至 28%。这些方案的实施激发了个人的工作积极性和企业的投资热情，为产业结构的调整、转型、升级创造了极好的外部环境，使得经济政策的重心逐渐向供给管理方面过渡，改变了市场以往的逻辑思维，即在经济周期波动时，政府并不能完全兜底。不同于凯恩斯主义政策，政府试图将更多的经济空间赋予市场，着重强调宏观经济政策的微观运行基础。这是因为在此次滞胀的形成过程中，微观经济部门对刺激总需求政策响应的非对称性问题，很大程度上使得菲利普斯曲线不断偏离原始位置，并逐渐达到了一个失业率和通货膨胀均高企的尴尬局面。

滞胀是由多种因素通过多重机制复合而成的一种复杂的社会经济现象。在治理滞胀的过程中，首先要解决的是通货膨胀而非经济增长。只有在控制好通货膨胀的同时，积极促进经济增长的举措才会显现出应有的效果。同时，我们还应注意到，多种政策手段的综合协调运用往往会胜过单一政策的实施效果，尽管这可能使我们难以区分哪种政策更胜一筹，但经济社会的治理更强调结果而不是“实验”。当然，政策实施的连续性也是十分重要的，政策的时滞性已经被广泛接受，这一点更加明显地体现在货币政策的运用上，因为货币政策能够直接操控的往往不是最终目标，中间的传导过程依赖于良好和健全的市场运行机制，因此一方面需要强调政府的宏观调控，另一方面更要强调宏观调控的微观基础。

4.7.2 中国的实践

在改革开放后的各个历史阶段，中国在治理通货膨胀中表现出了不同的货币发行导向，具体体现在 1988 年、1994 年和 2004 年。这三个时间点的市场环境是截然不同的。

1988 年，中国正处于消费需求的快速增长时期，而供给远远不足。在这个消费“补课”的热潮中，货币的超量发行就成为通货膨胀的推手。当时中国没有进行 M2 的统计，而且居民消费完全使用现金。相比 1987 年，1988 年的流通中的现金增长了 46.7%，导致 1988 年零售物价指数上涨 18.5%，而 1987 年该指数仅上涨 7.3%。这是中国改革开放以后的第一次高通货膨胀。

1992 年，在邓小平同志南方谈话的推动下，中国经济增长加快。当时正值房地产市场发展的第一个高潮，中国商业银行体系还没有建立，一度由地方政府主导商业银行的贷款发放，导致贷款的无节制增长。1992 年、1993 年和 1994 年的 M2 增长率分别达到 31.3%、37.3% 和 34.5%。这种创历史纪录的货币超额发行迅速引起了严重的通货膨胀，这 3 年的 CPI 增长率分别为 6.4%、14.7% 和 24.1%，一线城市的 CPI 增长率甚至超过 30%。由于此时中国市场的供给能力已经与消费需求持平，中国正在由供给主导向需求主导转变，因而，当中央银行采取大力度的货币紧缩措施后，通货膨胀迅速回落。事实上，1995 年、1996 年和 1997 年的 M2 增长率分别为 29.5%、25.3% 和 19.6%，而对应年份的 CPI 增长率则分别为 17.1%、8.3% 和 2.8%。这说明，在消费品供给能力强的状态下，调节货币发行量可以迅速改变通货膨胀程度。

2001 年 11 月，中国加入世界贸易组织，2004 年是中国经济高速发展的年份，中国的制造业世界市场份额快速提升。2004 年 M2 增长率为 14.7%，通货膨胀率为 3.9%，而前一年的 M2 增长率高至 19.6%，通货膨胀率仅为 1.2%，这是一个鲜明的对比。2004 年中一度超过 4% 的通货膨胀率引起了相关部门的警觉，当年通货膨胀率能否维持在 4%以内？是否会出现通货膨胀率达到 5%以上的整体经济过热现象？政府当年将预防通货膨胀的抬头作为宏观经济政策的重点：维持适度的通货膨胀水平，防止经济出现大起大落。最后，2004 年全年通货膨胀率控制在了 4% 以内，2005 年明确了稳健的货币政策的基调，M2 增长率为 17.6%，通货膨胀率降至 1.8%。相对于 2003 年的 1.2%，2004 年 3.9% 的通货膨胀率应该是 2003 年货币超发的结果。事实上，2000 年、2001 年、2002 年的 M2 增长率依次为 12.3%、14.4%、16.8%，2003 年跃至 19.6%。因此，2002 年和 2003 年连续的 M2 增长率高企是 2004 年通货膨胀抬头的主要原因。在恢复稳健的货币政策之后，2005 年和 2006 年的通货膨胀率分别在 1.8% 和 1.5% 的较低水平。总体而言，2000—2007 年，中国的货币政策比较稳健，通货膨胀也在较低水平，实现了低通货膨胀下的经济增长。

1987 年价格体制改革以来，中国探索出有效的通货膨胀治理模式，通过实践得出有效的货币发行增长率的控制范围与实施策略。与欧美国家的传统模式不同，中国政府提出并实施了治理通货膨胀的“软着陆”，即在保持经济增长原有水平的前提下，通过货币发行的适度紧缩和控制政府支出的手段，迫使 CPI 逐年下降。这一实践对于货币经济学和发展经济学理论具有极其重要的参考价值。

小结

通货膨胀是一种货币现象——货币主义学派的这一基本观点被包括凯恩斯学派的宏观经济学家所普遍接受。因此，在供给结构没有改变的情况下，控制通货膨胀的要义就是控制货币发行。

货币数量说给出了货币发行、经济增长与通货膨胀的基本关系。这是绝对数量与相对变化率两个层面的关系，其核心思想是：货币发行量的增长率要与实际经济增长率相匹配，货币发行量超出经济增长的需要就会导致通货膨胀。适度的货币增长率要依具体经济体的具体发展阶段的具体情况而定。

关于货币的作用是否中性，货币主义学派和凯恩斯学派存在争论。但是，在1997年亚洲金融危机和2008年全球金融危机的关键时期，货币增发在挽救经济衰退和阻止经济崩溃方面均起到了至关重要的作用。

思政教学要点

1. 如何运用马克思主义哲学思想解释货币的不确定性？

2. 学习毛泽东的《矛盾论》，在认识通货膨胀的概念和成因上，如何透过现象看本质？

3. 以辩证法的方法分析货币是不是中性的。

扩展阅读

1. 弗里德曼 . 货币的祸害：货币史片段 [M]. 安佳 , 译 . 北京：商务印书馆，2009.

2. 弗里德曼 . 最优货币量 [M]. 杜丽群 , 译 . 北京：华夏出版社，2012.

3. 索洛，泰勒 . 通货膨胀、失业与货币政策 [M]. 北京：中国人民大学出版社，2013.

4. 毛泽东 . 矛盾论：第 2 版 [M]. 北京：人民出版社 , 1952.

重点概念

货币职能；广义货币；货币数量说；通货膨胀；货币流通速度；社会融资总额；货币强度；货币中性；滞胀

习 题

一、选择题（在以下四个选项中选择一个最合适的）

1. 滞胀指（　　）同时发生。

A. 高通货膨胀和高失业

B. 高通货膨胀和低失业

C. 正在下降的通货膨胀和正在上升的失业

D. 低通货膨胀和低失业

2. 下列有关货币本质的表述正确的是（　　）。

A. 货币是商品

B. 货币是金银

C. 货币是商品价值的符号

D. 货币是起一般等价物作用的特殊商品

3. 下列不属于金融危机成因的是（　　）。

A. 国际收支长期严重失衡

B. 在金融创新的过程中，监管不到位

C. 企业部门的负债经营

D. 过度宽松的货币政策导致的信用膨胀

4. 以下四种情况，可称为通货膨胀的是（　　）。

A. 物价总水平上升，持续了一个星期之后又下降

B. 物价总水平上升，且持续了一定时期

C. 一种物品或几种物品的价格水平上升，且持续了一定时期

D. 物价总水平下降，且持续了一定时期

5. 下列关于通货膨胀的叙述，错误的是（　　）。

A. 需求拉动和成本推动是通货膨胀的两种基本类型

B. 滞胀体现为短期总供给曲线向左移动

C. 通货膨胀具有财富再分配效应，有利于固定收入者

D. 预期因素会影响通货膨胀

6. 下列关于布雷顿森林体系的叙述，错误的是（　　）。

A. 确定美元与黄金的固定比例，实行自由兑换

B. 各国货币对美元实行可调整的固定汇率制

C. 建立以国际货币基金组织和世界银行为代表的国际金融机构

D. 有助于缓解国际收支危机，至今仍在运行

7. 可以称为温和的通货膨胀的情况是（　　）。

A. 通货膨胀率在10%以上，并且有加剧的趋势

B. 通货膨胀率以每年5%的速度增长

C. 在数年之内，通货膨胀率一直保持在2%—3%的水平

D. 通货膨胀率每月都在50%以上

二、问答题

1. 什么是以通货膨胀率为目标的货币政策？如果目标通货膨胀率设定为2%，潜在经济增长率为6%，目前实际经济增长率为5%，而通货膨胀率为1%，那么应该采取何种货币政策？

2. 设m表示货币乘数，c表示现金漏损率，r表示准备金比率（含法定准备金和超额准备金）。

（1）证明：$m=(1+c)/(c+r)$；

（2）结合具体政策工具说明积极的货币政策如何影响货币乘数；

（3）列举一个可以改变c的经济现象，并说明这种现象会对货币乘数产生怎样的影响。

3. 假设中国实现潜在产出的经济增长率为9%，适度通货膨胀率为3%，自然失业率为4%，分别对以下情形加以讨论：

（1）如果中国连续两个季度的经济增长率达到12%，CPI增长率达到4.5%，如何判断宏观经济状态？应当采取怎样的宏观经济政策？

（2）如果实际失业率每超出自然失业率2个百分点，经济增长率相对于潜在产出水平增长率就会下降1.5个百分点，写出适合中国情况的奥肯定律。当经济增长率为12%时，实际失业率应当是多少？

（3）假设金融创新导致货币流通速度变化率为2%，M1的增长率为13%，M2的增长率为15%，根据货币数量论分析货币政策的恰当性。

4. 结合具体案例说明金融创新活动如何影响货币流通速度。

5. 如何理解货币中性？

请扫描上方二维码

观看“迷你课程视频”

第5讲

失业与通货膨胀

失业和通货膨胀（简称通胀）作为宏观经济的主要调控目标，一直受到政策制定者和经济学界的高度重视。自1978年实行改革开放和1992年提出建立中国特色社会主义市场经济以来，通货膨胀成为中国经济发展绕不开的话题。中华人民共和国成立以来中国共经历了四次较为严重的通货膨胀。第一次通货膨胀发生于20世纪80年代初。由于当时中国经济存在严重短缺，国家为了快速实现经济腾飞，从国外进口了大量的机器设备。这使得进口、投资、财政赤字和货币发行激增，导致总需求增长过快，物价迅速上涨（通货膨胀率达7.5%），虽未达两位数，但也是中华人民共和国成立以来较高的通货膨胀。第二次通货膨胀发生于20世纪80年代末。本轮通货膨胀是由物价改革引起的。改革初期，人们建设热情高涨，盲目冒进，加剧了当时旧有价格体系和经济结构的不合理因素的扭曲，结果导致货币投放量失控，使通货膨胀再度爆发。据统计，1988年的零售物价指数的上涨速度

创1949年以来的最高纪录，达到18.5%，当年财政价格补贴高达319.6亿元，商品供求差额为2731.3亿元。随后中央立即做出反应，召开会议整顿经济秩序。第三次通货膨胀发生于20世纪90年代。由于市场经济改革，国家全面放开商品限制，允许市场参与者以溢价形式、根据市场供求关系自由定价。这使得国内货币供应量增幅达35%以上，直接导致当时物价水平的普遍上涨，引发通货膨胀。1993年，国内的通货膨胀率为13.2%。通货膨胀高峰在1994年达到，当年的通货膨胀率达到21.7%。第四次通货膨胀发生于21世纪10年代。1994年中国实行分税制改革，至1998年，各地方政府纷纷实行土地财政，把出售土地作为地方财政收入的重要来源。到2009年，全国房价大幅上涨，2011年CPI上升至5.4%。

失业问题也是中国政府及全社会关注的焦点。由于1997年亚洲金融危机以及国有企业改革等因素，1998年中国出现了大量下岗现象，这波“下岗潮”在1998—2001年国有企业改革向纵深发展时期达到高峰。其间，每年下岗工人人数维持在700万—900万人之间。

5.1 失业

5.1.1 失业的定义

失业（Unemployment）指有劳动能力、愿意接受现行工资水平但仍然找不到工作的经济现象。

失业率指有劳动能力、没有工作而又在寻找工作的人的比例。失业率的波动情况反映了就业的波动情况。当就业率上升时，由于工人被雇用，失业率下降。通常情况下，失业率会在经济衰退期上升，在经济复苏期下降。中国的城镇登记失业率由 2007 年的 4% 上升至 2009 年的 4.3%，2010 年又降至 4.1%，随后城镇登记失业率一直保持在较低水平。自 2013 年以来中国城镇新增就业人数不断增加，并且就业渠道更加多元，形式日益灵活。2011 年第三产业就业人数首次超过第一产业。随着电子商务的迅速发展，互联网 +、新业态、新模式就业不断扩大。

5.1.2 失业的分类

根据主观就业意愿，失业可分为自愿失业与非自愿失业。非自愿失业又可分为摩擦性失业、结构性失业以及周期性失业。

自愿失业指劳动者因不愿意接受现行的工作条件和收入水平而未被雇用所造成的失业。由于这种失业是由劳动者主观不愿意就业而造成的，所以被称为自愿失业。自愿失业无法通过经济手段和政策来消除，因此不是经济学所研究的范围。非自愿失业指劳动者有劳动能力、愿意接受现行工资水平但仍然找不到工作的现象。这种失业是由客观原因造成的，因而可以通过经济手段和政策来消除。经济学中所讲的失业指非自愿失业。

摩擦性失业指在生产过程中由于难以避免的摩擦而造成的短期、局部性失业。这种失业是过渡性的或短期性的。它通常起源于劳动的供给一方，因此被视为一种求职性失业，即一方存在职位空缺，另一方存在与职位空缺数量对应的寻找工作的失业者，因为劳动市场信息不充分，企业找到所需雇员和失业者找到合适工作都需要花费一定的时间，从而造成失业。摩擦性失业在任何时期都存在，并随着经济结构的变化有增大的趋势，但从经济和社会发展的角度来看，这种失业的存在是正常的。

结构性失业指劳动的供给和需求不匹配所造成的失业。其特点是既有失业，也有职位空缺，失业者没有合适的技能，或者居住地点不当，因此无法填补现有的职位空缺。结构性失业在性质上是长期的，而且通常起源于劳动的需求方。结构性失业是由经济变化导致的，这些经济变化引起特定市场和区域中的特定类型劳动者的需求相对低于其供给。特定市场中劳动者的需求相对低可能由以下原因导致：一是技术变化。技术变化导致原有劳动者不能适应新技术的要求，或者技术进步使劳动力需求下降。二是消费者偏好的变化。消费者对产品和劳务的偏好的改变，使得某些行业的规模扩大而另一些行业的规模缩小，处于规模缩小行业的劳动力因此而失去工作岗位。三是劳动力的不流动性。流动成本的存在制约着失业者从一个地方或一个行业流动到另一个地方或另一个行业，从而使得结构性失业长期存在。

周期性失业指经济处于一个周期中的衰退或萧条期时，因社会总需求下降而造成的失业。当经济发展处于一个周期中的衰退期时，社会总需求不足，因而企业的生产规模也缩小，从而导致较为普遍的失业现象。周期性失业对于不同行业的影响是不同的。一般来说，需求的收入弹性越大的行业，周期性失业的影响越大。也就是说，在人们收入下降、产品需求大幅度下降的行业，周期性失业情况比较严重。

5.2 劳动工资率的决定

研究失业现象，首先要从劳动者本身入手。本节主要研究劳动工资率是如何决定的，共包括四部分内容：劳动和闲暇、劳动供给曲线、替代效应和收入效应以及劳动的市场供给曲线和均衡工资的决定。

5.2.1 劳动和闲暇

本节内容涉及微观经济学中效用论的基本内容。对于劳动者而言，除了必要的睡眠和劳动工作之外还有其他时间可以自由支配（即闲暇）。从消耗时间的角度来衡量，此时劳动者是时间的消费者。因此，在本节中消费者指使用并消耗时间这种商品的人。劳动的供给与消费者如何分配其拥有的既定时间资源密不可分。消费者拥有的既定时间资源包含两层含义。一方面，从每日时间总量来看，每人每天只有固定的24小时；另一方面，在这固定的24小时之中，有一部分必须用于睡眠而不能挪为他用。尽管必要的睡眠时间不是固定不变的，但对于特定的消费者而言，短期内不会发生很大变化。如果将必要的睡眠时间挪作他用，则消费者的满足程度（效用）以及劳动生产率都将受到很大的影响。假定消费者每天的必要睡眠时间为8小时，则每天可自由支配的时间资源为16小时。

由上述假定可知，消费者每天的劳动供给量小于等于16个小时。设劳动供给量为8小时，则全部时间资源中剩余的时间资源为$16-8=8$小时，称为闲暇时间。闲暇时间指在每天24小时中除必要的睡眠时间和劳动供给时间之外的全部活动时间。在现实生活中，闲暇时间也可用于非市场活动的劳动，例如干家务活。为简单起见，这里不考虑这种情况。若用H表示闲暇，则$16-H$就代表消费者的劳动供给量。因此，劳动供给问题可以被视为消费者如何决定其可自由支配的时间资源（16小时）中闲暇H所占的比例，或者说，消费者如何在闲暇和劳动供给两种用途上分配其可自由支配的时间资源。

消费者选择一部分时间作为闲暇来享受，选择其余可自由支配时间作为劳动供给。前者（闲暇）可以直接增加效用；后者则可以带来劳动收入，消费者通过将收入用于消费从而增加效用。本质上，消费者并不是在闲暇和劳动供给二者之间进行选择，而是在闲暇和劳动收入之间进行选择，或者是在可自由支配的时间资源和收入之间进行选择。

5.2.2 劳动供给曲线

劳动供给曲线表示不同工资水平下的劳动供给情况，或者说，表示劳动供给量随工资水平的不同而变化的情况。图5-1中横轴H表示闲暇，纵轴Y表示收入。消费者的初始状态点E表示非劳动收入$\overline{Y}$与时间资源总量16小时的组合。假定劳动价格即工资为W_0，则消费者可能的最大收入（劳动收入与非劳动收入之和）为$K_0=16W_0+\overline{Y}$。于是消费者在工资W_0条件下的预算线为连接初始状态点E与纵轴上点K_0的直线EK_0。EK_0与无差异曲线U_0相切，切点为A。与点A对应的最优闲暇量为H_0，从而劳动供给量为$16-H_0$。于是我们得到劳动供给曲线上的一点$a(W_0, 16-H_0)$（见图5-2）。

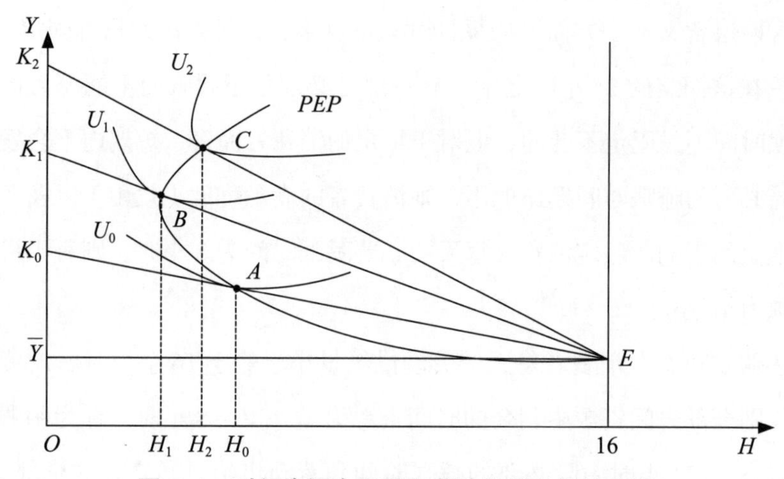

图 5–1　时间资源在闲暇和劳动供给之间的分配

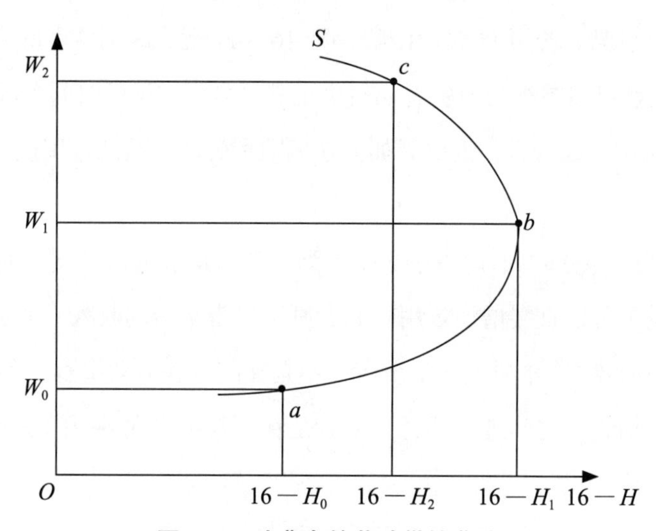

图 5–2　消费者的劳动供给曲线

现在让劳动价格上升到 W_1，再上升到 W_2，则消费者的预算线将绕初始状态点 E 顺时针旋转到 EK_1 和 EK_2，其中 $K_1=16W_1+\overline{Y}$，$K_2=16W_2+\overline{Y}$。预算线 EK_1 和 EK_2 分别与无差异曲线 U_1 和 U_2 相切，切点分别为点 B 和点 C。均衡点 B 和点 C 对应最优的闲暇量分别为 H_1 和 H_2，从而相应的劳动供给量为 $16-H_1$ 和 $16-H_2$。由此，我们又得到劳动供给曲线（见图 5–2）上的两点，即点 $b(W_1, 16-H_1)$、点 $c(W_2, 16-H_2)$。

重复上述过程，可得到图 5–1 中类似点 A、点 B 和点 C 的其他点。将这些点连接起来，得到价格扩展线 PEP；相应地，在图 5–2 中可得到类似于点 a、点 b 和点 c 的其他点。将所有这些点连接起来，即得到消费者的劳动供给曲线 S。

不同于一般的供给曲线，图 5–2 描绘的劳动供给曲线具有一段向后弯曲的部分。当工资较低时，随着工资的上升，消费者受较高的工资吸引将减少闲暇，增加劳动供给量。在这个阶段，劳动供给曲线向右上方倾斜。但是，工资上涨对劳动供给的吸引力是有限的。当工资上涨到 W_1 时，消费者的劳动供给量达到最大。此时如果继续增加工资，劳动供给量非但不会增加，反而会减少。于是劳动供给曲线从工资 W_1 处起开始向后弯曲。

劳动供给曲线的这个特点也可以从图 5–2 中消费者对闲暇需求量的变化中看出。由图 5–1 可知，随着工资的上升，预算线在纵轴的截距上升，消费者闲暇需求量先减后增，即从 H_0 减少到 H_1，然后又增加到 H_2。在时间资源总量既定时，这也意味着劳动供给量先增后减，即从 $16-H_0$ 增加到 $16-H_1$，然后又减少到 $16-H_2$。

5.2.3 替代效应和收入效应

劳动供给曲线为何会向后弯曲？下面我们来看劳动供给、劳动价格（工资）以及它们之间的关系。首先，在时间资源总量给定的条件下，劳动供给的增加意味着闲暇需求的减少；反之亦然。二者此消彼长，存在反向变化关系。其次，劳动的价格（工资）实际上就是闲暇的机会成本，每增加 1 单位时间的闲暇，意味着失去本可以得到的 1 单位劳动的收入，即工资，于是，亦可以将工资视为闲暇的价格。最后，劳动供给量随工资的变化而变化的关系（劳动供给曲线），便可以用闲暇需求量随闲暇价格的变化而变化的关系（闲暇需求曲线）来加以说明，只不过后者与前者正好相反而已。换句话说，解释劳动供给曲线向后弯曲变成了解释闲暇需求曲线向右上方倾斜。

我们知道，正常商品的需求曲线总是向右下方倾斜的，即需求量随价格的上升而下降。其原因有两个：一是替代效应，二是收入效应。正常商品价格上涨后，由于替代效应，消费者转向相对便宜的其他替代品；由于收入效应，消费者变得相对更“穷”一些，因而会减少对正常商品的购买。就正常商品而言，替代效应和收入效应的共同作用使其需求曲线向右下方倾斜。

考虑闲暇商品的情况。对闲暇商品的需求亦受到替代效应和收入效应两个方面的影响。先看替代效应。假定闲暇的价格（工资）上涨，于是，相对于其他商品而言，闲暇这个商品变得更加“昂贵”了（因为其机会成本上升了），于是消费者会减少对它的“购买”，而转向其他替代商品。因此，由于替代效应，闲暇需求量与闲暇价格反方向变化，这一点与其他正常商品一样。再看收入效应，在这里，闲暇商品与其他正常商品不同。假定其他条件不变，对于一般商品，价格上升意味着消费者实际收入下降，但闲暇价格的上升却相反，其意味着实际收入的上升。消费者此时享有同样的闲暇（提供同样的劳动量）却可以获得更多的劳动收入。随着劳动收入的增加，根据收入效应，消费者将增加对商品的消费，从而增加对闲暇商品的消费。结果，由于收入效应，闲暇需求量与闲暇价格的变化方向相同。这样一来，对一般正常商品向同一方向起作用的替代效应和收入效应，对闲暇商品却起着相反的作用。因此，随着闲暇价格的上升，闲暇需求量究竟是下降还是上升取决于这两种效应的相对大小。如果替代效应大于收入效应，则闲暇需求量随价格的上升而下降；如果收入效应大于替代效应，则闲暇需求量随价格的上升而上升，而后者意味着劳动供给曲线向后弯曲。

对于闲暇商品来说，消费者收入的大部分来自劳动供给。假定其他因素不变，闲暇价格的上升会大大增加消费者的收入水平。如果原来闲暇价格较低，则工资上涨的收入效应一般不会超过替代效应，因为此时的劳动供给量亦较小，从而由工资上涨引起的整个劳动收入增量（等于工资增量与劳动供给量的乘积）并不是很大。但如果工资已经处于较高水平（此时劳动供给量也相对较大），则工资上涨引起的整个劳动收入增量就很大，从而收入效应可以超过替代效应，于是劳动供给曲线在较高的工资水平上开始向后弯曲。

因此，当工资的提高使消费者富足到一定程度后，消费者会更加珍视闲暇，这时继续提高工资，劳动供给量会逐渐减少。

5.2.4 劳动的市场供给曲线和均衡工资的决定

劳动的市场供给曲线是通过将市场中所有（单个）消费者的劳动供给曲线水平相加而得到的。需要注意的是，就单个消费者而言，通常情况下，工资水平较高时劳动供给曲线会向后弯曲，这意味着工资的进一步增加会导致劳动供给的减少。但从市场层面看，较高的工资水平会吸引新的劳动者进入劳动市场，使得劳动的市场供给总是随着工资的上升而增加，从而劳动市场供给曲线向右上方倾斜。

由于要素的边际生产率递减、产品的边际收益递减，要素的需求曲线通常向右下方倾斜，劳动的需求曲线也不例外。将向右下方倾斜的劳动需求曲线和向右上方倾斜的劳动供给曲线结合起来，即可得到均衡工资水平，如图 5–3 所示。图中劳动需求曲线 D 和劳动供给曲线 S 的交点 E 是劳动市场的均衡点。该均衡点决定了均衡工资为 W_0、均衡劳动数量为 L_0。

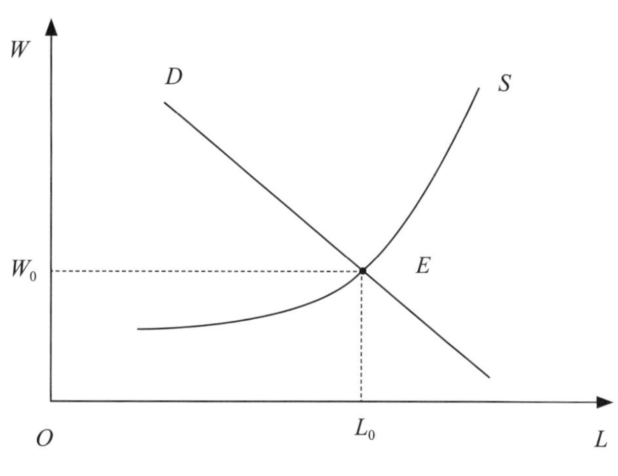

图 5–3　均衡工资的决定

5.3 劳动市场均衡

假设劳动市场是竞争性的，并且企业只能接受既定的市场工资及其产品的市场价格，则企业将会选择一个均衡的劳动投入水平，使劳动的边际产量等于实际工资。在这一均衡劳动投入水平下，企业的利润将会达到最大。这里，实际工资等于货币工资 W 除以价格水平 P，即 $\frac{W}{P}$。当企业的劳动投入低于均衡水平时，劳动的边际产量高于实际工资（或者从企业的角度看，高于劳动的实际成本）。此时存在进一步提高企业利润的机会：企业可用工资 W 雇用更多的工人，直到劳动的边际产量降低到和实际工资相等时为止。相反，当企业的劳动投入高于均衡水平时，劳动的边际产量低于实际工资。此时企业可以通过减少劳动投入进一步提高企业利润。

由于劳动的边际产量随劳动投入的增加而减少（边际产量递减规律），所以劳动的需求函数是实际工资的减函数。宏观经济学认为，上述微观经济学意义上的劳动需求与实际工资的关系，对于总量意义上的劳动市场也是成立的。

如果用 N_d 表示劳动需求量，则劳动需求函数可表示为

$$N_d = N_d(\frac{W}{P}) \quad (5\text{-}1)$$

式（5-1）中 $\frac{W}{P}$ 为实际工资。根据前面的分析可知，劳动需求量（N_d）是实际工资 $\left(\frac{W}{P}\right)$ 的递减函数：实际工资较低时，劳动需求量较大；实际工资较高时，劳动需求量较小。劳动需求曲线如图 5-4 所示。

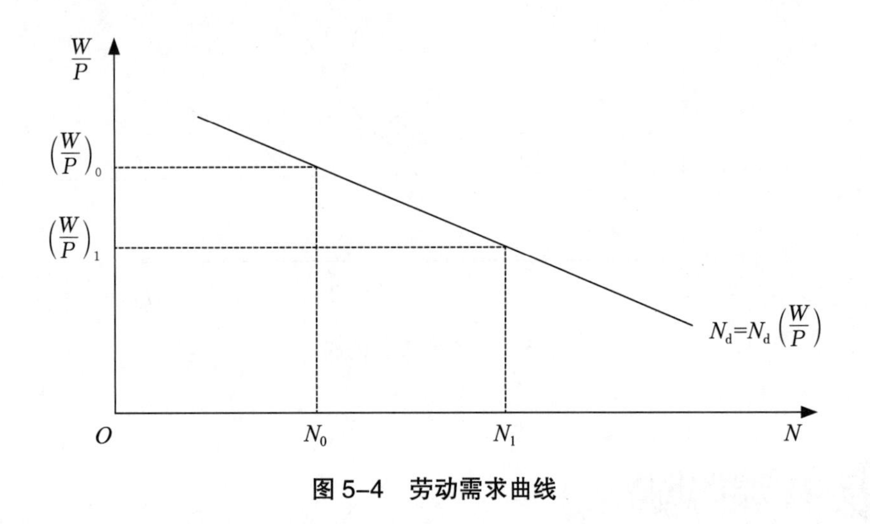

图 5-4　劳动需求曲线

从图 5-4 中可以看到，当实际工资为 $\left(\frac{W}{P}\right)_0$ 时，劳动需求量为 N_0；当实际工资从 $\left(\frac{W}{P}\right)_0$ 下降到 $\left(\frac{W}{P}\right)_1$ 时，劳动需求量就由 N_0 上升到 N_1。

同劳动的需求类似，总量意义上的劳动供给也被认为是实际工资的函数，劳动供给函数可表示为

$$N_S = N_S\left(\frac{W}{P}\right) \quad (5\text{-}2)$$

式（5-2）中 N_S 为劳动供给量，且劳动供给量是实际工资的增函数。实际工资较低时，劳动供给量较小；实际工资较高时，劳动供给量较大。劳动供给曲线如图 5-5 所示。

由图 5-5 中可知，当实际工资为 $\left(\frac{W}{P}\right)_0$ 时，劳动供给量为 N_0；当实际工资从 $\left(\frac{W}{P}\right)_0$ 上升到 $\left(\frac{W}{P}\right)_1$ 时，劳动供给量从 N_0 上升到 N_1。

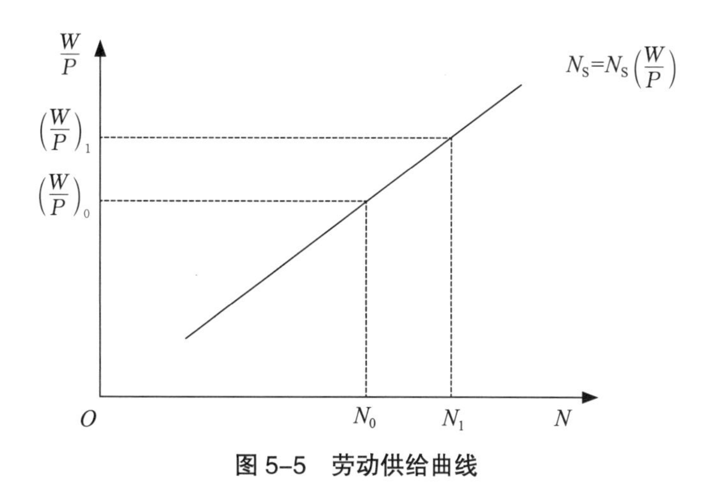

图 5–5　劳动供给曲线

如果工资 W 和价格 P 两者都是可以调整的，那么实际工资 $\frac{W}{P}$ 也是可以调整的。劳动市场的均衡由劳动的需求曲线和劳动的供给曲线的交点决定，如图 5–6 所示。

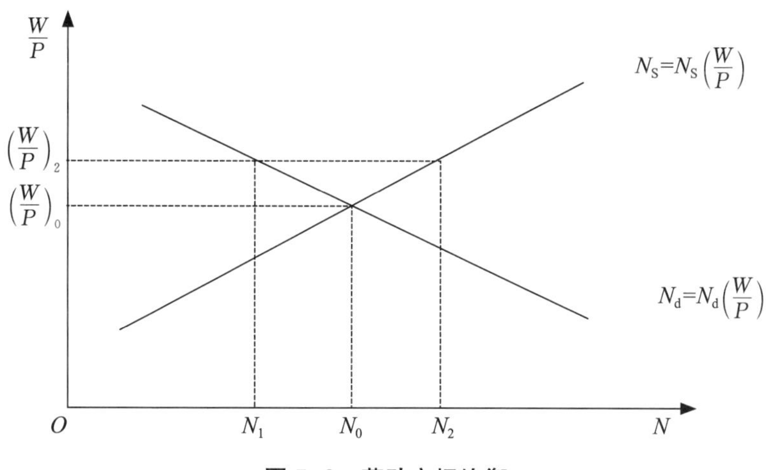

图 5–6　劳动市场均衡

当实际工资为 $\left(\frac{W}{P}\right)_0$ 时，企业所选择的劳动数量恰好等于公众所提供的劳动数量，即就业水平为 N_0。如果实际工资高于均衡水平，例如为图 5–6 中的 $\left(\frac{W}{P}\right)_2$，则劳动供给为 N_2，劳动需求为 N_1。这里 $N_2>N_1$，表明劳动供过于求，经济不能为所有愿意工作者提供职位，实际工资将会降低，进而企业的劳动需求将会增加，劳动者的劳动供给将会减少。随着实际工资的不断调整，劳动的供求数量也随之调整，直到劳动市场达到供求相等的均衡状态为止。当实际工资低于均衡水平时，劳动供给小于劳动需求，此时，实际工资将会上升，劳动供给增加，劳动需求减少，直到劳动市场达到供求相等的均衡状态为止。

总之，在价格和工资具有完全弹性的完全竞争的经济中，劳动市场的均衡条件如下：

$$N_S\left(\frac{W}{P}\right)=N_d\left(\frac{W}{P}\right) \tag{5-3}$$

劳动市场的均衡一方面决定均衡的实际工资，另一方面决定均衡的就业量，也就是图 5-6 中的 $\left(\frac{W}{P}\right)_0$ 和 N_0。

对于劳动市场有两点需要指出：第一，劳动市场处于均衡状态通常也称劳动市场处于充分就业的状态。根据前面的分析可以看出，劳动市场处于均衡状态（充分就业状态）时，并不意味着所有的潜在劳动者都得到企业雇用，而是愿意劳动的劳动供给都被需要，而总有部分劳动者处于自然失业的状态。也就是说，充分就业不等于没有失业，而主要指没有非自愿失业（自愿失业例如富裕家庭的劳动者可能选择不劳动，或者劳动者因市场提供的工资水平太低而不劳动等）。第二，劳动市场在经济的总供给方面处于主导地位，因为它决定经济的总供给或总产量。

5.4 通货膨胀

接下来，我们在第 4 讲通货膨胀概念与本质的基础上，深入分析通货膨胀的分类与成因。

5.4.1 通货膨胀的分类

（1）按照价格上升的速度进行分类

按照价格上升速度的不同，通货膨胀可分为三种类型：第一种，温和的通货膨胀，指每年价格上升的比例在 10% 以内。目前，世界各国都存在这样的温和的通货膨胀，因为价格这种缓慢而逐步的上升在一定程度上对经济和收入的增长有积极的刺激作用。第二种，奔腾式通货膨胀，指每年通货膨胀率在 10% 以上和 100% 以内。此时，货币流通速度提高而货币购买力下降。当奔腾式通货膨胀发生以后，由于价格上涨幅度较大，速度较快，公众预期价格还会进一步上涨，进而采取各种措施来保护自己的财产，以免受到通货膨胀之害，这使得通货膨胀更为严重。第三种，超级通货膨胀，指通货膨胀率在100%以上。这种通货膨胀一旦产生，价格将持续猛涨，人们会尽快脱手持有的货币，从而大大加快货币流通速度，导致货币失去信用，货币购买力猛降。此时，各种正常的经济联系遭到破坏，致使货币体系和价格体系完全崩溃。在更严重的情况下，还会出现社会动乱。

（2）按照对价格影响的差别分类

按照对不同商品价格影响的大小，通货膨胀可分为平衡的通货膨胀与非平衡的通货膨胀。平衡的通货膨胀，指每种商品的价格都按相同比例上升。这里所说的商品价格包括各种生产要素的价格，如租金、利率、工资率等。非平衡的通货膨胀，指各种商品价格上升的比例并不完全相同。

（3）按照人们的预期分类

按照人们的预期，通货膨胀可分为未预期到的通货膨胀以及预期到的通货膨胀。未预期到的通货膨胀指价格上升的速度超出人们的预料，或者人们根本没有想到价格会上升。预期到的通货膨胀指物价水平会按照某一比例年复一年地持续增长。这使得劳动者要求的工资、企业要求的利率都会以相同的速度上升。预期到的通货膨胀具有自我维持的特点，与物理学中运动中物体的惯性非常类似。因此，其又被称为惯性的通货膨胀。

（4）按照表现状态分类

按照表现状态，通货膨胀可分为开放型的通货膨胀和抑制型的通货膨胀。

开放型的通货膨胀也称显性通货膨胀，指在市场机制充分运行和政府对物价不加控制的情况下所表现出的通货膨胀。由于市场机制较为完善，且没有政府的直接干预，货币的多少直接影响物价水平的升降。因此，通货膨胀便以物价水平公开上升的形式表现出来，物价水平的上升幅度可以准确地反映通货膨胀的程度。

抑制型的通货膨胀也称隐性通货膨胀，指在社会总需求已经过度增长、通货膨胀缺口已经形成、物价上涨压力已经出现时，政府通过商品配售制度或物价管制方法等人为措施抑制物价的上升，是一种不以价格总水平公开上升，而以物资供给短缺、黑市盛行、配售面扩大、黑市价格与国家控制价格差额扩大等形式表现出的通货膨胀。

5.4.2 通货膨胀的成因

关于通货膨胀的成因，主要存在三个方面的解释：第一个方面是基于货币数量论的解释，这种解释强调货币在通货膨胀过程中的重要性；第二个方面是用总需求与总供给来解释，即从需求角度的解释和从供给角度的解释；第三个方面是从经济结构因素变动角度的解释。

（1）需求拉动型通货膨胀

在第4讲我们论证了通货膨胀的本质在于货币超发。这首先表现在需求拉动型通货膨胀。需求拉动型通货膨胀又称超额需求拉动型通货膨胀，指总需求超过总供给所引起的一般价格水平持续而显著的上涨。需求拉动型通货膨胀理论把通货膨胀解释为“过多的货币追逐过少的商品”。

在达到充分就业的产量以后，如果总需求继续增加，而总供给不再增加，则总供给曲线垂直于横轴。这时总需求的增加只会引起价格水平的上涨。这就是需求拉动型通货膨胀。一般认为不论是消费需求、投资需求，还是政府需求、国外需求所导致的总需求的过度增长，都会导致需求拉动型通货膨胀。需求方面的原因或冲击主要包括财政政策、货币政策、消费习惯的突然改变、国际市场的需求变动等。

（2）成本推动型通货膨胀

成本推动型通货膨胀，指在没有超额需求的情况下由于供给方面成本的提高所引起的一般价格水平持续和显著的上涨。通常情况下成本推动型通货膨胀是由工资的提高造成的，因此也称工资推动型通货膨胀，用以区别由于利润提高引起的通货膨胀。

工资推动型通货膨胀指在不完全竞争的劳动市场中的一般价格水平的上涨导致的通货膨胀。在完全竞争的劳动市场中，工资率完全取决于劳动市场的供求关系，工资的提升是由于劳动需求增加造成的，不会导致通货膨胀。而在不完全竞争的劳动市场中，由于工会组织的存在，工资不再是竞争性的工资，而是工会和雇主集体议价的工资。如果工资增长超过了生产率的增长，工资的提高就会导致成本的提高，从而导致一般价格水平上涨，这就是所谓的工资推动型通货膨胀。工资提高和价格上涨之间存在因果关系：工资提高引起价格上涨，价格上涨又引起工资提高，这样形成的螺旋式的上升运动，就是所谓的工资－价格螺旋。

通常情况下，单纯用需求拉动或成本推动都不足以说明一般价格水平的持续上涨，而应当同时从需求和供给两个方面以及二者的相互影响说明通货膨胀。于是又有人提出了从供给和需求两个方面及其相互影响解释通货膨胀的理论，即混合通货膨胀理论。

（3）结构型通货膨胀

在没有需求拉动和成本推动的情况下，只是由于经济结构因素的变动，也会出现一般价格水平的持续上涨，即结构型通货膨胀。

结构型通货膨胀理论把通货膨胀的起因归结为经济结构本身具有的特点。社会经济结构主要包括三个方面的特点：从生产效率提升的速度看，一些部门生产率提升的速度快，另一些部门生产率提升的速度慢；从经济发展的过程看，一些部门正处在加速发展阶段，另一些部门正处在渐趋衰落阶段；从与世界市场的关系看，一些部门与世界市场的开放关系非常密切，另一些部门与世界市场的开放没有紧密的关系。一方面，生产要素通常不会从生产率低、逐渐衰落以及非开放部门转移到生产率高、加速发展和开放部门中去。但另一方面，生产率提高慢、正在趋向衰落以及非开放部门在工资和价格问题上都要求公平，结果导致一般价格水平的上涨。

假设两个部门的结构型通货膨胀是由生产率提升速度不同所引起的。理论上生产率提升的速度与工资增长的速度成正比。但是，生产率提升慢的部门要求工资增长速度与生产率提升快的部门一致，结果使得全社会范围内的工资增长速度超过生产率的增长速度，因而引起通货膨胀。

假定 A、B 分别为生产率提高速度不同的两个部门，二者的产量相等。部门 A 的生产增长率 $\left(\frac{\Delta y}{y}\right)_A$ 为 10.5%，工资增长率 $\left(\frac{\Delta W}{W}\right)_A$ 也为 10.5%。这时全社会的一般价格水平不会因部门 A 工资的提高而上涨。但是，当部门 B 的生产增长率 $\left(\frac{\Delta y}{y}\right)_B$ 为 5.5%，而工资增长率 $\left(\frac{\Delta W}{W}\right)_B$ 因向部门 A 看齐也达到 10.5% 时，全社会的工资增长率将会超过生产增长率。

全社会的工资增长率为

$$\frac{\Delta W}{W}=\left[\left(\frac{\Delta W}{W}\right)_A+\left(\frac{\Delta W}{W}\right)_B\right]/2=10.5\% \tag{5-4}$$

全社会的生产增长率为

$$\frac{\Delta y}{y}=\left[\left(\frac{\Delta y}{y}\right)_A+\left(\frac{\Delta y}{y}\right)_B\right]/2=(10.5\%+5.5\%)/2=8\% \tag{5-5}$$

这样全社会工资增长率超过生产增长率，工资增长率超过生产增长率的百分比就是价格上涨率或通货膨胀率。上述说明同样适用于在工资问题上渐趋衰落的部门向正在迅速发展的部门看齐、非开放部门向开放部门看齐的情况。

5.5 再论菲利普斯曲线

在经济增长中，失业与通货膨胀是一对难以协调的矛盾。经济决策者常常会发现低通货膨胀和低失业目标是冲突的。利用总需求和总供给模型来理解，假定决策者通过货币或财政政策扩大总需求，短期总供给不变，则会得到更多的产出和更高的物价水平。高产出需要更多的劳动力，意味着低失业率。而高物价水平则意味着高的通货膨胀率。因此，当决策者使经济沿着短期总供给曲线向上移动时，失业率降低而通货膨胀率提高。相反，当决策者减少总需求并使经济沿着短期总供给曲线向下移动时，失业率增加而通货膨胀率降低。因此，有必要从理论上探讨失业和通货膨胀之间的关系。在本书第 2 讲的 2.6 节，我们介绍了菲利普斯曲线以刻画失业和通货膨胀的关系，这里进一步挖掘其理论意义与政策含义。

5.5.1 修正的菲利普斯曲线

以萨缪尔森为代表的新古典综合派把菲利普斯曲线改造为失业和通货膨胀之间的关系，并把它作为新古典综合理论的一个组成部分，用以解释通货膨胀。新古典综合派对最初的菲利普斯曲线加以改造的出发点在于如下的货币工资增长率、劳动生产增长率和通货膨胀率之间的关系：

通货膨胀率＝货币工资增长率－劳动生产增长率

根据这一关系，若劳动生产增长率为 0，则通货膨胀率就与货币工资增长率一致。因此，经改造的菲利普斯曲线刻画了失业率与通货膨胀率之间的替换关系：失业率高，则通货膨胀率低；失业率低，则通货膨胀率高。

若设 u^* 代表自然失业率，则可以得到以自然失业率为基准的修正的菲利普斯曲线：

$$\pi=-\varepsilon(u-u^*) \tag{5-6}$$

式（5-6）中，参数 ε 衡量价格对于失业率的反应程度。举例来说，如果 ε 取值为 2，则上述方程表示，实际失业率相对于自然失业率每增加一个百分点，通货膨胀率下降两个百分点。因此，根据上述关系，当失业率超过自然失业率，即 $u>u^*$ 时，价格水平就会下降；当失业率低于自然失业率时，价格水平就会上升。

修正后的菲利普斯曲线，立即成为宏观经济政策分析的基石。它表明，政策制定者可以选择不同的失业率和通货膨胀率的组合。在失业和通货膨胀之间存在着一种“替换关系”，即用一定的通货膨胀率的上升来换取一定的失业率的下降；或者，用一定的失业率的上升来换取一定的通货膨胀率的下降。

具体而言，政策制定者应先确定一个经济社会的临界点，由此得到一个失业率和通货膨胀率的组合区域。如果实际的失业率和通货膨胀率在组合区域内，则政策制定者不用采取调节行动；如在区域之外，则可根据菲利普斯曲线所表示的关系进行调节。假定政策制定者试图将失业率和通货膨胀率同时控制在4%以内，这时会得到一个临界点，并形成一个四边形的区域，其被称为安全区域。如果该经济的实际失业率与通货膨胀率组合落在安全区域内，则政策制定者无须采取任何措施（政策）进行调节。如果实际通货膨胀率高于4%，例如达到了5%，这时根据菲利普斯曲线，政策制定者可以采取紧缩性政策，以提高失业率为代价降低通货膨胀率。相反，如果失业率高于4%，例如为5%，这时根据菲利普斯曲线，政策制定者可以采取扩张性政策，以提高通货膨胀率为代价降低失业率。

5.5.2 附加预期的菲利普斯曲线

1968年，美国经济学家米尔顿·弗里德曼指出，菲利普斯曲线分析忽略了影响工资变动的一个重要因素，即工人对通货膨胀的预期。企业和工人关注的不是名义工资，而是实际工资。当劳资双方就新工资协议谈判时，他们都会对新协议期的通货膨胀进行预期，并根据预期的通货膨胀相应地调整名义工资水平。人们预期的通货膨胀率越高，名义工资增加越快。短期菲利普斯曲线指预期通货膨胀率保持不变时，表示通货膨胀率与失业率之间关系的曲线。短期指从预期到需要根据通货膨胀进行调整的时间间隔。

根据以上说明，为了展示预期通货膨胀的重要性，将修正菲利普斯曲线式（5-6）改写为

$$(\pi-\pi^e)=-\varepsilon(u-u^*),$$

$$\pi=\pi^e-\varepsilon(u-u^*) \tag{5-7}$$

其中 π^e 表示预期通货膨胀率。式（5-7）被称为现代菲利普斯曲线，或附加预期的菲利普斯曲线。附加预期的菲利普斯曲线有一个重要性质：当实际通货膨胀率等于

预期通货膨胀率时，失业处于自然失业率水平。这意味着，附加预期的菲利普斯曲线在预期通货膨胀水平上经过自然失业率。利用式（5–7）所示的附加预期的菲利普斯曲线，可以将自然失业率定义为非加速通货膨胀的失业率（Non-accelerating Inflation Rate of Unemployment，NAIRN）。在式（5–7）中，当$\pi^e=\pi$时，$u=u^*$，这意味着，当经济社会的通货膨胀速度既不增加也不减少时的失业率即为自然失业率。一般来说，这一自然失业率的定义是西方学者使用最普遍的一个定义。

应该指出，附加预期的短期菲利普斯曲线表明，在预期通货膨胀率低于实际通货膨胀率的短期中，失业率与通货膨胀率之间仍存在替换关系。由此，向右下方倾斜的短期菲利普斯曲线的政策含义就是，在短期中引起通货膨胀率上升的扩张性财政与货币政策可以起到减少失业的作用。换句话说，调节总需求的宏观经济政策在短期是有效的。

5.5.3 长期菲利普斯曲线

在长期中，工人将根据实际发生的情况不断调整自己的预期，工人预期的通货膨胀率与实际的通货膨胀率迟早会一致，这时工人会要求改变名义工资，以使实际工资不变，从而较高的通货膨胀率就不会起到减少失业的作用。西方学者认为，在以失业率为横坐标、通货膨胀率为纵坐标的坐标系中，长期菲利普斯曲线是一条垂线，表明失业率与通货膨胀率之间不存在替换关系。而且，在长期中，经济社会能够实现充分就业，经济社会的失业率将处在自然失业率的水平。

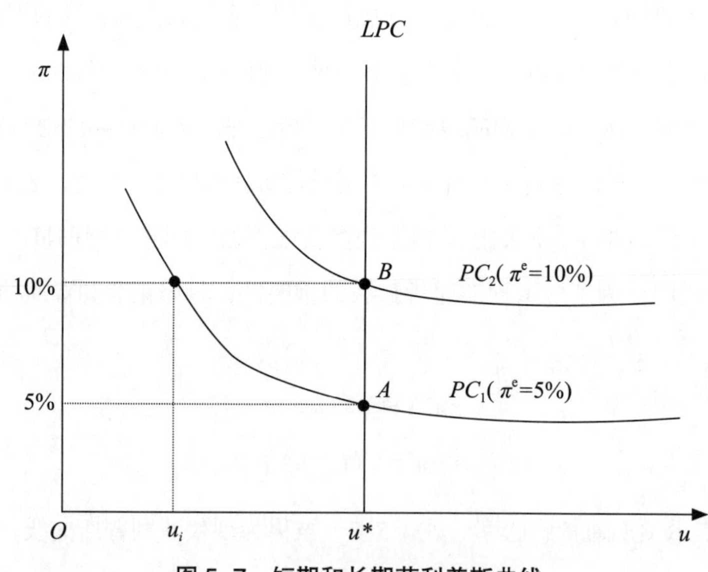

图 5–7　短期和长期菲利普斯曲线

图 5–7 说明了短期菲利普斯曲线不断移动，进而形成长期菲利普斯曲线的过程。

图 5–7 中，假定某一经济处于自然失业率为 u^* 、通货膨胀率为 5% 的 A 点。若这时政府采取扩张性政策，使失业率降低到 u_1。由于扩张性政策的实施，总需求增加，导致价格水平上升，使通货膨胀率上升为 10%。因为在 A 点处，工人预期的通货膨胀率为 5%，而现在实际的通货膨胀率为 10%，高于预期的通货膨胀率，这使得实际工资下降，从而会增加生产，增加就业，于是失业率减少为 u_1。于是就会发生图中短期菲利普斯曲线 $PC_1(\pi^e=5\%)$ 所示的情况，失业率由 u^* 下降为 u_1，而通货膨胀率则从 5% 上升到 10%。

但这种情况只能是短期的。经过一段时间，工人们会发现价格水平的上升和实际工资的下降，这时他们便要求提高货币工资。与此同时，工人们会相应地调整预期通货膨胀，从原来的 5% 调整到现在的 10%。伴随着这种调整，实际工资回到了原有的水平。相应地，企业生产和就业都回到了原有的水平，失业率又回到原来的 u^*。但此时经济已处于具有较高预期通货膨胀率（$\pi^e=10\%$）的 B 点。

将以上过程重复下去，可以想象，在短期，由于工人不能及时改变预期，存在着失业与通货膨胀之间的替换关系，表现在图形上，便有诸如 PC_1、PC_2 等各条短期菲利普斯曲线。随着工人预期通货膨胀率的上升，短期菲利普斯曲线会不断上升。从长期来看，工人预期的通货膨胀率与实际通货膨胀率是一致的。因此，企业不会增加生产和就业，失业率也就不会下降，从而便形成了一条与自然失业率重合的长期菲利普斯曲线 *LPC*。处于自然失业率水平的长期菲利普斯曲线表明，在长期中，不存在失业率与通货膨胀率的替换关系。

长期菲利普斯曲线的政策含义是，从长期来看，政府运用扩张性政策不但不能降低失业率，还会使通货膨胀率不断上升。

5.5.4 中国的菲利普斯曲线

一直以来，菲利普斯曲线的时效性一直是经济学家们关注的重点问题。虽然在西方发达国家中，菲利普斯曲线已经被广泛认可并成熟运用，但是在中国，菲利普斯曲线的时效性和对通货膨胀率的预测尚处于发展初期阶段。

刘树成（1997）对中国不同时期的产出与价格菲利普斯曲线的有效性进行了研究，发现中国的“产出–价格”在长期中具有菲利普斯曲线的特性。黎德福（2005）发现中国的通货膨胀率和失业率基本吻合菲利普斯曲线所描述的负相关关系，但是它们之间不存在稳定的替代关系，而与经济发展过程中劳动力剩余的转移显著相关。2006 年之后，大量对中国菲利普斯曲线的研究成果得以发表，主要研究成果可以分为以下六个方面：第一，传统的菲利普斯曲线并不适合中国的经济形势，而混合成本作为通货膨胀的驱动因素在统计学和经济学意义上表现显著。第二，中国的通货膨胀和产出缺口具有正相关关系，且通货膨胀率的不确定性对实际通货膨胀率影响不明显。第三，中国的菲利普斯曲线具有明显的非线性特征。第四，中国的经济增长存在通货膨胀效应，其同时受到通货膨胀预期的前瞻性和后顾性的影响，通货膨胀预期的前瞻性占主导地位。第五，人民币对中国通货膨胀率的传递效应非常小且不显著。第六，中国的菲利普斯曲线存在非对称性。

下面根据 1980—2014 年中国的失业率和通货膨胀率数据（见表 5–1），探讨中国特色的菲利普斯曲线。

表 5–1　中国的失业率与通货膨胀率（1980—2014）

年份	失业率（%）	通货膨胀率（%）	年份	失业率（%）	通货膨胀率（%）
1980	4.9	6.0	1998	3.1	–0.8
1981	3.8	2.4	1999	3.1	–1.4
1982	3.2	1.9	2000	3.1	0.4
1983	2.3	1.5	2001	3.6	0.7
1984	1.9	2.8	2002	4.0	–0.8
1985	1.8	9.3	2003	4.3	1.2
1986	2.0	6.5	2004	4.2	3.9
1987	2.0	7.3	2005	4.2	1.8
1988	2.0	18.8	2006	4.1	1.5
1989	2.6	18.0	2007	4.0	4.8
1990	2.5	3.1	2008	4.2	5.9
1991	2.3	3.4	2009	4.3	–0.7
1992	2.3	6.4	2010	4.1	3.3
1993	2.6	14.7	2011	4.1	5.4
1994	2.8	24.1	2012	4.1	2.6
1995	2.9	17.1	2013	4.1	2.6
1996	3.0	8.3	2014	5.1	2.0
1997	3.1	2.8			

依据表5–1的数据作图，得到图5–8。

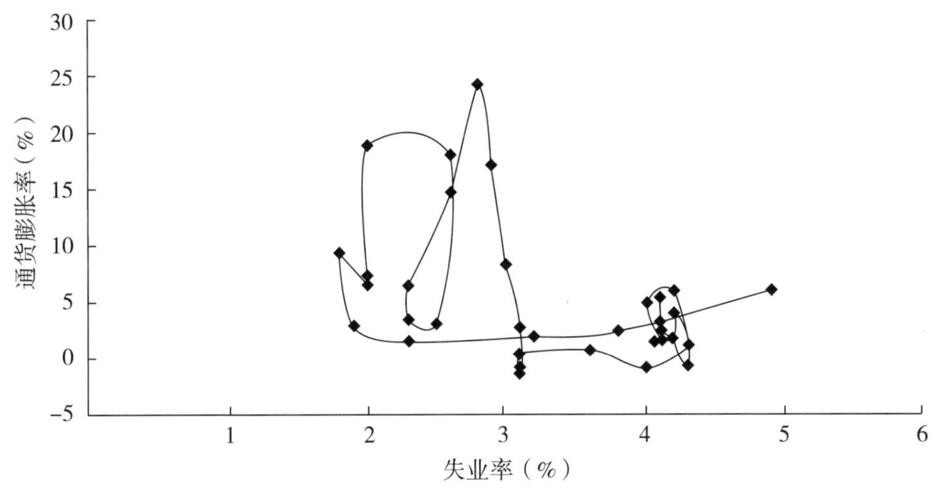

图5–8　中国的菲利普斯曲线（1980—2014）

由图5–8可以看出，1980—2014年，中国的通货膨胀率和失业率表现为以下三种形式：

第一种形式：正向变化。1980—1983年，通货膨胀率由6.0%下降到1.5%，失业率由4.9%下降到2.3%；1992—1994年，通货膨胀率由6.4%上升到24.1%，失业率由2.3%上升到2.8%；2000—2001年，通货膨胀率由0.4%上升至0.7%，失业率由3.1%上升至3.6%；2002—2003年，通货膨胀率由–0.8%上升至1.2%，失业率由4%上升至4.3%。

第二种形式：反向变化。1983—1985年，通货膨胀率由1.5%上升到9.3%，失业率由2.3%下降到1.8%；1985—1986年，通货膨胀率由9.3%下降到6.5%，失业率由1.8%上升到2%；1990—1991年，通货膨胀率由3.1%上升到3.4%，失业率由2.5%下降到2.3%；1994—1997年，通货膨胀率由24.1%下降到1997年的2.8%，失业率由2.8%上升到3.1%；2001—2002年，通货膨胀率由0.7%下降到–0.8%，失业率由3.6%上升至4%。

第三种形式：无关联变化。表现为失业率变动区间小，通货膨胀率变动区间较大。在1986—1988年、1991—1992年、1997—2000年出现过无关联变化，其中，1997—2000年失业率均为3.1%，通货膨胀率的波幅为3.4%；2003年后失业率控制在4%和4.3%之间，通货膨胀率在–0.7%和5.9%之间呈现无关联变化。

从长期运行轨迹上看，中国的菲利普斯曲线呈现出不规则变化的特点。失业率与通货膨胀率以正向变化、反向变化的交替运动为主，其中的转折点分别为1984年、1989年、1994年以及2002年。2002年后菲利普斯曲线在一定的失业率和通货膨胀率水平内无规则移动。1984年，中国倡导建设有计划的商品经济；1989年为了抑制通货膨胀，中国采取了控制贷款规模和提高利率等政策措施；1994年中国发生了历史上最为严重的通货膨胀；由1997年亚洲金融危机等引起的通货紧缩于2002年年底结束。1982—2000年中国的失业率在1.8%和3.1%之间轻微变动，而通货膨胀率则上下波动幅度较大，最高达到24.1%，最低达到–1.4%。2000—2002年，通货膨胀率基本没有变化，但失业率从3.1%一直上升到4%。2002年以后，虽然发生过轻微的通货膨胀，但中国的失业率基本保持在4%左右，非常平稳。由此可以看出，中国的菲利普斯曲线所反映的通货膨胀率和失业率之间的关系的稳定性和失灵性，是与中国特色的经济发展逻辑相一致的。

小结

劳动供给问题可以被视为消费者如何决定其拥有的既定时间资源在闲暇和劳动供给两种用途上的分配问题。单个消费者的劳动供给曲线一般向右上方倾斜，即他的劳动供给量将随工资的增加而增加；但在较高的工资水平上，他的劳动供给量也可能随工资增加而减少，此时，即出现劳动供给曲线向后弯曲的情况。

通货膨胀现象既可以从货币角度解释，又可以从总供给或总需求角度解释，还可以从经济结构角度解释。菲利普斯曲线表示失业率与通货膨胀率之间的负向相关关系。根据短期菲利普斯曲线，控制总需求的决策者面临通货膨胀与失业之间的短期替代关系。长期菲利普斯曲线是一条处于自然失业率水平的垂直线。

中国的菲利普斯曲线所反映的通货膨胀率和失业率之间的关系的稳定性和失灵性，是与中国特色的经济发展逻辑相一致的。

思政教学要点

1. 从保障人民利益的角度阐述防范严重通货膨胀的必要性。

2. 从保障人民利益的角度解读实现充分就业是宏观经济调控的首要目标。

3. 结合典型案例，从主要矛盾和矛盾的主要方面的观点认识控制通货膨胀与促进就业的辩证关系。

扩展阅读

1. 刘树成 . 论中国的菲利普斯曲线 [J]. 管理世界，1997，000（006）：21−23.

2. 黎德福 . 二元经济条件下中国的菲利普斯曲线和奥肯法则 [J]. 世界经济，2005，028（008）：51−59.

3. 刘元春，等 . 中国通货膨胀新机制研究 [M]. 北京：中国人民大学出版社，2012.

4. 皮萨里德斯 . 均衡失业理论 [M]. 欧阳葵，王国成，译 . 北京：商务印书馆，2012.

5. 萨缪尔森，诺德豪斯 . 萨缪尔森谈失业与通货膨胀 [M]. 萧琛，主译 . 北京：商务印书馆，2012.

6. 金德尔伯格，阿利伯 . 疯狂、惊恐和崩溃：金融危机史 [M]. 朱隽，叶翔，李伟杰，译 . 北京：中国金融出版社，2014.

重点概念

失业；劳动供给曲线；替代效应；收入效应；均衡工资；通货膨胀；消费者价格指数；需求拉动型通货膨胀；成本推动型通货膨胀；菲利普斯曲线

习 题

一、选择题（在以下四个选项中选择一个最合适的）

1. 已知充分就业的国民收入是 10000 亿美元，实际国民收入是 9800 亿美元，边际消费倾向是 0.8，在增加 100 亿美元的投资以后，经济将发生（　　）。

A. 需求拉动型通货膨胀

B. 成本推动型通货膨胀

C. 结构型通货膨胀

D. 需求不足的失业

2. 抑制需求拉动型通货膨胀，应该（　　）。

A. 控制货币供应量

B. 降低工资

C. 解除托拉斯组织

D. 减税

3. 用来表示失业率与货币工资增长率相互关系的曲线是（　　）。

A. 原始菲利普斯曲线

B. 短期菲利普斯曲线

C. 长期菲利普斯曲线

D. 宏观生产函数曲线

4. 年通货膨胀率在 10% 以内的通货膨胀称为（　　）。

A. 温和的通货膨胀

B. 奔腾式通货膨胀

C. 超级通货膨胀

D. 以上都不对

5. 以下哪两种情况不能同时发生？（　　）

A. 结构性失业和成本推动型通货膨胀

B. 需求不足的失业和需求拉动型通货膨胀

C. 摩擦性失业和需求拉动型通货膨胀

D. 失业和通货膨胀

二、问答题

1. 劳动供给曲线为什么向后弯曲？

2. 哪些失业是可以消除的？哪些失业是无法消除的？为什么？

3. 说明短期菲利普斯曲线与长期菲利普斯曲线的关系。

4. 说明需求拉动型通货膨胀。

5. 失业的社会经济损失有哪些？

请扫描上方二维码
观看“迷你课程视频”

第6讲

国际经济

1848年，时值青年的马克思和恩格斯在《共产党宣言》里描述了国际主义的理想：

“由于开拓了世界市场，使一切国家的生产和消费都成为世界性的了。”“古老的民族工业被消灭了，并且每天都还在被消灭。它们被新的工业排挤掉了，新的工业的建立已经成为一切文明民族的性命攸关的问题；这些工业所加工的，已经不是本地的原料，而是来自极其遥远的地区的原料；它们的产品不仅供本国消费，而且同时供世界各地消费。旧的、靠本国产品来满足的需要，被新的、靠极其遥远的国家和地带的产品来满足的需要所代替了。过去那种地方的和民族的自给自足和闭关自守状态，被各民族的互相往来和各方面的互相依赖所代替了。”“物质的生产是如此，精神的生产也是如此。各民族的精神产品成了公共的财产。民族的片面性和局限性日益成为不可能，于是许多种民族的和地方的文学形成了世界的文学。”“随着资产阶级的发展，随着贸易自由的实现和世界市场的建立，随着工业生产以及与之相适

应的生活条件的趋于一致，各国人民之间的民族隔绝和对立日益消失。”“代替那存在着阶级和阶级对立的资产阶级旧社会的，将是这样一个联合体，在那里，每个人的自由发展是一切人的自由发展的条件。”

进入21世纪，在多种社会制度并存、多元文化交融与碰撞的困境中，第二次世界大战以后贸易自由化的历史进程掀起了经济全球化的浪潮，中国经济也在此过程中不断发展。值得强调的是，中国还没有完成工业化，却已经成为世界制造业第一大国、第一大贸易体和第二大经济体。2014年，中国的外资引进和海外直接投资体量大致相当；2015年，中国的海外直接投资已经显著超过接受的海外直接投资，中国“走出去”的投资时代到来了。人民币在后金融危机时代迅速走向全球化。中国提出的“一带一路”倡议更是将投资驱动发展的效应向世界扩散。在此背景下，中国的宏观经济政策需要联系国际因素进行制定。

6.1 国际贸易与比较优势

生产力的发展同时产生了劳动分工和市场贸易。当本国的市场已经不能容纳本国的供给或者不能满足本国的需求时，国际贸易就产生了。贸易的发展走过了货物贸易、资本输出、服务贸易、技术贸易的历史路径。第二次世界大战结束后，人们在和平发展与自由贸易的理念下建立了全新的国际发展目标和为之服务的国际法理念及新秩序。

国家之间贸易结构的形成是由其生产的比较优势所决定的。比较优势指以实物度量的生产效率的差异。使用机会成本的语言解释，即当生产者选择生产一种商品时，就放弃了生产其他商品的机会。机会成本是生产一个单位的此种商品而放弃生产另一种商品的数量。一个含有两种以上商品的经济体，其生产每种产品的效率是不同的，因此有机会成本的差异，也就有了两国之间的比较优势。

两产品模型是国际上宏观经济学研究的常用模型。假设一个工业国和一个农业国都生产手机和玉米，模型的基本假设如下：

（1）只有两个国家——A 国（工业国）和 B 国（农业国）；

（2）生产的商品品质一样，只是成本不同；

（3）两种商品的市场都是竞争性市场。

假设 A 国、B 国拥有相同数量的劳动力，均为 100 单位。若投入全部劳动要素，A 国可以生产 500 部手机或 250 吨玉米；B 国可以生产 100 部手机或 200 吨玉米，如表 6–1 所示。

表 6–1　两国贸易的生产可能性组合

	手机（部）	玉米（吨）
A 国	500	250
B 国	100	200

由生产可能性边界可得到两国两种产品劳动生产率的情况，如表 6–2 所示。

表 6–2　两国贸易模型的劳动生产率

	手机（部 / 人）	玉米（吨 / 人）
A 国	5	2.5
B 国	1	2

显然，A 国生产手机、玉米的能力均强于 B 国，依据绝对优势理论两国间不会进行贸易。但实际上，A 国与 B 国彼此发生贸易的理由并非绝对优势，而是比较优势。这就需要用机会成本理论加以解释。

如表 6–3 所示，A 国每生产 1 吨玉米将放弃生产 2 部手机，每生产 1 部手机将放弃生产 0.5 吨玉米；B 国每生产 1 吨玉米将放弃生产 0.5 部手机，每生产 1 部手机将放弃生产 2 吨玉米。因此，A 国比 B 国生产玉米的机会成本高，B 国比 A 国生产手机的机会成本高，A 国比 B 国生产手机的机会成本低。

表 6–3　两国贸易模型的机会成本

	手机 / 玉米	玉米 / 手机
A 国	2	0.5
B 国	0.5	2

比较而言，A 国更擅长生产手机，B 国更擅长生产玉米，彼此贸易能够实现互利，则 A 国和 B 国间可进行国际贸易。因此，一个自然的国际分工是 A 国专业生产手机，而 B 国专业生产玉米，两国进行国际贸易。结果，两国都增加了可分配的产品，A 国和 B 国都能从贸易中获利。分工前后的对比见表 6–4。

表 6–4　两产品模型中分工前后的对比

	分工前		分工后	
	手机（部）	玉米（吨）	手机（部）	玉米（吨）
A 国	250	125	250	250
B 国	50	100	100	100

如表 6–4 所示，未进行国际贸易前，A 国用 50 单位劳动力生产 250 部手机，用 50 单位劳动力生产 125 吨玉米；B 国用 50 单位劳动力生产 50 部手机，用 50 单位劳动力生产 100 吨玉米。进行分工后，A 国用 80 单位劳动力生产 400 部手机，用 20 单

位劳动力生产50吨玉米，B国用100单位劳动力生产200吨玉米。

假设双方约定的交换比率为1∶1，即1部手机交换1吨玉米，则A国可用100部手机换得100吨玉米，B国可用100吨玉米换得100部手机。结果，两国的社会福利均提高了——A国可以消费300部手机、150吨玉米；B国可以消费100部手机、100吨玉米。

在实际经济中，一个国家必须拥有具有自身发展优势且结构合理的制造业，而一个大的经济体还必须具有相对完备的产业结构。这不仅是消费水平提升和社会财富增加的需要，更是国家经济安全的需要。因此，在存在比较优势的情形下，世界各国会集中资源在比较优势较强的行业，同时也会保持比较优势较弱的领域的制造能力。

理解比较优势原理并不难。一个国家的劳动力是有限的，将其更多地投入一个产业就会减少在其他产业的投入。在一个竞争性市场环境和国际环境中，人力资源向基础研究和产业研发的倾斜必然会导致比较优势的形成，而这个过程又伴随着历史的发展。这就自然过渡到国际分工的要素禀赋理论（Factor Endowment Theory）。该理论由赫克歇尔和俄林开创，又被称为赫克歇尔-俄林理论（Heckscher-Ohlin Theory，简称H-O理论），这是关于国际贸易理论的最为活跃的学术领域，涉及市场制度的建立与演化、国家经济增长的自然路径和战略选择等长期宏观经济学问题。

美国在建国初期，其产业结构以农业为主，工业生产能力很低，在和法国的贸易中不存在产业上的绝对优势。但是，比较优势发挥了作用，使美法贸易持续发展。随着技术教育和研究的发展，特别是市场竞争结构和知识产权保护制度的发展，美国终于在电气化领域获得突破，形成了技术要素的优势，成为以电气化为代表的新的工业革命引领者。

中国工业化的第一个阶段是从1949年到1976年。中国在计划经济的体制下形成了独立、完备的工业体系，也造就了产业工人大军。

中国工业化的第二阶段是从1978年到2013年。在此阶段，中国采取了改革与开放的正确的战略与方针。1978年以来的历史证明了中国发展道路的正确性。

在1978年实施改革开放以后，随着农村富余劳动力流动到新兴工业区，中国在劳动密集型和低技术密集型领域形成了国际上无可比拟的比较优势，持续、大规模地吸引海外资本的流入，形成“出口加工型”的发展模式。经过三十多年的发展，2010

年中国制造业产值按照市场汇率计算达到2.05万亿美元，超过美国15.2%。在500种主要工业产品中，中国有220种产量位居世界第一。2012年，中国制造业规模已经占到世界的20%；而2018年，这一比重上升到36%。

中国工业化的第三阶段自2013年起。2013年是经济“新常态”的元年。概括高质量发展模式的起步状态是我们思考的起点。

根据中国商务部的统计，2014年中国货物进出口总额为43030.37美元；其中，出口为23427.47亿美元，进口总额为19602.90亿美元，贸易顺差为3824.57亿美元，占进出口总额的8.89%。

从商品结构上看，中国出口商品已经凸显制造业大国的贸易特征。2014年出口商品中的工业制成品已经达到22300.41亿美元，占出口总额的95.19%；初级产品为1127.05亿美元，仅占4.81%。出口额排在第一位的是机械及运输设备，出口额为10706.32亿美元，占比为45.70%，十分突出，其他各类则比较低。进口方面，工业制成品为13128.5亿美元，占比为66.97%；初级产品为6474.4亿美元，占比为33.03%。进口额排在第一的机械及运输设备的占比为36.96%。可见，中国在机械及运输设备的出口上已经占据优势。此领域的出口和进口都排在第一位，并且比重都比较高，说明产业内贸易特征突出，形成了有效的技术交流，也反映了中国正在进行的产业升级对于机械及运输设备领域的带动效应。

美国、德国和日本是中国的主要贸易伙伴。首先，比较中美双边贸易态势。据美国商务部统计，2014年美国与中国双边货物进出口额为5906.8亿美元，增长5.1%。其中，美国对中国出口额为1240.2亿美元，增长1.9%，占美国出口总额的7.6%，下降0.1个百分点；美国自中国进口额为4666.6亿美元，增长6.0%，占美国进口总额的19.9%，提升0.5个百分点。美方贸易逆差为3426.3亿美元，增长7.5%。中国是美国第二大贸易伙伴、第三大出口市场和第一大进口来源地。

美国对中国出口的主要商品为运输设备、机电产品、植物产品和化工产品，2014年出口额分别为272.6亿美元、245.0亿美元、174.9亿美元和96.8亿美元，分别占其对中国出口总额的22.0%、19.8%、14.1%和7.8%。化工产品出口额下降0.8%，运输设备、机电产品和植物产品出口额分别增长18.3%、3.9%和4.6%。值得注意的是，美国对中国运输设备出口额增速较快，其中航空航天器出口额为139.2亿美元，增长10.6%；车辆及其零附件出口额为132.1亿美元，增长28.1%。

美国自中国的进口商品以机电产品为主，2014 年进口额为 2323.4 亿美元，占美国自中国进口总额的 49.8%，增长 6.6%。其中，电机和电气产品进口额为 1270.9 亿美元，增长 8.1% ；机械设备进口额为 1052.6 亿美元，增长 4.8%。家具玩具、纺织品及原料和贱金属及制品分别居美国自中国进口商品的第二位、第三位和第四位，2014 年进口额依次为 507.5 亿美元、411.8 亿美元和 242.3 亿美元，占美国自中国进口总额的 10.9%、8.8% 和 5.2%，增长 5.1%、1.2% 和 10.7%。中国的家具玩具、鞋靴伞等轻工产品和皮革制品箱包占美国进口市场的 59.6%、67.0% 和 59.3%，具有绝对竞争优势，中国的竞争者主要来自墨西哥、越南和意大利等国家。中国同时也是美国机电产品、纺织品及原料、塑料橡胶和光学钟表医疗设备的首要来源国，占美国市场份额的 36.4%、37.2%、26.0% 和 14.4%，具有较强的竞争优势。

在机电产品领域，中美两国形成了突出的产业内贸易态势。中国出口美国的机电产品位列中国出口的第一位，年增长率达到 6.6% ；中国进口美国的机电产品位列美国出口的第二位，年增长率为 3.9%。这形成了该领域有效的技术交流，显示了中美两国在技术层面的优势互补。在中国进口额第一的运输设备领域，航空航天器进口额达到 139.2 亿美元，年增长率高达 10.6% ；而中国的出口则可以忽略。这说明了美国在航空航天产品上的绝对优势。

德国和日本都是制造业大国，比较中德和中日的贸易结构也可以分析彼此的比较优势。

德国的机械与设备制造在中国有很高的市场信誉度，例如数控机床、建筑机械、矿山车辆、医疗设备等。可以想见，在制造业领域，德国处于高端，而中国主要处于中低端。下面我们来看看 2000 年和 2014 年的对比数据。2000 年是中国加入世界贸易组织的前夕，中国对德国出口额为 185.53 亿欧元，从德国的进口额为 94.59 亿欧元，中国有 90.94 亿欧元的顺差，几乎与从德国的进口额持平。实际上从 1990 年到全球金融危机前夕，中国连续 17 年保持了对德国的大额贸易顺差。2014 年是中国经济进入“新常态”的第一年，欧洲经济受到欧债危机的冲击陷于低谷，但是中德贸易却持续增长。据德国联邦统计局统计，2014 年中德进出口贸易总额达 1538 亿欧元，增长 8.8%，创历史新高。其中，德国对中国出口额为 745 亿欧元，进口额为 793 亿欧元，分别增长 11.3% 和 6.4% ；而德国对中国贸易逆差则显著收窄，从 2013 年的 96 亿欧元降至 2014 年的 48 亿欧元。在贸易结构上，两国表现出优势互补，机械与装备、日用工业品仍是贸易大项。2000 年，排在第一位的中国机械与交通设备类出口额是进口额的 4.33 倍，排在第二位的中国一般日用品类出口额则是进口额的 12.97 倍。2014 年，排在第一位的中国一般日用品类出口额达到进口额的 42.56 倍，排在第二位的机械与交通设备类的出口额仅为进口额的 11.74%，发生了大逆转。排在中德货物贸易前两位的是典型的产业内贸易，即同行业的大额出口和进口，这是技术水平或者上下游产品的互补。2000 年和 2014 年中德贸易在机械与交通设备类进出口的巨大反差，说明处于产业升级中的中国，大幅度提高了从德国进口高端机械与设备的数量。并且，中国从德国大量进口非能源的工业原材料、食品饮料等，也反映了中国在产业升级和消费结构升级中对于高端工业原料和高端食品的大量需求和中国在相关领域的弱势。

中国海关总署 2015 年发布的数据显示，2014 年中国与日本双边贸易额为 3074.8 亿美元，占中国外贸进出口总额的 7.1%，其中中国对日出口 1810.0 亿美元，进口 1264.8 亿美元，贸易逆差 545.2 亿美元。

日本对中国出口的主要产品是机电产品、贱金属及制品和化工产品，2014 年出口额分别为 497.3 亿美元、137.5 亿美元和 136.6 亿美元，占日本对中国出口总额的 39.3%、10.9% 和 10.8%。日本自中国进口的主要商品为机电产品、纺织品及原料和家具玩具，2014 年进口额分别为 824.0 亿美元、261.2 亿美元和 108.5 亿美元，占日本自中国进口总额的 45.5%、14.4% 和 6.0%。中国对日本机电产品出口增长较快，纺织品及原料等传统大宗产品的出口回落。纺织品及原料曾是中国对日本出口的第一大类产品，一度占出口总额的 30% 左右。但自 1990 年以来，纺织品及原料出口份额逐渐被工业制成品超越。中日贸易由原材料、纺织品及原料等低附加值产品为主向机电产品等技术含量高的产品转移，标志着中日贸易由垂直分工模式向水平分工模式的转变。

进入高质量发展的经济“新常态”，中国外贸的产品结构持续升级，高新技术领域的出口额不断提高。如图 6–1 所示，2009 年以来，高新技术领域出口占总出口的比例稳定在 30% 左右。即使面对新冠病毒疫情的冲击，2020 年中国高新技术领域出口中计算机与通信技术、电子技术产品出口合计仍占总出口的近 87%。

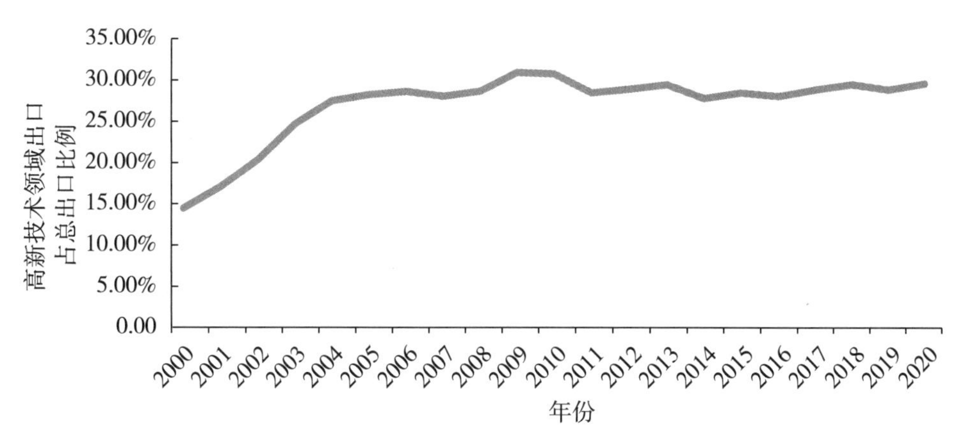

图 6-1(a)　中国高新技术领域出口占总出口比例变化趋势

数据来源：中华人民共和国海关总署。

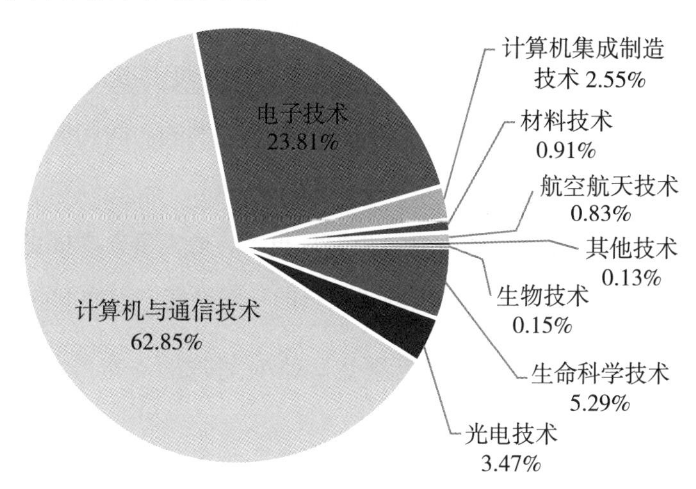

图 6-1(b)　2020 年中国高新技术领域出口组成

数据来源：中华人民共和国海关总署。

6.2 国际收支

有了国际贸易就要计算国际收支。此时，原本封闭经济环境中账户的核算范围扩展到国际资金往来，从而形成私人账户、政府账户和国际账户三位一体的核算体系。

国际收支账户分为经常项目账户和资本项目账户。

经常项目账户包括贸易方面的进口与出口、投资企业利润的汇入与汇出、国家间转移支付的往来等。为简化模型，我们仅考虑贸易项目。一国出口而收取外汇，则获得外汇进项；进口而支付外汇，则为外汇出项。二者在经常项目账户上依次表现为外汇的流入与流出。如果出口额大于进口额，则称为贸易顺差，在经常项目账户结算上表现为贸易盈余。如果出口额小于进口额，则称为贸易逆差，在经常项目账户结算上表现为贸易赤字。如果出口额恰好等于进口额，则称为贸易平衡。

回想远古时期两个部落之间的以货易货的贸易关系，部落之间的贸易平衡就是换出与换入的总价值相等。而在货币时代，贸易需要以双方认可的货币进行结算，贸易不平衡表现为一国所持有外汇的增减。实质上，盈余方持有的是对方的债权或者对方的债务凭证，赤字方则承担了今后兑付的债务。

但是，在货币时代，持有货币将承担较高的机会成本或通货膨胀风险。因此，要用货币购买资本，要进行投资。这就有了资本项目账户。

资本项目账户包括接受的外部投资和对外投资。接受外部投资是外汇流入，对外投资是外汇流出。投资分为直接投资与间接投资。直接投资指宏观经济中的一般投资，如购买土地使用权、厂房、设备和原材料以获取产业利润。间接投资指金融投资，如购买股票、债券、期货、期权和其他金融产品。

如同以货易货的交易，外贸盈余方要对外投资，而赤字方要接受外部投资，从而保持贸易与投资的平衡。因此国际贸易与投资的一般平衡方程如下：

$$贸易顺差 = 对外净投资$$

或者从外汇流入流出的角度，有

$$出口 + 外国投资 = 进口 + 对外投资$$

其中，外国投资和对外投资既包括直接投资也包括间接投资。

在实际经济生活中，每一笔贸易和投资都是由企业完成的。将企业的数据加总，得到的国家总账不一定是平衡的。例如，在21世纪的前20年，中国呈现“双顺差”：贸易顺差和投资顺差。图6-2是2006—2015年中国的进出口总额、贸易顺差态势。因此，要将外国货币纳入国家外汇储备，即官方储备。我们得到了国际贸易与投资的实际平衡方程：

$$出口 + 外国投资 = 进口 + 对外投资 + 官方储备$$

或者，

$$官方储备 = (出口 + 外国投资) - (进口 + 对外投资)$$

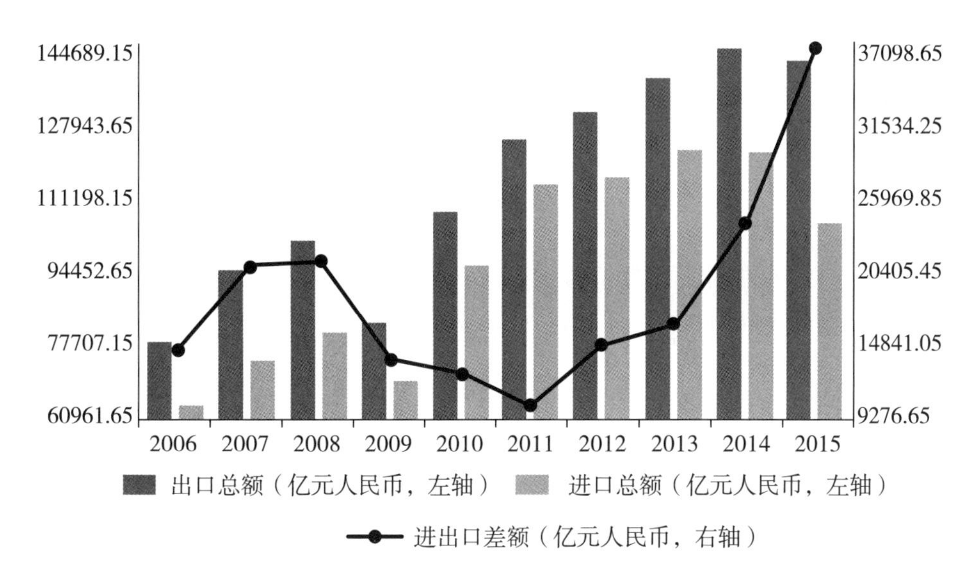

图 6–2　中国的进出口总额、贸易顺差态势（2006—2015）

我们应该看到，在中央银行账户上的外汇储备，如同商业银行的储户存款一样，是中央银行的负债，企业和家庭将它们手中的外汇通过商业银行存在了中央银行。在实际操作中，一切交易已经完成，原来企业和家庭手中的外汇已被换为等价的本币。一旦需要外汇，它们仍可以到商业银行再购买外汇。从这个意义上说，中央银行手中的外汇最终是属于企业和家庭的。中央银行发出的用于购买外汇的本币被称为外汇占款，其所对应的物质并不在国内，而在国外。若任凭其在市场流通，就会产生通货膨胀。外汇占款的数额越大，产生通货膨胀的压力也就越大。中国在 2002—2011 年，由于外贸和外国投资所产生的“双顺差”推动外汇储备一路上行，最高时产生了 20 多万亿元人民币的外汇占款。为了控制通货膨胀，中国人民银行采取了双管齐下的手段。一是发行一年期中央银行短期融资券给商业银行，以回收短期流动性；二是持续提高商业银行的法定准备金率，一直提高到 2011 年夏天的 21.5%。

6.3 汇率与利率

国际贸易需要进行结算和货币之间的兑换，外汇市场提供了货币之间的交易，也形成了外汇市场的价格——汇率。汇率是两种货币相互兑换的比率，可以用两种方式表示：直接表示法和间接表示法。

一种商品的价格就是购买单位商品所需支付的货币，表示为 1 单位商品要求的货币量。而两种货币的兑换汇率有两种表示方法：直接表示法和间接表示法。

站在本币的立场上，直接表示法的汇率表示为 1 单位外币等于多少单位本币。例如，1 美元 = 6.20 元人民币。这就是说，直接表示法将外币视为商品。间接表示法的汇率表示为 1 单位本币等于多少单位外币。例如，1 元人民币 = 0.16 美元。

世界上绝大多数国家习惯于直接表示法，而美国恰恰习惯间接表示法。这似乎是一种默契，方便美国与别国交易。值得注意的是，在表达本币升值或者贬值时，直接表示法和间接表示法不同。使用直接表示法时，本币升值表现为汇率数值的下降，因此不能说汇率提高了就是本币升值。而如果以间接表示法表达，汇率提高即为本币升值。

正如利率有名义利率和实际利率之分一样，作为货币交换价格的汇率也有名义汇率和实际汇率之分。名义汇率就是以货币表示的汇率，也就是我们在商业银行的显示屏中所看到的汇率。实际汇率则是以实物表示的货币的交换价格，其无法被直接看到，需要计算。在学术研究中主要使用两种实际汇率：购买力平价、利率平价。

6.3.1 基于购买力平价的实际汇率与通货膨胀率

购买力平价是实际汇率的长期估值。其思想很简单，就是购买实物使用货币的比率。我们选取代表一般交易水平的一篮子商品 G。假设 G 在美国的价格是 1000 美元，G 在中国的价格是 5000 元人民币。那么以一篮子商品为媒介，1 美元 = 5 元人民币。这就是基于购买力平价的实际汇率。

购买力平价的原理浅显易懂，计算也相对简单。其主要不足在于，不能覆盖非贸易类的服务性交易，特别是目前交易额较大的教育和旅游业。

对于购买力平价的更深入理解在于两个国家的通货膨胀程度的比较。在前文介绍货币与通货膨胀时，我们给出了一个商品和一种货币的简单经济体模型。该模型简洁地说明了通货膨胀上升等价于货币超发。因此，如果我们建立一种商品、两种货币的两个简单经济体的模型，就可以发现，两个经济体通货膨胀程度的大小会影响实际汇率。

假设美元区交易一种商品（一篮子商品的组合）和美元，欧元区交易同一种商品和欧元。0 时美元区的商品价格为 100 美元，欧元区的商品价格为 100 欧元，那么 0 时的美元兑换欧元的实际汇率就是 1 美元 =1 欧元。如果到 1 时，美元区通货膨胀率为10%，欧元区通货膨胀率为20%，那么商品在美元区的价格为110美元，在欧元区的价格为120欧元。于是，以一篮子商品为媒介，110美元兑换120欧元。因此，1时的实际汇率是1美元=1.0909欧元。相对于美元，欧元贬值了，其原因就是欧元区的通货膨胀率超过美元区的通货膨胀率。

下面给出基于购买力平价的通货膨胀率与实际汇率关系的公式表达。

假设经济体A对于经济体B的0时汇率与1时汇率的直接表达为E_0与E_1，经济体A和经济体B从0时到1时的通货膨胀率分别为π_A与π_B，商品在经济体A和经济体B的0时与1时的价格分别为P_{0A}、P_{0B}、P_{1A}、P_{1B}。于是，根据购买力平价我们有

$$P_{0A}=E_0 P_{0B}, \tag{6-1}$$

$$P_{1A}=E_1 P_{1B} \tag{6-2}$$

根据通货膨胀率的概念，我们有

$$P_{1A}=(1+\pi_A)P_{0A}, \tag{6-3}$$

$$P_{1B}=(1+\pi_B)P_{0B} \tag{6-4}$$

将式（6-1）和式（6-2）代入式（6-3），得到

$$E_1 P_{1B}=(1+\pi_A)E_0 P_{0B} \tag{6-5}$$

再将式（6-4）代入式（6-5），得到

$$E_1(1+\pi_B)P_{0B}=(1+\pi_A)E_0 P_{0B} \tag{6-6}$$

整理式（6-6），最终得到购买力平价意义下的实际汇率与通货膨胀率之间的关系如下：

$$E_1=\frac{(1+\pi_A)}{(1+\pi_B)}E_0 \tag{6-7}$$

分析式（6-7），我们看到，如果经济体A的通货膨胀率π_A高于经济体B的通货膨胀率π_B，那么1时的汇率E_1就高于0时的汇率E_0。注意，这里所说的汇率是站在经济体A的立场上，是经济体A的货币与经济体B的货币的汇率的直接表示，因而，E_1增大就是经济体A的货币贬值。

总之，一个经济体的通货膨胀率大于其交易对手经济体的通货膨胀率，其货币就会贬值。

式（6–7）还可以写成比例关系的形式：

$$\frac{E_1}{E_0}=\frac{1+\pi_A}{1+\pi_B} \tag{6–8}$$

式（6–8）指出：直接表示法的汇率与1加上通货膨胀率成正比。举例来说，假设中国和美国2015年的通货膨胀率分别为1.5%和0.5%，那么1年以后人民币相对美元将贬值1.0%。

6.3.2　基于利率平价的实际汇率与利率

上文讨论了长期意义下基于购买力平价的实际汇率的内涵。下面介绍短期情形下基于利率平价的实际汇率内涵，进而给出基于利率平价的实际汇率与利率之间的关系。

假设经济体A对于经济体B的0时汇率与1时汇率的直接表达为 E_0 与 E_1，经济体A和经济体B从0时到1时的利率分别为 r_A 与 r_B。经济体A和经济体B的货币分别称为A元和B元。1单位B元存款从0时到1时有两个途径。第一，将B元存到经济体B的银行，1时获得的本金与利息合计 $(1+r_B)$ 单位B元，此时再兑换为A元，得到 $(1+r_B)E_1$ 单位A元。第二，在0时将1单位的B元兑换为A元，得到 E_0 单位A元，存入经济体A的银行，到1时得到本金与利息合计为 $(1+r_A)E_0$ 单位A元。如果经济体A和经济体B的两个银行市场之间没有套利机会，那么两个投资途径的收益应该是一样的。于是我们得到：

$$(1+r_A)E_0=(1+r_B)E_1 \tag{6–9}$$

这就是利率平价的基本关系式，还可以改写成以下比例形式：

$$\frac{E_1}{E_0}=\frac{1+r_A}{1+r_B} \tag{6–10}$$

由式（6–10），我们看到，如果经济体A的利率高于经济体B的利率，那么，1时的汇率 E_1 就要高于0时的汇率 E_0。考虑到汇率是经济体A的直接表示法，也就是说，A元应该在1时发生贬值。

简言之，依据利率平价理论，利率比对方高则本币应该贬值。

如果不满足式（6–10），会怎样呢？如果经济体A的利率高于经济体B的利率，而同时 E_1 还小于 E_0，那么，如果银行市场是完全开放的，投资者就会将B元大量地兑换成A元，并存入经济体A的银行，这样既赚取了利差，又获得了A元升值的收益。这就是套利。

中国从2005年7月21日开始实施人民币汇率形成机制改革，至2012年年底，人民币呈现单边升值的状态。而中国的利率又显著高于美国的利率，因此中美两国的货币市场出现套利机会，热钱大量持续地进入中国。

问题是，在0时何以获知1时的汇率？这就需要一个0时交易而1时交割的外汇衍生品市场，例如外汇远期市场、外汇期权市场和外汇期货市场。在上述外汇衍生品市场尚不完善的情形下，需要应用统计或者计量经济模型技术预测1时的汇率。这些内容是国际金融学的重点论题。

6.3.3 汇率形成机制

汇率是外汇市场的价格，而外汇市场是由中央银行参与的做市商市场，因此汇率的形成机制带有强烈的管理色彩。目前国际通行的汇率形成机制主要有三种：固定汇率制度、浮动汇率制度和管理浮动汇率制度。

固定汇率制度是在一定时期内由中央银行或者货币管理当局确定固定的汇率数值的制度。固定汇率制度的运行避免了汇率波动给企业带来的损失，有利于工商企业的国际贸易和国际投资，简化了企业的财务管理。对于处于工业化过程中的经济体而言，固定汇率制度有力地促进了对外贸易和吸收国外投资，是促进经济持续增长的战略性措施。“东亚四小龙”在20世纪七八十年代的成长中，无一例外地长期实行了固定汇率制度。下一小节将介绍的布雷顿森林体系中欧洲国家与美元的固定汇率制度也是第二次世界大战后欧洲经济复兴的制度性保障。但是固定汇率制度中汇率的确定却并不简单。管理当局对汇率影响因素和实际效应应进行深入的研究，综合国际贸易和国际投资的发展趋势与战略定位进行决策。

浮动汇率制度是外汇交易市场通过外汇供需的变化而自由形成汇率的制度。自由主义经济学家认为浮动汇率制度符合自由市场经济的价值观和根本理念。但是大量学术研究表明，在经济运行平稳时，浮动汇率制度可以反映市场外汇供需的变化，及时释放国际贸易、国际投资乃至经济增长的信息变化所积累的价格波动能量，有利于国际经济保持平稳运行；但是，在经济危机时期，没有任何干预的浮动汇率制度可能导致危机加剧乃至经济崩溃。实际上，从国家利益出发，没有一个经济体真正持续地实施完全自由的浮动汇率制度，中央银行总要加以干预，这就是管理浮动汇率制度。

管理浮动汇率制度是在中央银行或者货币管理当局的适度干预下由市场交易形成汇率的制度。中央银行的干预分为制度干预和货币干预。从制度上，中央银行往往要规定汇率每日的浮动范围，也就是说，限定汇率每日的涨跌幅度。这是一个长期的制度安排，旨在保证汇率波动的平稳性，不至于造成实体经济的波动。而货币干预指中央银行频繁地在银行间外汇市场上买卖外汇，直接影响汇率的变化。在直接表示法之下，汇率上升意味着本币贬值；如果上升超过控制目标，中央银行或货币管理当局就可以入市抛出外币，迫使汇率下行。反之，当汇率快速下跌超过预期时，中央银行或货币管理当局就会买入外汇以提升汇率。由于汇率是一个预期未来经济走势的指标，或者说汇率对未来经济预期敏感，也对管理当局的行动敏感，所以，管理当局可以通过发布评论来引导外汇交易者的行为，这被称为“窗口指导”。

管理浮动汇率制度是一个具有普适性的基本模式。任何一种汇率的形成机制都是管理浮动汇率制度的一种状态。浮动空间极小时就是固定汇率制度，而浮动空间很大时就是浮动汇率制度。

改革开放进程中，中国的汇率管理制度经历了两大阶段。2005 年 7 月 21 日之前为第一阶段，属于固定汇率制度。1994 年以前，中国沿用计划经济体制下的固定汇率制度，1990 年人民币对美元汇率长期处于 5.3 到 5.8 之间。1994 年实施了第一次汇率制度改革，同年发生第一次人民币大幅度贬值，汇率达到 8.70，此时中国执行的是小幅度调整的比较严格的管理汇率制度。到 2005 年上半年人民币对美元汇率稳定在 8.2765。2005 年 7 月 21 日，中国人民银行宣布实行人民币汇率形成机制改革，由单一参考美元到参考由十几种货币构成的货币篮子。自此进入第二阶段，人民币汇率市场化改革起步。

6.3.4 布雷顿森林体系

第二次世界大战结束后所实施的布雷顿森林体系是国际货币体系在推动贸易自由化背景下的创举。战后旨在维护世界永久和平的国际新秩序由联合国（政治体制）、关税与贸易总协定（国际贸易体制）、布雷顿森林体系（国际金融体制）构成，换言之，上述三者构成三角支撑。布雷顿森林体系确立了以美元为核心的国际货币的制度安排，成立了后来作为联合国常设机构的国际货币基金组织和世界银行两个全球金融机构。

1944年7月所形成的布雷顿森林体系，其制度安排体现了各个国家在经济复兴和工业化进程中从金本位向主权货币的过渡。简而言之，可以用“双挂钩”概括布雷顿森林体系。第一，美元成为国际认可的黄金券，美元与黄金固定挂钩。确认1944年1月美国规定的35美元1盎司的黄金官价，即1美元的含金量为0.888671克黄金。各国中央银行和商业银行可按官价用美元向美国商业银行兑换黄金。第二，其他国家货币与美元挂钩。其他国家政府规定各自货币的含金量，通过含金量的比例确定同美元的汇率。第三，主要工业化国家实行可调整的固定汇率制度。依照《国际货币基金协定》（Agreement of the International Monetary Fund），各国货币对美元的汇率只能在法定汇率上下各1%的幅度内波动。若市场汇率的波动幅度超过1%，各国中央银行有义务进行市场干预，以维持汇率的稳定。这样就形成了以黄金支撑的美元为核心的国际货币运行体系，用以支撑欧洲经济的快速复苏和实现世界范围的自由贸易经济生态。

美元的核心地位基于1945年美国的世界制造业份额以60%雄霸世界，以及美国当时拥有世界黄金储备的四分之三。基于这样一个绝对优势的制度安排可以长久吗？在战后前10年，以美元为核心的国际货币体系有效地支撑了欧洲和日本经济的发展，德国和日本一马当先。到了20世纪60年代末，德国和日本的世界制造业份额已经超越了战前水平，那么其份额是从哪里分来的呢？美国。一个具有远见的美国经济学家罗伯特·特里芬（Robert Triffin）提出了著名的“特里芬难题”（Triffin Dilemma）。

“特里芬难题”：由于美元居于国际货币体系的核心地位，各国都会选择美元作为外汇储备。各国要增加外汇储备，就要增加对美国的出口而获得贸易顺差。这样一来，美国就会长期处于贸易逆差的状态，美国的世界制造业份额就会逐渐让给贸易对手国，进而美元就要贬值，就不再坚挺；或者说，美元要保持坚挺就必须保持贸易顺差。这是不可解的矛盾。

1960年特里芬出版了专著《黄金与美元危机——自由兑换的未来》（*Gold and the Dollar Crisis: The Future of Convertibility*），阐述了“特里芬难题”。他认为，解决这个矛盾的唯一出路在于从“双挂钩”到“双脱钩”。这就意味着美元变成竞争性货币。

历史验证了“特里芬难题”。1971年美国经济面临前所未有的挑战。第一，德国和日本的世界制造业份额分别超过9%，美国的份额降到40%以下，美国贸易逆差持续扩大。第二，美国深陷越南战争泥潭，财政赤字持续扩大。第三，黄金持续流出，美元危机频繁发生。终于在1971年8月15日，时任美国总统尼克松宣布美元与黄金脱钩。布雷顿森林体系的一个支柱倒塌了。这样，从1946年到1971年，维持了25年的美元、黄金和石油的稳定三角关系开始动摇。在传统制造业中，石油是工业的血液，其市场需求持续走高。由美元标价的石油价格的稳定靠的是黄金的维系，当黄金不再支持美元，美元相对于石油也必须贬值。于是，1973年，爆发了世界性的石油危机，石油价格在1年内几乎上涨4倍，引发了持续影响长达10年的石油危机。同年，主要工业国家的货币与美元实行浮动汇率制。如特里芬所料，“双挂钩”解体了，布雷顿森林体系实际上宣告终结。但是，美元的影响还在，人们也没有其他选择。于是，国际货币形成了新的格局——由美元领头，加上英镑、马克、日元和瑞士法郎，形成国际货币的寡头市场，这就是著名的“牙买加体系”。

支撑“牙买加体系”的制度安排是国际货币基金组织在1970年推出的特别提款权（Special Drawing Right，SDR）。特别提款权是国际货币基金组织分配给会员国的一种使用国际货币的权力。会员国在发生国际收支逆差或者遇到严重债务危机时，可用它向国际货币基金组织指定的其他会员国换取外汇，以偿付国际收支逆差或偿还基金组织的贷款。发行特别提款权旨在补充黄金及美元等主要国际货币以保持全球外汇市场的稳定。发行之初，1单位特别提款权等于0.888克黄金，与当时的美元等值。1980年9月18日，特别提款权简化为5种货币：美元、联邦德国马克、日元、法国法郎和英镑。目前，特别提款权的价值由美元、欧元、英镑和日元这4种货币构成的一篮子货币的当期汇率确定，其所占权重分别为48.2%、32.7%、11.8%和7.3%。随着人民币国际化进程的推进，人民币在国际贸易结算和资产定价中的地位不断提升，2015年人民币加入特别提款权，成为第5种货币。特别提款权的产生与运行充分说明货币的国际认可度取决于一国的制造业和国际贸易能力，或者说国际竞争力。

6.3.5 美元指数与人民币指数

（1）美元指数

一个国家的货币状态是由其与主要贸易伙伴的贸易关系所决定的。因此，只看双边汇率是不够的，还需要看货币指数。货币指数分为长期效应和短期效应两类，前者考虑贸易双方的通货膨胀差异，可以对货币的长期实际价值进行市场评估；后者主要考虑当前的市场评价，是货币对于当前交易价值的市场评估。

第一个也是国际上迄今最有影响力的货币指数是美元指数（US Dollar Index，

USDX）。美元指数由纽约棉花交易所（New York Cotton Exchange，NYCE）发布 。1985年，NYCE成立了金融产品交易所（Financial Instruments Exchange，FINEX），正式进军全球金融商品市场。当年发布了以1973年为基期的美元指数，首先推出的衍生产品便是美元指数期货，1986年又推出了美元指数期货期权。指数衍生品的成功使美元指数成为市场人士十分关注的一个重要的国际经济和国际金融指标。1998年，NYCE与咖啡、糖、可可交易所（Coffee，Sugar，Coco Exchange，CSCE）合并，更名为纽约期货交易所（New York Board of Trade，NYBOT）。

美元指数的样本货币及其权重是由当时美国的主要贸易伙伴所决定的，1939年欧元诞生后，由欧元、日元、英镑、加拿大元、瑞典克朗和瑞士法郎等6种主要国际货币对美元汇率相对于基期变化的几何加权平均值所表示。这几种货币拥有较完善的外汇市场，其汇率均由市场自由决定。由于各种币种在市场中的影响力和份额不一样，美元指数给予各成分货币的权重分布如表6–5所示，此处的权重与美国联邦储备局公布的最初的贸易权重一致。

表6–5　美元指数的货币构成

货币	货币名称	权重
欧元	EUR	0.576
日元	JPY	0.136
英镑	GBP	0.119
加拿大元	CAD	0.091
瑞典克朗	SEK	0.042
瑞士法郎	CHF	0.036

注：由于四舍五入，可能存在误差。

欧元是美元指数中权重最大的货币，这显示了欧元对美元指数具有极其重要的作用；当时世界第二大经济体日本的日元则为权重第二大的币种；英镑和加拿大元分别代表了英国在国际外汇的中心地位和美国邻国加拿大对美国贸易的作用。美元指数的基期和基数选择反映了世界经济的历史分界线。美元指数选择1973年3月作为参照点是因为当时是外汇市场转折的历史性时刻。1973年3月，布雷顿森林体系崩溃后，浮动汇率制取代了固定汇率制。从此，外汇交易进入市场化阶段，外汇市场进而发展成为全球最大而且最活跃的金融市场，也是流动性最强的市场。美元是当今最强势的货币，各国的外汇储备中最主要的外汇是美元，在国际市场上，绝大多数商品是以美元标价的。因此，美元的涨跌是所有交易者关心的。这时需要一个能反映美元在外汇市场上整体强弱的指标。

任何时点的美元指数水准反映了美元相对于 1973 年基准点的平均值。1985 年创出的 165 点是迄今为止美元指数的最高点。美元指数受到美国经济增长和货币政策的直接影响。在全球金融危机的关键时刻，美联储推行的量化宽松政策决定了美元指数的区间。2008 年 3 月美元指数跌至 71.98 的历史新低，美国房产部门衰退对整体经济形成冲击的预期终于将美元指数打压至谷底。到 2012 年春天，在持续量化宽松政策的作用下，美元指数保持在 76 至 80 之间。在美联储开始退出量化宽松的政策后，加上美国经济的复苏，美元指数一路走高，到 2016 年重上 100 点的历史高位。同期，欧洲经济由于主权债务危机的影响持续低迷，而前期高速增长的金砖国家经济也进入周期性调整。

（2）人民币指数

2005 年 7 月 21 日，人民币汇率形成机制的市场化改革使得人民币脱离单一钉住美元的时代，更多地参考主要贸易伙伴的国际货币。于是，我们需要一个综合反映国际贸易和国际投资状态的人民币指数。

借鉴美元指数和欧元指数的编制思路，人民币指数应当具有信息功能、投资功能和评价功能。考虑到作为发展中经济体的中国，国际贸易和外国直接投资两个方面会影响人民币汇率，因此应当以经常项目的需要为主体，兼顾资本项目的要求，即应在贸易权重之外考虑外国直接投资的影响，这是人民币指数的创新之处。根据上述原则，基于人民币汇率形成机制的一篮子货币中各币种对中国贸易、外国直接投资的影响程度，筛选人民币指数的成分货币。

2007 年北京航空航天大学课题组发布人民币指数 1.0，基期选择在实行汇率改革的 2005 年 7 月 21 日，确定基数为 100。人民币指数计算中将人民币兑换各个外汇的直接表示法转化为间接表示法。这样，人民币指数的数值增加意味着人民币总体处于升值状态，数值下降则说明人民币对其他主要货币贬值。这种表示方法和美元指数、欧元指数是一致的，也符合资本市场指数的表达习惯。

在指数成分货币的选择中考虑了 2005—2006 年中国内地前十位的贸易伙伴（见表 6–6），并关注了汇率制度改革参考的一篮子货币，从这两方面来确定样本货币的选取范围。与中国内地的年双边贸易额接近或超过1000亿美元的经济体，其权重是不可忽视的。

表6-6　中国内地前十位贸易伙伴（2005—2006）

排序	2005年			2006年		
	国家（地区）	贸易额（亿美元）	占比（%）	国家（地区）	贸易额（亿美元）	占比（%）
1	欧盟（25国）	2173.1	15.3	欧盟（25国）	2723.0	15.5
2	美国	2116.3	14.9	美国	2626.8	14.9
3	日本	1844.4	13.0	日本	2073.6	11.8
4	中国香港特别行政区	1367.1	9.6	中国香港特别行政区	1661.7	9.4
5	东盟	1303.7	9.2	东盟	1608.4	9.1
6	韩国	1119.3	7.9	韩国	1343.1	7.6
7	中国台湾地区	912.3	6.4	中国台湾地区	1078.4	6.1
8	俄罗斯	291.0	2.0	俄罗斯	333.9	1.9
9	澳大利亚	272.5	1.9	澳大利亚	329.5	1.9
10	加拿大	191.7	1.3	印度	248.6	1.4
	总计	14221.2	100.0	总计	17606.9	100.0

注：按照国家（地区）贸易额由大到小排序。

资料来源：中国商务部网站（www.mofcom.gov.cn）。

2018年北京航空航天大学韩立岩团队与中国金融期货交易所研究院合作推出新版人民币指数，旨在为人民币指数衍生品做好基础工作。货币指数构造的关键在于成分货币的权重确定。每一种货币的贸易权重和投资权重分别由其占2012—2016年间中国对外贸易总额及接受外国直接投资总额来确定。新版人民币指数权重如表6-7所示。

表6-7　新版人民币指数权重

币种	贸易权重	投资权重	平均贸易额	平均投资额	贸易额占比	投资额占比	人民币指数权重
欧元	22.16%	8.46%	43181062.6	533671.4	98.78%	1.22%	21.99%
日元	15.49%	8.12%	30154903.8	4230578.6	87.70%	12.30%	14.58%
美元	40.89%	67.10%	79709334.0	500516.8	99.38%	0.62%	41.06%
韩元	3.85%	4.98%	26991823.6	322175.6	98.82%	1.18%	13.74%
英镑	3.76%	1.06%	7337881.8	67740.8	99.09%	0.91%	3.74%
新加坡元	3.85%	10.29%	7499161.2	646224.6	92.07%	7.93%	4.36%

新版人民币指数的主要变化在于样本货币缩减为 6 种，与美元指数相同。美元在人民币指数中的权重达到 41.06%，美元走势对于人民币综合汇率的影响首屈一指。

美元指数和人民币指数都是时时反映市场当前状态的货币指数。图 6–3 和图 6–4 分别给出了美元指数和人民币指数的走势。

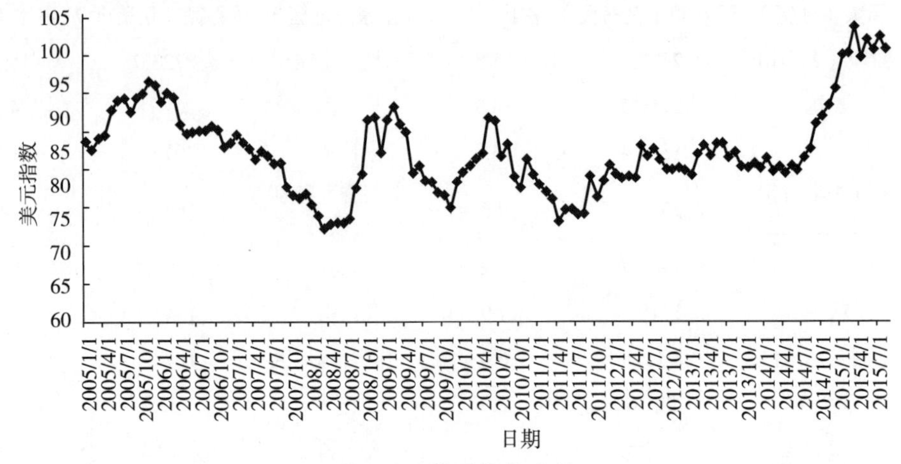

图 6–3　美元指数走势

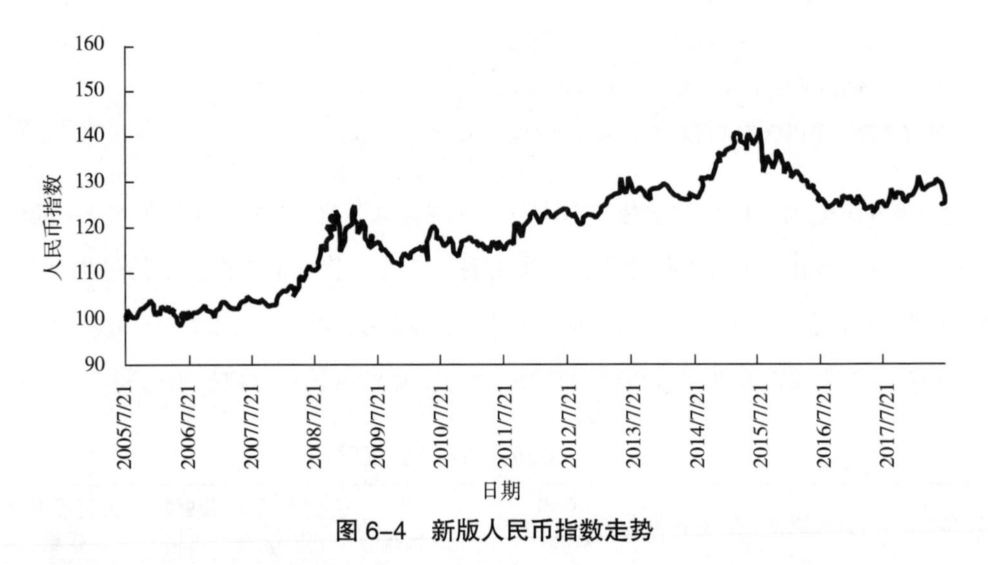

图 6–4　新版人民币指数走势

6.4 国际投资与分工

国际贸易的发展必然带来国际投资，这是资本主义发展三百余年的历史规律。第二次世界大战结束以后，自由贸易的发展带来了资本的全球流动。1973 年石油危机是世界经济与商业生态发展的分水岭。欧美和日本的传统制造业大规模向东亚和东南亚转移，推动了“亚洲四小龙”和中国内地的崛起。伴随这个历史过程，发展经济学和国际贸易学有了长足的发展，要素禀赋学说在比较优势理论之后，进一步揭示了国际投资和国际分工的发展规律。贴近市场、要素互补、知识获取和规避关税成为贸易驱动投资的直接动因。事实上，比较优势是动态演化的，其要素的发展是由长期经济发展战略所决定的，每一个经济体发展的历史轨迹都有其必然性。

进入21世纪，经过20年的出口加工型驱动的发展，中国制造业迅速崛起，和传统制造业大国日本、德国一起成为世界制造业的三巨头，并且在2008年全球金融危机后超越德国和日本成为制造业第一大国。同时，美国、英国和法国则继续保持货物贸易逆差，而成为服务贸易的提供者。特别是美国和英国，其在金融服务输出上占据优势。

美国退出制造业大国之列而成为金融等现代服务业大国是有其历史逻辑的。第二次世界大战后，美元成为国际核心货币，是国际资产的标价货币，这使得美国有能力通过金融服务创新提升国家竞争力。在证券市场乃至整个资本市场的发展上，美国一直走在前面。为服务战后经济复苏和以机电设备为标志的传统制造业，美国不断发展共同基金主导的证券市场，持续推动现代公司的发展，提升家庭的财富水平和消费水平。此后世界证券市场均以美国为模板。美国建立了最具竞争力的国家创新体系：从大学主导的基础研究到公司主导的研究与开发，再到中小科技企业孵化与风险投资体系。与之配套的高等教育更是独树一帜。美国向发展中国家开放研究生教育，通过奖学金制度将受过良好基础教育的各国青年精英吸收到美国大学的实验室，再通过绿卡制度动态筛选满足美国科技发展需求的人才。如此，形成教育与研究的完美匹配，这使美国总是保持科技创新的优势。1973年的石油危机催动了美国的产业大调整。在实体经济领域，美国一方面将传统工业转移出去，通过跨国公司获得利润；另一方面，美国通过制度创新大力扶持高新技术产业，形成信息化、智能化、网络化带动的产业革命。在金融经济领域，美国大力发展金融衍生产品，覆盖了利率、汇率及其相关指数的期货、期权等，形成了国际金融市场体系。美国经济学家罗纳德·麦金农、爱德华·肖等人提出了金融自由化理论，强调发展中经济体落后的一个主要原因是金融管制导致的金融压抑。他们认为，发展中经济体发展的金融战略是：国内实行利率和汇率市场化，国际上实施金融服务自由化，各国相互开放资本市场大门。金融发展理论推动包括日本在内的东亚经济体和拉美经济体对外快速打开金融市场，正、反面效应同时展现。不可争辩的事实是：进入20世纪90年代，实施金融自由化而制造业落后的经济体在金融危机中损失惨重。

这样，在发达经济体产业结构大调整中国际投资快速发展，形成了新的国际分工格局。日本和德国以中高端制造业为优势；中国先是以中低端制造业为优势，后通过自主创新、产业升级和海外投资向全产业链的制造业强国发展。世界制造业形成德国、日本和中国三强并立的局面，同时还有韩国、巴西等制造业强国。而美国和英国则应用其金融创新与服务优势，向全世界提供金融资产。问题是，这样的国际分工可以持续吗？2008年全球金融危机仅仅是由美国房地产泡沫和次级贷款违约造成的孤立事件吗？

值得一提的是，美国经济强国的地位不是仅靠美元及其金融比较优势支撑的。美国有两个核心能力支柱：科技创新和金融创新，二者互为犄角。美国有持续涌现的技术产品，这使其具备了将高新技术产业作为其主导产业的潜力。但是，美国需要变技术资产为现金流，支撑其产业化的资金需求。

纵观20世纪70年代到21世纪10年代世界范围的国际投资变化，除了从欧美国家资本流出的模式之外，还出现了直接投资从中国走向世界的趋势。这是跨越历史的资本的循环，是螺旋式上升的循环。中国的海外投资开始时侧重于市场开拓和资源保障，多投资于发展中国家的制造业、石油、天然气、铜矿和铁矿石行业，但是很快就转向“微笑价值曲线”的两端——研发和渠道，侧重于对无形资产的直接投资。投资的东道国也以欧美为主。这是发展经济学的一个新论题：一个最大的发展中经济体，经过大规模吸收国际直接投资，发展成为最大的制造业经济体，然后向世界输出资本，获取无形资产，实现产业升级和创新发展。这个仅仅历时30年的过程支撑了世界经济的增长，使各个相关经济体获得战略价值。

6.5 经济失衡与金融危机

经济失衡与金融创新失控导致了2008年全球金融危机，这已是学术界的共识。世界经济失衡可以通过中美两国的情形加以说明。一个是最大的发展中经济体，并已经成长为制造业第一大国、第二大经济体和第一大贸易国；另一个是始终保持世界第

一的发达经济体，具有领先的技术创新与金融创新的核心竞争力。

6.5.1 经济失衡

前面我们概述了1973年石油危机以后逐渐形成的国际分工新格局。此间，美国形成了金融服务业优势，中国形成了国际制造业优势。中国突出的贸易顺差和高额外汇储备与美国的贸易逆差和高额国际负债形成鲜明对照。这两个世界排名前两位的经济体都不符合国际收支平衡方程，在长期来看都处于经济失衡状态。美国2000年互联网经济泡沫破灭之后，在推行宽松住房贷款的2002—2006年间，经常项目赤字达到了历史高峰（图6–5），这也导致了美国个人储蓄率与负债率的进一步恶化（图6–6）。从国际收支的角度，我们看到，美国的经常账户赤字主要靠国际负债来弥补。到了2006年，美国对外负债已经占到GDP的6%，当年新增外债高达5820亿美元。2015年6月底，美国对外负债余额已经达到6.013万亿美元，其中中国持有的美国国债为1.712万亿美元。就中美两国之间的总体债务关系而言，还要考虑相互投资形成的实际资产。到2013年年底，包括政府、金融机构、企业和个人的直接与间接投资在内，中国所持有的美国实物资产和金融资产约为1.7万亿美元；而美国对中国的实物资产和金融资产投资约为2.45万亿美元；这样中国对美国的净负债约为7500亿美元。其中美国在中国的直接投资约为1.6万亿美元，虽然这些投资的股权在美国一方，美国可以获得利润，也可以处置资产而变现，但是这1.6万亿美元投资的实物资产为中国创造了就业和GDP。因此，美国制造业的缺失影响了美国就业。从长期来看，美国经济处于负债型的经济失衡状态，具有经济运行与增长的严重脆弱性。

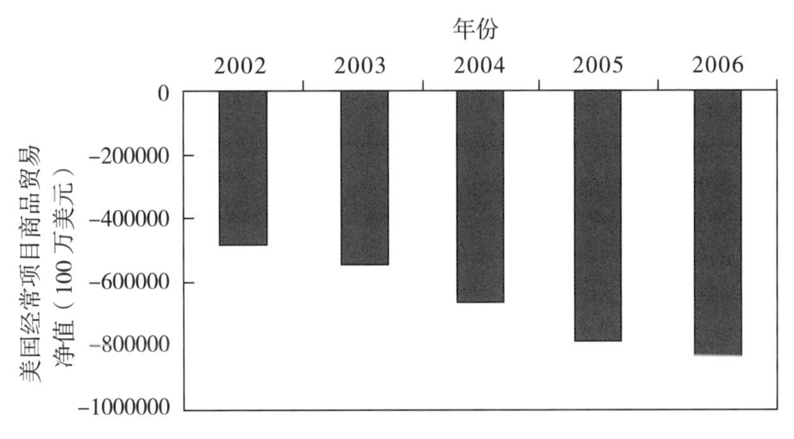

图6–5 美国经常项目账户赤字情况（2002—2006）

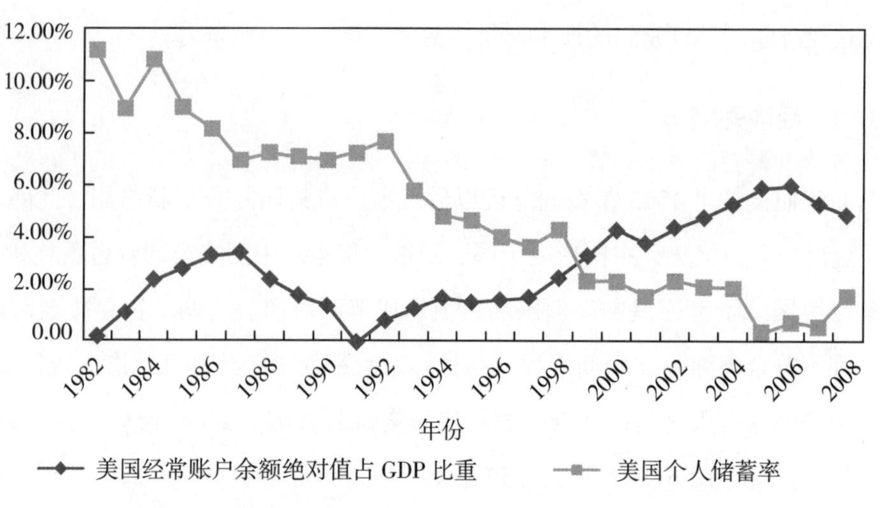

图 6–6　美国对外负债和个人储蓄情况（1982—2008）

中国长期处于贸易顺差的状态。如图 6–7 所示，在金融危机爆发前的 2006 年，中国经常项目的贸易顺差超过 2100 亿美元。到 2008 年，中国经常项目的贸易顺差更是达到 2955 亿美元，占 GDP 的 8%，外汇储备接近 2 万亿美元。中国经济对外依赖度过高使得经济比较脆弱，在全球金融危机的冲击下，经济增长受到较大拖累。

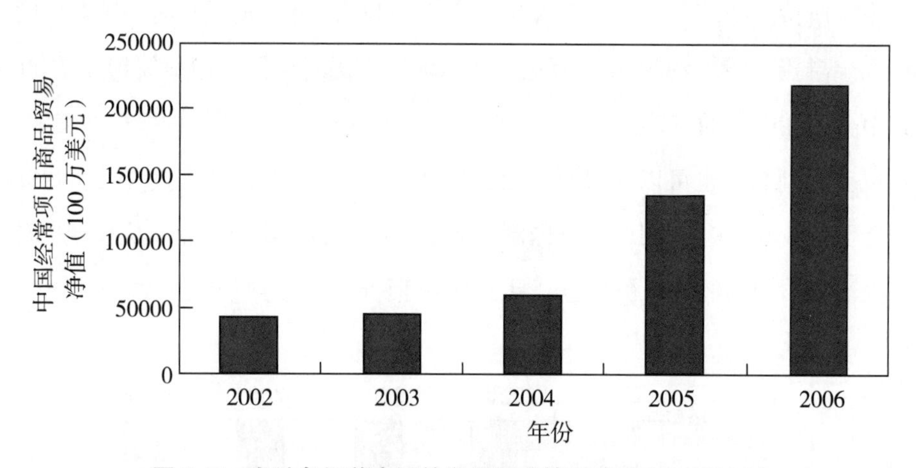

图 6–7　金融危机前中国的贸易顺差情况（2002—2006）

6.5.2　2008 年全球金融危机

2008 年，从美国房地产次级贷款危机演化而来的全球金融危机不可避免地爆发了。可以说，全球金融危机是对严重失衡的经济状态的惩罚。从 2008 年到 2015 年，世界经济在低迷中挣扎了 7 年。

危机前，美国的贸易逆差达到空前严重的程度，国际债务高达14万亿美元，是当时美国GDP的1.1倍。2000年在美国互联网经济泡沫破灭之后，美国政府需要一个刺激经济增长的手段。在高新技术产业化发展不顺利的情形下，美国政府想到了房地产。于是，美国政府于2000年前后就选择大力促进房地产的发展。美联储配合实行宽松的货币政策，不断降息，按揭贷款利率达到历史新低。低利率促使美国民众将储蓄转换为投机性房地产，而商业银行则相应地过多发放高风险按揭贷款，这直接促成了美国房地产泡沫的持续膨胀。同时，这也形成了市场的一种错误预期：只要市场低迷，政府一定会救市。因而整个华尔街乃至国际投资界投机情绪高涨。然而，当通货膨胀严重导致货币政策连续收紧时，房地产泡沫开始破灭，次级房贷的违约率首先上升，由此引发了波及全球的多米诺骨牌效应。

次贷危机的酝酿与发生经历了三部曲：

第一，商业银行放出次级住房抵押贷款。

2001年1月至2003年6月，美联储连续13次下调联邦基金利率，从6.5%降至1%的历史最低水平，并且维持了1年之久。低利率诱发了居民投资房地产的热潮，商业银行和房地产开发商又提供了极其宽松的促销条件，甚至对收入不达标的家庭提供按揭贷款，提供负首付贷款，提供前3年免息贷款。在这一近乎疯狂的完全放弃风险管理的住房次级贷款的浪潮中，美国房地产泡沫持续膨胀。

第二，商业银行出售次级债给投资银行。

在美国的金融生态中，流动性创造是一种文化。当商业银行将次级贷款打包出售给投资银行时，也埋下了全球金融危机的伏笔。投资银行随后构建资产池来分散次级贷款的风险，再运用资产证券化，形成投资银行发行的债券。

第三，以次级贷款为标的的证券经信用提升后流入国际金融市场。

投资银行基于次级贷款创造新产品的主要手段是次级债券——债务抵押债券（Collateralized Debt Obligation，CDO），通过风险溢价将利率提高10倍，卖给投资银行的大客户，包括国外商业银行、对冲基金、职业年金和养老金投资基金等。为了消除标的资产的高风险痕迹、打消投资者购买投资银行次级债券的顾虑，投资银行与信用评级机构、保险公司联手，增强次级债信用。为此，它们设计了信用违约掉期（Credit Default Swap，CDS），引导担心承担高风险的投资者同时购买信用违约掉期，让保险公司承担一部分风险。例如，一个投资者买了一定数额的次级债券，他到保险公司购买信用违约掉期，相当于为所购买的次级债交纳了保险费。如果次级债违约，则保险公司就会给出相应的赔偿。于是，在美国金融体系的全面合作之下，次级债浩浩荡荡地走向全世界。

但是，到了2006年年初，美国房价指数相比2000年上涨了80%，其中尤以加利福尼亚州为甚。投资达到顶峰，货币流动性也再无上升空间。通货膨胀的压力迫使美联储于2004年开始加息，至2006年6月，共加息17次，联邦基金利率从1%升至5.25%。低收入者和3年按揭贷款免息者再也无法承担利息重负，率先违约。这马上引起了从按揭贷款到CDO和CDS的多米诺骨牌式的连锁反应。此时，全球市场的泡沫也达到高位，金融衍生产品的交易额相比2001年上升了74%；无论发达经济体还是新兴经济体的房地产市场和证券市场都达到历史高位；国际市场的流动性已经到顶，对于负面信息极为敏感。次级贷款违约和商业银行的股价下跌首先传递到投资银行。

2007年2月13日，美国新世纪金融（New Century Finance）公司发出2006年第四季度盈利预警。同时，汇丰控股有限公司（HSBC Holdings plc）宣布增加在美国次级住房信贷的准备金额。面对来自华尔街174亿美元的债务，作为美国第二大次级抵押贷款公司——新世纪金融在2007年4月2日宣布申请破产保护，裁减54%的员工。次贷危机爆发了。风险意识最强的德意志银行（Deutsche Bank）首先发出亏损预警，英国、法国、日本的大银行相继爆出次贷相关产品的巨额亏损。花旗集团（CitiBank）也宣布2007年7月由次贷引起的损失达7亿美元，随后其股价一路下跌，低至3美元。2007年8月，美国多家房地产投资信托公司申请破产；欧美主要商业银行全面陷入投资次贷相关产品的坏账危机。为了防范商业银行的大面积危机引起的公众挤兑和商业银行瘫痪，英国政府率先实行商业银行国有化政策。2008年2月，英国议会批准北岩银行（Northern Rock Bank）的国有化；随即欧美央行对各自商业银行全面注入流动性。2008年4月，国际货币基金组织称全球银行因次贷危机亏损1万亿美元以上，欧美央行继续向市场注入流动性。德意志银行宣布2003年以来首次出现净亏损。2008年5月，美国最大的政府资助的房地产金融企业——联邦国民抵押贷款协会（简称房利美，Fannie Mae）宣布2008年第一季度损失21.9亿美元，每股亏损2.57美元，且损失将继续恶化。进入2008年，全球金融系统破产、亏损、陷入财务困境的消息不断。

终于，2008年9月15日，美国第四大投资银行雷曼兄弟（Lehman Brothers）公司宣布申请破产保护，金融危机全面爆发。2008 年 9 月 20 日，美国时任总统乔治·沃克·布什（George Warker Bush）正式向美国国会提交拯救金融系统的法案，授权财政部购买最高达 7000 亿美元的不良房屋抵押贷款资产，形成事实上的国有化。美国政府希望在金融危机影响实体经济之前控制住局面，避免出现像 20 世纪 30 年代那样的大萧条。其后 10 年的历史证明，这是不可能的。2008 年 9 月 25 日，成立于 1889 年的全美最大的储蓄及贷款银行华盛顿互惠公司（Washington Mutual Inc.）被美国联邦存款保险公司（Federal Deposit Insurance Corporation，FDIC）接管，成为美国有史以来倒闭的最大资产规模的商业银行。此时，由于美国投资银行和对冲基金普遍高达 40 倍的杠杆投资陷入去杠杆化，商业银行流动性面临前所未有的风险。

银行流动性决定世界经济的安危。其后欧美各国救助金融危机的主要手段是：对商业银行实行国有化和实施量化宽松的货币政策，旨在长期吸收危机带来的巨额损失，避免实体经济在短期内陷入深度衰退。2009 年 3 月 2 日，美国道琼斯工业股票平均价格指数收于 6763.29 点，创下 1997 年 4 月以来的最低收盘水平，这也意味着道琼斯指数的市值在次贷危机发生以来已缩水过半。2009 年 1 月 14 日，北美最大电信设备制造商北电网络（Nortel Networks）公司申请破产保护。2009 年 6 月 1 日，美国通用汽车公司申请破产保护。全世界的股市都在历史低位运行，发达经济体资本市场对于未来若干年的经济增长给出了极度悲观的评价。

6.5.3 1997 年亚洲金融危机

关于一个经济体的经济失衡在金融危机中的效应，1997 年亚洲金融危机提供了实验场。下面就泰国和韩国进行对比。

1997 年 7 月 2 日，泰国宣布放弃固定汇率制，实行浮动汇率制，引发了亚洲金融危机。事情起因于乔治·索罗斯（George Soros）发难。1997 年 2 月，以索罗斯为首的国际投机势力开始向泰国银行借入高达 150 亿美元的短期贷款，同时设立相同期限的远期泰铢合约，随即在现汇市场大规模抛售泰铢，使泰铢在汇率波动加剧中快速贬值，引起泰国外汇市场、银行市场和股市动荡。泰国央行为保持泰铢稳定，旋即动用 20 亿美元的外汇储备保持 1 美元兑 25 至 26 泰铢的钉住汇率区间。3 月 4 日，泰国央行要求流动资金出现问题的 9 家财务公司和 1 家住房贷款公司增加资本金 82.5 亿铢（约合 3.17 亿美元），并要求银行等金融机构将坏账准备金的比率从 100% 提高到 115%—

120%，此举令金融系统的备付金增加500亿铢（约合19.4亿美元）。泰国央行此举旨在加强金融体系稳定性并增强人们对金融市场的信心，然而效果却截然相反，不但未能稳定市场的恐慌情绪，反而加剧了市场的悲观预期，发生了银行挤兑。随后两天投资者就从10家出现问题的财务公司提走近150亿泰铢（约合5.77亿美元）。与此同时，投资者大量抛售银行、财务公司和房地产的股票，造成泰国股市连续下跌，汇市也继续下跌。进入5月，国际对冲基金发起一轮新的攻击，从泰国本地银行借入泰国铢，在外汇即期和远期市场大量卖出泰铢，造成泰国铢即期汇价的急剧下跌，多次突破泰国央行规定的汇率浮动限制，引起本地银行和企业及外国银行纷纷入市，即期做空泰铢并通过远期泰铢对美元空头构建对冲组合，导致泰国金融市场进一步恶化。为维持钉住美元的汇率制度，泰国央行加大对金融市场的干预力度，在外汇市场卖出约50亿美元，并取得日本、新加坡、马来西亚、菲律宾、印度尼西亚央行及中国香港商业银行的支持。同时，泰国央行又将离岸拆借利率提高到1000%，大幅度提高投机泰铢的成本，同时禁止泰国银行向外借出泰铢。在一系列干预措施下，泰铢汇率回稳。1997年6月中下旬，泰国财政部部长辞职，又引发市场对泰铢继续贬值的猜测，引起泰铢即期汇率突破钉住区间，猛跌至1美元兑28泰铢。泰国股市也从年初的1200点跌至461.32点，达到8年来的最低点，整个金融市场一片混乱。7月2日，泰国央行突然宣布放弃已坚持14年的泰铢钉住美元的汇率政策，实行有管理的浮动汇率制。同时，泰国央行宣布将利率从10.5%提高到12.5%。泰铢当日应声下跌17%。泰国金融危机达到高潮。此间，泰铢的持续大幅度贬值和银行利率大幅度提高，使得本已销售乏力且资金面紧张的泰国上市房地产公司大规模违约，投资者极度恐慌，股市全面下跌。最终56家银行破产，泰铢贬值60%，股票市场跌去70%。金融危机全面而且沉重地打击了泰国实体经济，引起恶性通货膨胀，利率居高不下，企业外债大幅度增加，金融体系流动性低迷，股市长期不振，经济陷入长期衰退。

泰国的教训是深刻的，对发展经济学关于工业化道路与战略和金融自由化的研究具有启发意义。泰国在1997年前发展顺利，在东南亚区域引人注目，其经济平均增长率从1975—1984年的6. 6%增至1985—1995年的9. 8%。但是其产业结构的不平衡一直是经济运行的隐患。泰国金融危机爆发的成因可归纳为以下三点：

第一，工业化过程完全依赖外资，缺乏自身工业基础，且产业结构单一。泰国在从农业社会向工业化发展的过程中，缺少技术教育的有效支撑，缺少民族工业的发展基础，完全为外资提供劳动密集型的配套加工，过度依赖外部需求。在整个产业结构中，旅游业和房地产业的比重过高。农业劳动力向第三产业转移的比重过高，而向第二产业转移的比重过低。这样，在外部冲击中很容易出现危机，甚至崩溃。从统计数据来看，泰国投资占GDP的比重在1992—1996年“第七个五年计划”的执行期间年均高达40.7%。20世纪80年代最后三年的外国直接投资流入额相当于过去30年外资流入总额。外国直接投资年流入额从1980年的1.9亿美元增至1988年的11.5亿美元。直至1997年危机爆发前的20世纪90年代的大部分年份，外国直接投资流入额都在20亿美元以上。特别值得指出的是，引进外资是为了发展自己，提高自身的国际竞争力。但是泰国没有选择对重点领域加强投资和研发，没有提升制造业人力资源水平，失去了应有的发展机会。这也是国家发展战略的疏漏。

第二，过早实行资本项目完全开放。泰国外部投资高而内部储蓄不足，这是一个中等规模经济体的脆弱性因素。如果坚持较长时间的资本项目管制，那么仍可能保证经济的安全运行，减少外部冲击带来的损失。特别应该采取的措施是：在开放外国直接投资的同时，管住外国间接投资，控制金融资产短期内快速流动，尤其限制大额资本流出。但是，泰国却在产业结构十分脆弱的情况下完全开放了资本市场，将外汇市场、货币市场、证券市场和房地产市场的风险控制权拱手相让。从理论上讲，一个经济体与主要贸易伙伴实施固定汇率制度需要有完备而强大的调度与控制能力，尤其是钉住美元，必须有充足的外汇储备和防范美元短时快速流出的手段。泰国政府忽视了这个基本经济学理念，在经济失衡的控制上犯了战略性错误。

第三，对于资本市场泡沫和系统性风险缺少监管与应急机制。1997年泰国金融危机是从外部冲击开始的。当时，系统性风险的高企已经十分明显。房地产自1975年以来没有经历实质性的调整。到了1984年，泰国保持高速经济增长，把房地产作为优先投资的领域，并给予住房按揭以税收抵免优惠，引导商业银行加大贷款中的“低成本住宅计划”的比例。到了20世纪90年代中期，房地产发展周期到达历史高点，已经出现了掉头向下的征兆。事实上，根据泰国房地产事务局1995年对近32万个单元样本的调查，有5.4%的住宅尚未出售，35.4%的已出售住宅无人常住，当时曼谷的空置住宅大约有30万套，空置率接近14.5%。泰国央行也曾对商业银行的房地产按揭贷款提出警告。此时，通货膨胀已经十分严重，央行实行了货币紧缩政策，商业银行的贷款利率已经从14%大幅度提升到16%，到1996年年底提高到历史性的

19.375%。这无疑是压垮房地产泡沫的“最后一根稻草”。请注意，此时泰国的货币市场、股票市场和外汇市场对于房地产都过于倚重，凸显了产业结构不完备的根本性弱点。同时，泰国政府债务也超过了临界状态。1997 年年中，泰国的短期债务占债务总额的比重和短期债务占储蓄的比重分别达到 46% 和 107%。1997 年 2 月 5 日，一家大房地产商 Somprasong Land 未能支付一笔 3100 万美元的可转债的利息，成为泰国第一家未能及时偿还债务的房地产商。在其后的几个月内，多家房地产商信贷违约，商业银行坏账迅速攀升。此时，以索罗斯为首的国际炒家发现了做空泰国的历史机遇，外部冲击开始了。这些国际炒家所使用的就是在泰国国内市场做空泰铢的手段，利用其信誉，“空手套白狼”。其具体做法是：从泰国商业银行借出泰铢，到外汇市场大额做空泰铢，引起从外汇市场到货币市场到股票市场再回到外汇市场的连环冲击；以后数月内，待泰铢贬值一半时，再回购泰铢还款，将获利美元带出。泰国过度依赖房地产的产业结构和资本项目完全开放的机制为国际炒家的金融冲击提供了基础性条件。在金融危机时期，泰国既没有完备的监测预警机制，也没有应急干预机制。

1998 年以后，泰国吸取亚洲金融危机的深刻教训，在产业结构调整方面下足了力气，以出口加工战略引导产业结构多元化，成效突出。2007—2011 年，在出口中，工业制成品占 57.64%，电脑及配件占 9.85%，汽车及配件占 8.21%，珠宝首饰加工占 5.21%，集成电路占 4.29%，橡胶制品占 4.02%。虽然由于教育与基础研究的发展不足，在产业升级方面成效甚微，但是，由于制造业的发展，保持经常项目持续盈余，外债降至 30 年来的最低水平，同时国家外汇储备增加。这使得泰国在 2008 年全球金融危机中减轻了外部冲击所带来的损失。

与泰国相对照的是韩国。韩国作为“亚洲四小龙”之一创造了东亚模式，从 20 世纪 60 年代到 90 年代创造了高速增长的“汉江奇迹”，人均 GDP 从 1962 年的 87 美元增至 1996 年的 10548 美元。韩国具有相对完备的工业体系和产业结构，在钢铁、造船、汽车制造、家用电器与电子、纺织等行业达到国际先进水平。总体而言，韩国的国际贸易接近平衡，在货物贸易上略有盈余。但是，韩国在政府层面和企业层面的外债结构上都违背了风险控制基本准则。为了追求跨国发展，韩国长期以来通过滚动的短期债务进行长期投资。1997 年韩国的外债余额占 GDP 的比重高达 35%，其中短期外债的比重接近 60%。当公司业绩有负面消息或者国际金融环境出现不利情形时，外国金融机构就会收缩对韩国企业的信贷，导致长期投资的资金链断裂。1997 年年初，韩国钢铁、酿酒、汽车行业的多个企业首先曝出财务状况恶化，导致信用评级下调；接着大量企业申请破产保护急剧增加了商业银行的坏账。进入 7 月，泰国金融危机爆发，国际商业银行纷纷收紧对韩国企业的短期贷款，仅日本商业银行就回收了 220 亿美元短期贷款中的 130 亿美元。10 月，韩国以外汇市场为中心的金融危机全面爆发，30 家韩国最大企业的三分之一宣告破产，多家银行倒闭，股市暴跌 70%，外汇储备骤降为 40 亿美元，仅能满足一个半月的企业进口用汇需求。这仅为正常经济状态的一半的水平，严重违背了外汇风险控制的准则。韩元对美元汇率从危机前的 1 美元兑换 800 韩元的水平急跌至 1500 韩元的水平，其间最严重时达到了 1900 韩元。11 月，韩国接受国际货币基金组织的紧急金融援助和经济管制。此后，大量韩国企业被美国企业并购。

韩国的教训是，尽管韩国具有良好的经济发展水平和平衡的产业结构，但国际收支的严重不平衡以及政府和企业国际债务的大幅超过警戒线，为危机创造了条件。

亚洲金融危机之后，韩国企业和银行体系充分吸收了融资策略与国际收支失衡的教训，加强了商业银行基于微观审慎原则的风险控制，保证了外汇储备的充足性。在 2008 年全球金融危机期间，韩国的外汇储备保持在 2500 亿美元以上，到了 2011 年超过 3000 亿美元，进而保持了外汇市场的相对稳定。

6.6 人民币国际化

在引进外资而实施出口加工型发展战略的过程中，中国的出口能力稳步增长，形成了很强的市场商誉，这是人民币逐渐被交易对手所接受的物质基础。2001 年年底，中国经过 10 年努力终于加入世界贸易组织。中国面临着新的挑战，但同时也获得了历史性的发展机遇。在竞争压力与市场机制的双重作用下，中国外贸快速增长，而就在同时，“人民币被低估”的声音开始出现。

2002 年 2 月 22 日，日本时任财务大臣盐川正十郎在 OECD 七国集团会议上提案，明确指出人民币价值被人为低估，要求人民币升值。这是该组织自成立以来第一次公开讨论成员国以外的经济问题。2002 年 12 月 2 日，日本时任财务省财务官黑田东彦及其助手河合正弘在英国《金融时报》（*Financial Times*）上发表题为《全球性通货再膨胀正当其时》的文章，也提出了人民币被低估的观点。2003 年 3 月 2 日，《日本经济新闻》发表文章称“中国向亚洲输出了通货紧缩”。日本政界的观点迅速引起美国方面的关注。2003 年 6 月和 7 月美国时任财政部部长约翰·斯诺（John Snow）和美联储主席艾伦·格林斯潘（Alan Greenspan）先后公开发表谈话，希望人民币选择更具弹性的汇率制度，认为钉住美元的汇率制度最终会损害中国经济。此后，讨论人民币升值成为中美关系的重要内容，每次政府级会谈都会涉及，新闻界和学术界更是热议不断。美国方面推动人民币升值的主要理由是，美方认为人民币被人为低估造成了美国严重的制造业失业问题。

这在国际上已经是第二次谈及人民币币值对于世界经济的作用。在 1997 年年底东南亚金融危机的高潮中，当东亚和东南亚各国货币纷纷贬值之时，担心人民币为了巩固出口优势而实行技术性贬值的声音越发强烈。在包括日本和“亚洲四小龙”的货币对美元大幅度贬值的情形下，如果人民币再贬值，世界经济增长的信心就会被动摇，东南亚实体经济就会进一步下探，从而使欧美经济受到强烈负面冲击。因此，主要经济体都发出希望人民币币值保持稳定的呼声，呼吁中国负起大国的责任，这在历史上是第一次。在经济整体下滑时，简单的货币贬值形成的低价格优势对于消费者来讲是没有意义的。人民币不贬值，不仅可以托住世界经济的恐慌情绪，更可以提振中国经济的发展信心，促进外国对中国的直接投资。于是，中国政府公开表达了人民币不贬值的观点。1997—1998 年亚洲金融危机最严重的时刻，人民币币值保持稳定，包括欧美在内的各国都对此给予极高的评价。

1997 年的人民币不贬值和 2002 年掀起的推动人民币升值的过程都在世界范围内促使人们关注人民币的地位。实际上，人民币走出国门的起点已经完成。

2005 年 7 月 21 日，中国人民银行正式宣布人民币汇率形成机制启动第二轮改革，实行钉住一篮子货币的管理浮动汇率制度，从严到宽，逐年实施。从此，人民币进入渐次升值的通道。人民币的国际地位显著提升，人民币国际化开始成为学术界和业界的前沿话题。

如同英镑、美元和欧元走过的道路，人民币国际化的含义包括四个基本属性。第一，贸易货币。这是国际化的第一步。从周边区域开始，经过主要贸易伙伴到全球，成为国际贸易的主要结算货币之一，并且有自己稳定发挥作用的经济区域。第二，投资货币。成为结算货币后，与中国有贸易的外方会在一定时间内持有一定量的人民币，而且持有量会上升。这就产生了机会成本，投资者会进行金融投资。因此，人民币要成为国际投资货币，需要进一步对外开放资本市场。这就需要允许以境外人民币买入卖出，再自由兑换其他国际货币。第三，储备货币。成为结算货币和投资货币以后，如果其购买力稳定，就可能成为某个经济体中的储备货币。成为储备货币后又会进一步巩固其投资货币的职能。第四，定价货币。国际资本市场包括开放的证券市场、商品期货市场、外汇市场和其他衍生产品市场。一种国际货币在国际资本市场和商品市场的定价能力反映了它的核心地位。例如，第二次世界大战结束以来，在国际市场上，黄金和石油都是由美元定价的，而且美元同时也是其他大宗商品的定价货币。人民币成为投资货币和定价货币后，就会在没有中国企业参与的贸易和投资中发挥货币的作用，这就形成了海外人民币，如同当年的欧洲美元一样，在境外市场长期存在。以美元为核心的布雷顿森林体系解体后，从牙买加体系开始，人们就在寻求由几个主要国际货币形成的世界经济的货币支撑体系。人民币国际化是第一个发展中经济体货币的国际化，会从根本上改变原有的国际金融和世界经济的发展格局与机制。

2009 年 7 月，中国人民银行、商务部等六部委发布《跨境贸易人民币结算试点管理办法》，并确定上海、广州、深圳、珠海和东莞 5 个城市为试点地区，中国跨境贸易人民币结算试点正式启动。不到两年，中国人民银行就在 2011 年 8 月将人民币跨境结算扩大到河北、山西等 11 个省的企业的对外贸易。至 2011 年年底，跨境贸易人民币结算境内地域范围扩大至全国。图 6-9 给出了跨境贸易中人民币结算规模的发展情况。

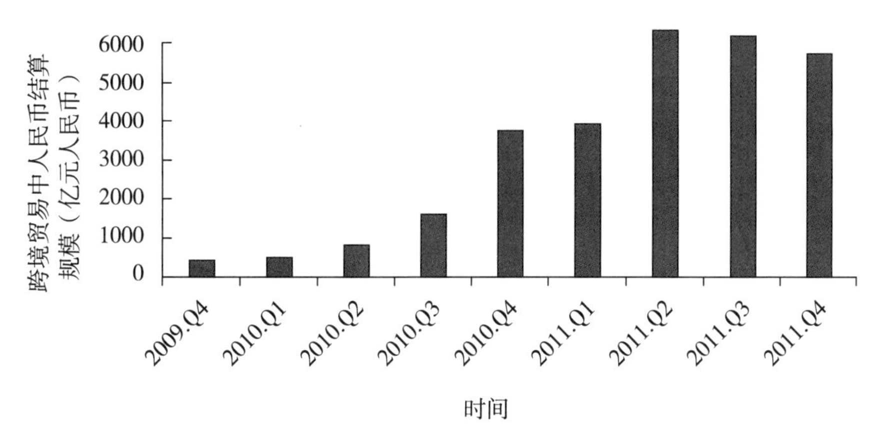

图 6-9　跨境贸易中人民币结算规模的发展

到 2015 年人民币还不是可以自由流通的货币，但是，已经开始成为储备货币。马来西亚、韩国、柬埔寨、白俄罗斯、俄罗斯和菲律宾等国已经将人民币作为其外汇储备的一部分。2011 年 9 月，尼日利亚作为非洲最大的石油出口国和西非最大的经济体将其总额 330 亿美元的外汇储备的 10% 转化为人民币。这表明人民币在国际化的道路上取得了阶段性的成果，国际社会对人民币的信心进一步加强。在尼日利亚之后，南非、加纳、安哥拉、肯尼亚、几内亚、刚果民主共和国和苏丹均将人民币纳入其储备货币。中国在这些国家实施大规模的基础设施项目，如公路、铁路、港口、体育场的建设，同时大规模进口诸如钻、铝土矿等大宗商品。这都为人民币成为储备货币提供了市场需求。到 2015 年年初，中国人民银行已与韩国、澳大利亚、俄罗斯、蒙古、马来西亚、白俄罗斯、阿根廷、阿联酋等 20 个国家和地区的央行和货币当局签署了超过 1 万亿元人民币的双边本币互换协议。

人民币在投资货币方面也取得了初步进展。中国在外国合格机构投资者投资中国股市的 QFII（Qualified Foreign Institutional Investors，合格境外机构投资者）制度的基础上引入了海外人民币投资的 RQFII（RMB Qualified Foreign Institutional Investors，人民币合格境外机构投资者）制度。与中国人民银行建立了货币互换关系的外国央行获得在上海银行间国债市场投资中国国债的份额。境外人民币金融中心在中国香港特别行政区和英国伦敦得到迅速发展。2007 年，国家开发银行首次在香港发售人民币债券。截至 2014 年年底，香港离岸人民币存量总额为 3873 亿元，其中企业债为 1833 亿元，金融债为 1112 亿元，国债为 805 亿元。2014 年 9 月 12 日，英国成为首个发行人民币主权债务的西方国家。2015 年 8 月位于浦东自贸区、隶属于上海期货交易所的国际能源交易中心推出了原油期货交易的完整设计，人民币成为中国原油期货交易的计价货币，中国人民银行在原油期货交易的美元兑换上给出了自由兑换的制度安排。一旦中国原油期货与北海布伦特原油期货和西得克萨斯轻质原油期货在国际石油期货市场上并驾齐驱，人民币作为国际资产的定价货币将进入一个新时代。

中国香港特别行政区的人民币市场发展体现了人民币走向世界的市场驱动的自然过程。2004 年 2 月，香港银行开始试办个人人民币业务，包括存款、汇款、兑换及信用卡业务。2010 年是离岸人民币市场的形成阶段。这个阶段的主要特点是：人民币细水长流地出境，逐步形成大额贸易结算，完全由市场驱动，在人民币升值预期的背景下，银行业务从其基本业务向固定收益证券相关业务转变，进而形成联结东南亚人民币结算和欧美人民币投资的枢纽。自 2009 年人民币贸易结算在香港启动以来，香港离岸人民币市场发展加速，外汇衍生品创新迅速跟进，2012 年 10 月推出人民币外汇期货交易，并很快形成国际交易中心。截至2014年年底，香港的人民币存款余额达1万亿元，约占全球离岸人民币存量的60%。经香港银行完成的人民币贸易结算业务2014年达到6.3万亿元人民币，同比增长超过60%，人民币现货和期货外汇交易日均交易量超过300亿美元，形成了一个全方位的人民币离岸市场。

英国伦敦在金融危机之后抓住人民币业务进入欧洲的有利时机。2011年4月18日，英国时任财政大臣乔治·奥斯本（George Osborne）宣布伦敦准备成为人民币离岸交易的“西方中心”。英国财政部数据显示，在当时全球人民币离岸交易中伦敦已占据26%的份额。伦敦人民币业务已初具规模，业务范围包括零售业务、企业业务、银行同业及机构业务。伦敦金融城牵头建立了人民币计划工作组，主要成员包括中国银行、巴克莱银行、德意志银行、汇丰银行、渣打银行、英国财政部、英格兰银行及英国金融服务局。

最值得一提的是，2011年全球最大的商品交易所——伦敦金属交易所（London Metal Exchange，LME）推出以人民币进行金属期货合约结算的业务。已有135年历史的LME第一次有计划地促进非英镑的资产定价。LME的合约是从铜、铝到锌等各种金属的全球基准。这为人民币成为国际资产的定价货币开启了先河。

人民币国际化已经有十余年的历史了。伴随着中国经济发展和金融改革，人民币国际化将是一个长期的过程。在这个过程中，海外人民币的存量会持续增长，形成海外的流通与交易市场，这必然会形成适应市场需求、可由中国货币政策调节的人民币的体外循环与回流机制，从而对中国的货币政策提出了更高的要求。货币供给的增长率、目标利率和预期引导都必须考虑国内与海外两个市场，而海外人民币市场的波动对于国内货币市场的冲击更是风险管理的重点。这些问题为宏观经济学的研究提出了新的课题。

2016年10月1日，人民币正式进入国际货币基金组织特别提款权的货币篮子，成为继美元、英镑、欧元、日元之后的第五种货币。人民币的权重为10.92%，超过了日元（8.33%）和英镑（8.09%），仅次于美元（41.73%）和欧元（30.93%），在权重表上位居第三。这是人民币国际化进程中的划时代事件，也对中国货币政策与汇率制度的选择与持续改进提出了更高的要求。

在人民币国际化的进程中，金砖国家开发银行和亚洲基础设施投资银行（亚投行）的建立开启了人民币国际化与国际投资紧密关联的新时代。有别于美元国际化过程中以商品贸易和黄金储备为依托的模式，人民币国际化以新兴国家的长期经济增长为依托，形成新兴经济体实体经济发展的有效支撑。这也为发展经济学和国际经济学的研究提出了全新的课题。

小结

市场经济发展的必然结果是经济全球化，经济全球化必然导致金融国际化。实体经济在国家间的不平衡发展和金融经济的虚拟化与泡沫化会导致局部性和全局性的金融危机，进而演化为经济危机。

国际贸易是全球化的动力，发展国际贸易的理由是经济体之间比较优势的差异。比较优势由以实物衡量的机会成本所表示。要素禀赋理论进一步解释了比较优势形成的战略定位与过程。国际投资与国际贸易是“双生子”，分为外国直接投资和外国间接投资。外国间接投资即金融投资的开放直接影响实体经济的稳定和国家安全，应该谨慎缓行。

国际收支账户是一个国家或者经济体的三个基本账户之一。国际收支平衡的基本关系是净出口等于对外净投资。国际收支的长期动态平衡是经济安全的基本要求。

汇率是综合反映国际收支与国际竞争力的指标。汇率作为外汇市场的交易价格应当充分反映正确的市场信息与市场预期，因此，要恰当选择和动态调整汇率形成机制。购买力平价和利率平价分别给出了长期和中短期的均衡汇率。

国际贸易和国际投资的发展形成了国际分工的演化。德国、日本和中国在全球制造业中占有优势，而美国和英国在金融服务业中占有优势。这也同时造成了这些国家的经济失衡，其中美国与中国的失衡尤为突出。相关问题是宏观经济学的研究重点。

长期经济失衡和短期金融泡沫导致了国际金融危机。1997 年亚洲金融危机和 2008 年全球金融危机给我们留下了深刻的教训。

国际货币体系是国际经济发展的核心支撑。与此相关的布雷顿森林体系、“特里芬难题”和牙买加体系是核心知识点。人民币国际化是经济全球化的新事物，将有助于完善国际货币体系。

思政教学要点

1. 结合进入21世纪以来全球化的发展，理解《共产党宣言》主张的国际主义理想，理解习近平同志提出的“人类命运共同体”的思想与倡议。认识中国在改革开放之后的持续高速发展与全球化的必然关联，讨论高质量发展目标下“双循环”战略与后疫情时代推进全球化的关系。

2. 从马克思主义哲学关于矛盾的多样性原理理解外汇的本质，讨论货币的国内价值与国际价值的关系，进一步理解矛盾的普遍性与特殊性。

3. 从垄断资本主义的本质理解美元霸权的本质与最终结局。

4. 阅读列宁的名著《国家与革命》和《帝国主义是资本主义的最高阶段》，讨论国际金融危机和世界经济危机的本质与根源。

5. 结合列宁关于帝国主义的分析，阐述中国的海外投资与国际垄断资本的海外投资的本质不同，认识中国和平发展与民族复兴的普世价值以及对于世界和平的意义。

扩展阅读

1. 斯泰尔．布雷顿森林货币战：美元如何统治世界 [M]. 符荆捷，陈盈，译．北京：机械工业出版社，2014.

2. 马什．欧元的故事：一个新全球货币的激荡岁月 [M]. 向松祚，译．北京：机械工业出版社，2011.

3. 斯米尔．美国制造：国家繁荣为什么离不开制造业 [M]. 李凤海，刘寅龙，译．北京：机械工业出版社，2014.

4. 周小川．国际金融危机：观察、分析与应对 [M]. 北京：中国金融出版社，2012.

5. 列宁．国家与革命 [M]. 北京：人民出版社，2001.

6. 列宁．帝国主义是资本主义的最高阶段 [M]. 北京：人民出版社，2014.

重点概念

国际贸易；净出口；比较优势；国际收支；经常项目；资本项目；外国直接投资；贸易赤字；名义汇率；实际汇率；购买力平价；利率平价；布雷顿森林体系；美元指数；人民币指数；经济失衡；金融危机

习 题

一、选择题（在以下四个选项中选择一个最合适的）

1. 假定当前 1 美元可以兑换 7.6 元人民币，中国 1 年期存款利率为 2.2%，美国 1 年期存款利率为 2.5%，利用利率平价理论预测 1 年后美元与人民币的汇率近似为（　　）。

A. 1 美元 =7.55 元人民币

B. 1 美元 =7.58 元人民币

C. 1 美元 =7.50 元人民币

D. 1 美元 =7.48 元人民币

2. 下列关于布雷顿森林体系的叙述，错误的是（　　）。

A. 确定美元与黄金的固定比价，实行自由兑换

B. 各国货币对美元实行可调整的固定汇率制

C. 建立了以国际货币基金组织和世界银行为代表的国际金融机构

D. 有助于缓解国际收支危机，至今仍在运行

3. 假定甲国可生产 50 吨钢和 50 吨煤，乙国可生产 30 吨钢和 42 吨煤，两国的资本和劳动存量相同，则根据比较优势理论，两国的贸易方式为（　　）。

A. 乙国应向甲国进口煤和出口钢

B. 乙国应向甲国进口煤和钢

C. 乙国应向甲国出口煤和进口钢

D. 乙国应向甲国出口煤和钢

4. 在 A 国 2012 年的国际收支平衡表中，经常项目逆差为 2000 亿元，资本项目顺差为 3000 亿元，则下列表述正确的是（　　）。

A. 资本项目足以为经常项目融资，外汇储备减少 1000 亿元

B. 资本项目足以为经常项目融资，外汇储备增加 1000 亿元

C. 资本项目不足以为经常项目融资，外汇储备减少 1000 亿元

D. 资本项目不足以为经常项目融资，外汇储备增加 1000 亿元

5. 关于利率平价理论的叙述，下列说法正确的是（　　）。

A. 反映了进出口等实际经济因素对汇率的影响

B. 若本国利率低于外国利率，则本币远期升值

C. 若本国利率低于外国利率，则本币远期贬值

D. 依据的是无套利定价原理，不依赖资本的自由流动假设

6. 下列不属于金融危机成因的是（　　）。

A. 国际收支长期严重失衡

B. 在金融创新的过程中，监管不到位

C. 企业部门的负债经营

D. 过度宽松的货币政策导致的信用膨胀

二、问答题

1. 分别考察美元指数和人民币指数与黄金价格、标准普尔500指数和沪深300指数的相互关系，就此讨论两个货币指数的信息价值。

2. 讨论1997年泰国金融危机的实体经济成因和金融自由化利弊。

3. 讨论1997年韩国金融危机的成因和启示。

4. 讨论并总结2008年全球金融危机的成因。

5. 分析1971年美国放弃美元固定兑换黄金的制度与1973年石油危机的直接关系。

6. 分析人民币国际化的历史背景与发展趋势。

三、分析题

1. 当前美国1年期存款利率为2%，中国1年期存款利率为3%。如果当前汇率为1美元兑6.5元人民币，那么在没有套利机会的条件下，1年期远期汇率应当是多少？如果实际交易的远期汇率是6.5，那么国际资本流动会有什么趋势？

2. 中国和美国的通货膨胀率分别为3%和1%，当前汇率为1美元兑6.30元人民币。那么根据购买力平价理论，美元对人民币的远期汇率应该是多少？进一步，分析实际远期汇率的差异。

请扫描上方二维码

观看“迷你课程视频”

第7讲

经济周期

宏观经济研究有两大主题，一个是经济增长，另一个就是经济周期。一国经历多年鼓舞人心的经济繁荣后，接下来可能会经历一场历经磨难的经济衰退。当经济衰退到谷底的萧条，又会迎来经济复苏。复苏的步伐有快有慢，最终形成新一轮的经济扩张。长期而论，经济在增长过程中，总是伴随着经济活动的上下波动，呈现出周期性特征。

7.1 经济周期的含义

经济周期指经济周期性地出现扩张与紧缩交替运行、循环往复的一种现象，是对国民总产出、总收入和总就业影响深刻的波动。与物理现象不同，经济周期没有一种固定的模式。

（1）两阶段法的经济周期

每一个经济周期都可以分为上升（扩张）和下降（收缩）两个阶段。上升阶段由复苏到繁荣，最高点被称为顶峰。然而，顶峰也是经济由盛转衰的转折点，此后经济进入下降阶段，由衰退到萧条，最低点被称为谷底。当然，谷底也是经济由衰转盛的一个转折点，此后经济进入复苏阶段。经济从一个顶峰到另一个顶峰，或者从一个谷底到另一个谷底，就经历了一次完整的经济周期。经济周期是经济增长率上升和下降的交替过程。

在经济周期的扩张阶段，消费者购买力飙升，同时出现商品供不应求、生产扩张的现象，实际 GDP 上升，企业投资也急剧增加。对劳动力的需求上升，失业率下降。产出上升，导致通货膨胀速度加快。原材料的需求及价格的上升，使工资和服务的价格增长趋势变快。企业利润不断上升，由于预期的作用，股票的价格也会上涨，贷款需求增加，利率上升。

在经济周期的收缩阶段，伴随利率的上升，市场需求疲软，订货不足，商品滞销，生产收缩，资金周转不畅。经济的衰退既有破坏作用，又有“自动调节”的作用。经济衰退时，一些企业破产，退出市场；一些企业亏损，陷入困境；一些企业在逆境中站稳了脚跟，并求得新的生存和发展之道。这就是市场经济周期波动下“优胜劣汰”的企业生存法则。

（2）四阶段法的经济周期

经济周期有四个阶段：繁荣、衰退、萧条、复苏。其中，繁荣和萧条是两个终极阶段，衰退与复苏是两个过渡阶段，如图 7–1 所示。图 7–1 中，*AB* 为繁荣阶段。该阶段信用不断扩张，投资和消费需求逐渐增加，产品的价格上升，产出增加，就业水平较高，公众对未来预期较为乐观，但通货膨胀的威胁也逐渐显现。

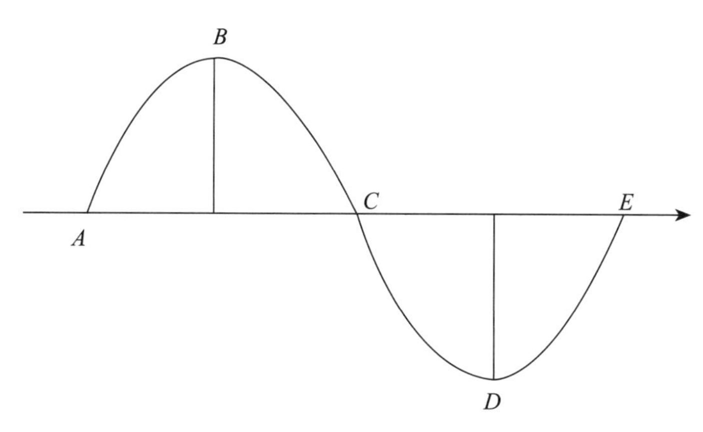

图 7–1　四阶段经济周期

BC 为衰退阶段。该阶段开始于经济周期的顶峰，当经济运行到繁荣期后，必然会逐渐走向衰落。这时市场需求开始不断萎缩，供过于求，企业的盈利能力减弱，利润率不断下降，整体物价水平开始不断下跌，企业的产品流通率降低，大量产品积压，从而导致经济增长速度减缓甚至停滞。

CD 为萧条阶段。该阶段供给和需求都处于较低水平，经济前景迷茫，这使得社会需求不足，资产缩水，失业率处于较高水平。通常在这种情况下，政府的宏观调控效果会逐渐显现，社会恐慌情绪减弱，人们对未来的信心开始恢复，经济在探底后开始出现回升的迹象。

DE 为复苏阶段。经济萧条时，政府通过一系列的调控手段来刺激经济发展，经济开始复苏，需求开始释放，生产逐渐活跃，价格水平趋稳并进入上升区间。同时 GDP 的增长率开始由负转正，并且逐渐提高。由于此时企业闲置的生产能力还没有完全被利用，周期性的扩张也变得强劲，企业的利润也开始大幅增长。

7.2 经济周期的类型

7.2.1　朱格拉周期

1825 年，世界上第一次生产过剩性危机在英国爆发。多数研究者将危机视为一种独立的事件。1862 年法国经济学家克莱门特·朱格拉（Clèment Juglar）在《论法国、英国和美国的商业危机及其发生周期》（*Des Crises Commerciales et de Leur Retour Périodique en France, en Angleterre et aux Etats-Unis*）一书中提出，危机或恐慌并不是一种独立的现象，而是经济周期性波动的三个连续阶段（繁荣、危机、清算）中的一个。三个阶段反复出现，形成周期性现象。他根据生产、就业人数、物价等指标，选择了较长时期的工业经济周期进行研究，得出经济中平均每个周期为9—10年的结论。这就是中周期，又被称为朱格拉周期。

7.2.2 基钦周期

1923年，英国经济学家基钦（Joseph Kitchin）在《经济因素中的周期与趋势》（*Cycles and Trends in Economic Factors*）一书中研究了1890—1922年间英国与美国的物价、银行结算、利率等指标，把经济周期分为主要周期与次要周期两种。主要周期即中周期（朱格拉周期），次要周期为3—4年一次的短周期，短周期又被称为基钦周期。

7.2.3 康德拉季耶夫周期

1925年，苏联经济学家尼古拉·康德拉季耶夫（Nikolai Kondratieff）在《经济生活中的长期波动》（The Long Waves in Economic Life）一文中研究了美国、英国、法国和其他一些国家的长期时间序列数据，认为资本主义社会有一种为期50—60年、平均长度为54年左右的长期波动。这被称为长周期，或康德拉季耶夫周期。康德拉季耶夫认为从18世纪末期以后，世界经济经历了三个长周期。第一个长周期从1789年到1849年，上升部分25年，下降部分35年，共60年。第二个长周期从1849年到1896年，上升部分为24年，下降部分为23年，共47年。第三个长周期从1896年起，上升部分为24年，1920年以后进入下降时期。

7.2.4 库兹涅茨周期

1930年，美国经济学家西蒙·史密斯·库兹涅茨（Simon Smith Kuznets）在《生产和价格的长期运动》（Secular Movements in Production and Prices）一文中提出存在一种与房屋建筑业相关的经济周期，这种周期长度在15—25年，平均长度为20年左右。这也是一种长周期，被称为库兹涅茨周期，或建筑业周期。

库兹涅茨主要研究了美国、英国、德国、法国、比利时等国从19世纪初叶或中叶到20世纪初叶间60种工农业主要产品的产量和35种工农业主要产品的价格变动，剔除了其间短周期与中周期的变动，着重分析了长期增减过程，提出在主要工业国家存在长度在15—25年、平均长度为20年的长周期。这种与人口增长相关的增长与衰退的交替是由建筑业的周期性变动引起的，而且，在工业国家中产量增长呈现出减缓的趋势。

7.2.5 熊彼特周期

奥地利经济学家约瑟夫·熊彼特（Joseph Schumpeter）在1939年出版的《经济周期》（*Business Cycle*）第一卷中，对朱格拉周期、基钦周期和康德拉季耶夫周期进行了综合分析。

熊彼特认为，每一个长周期包括六个中周期，每一个中周期包括三个短周期。短周期约为40个月，中周期约为9—10年，长周期为48—60年。他以重大的创新为标志，划分了三个长周期。第一个长周期从18世纪80年代到1842年，是“产业革命时期”；第二个长周期从1842年到1897年，是“蒸汽和钢铁时期”；第三个长周期为1897年以后，是“电气、化学和汽车时期”。

7.3 经济周期的成因

7.3.1 内因论

内因论认为经济周期的产生及运行机制源于经济体系内部，是收入、成本、投资在市场机制作用下的必然现象。

（1）纯货币理论

纯货币理论早期由英国经济学家拉尔夫·乔治·霍特里（Ralph George Hawtrey）在1913—1933年出版的一系列著作中提出。第二次世界大战后的代表人物为弗里德曼。1956年，弗里德曼发表了著名论文《货币数量说：重新表述》（The Quantity Theory of Money: A Restatement）。货币理论认为，经济周期是一种纯货币现象，经济周期性的波动完全是由银行体系交替扩张和紧缩信用造成的。在商业市场流通的主要工具是银行信用，商人运用的资本主要来自银行信用。当银行体系降低利率、扩张信用时，商人就会向银行增加借款，从而增加订货量。这样就会引起生产的扩张和收入的增加，经济活动继续扩张，经济进入繁荣阶段。但是，银行扩张信用的能力并不是无限的。当银行体系被迫停止信用扩张，转而紧缩信用时，商人得不到贷款，就会减少订货，由此出现生产过剩的危机，经济进入萧条阶段。在萧条时期，资金逐渐回到银行，银行可以通过某些途径扩张信用，促进经济复苏。根据这一理论，其他非货币因素也会引起局部的萧条，但只有货币因素才能引起普遍的萧条。

（2）投资过度理论

投资过度理论最先始于俄国的杜冈－巴拉诺夫斯基（Туган-Барановский）和德国的阿瑟·施皮特霍夫（Arthur Spiethoff），其后的主要代表者有瑞典的古斯塔夫·卡塞尔（Gustav Cassel）和克努特·维克塞尔（Knut Wicksell）。投资过度理论认为，投资的增加会引起经济繁荣。这种繁荣表现在为资本品（即生产资料）需求的增加以及资本品价格的上升。资本品生产的过度发展引起了消费品生产的减少，从而形成经济结构的失衡。而资本品生产过多必将引起资本品过剩，于是出现生产过剩危机，经济进入萧条。

（3）消费不足理论

消费不足理论始于19世纪初，早期代表人物是法国经济学家让·沙尔·列奥纳尔·西蒙·德·西斯蒙第（Jean Charles Leonard Simonde de Sismondi）和英国经济学家托马斯·罗伯特·马尔萨斯（Thomas Robert Malthus），20世纪前期代表人物是英国经济学家约翰·霍布森（John Hobson），凯恩斯宏观经济理论发展了这一思想。消费不足理论认为，经济中出现萧条与危机是因为家庭和社会对消费品需求的增长低于消费品生产的增长，而消费品需求不足又引起对资本品需求的不足，进而使整个经济出现生产过剩危机。消费不足的根源则主要是国民收入分配不均等造成的穷人购买力不足和富人储蓄过度。凯恩斯的边际消费倾向递减定律是对这一理论的最好表述。

（4）乘数－加速数模型

1939年保罗·萨缪尔森（Paul Samuelson）在《乘数与加速原理的相互作用》（A Synthesis of the Principle of Acceleration and the Multiplier）一文中提出了具有时间滞后效应的国民收入决定模型，即乘数－加速数模型。该模型说明乘数和加速数的相互作用如何导致总需求发生有规律的周期波动。萨缪尔森的乘数－加速数模型被认为是揭示宏观经济周期波动机理的基本模型。乘数－加速数模型的基本方程如下：

$$\begin{cases} Y_t = C_t + I_t + G_t & (7\text{-}1) \\ C_t = \beta Y_{t-1}, \quad 0<\beta<1 & (7\text{-}2) \\ I_t = v(C_t - C_{t-1}), \quad v>0 & (7\text{-}3) \end{cases}$$

式（7-1）为产品市场的均衡公式，即收入恒等式，为简便起见，假定政府购买G_t为常数。式（7-2）是简单的消费函数，它表明，本期消费是上一期收入的线性函数。

式（7–3）为加速原理，表示投资依赖于本期与前期消费的改变量，其中 v 为加速数。

将式（7–2）、式（7–3）代入式（7–1），得

$$Y_t = \beta Y_{t-1} + v(C_t - C_{t-1}) + G_t \quad (7\text{–}4)$$

假设边际消费倾向 $\beta=0.2$，加速数 $v=1$，政府每期支出 G_t 为10亿元，在这些假定下，若不考虑第1期以前的情况，那么，从上期国民收入中来的本期消费为0，引致投资当然也为0，因此，第1期的国民收入总额就是政府在第1期的支出10亿元。

第2期政府支出仍为10亿元，但由于第1期有收入10亿元，在 $\beta=0.2$ 的情况下，第2期的引致消费 $C_2=\beta Y_1=0.2\times10=2$ 亿元，第2期的引致投资 $I_2=v(C_2-C_1)=1\times(2-0)=2$ 亿元，因此，第2期的国民收入 $Y_t=G_t+C_t+I_t=10+2+2=14$ 亿元。同理可以计算出以后各期收入。

从式（7–4）可以看出，边际消费倾向越大，加速数越大，政府支出对国民收入变动的作用也越大。

在社会经济生活中，投资、消费和收入三者相互作用，相互影响。通过加速数，增加的收入和消费会引致新的投资；通过乘数，投资又使收入进一步增长。假定政府支出固定，则经济本身就会通过乘数与加速数交互作用自发形成经济周期。投资影响收入和消费（乘数作用），反过来，收入和消费又影响投资（加速数作用）。两种作用相互影响，形成累积性的经济扩张或收缩的局面。因此，政府对经济的干预，可以缓和或改变经济波动。例如，采取适当的政策刺激投资、鼓励提高劳动生产率以提高加速数、鼓励消费等措施，可以克服或缓和经济萧条。

7.3.2 外因论

外因论认为经济周期的产生源于经济体系之外的因素，如太阳黑子、创新、革命、选举、金矿或新资源的发现、科学突破或技术创新等。

（1）太阳黑子理论

该理论由英国经济学家威廉·斯坦利·杰文斯（William Stanley Jevons）于1875年提出。太阳黑子理论认为，太阳黑子的活动对农业生产影响很大，而农业生产的情况又会影响工业及整个经济。因此太阳黑子的周期决定了经济的周期。具体来说，太阳黑子活动频繁使得农业减产，农业的减产影响工业、商业活动，进而波及劳动者收

入、社会购买力、投资等方面，从而引起整个经济的萧条。相反，太阳黑子活动的减少则使农业增产，整个经济进入繁荣期。

（2）创新理论

该理论是奥地利经济学家熊彼特在1912年出版的《经济发展理论》（*The Theory of Economic Development*）一书中首次提出的。创新指对生产要素的重新组合。例如，采用新生产技术、新企业组织形式和商业模式，开发新产品和开辟新市场等。创新提高了生产效率，为创新者带来了超额利润，引起其他企业跟随仿效，形成创新浪潮。创新浪潮使银行信用扩大，对资本品的需求增加，引起经济繁荣。随着创新的普及，盈利机会缩小，银行信用紧缩，对资本品的需求减少，便引起经济衰退。

（3）政治性周期理论

该理论是米哈尔·卡莱斯基（Michal Kalecki）和威廉·诺德豪斯（William Nordhaus）发展起来的。政治性周期理论把经济周期性循环的原因归为政府的周期性决策（主要为了循环解决通货膨胀和失业问题）。政治性周期的产生有三个基本条件：一是凯恩斯国民收入决定理论为政策制定者提供了刺激经济的工具；二是选民偏爱高经济增长、低失业以及低通货膨胀的时期；三是政治家倾向于连选连任。

（4）真实经济周期理论

从1982年开始的二十多年中，真实经济周期理论经历了快速发展，成为当代供给侧的主流理论之一。芬恩·基德兰德（Finn Kydland）和爱德华·普雷斯科特（Edward Prescott）于1977年和1982年合作完成了真实经济周期理论的奠基之作《规则优于相机抉择：最优计划的时间不一致性》（Rules rather than Discretion: The Inconsistency of Optimal Plans）和《置备新资本的时间和总量波动》（Time to Build and Aggregate Fluctuations）。该理论认为，经济周期主要是由总供给冲击造成的，某一部门的创新或技术的变动带来的影响会在经济中传播，进而引起经济的波动。

下面主要讨论作为外因论重要代表的真实经济周期模型。

1972年美国经济学者卢卡斯提出了货币经济周期模型。但在20世纪80年代初，该模型不论在理论层面还是在经验层面均陷入困境。在理论层面，人们越来越认识到在实际运用中，该模型并未对包含货币与产出之间因果关系的经济周期给出权威的解释。在经验层面，该模型早期取得了一定的成功，但对于预期到的货币是中性的观点没有提供有效的证据。因此，经济学家之后对经济周期的解释逐渐由货币冲击转向实际冲击，这就是所谓的真实经济周期理论。

真实经济周期理论认为，宏观经济常受到诸如石油危机、农业歉收、战争、人口增减、技术革新等实际因素的冲击。冲击会引起经济波动，主要途径包括人们偏好、技术（生产率）或者可利用资源的变动等。其中，从长期经济增长的角度，技术冲击作为波动源是该理论的研究重点。真实经济周期理论中的技术变化包括任何使生产函数发生移动，而不涉及投入要素数量变化的因素。

真实经济周期理论的基本模型如下：

假设人口和劳动力固定不变，一个经济中生产者的实际收入由技术和资本存量决定，总量生产函数可以表示为

$$y=zf(K)$$

式中，y 为实际收入，K 为资本存量，z 为技术状况。假定资本折旧率为 δ，则未折旧的资本存量为 $(1-\delta)K$，那么在所研究时期的期末，经济中可供利用的资源为当期的产量加上没有折旧的资本存量，即

$$zf(K)+(1-\delta)K \tag{7-5}$$

真实经济周期理论假定经济中每个人的偏好相同，且偏好仅依赖于未来无限期的每年的消费。因此，人们最好的做法是在整个生命期内均匀消费。

图 7-2 给出了生产函数和资源函数的曲线。图中，横轴 K 为资本存量，纵轴 J 表示实际收入、消费、下期的资本存量和投资。总资源函数为 $zf(K)+(1-\delta)K$。

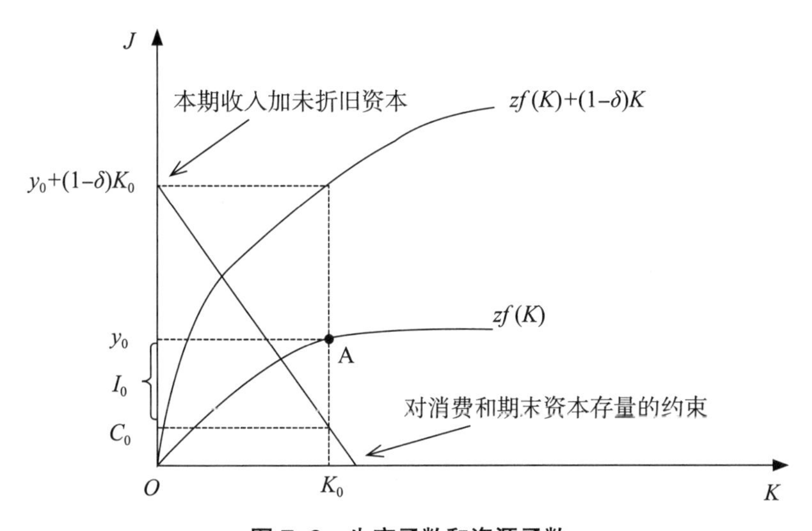

图 7-2　生产函数和资源函数

图 7–2 中向右下方倾斜的直线为经济中的约束线，它反映消费与积累的关系。当期可供最大消费量为当期收入加上未折旧的资本量。由于下一期单位额外资本存量的增加正好来自当期单位消费量的减少，因此经济中的约束线的斜率为 –1。约束线上的每一点都可供经济社会选择。假定约束线上的 A 点代表经济的稳定状态。这时，下期资本存量为 K_0，投资为 I_0，消费为 C_0，实际收入为 y_0（为了方便起见，忽略政府购买和净出口）。如果资本存量 K_0 保持不变，生产函数及资源曲线不发生变动，则消费、投资和实际收入也将一直保持不变。

下面用图 7–3 来说明真实经济周期理论对宏观经济波动的解释。

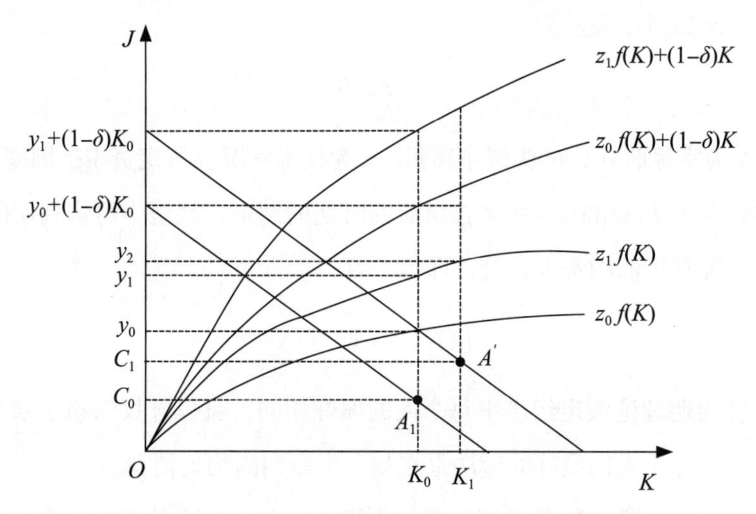

图 7–3　真实经济周期理论对宏观经济波动的解释

经济中原有的稳定状态为 A_1 点，现在假定由于技术进步，z 值从 z_0 增加到 z_1，则生产函数和资源函数向上移动。在资本存量 K_0 不变的情况下，产量增加到 y_1，资源增加到 $y_1+(1-\delta)K_0$，从而使下期的消费和资本积累相应地增加，这表现为约束线向右移动。如果新约束线上的 A' 是被经济社会所选择的点，则资本存量增加到 K_1，消费上升到 C_1。

在 K_1 水平的资本存量之下，假设技术变化保持不变，实际收入在下一期进一步增加到 y_2，资源也相应增加。在下一期，关于消费和资本存量的约束线继续向右移动，可以想象，资源约束线向右移动会在接下来的时期相继发生，但向右移动的幅度会越来越小，经济会向新的稳定状态收敛。

最终，资本存量、收入、消费和投资都将增加到各自新的稳态水平上。这种技术冲击所导致的收入变动的路径可用图 7–4 表示。

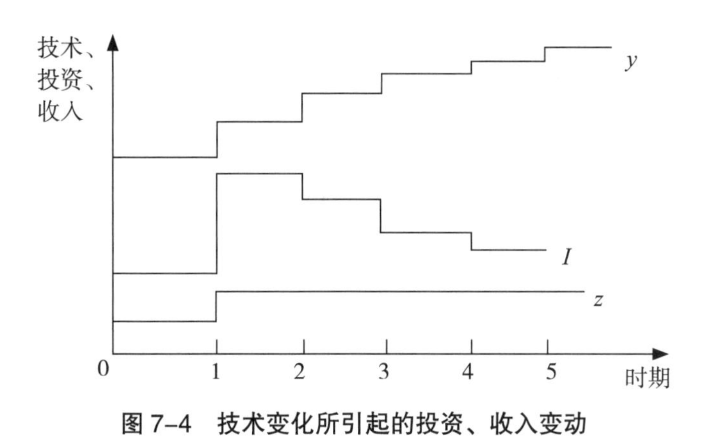

图 7–4　技术变化所引起的投资、收入变动

图 7–4 中，随着反映技术的 z 值在时期 1 末的提高，投资和收入也相应地增加。随着经济向新的稳定状态运动，投资增量渐近下降，但收入继续增加，只是增加的幅度越来越小，直到达到新的稳定状态。

类似地，随着 z 值的减少，生产函数向下移动，可用资源减少，紧接着投资、资本存量、消费和收入下降。

总之，真实经济周期理论的核心思想可简明扼要地表述为：一切都是最好的安排。无论是技术冲击还是其他因素的波动，受到冲击影响的行为主体（企业、居民、政府等）都会根据一定的决策规则进行相应的调整，而复杂的经济关系导致冲击的影响在不同主体间扩散，最终表现为经济整体的上下波动。从这个意义上看，无论繁荣还是衰退，都是经济主体在特定冲击下的最优应对，而不是传统周期理论所认为的对长期趋势的短期背离。

7.4 中国的经济周期

1978 年年底中国开始改革开放的历史性进程，其核心在于建立具有中国特色的社会主义市场经济体制。从农村家庭联产承包责任制和工业企业扩大经营自主权到价格双轨制，中国经历了宏观调控的商品经济形态和社会主义市场经济形态。党的十八届三中全会指出，使市场在资源配置中起决定性作用。党的十九届四中全会审议通过的《中共中央关于坚持和完善中国特色社会主义制度、推进国家治理体系和治理能力现代化若干重大问题的决定》指出："坚持和完善社会主义基本经济制度，推动经济高质量发展"。公有制为主体、多种所有制经济共同发展，按劳分配为主体、多种分配方式并存，社会主义市场经济体制等社会主义基本经济制度，既体现社会主义制度优越性，又同中国社会主义初级阶段社会生产力发展水平相适应，是推动经济高质量发展的制度根基。党的十九届五中全会通过的《中共中央关于制定国民经济和社会发展第十四个五年规划和二〇三五年远景目标的建议》提出，要加快构建以国内大循环为主体、国内国际双循环相互促进的新发展格局，关键在于实现经济循环流转和产业关联畅通，根本要求是提升供给体系的创新力和关联性，解决各类"卡脖子"和瓶颈问题，着力打通堵点，贯通生产、分配、流通、消费各环节，实现供求动态均衡。中国经济周期走出了自己独特的轨迹。

从图 7-5 看，中国自改革开放以来经历了 7 轮较明显的经济周期，每轮时长 4—10 年。

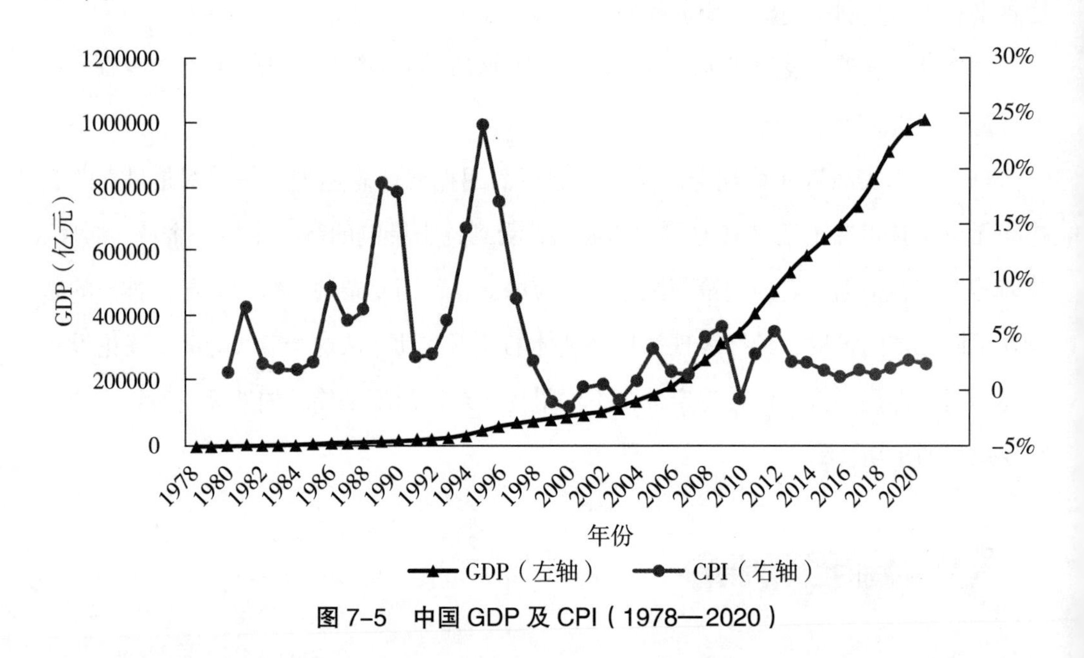

图 7-5 中国 GDP 及 CPI（1978—2020）

资料来源：国家统计局网站（http://data.stats.gov.cn/）。

第一轮经济周期是 1978—1981 年，周期时间为 4 年。经济增长最快的年份是 1978 年，经济增长率达 11.6%，周期波幅为 6.5%，最高通货膨胀率是 1980 年的 6%。自 1978 年党的十一届三中全会起，中国实行改革开放政策，工作重心转向社会主义现代化建设。随后经济出现了快速增长，大规模的基建投资导致财政支出激增，出现了较为严重的财政赤字。中央银行为了解决财政赤字，大量发行货币，货币供应量M0从1978年的212亿元扩张到1980年的346.2亿元，上涨了63.3%。过量的货币发行必定会引起通货膨胀，CPI从1978年的0.7%上涨到1980年的6%。为了抑制通货膨胀，1980年12月，国务院发布《关于严格控制物价、整顿议价的通知》，政府采取了压缩基本建设投资、收缩银根等一系列措施，通货膨胀在1981年得到抑制。第一轮经济周期在1981年结束。

第二轮经济周期是1982—1986年，周期时间为5年。经济增长最快的年份是1984年，经济增长率达15.2%，周期波幅为6.3%，最高通货膨胀率是1985年的9.3%。1984年，中央提倡加快改革，建设“有计划的商品经济”，地方政府响应号召，扩大投资规模。同年，国务院决定实行工资改革，居民实际收入大幅上扬。社会投资增长以及居民收入增速快于劳动生产率的提高，通货膨胀再次出现，CPI从1984年的2.8%上涨到1985年的9.3%。随后，国务院通过收紧银根、减少货币发行、控制固定资产投资规模等政策调控，抑制了物价上扬，本次通货膨胀历时3年。第二轮经济周期在1986年结束。

第三轮经济周期是1987—1991年，周期时间为5年。经济增长最快的年份是1987年，经济增长率达11.7%，周期波幅为7.8%，最高通货膨胀率为1988年的18.8%。1988年上半年，中央为了理顺价格机制，放开肉、蛋、菜、糖价格，7月底又放开名烟酒价格，名烟酒价格一下上涨了5至10倍，社会出现抢购现象，在这种情况下中央又出台了物价工资改革方案。货币供应量M0同比增速从1987年的19.4%上涨至1988年的46.7%，CPI 1988年涨至18.8%。1989年，中央召开会议整顿经济秩序，采取减少社会总需求、控制贷款规模、回笼货币等政策，1990年通货膨胀得到控制。第三轮经济周期在1991年结束。

第四轮经济周期是1992—1995年，周期时间为4年。经济增长最快的年份是1992年，经济增长率达14.2%，周期波幅为6.6%。通货膨胀率在1994年创纪录地达到24.1%。1993年，中央为了进一步理顺价格，先后放开了各类生产要素价格，价格上升推动企业成本大幅上涨。随后，中央又出台了工资改革制度，进一步增加了企业的成本负担，最终造成物价上涨。与此同时，1993—1994年固定资产投资规模高速增长，1994年固定资产投资增速达到25.5%，而货币供给量在1992年已经开始上涨，总供给与总需求间的不平衡逐渐加剧。1994年，CPI上涨到24.1%的极高水平。面对如此高的通货膨胀，政府采取紧缩的货币政策，减少货币供应量，1996年通货膨胀得到控制。第四轮经济周期在1995年结束。

第五轮经济周期是1996—2002年，周期时间为6年。1996年，由于银行积累了大量的坏账，为了防范银行风险，政府开始控制银行不良贷款，银行出现惜贷现象，企业不再像以前一样可以轻松获得贷款，面临着发不出工资的可能性，不得不降价销售产品，导致物价下滑。同时，1997年7月，亚洲金融危机爆发，出口市场收缩，国内供给压力增大，同年CPI下滑至2.8%。到1998年，CPI增速出现负增长，为-0.8%，1999年达到最低的-1.4%，至此，中国发生通货紧缩。经济增速从1997年的9.2%下降至1998年的7.8%，积极的财政政策在当时发挥了关键的作用，政府通过发行国债、投资基础设施来提高社会总需求。2000年，通货紧缩得到控制。2002年，CPI再次为负值，当年的物价总水平连续跌了10个月，通货紧缩再次显现。2001年中国加入世界贸易组织，吸引了大量的外资，企业技术水平得到提升，生产效率提高，成本下降而引发物价总水平下降。企业生产成本的下降伴随着利润的增长，企业的再生产意愿得到激发，而物价水平的下降刺激了需求的增加。2003年CPI恢复正增长，这次非典型的通货紧缩得以结束，历时1年。第五轮经济周期在2002年年底结束。

第六轮经济周期是2003—2009年，周期时间为7年。经济增长最快的年份是2007年，经济增长率为14.2%，最高通货膨胀率为2008年的5.9%。2003—2007年是本轮经济周期的扩张阶段。经济增长率从2002年的9.1%上升到2007年的14.2%，增长速度不断加快直到顶峰。同时物价水平也不断攀升，CPI从2002年的-0.8%上扬到2007年的4.8%，2007年11月CPI一度上涨到6.9%，创造了5年内的单月最高涨幅，通货膨胀压力有所上升。自2007年下半年起，美国的次贷危机演变为金融危机，并迅速向世界蔓延，中国也未能幸免。2009年，中国每月的出口额增速均在-20%以下，大量中小企业破产，大批农民工返乡，货币供应量M2增速从18.92%下降至14.8%，经济增速快速回落。2009年一季度GDP的增长率仅为6.6%，CPI从2008年年末开始下滑，2009年连续10个月出现负值。为了应对这种危局，中国政府实行积极的财政政策和适度宽松的货币政策，推出“4万亿”投资计划，加快基建投资，扩大内需。大规模的政府投资使得经济快速升温，CPI物价指数上涨，该次通货紧缩历时1年。第六轮经济周期在2009年结束。

第七轮经济周期是2010—2018年，周期时间为9年。经济增长最快的年份是

2010年，经济增长率达10.6%，最高通货膨胀率为2011年的5.4%。2009年的“4万亿”投资计划导致当时的流动性过剩，房地产泡沫越来越大，国内总需求过剩。2011年，CPI上涨至5.4%，是1996年以来的最高值，稳定物价成为当时的首要任务。中央银行实行从紧的货币政策，密集上调基准利率和存款准备金率，2010—2011年期间，5次上调基准利率，12次上调存款准备金率，到2011年6月20日，存款准备金率高达21.5%。2011年年末通货膨胀得到控制，历时一年多。随后，从2013年起，随着增长速度放缓和增长模式向环境友好的质量型转移，中国经济进入“新常态”模式。

2020年，由于新冠肺炎疫情的暴发，中国经济第一季度同比负增长。疫情后经济快速全面复苏，中国成为全球少有的实现经济正增长的国家，2020全年经济增速达到2.3%；同时，CPI增长也小幅度下降。从1978年中国改革开放至今的四十多年来，中国经济只有小波动，没有大周期，由于采取市场经济模式，虽然不可避免地产生了一定程度的经济周期性波动，但是程度可控，没有出现萧条。宏观调控和国有经济的主导发挥了巨大作用，这为进一步的理论研究提供了实践支持。

在经济发展过程中，经济周期常常相伴而行。在经济周期的不同阶段，如何解决通货膨胀、通货紧缩及失业等问题，从而避免经济的大幅波动，是宏观经济学需要持续研究的核心内容。

专栏7-1

金融系统的顺、逆周期性

金融系统的顺周期性，指在经济周期中金融变量围绕某一趋势值波动的倾向。顺周期性增强就意味着波动幅度的增大，顺周期性的更广泛的定义包含了三个部分，在现实生活中很难区分这三个部分：围绕趋势值波动；趋势本身的变化；均衡值可能出现累计性偏离。这些都会给监管机构的工作带来挑战。

逆周期调控，即逆周期信贷调控机制，是一种宏观审慎政策。中央银行等相关机构应在客观准确判断宏观形势的基础上创新货币政策工具，进行灵活的逆方向调控，建立健全与新增贷款超常变化相联系的动态拨备要求和额外资本要求，通过逆周期的资本缓冲，平滑信贷投放，引导货币信贷适度增长，实现总量调节和防范金融风险的有机结合，从而大大提高金融监管的弹性和有效性。

逆周期调控的一个典型案例是2018年12月中央经济工作会议提出的逆周期调节。会议提出宏观政策要强化逆周期调节，继续实施积极的财政政策和稳健的货币政策，适时预调微调，稳定总需求；积极的财政政策要加力提效，实施更大规模的减税降费，更大幅度地增加地方政府专项债券规模；稳健的货币政策要松紧适度，保持流动性合理充裕，改善货币政策传导机制，提高直接融资比重，解决好民营企业和小微企业融资难、融资贵的问题。

如何理解这里的逆周期性呢？经济运行（可以简单地用GDP来理解）会呈现出扩张与收敛交替进行的周期性波动变化。在经济扩张阶段，经济发展环境日益向好，市场需求旺盛，订单饱和，产能不足，投资意愿强烈，资金周转顺畅，此时的逆周期调节往往偏向通过政策工具抑制经济增长过热。相反，在经济收敛阶段，经济发展环境不确定性增加，市场需求和订单萎缩，产能过剩，投资意愿低迷，资金周转紧张，此时的逆周期调节势必侧重通过政策工具避免经济增长失速。在中央明确提出“经济运行稳中有变、变中有忧，外部环境复杂严峻，经济面临下行压力”的背景下，强化逆周期调节的目标十分明确，就是稳住能够影响经济增长的核心变量，确保经济增长不失速，从而完成既定的重要发展任务。

小结

经济周期指实际总产出和就业相对于它们潜在水平的波动。

经济周期理论众多，主要分为两大类：内因论和外因论。内因论中较有影响力的理论是乘数–加速数模型，外因论中目前较有影响力的理论是真实经济周期理论。

乘数–加速数原理表明国内生产总值的变化会通过加速数对投资产生加速作用，而投资的变化又会通过投资乘数使国内生产总值成倍变化，加速数和投资乘数的这种交织作用导致国内生产总值周而复始地上下波动。

真实经济周期理论认为，市场机制本身是完善的，在长期或短期中都可以自发地使经济实现充分就业的均衡；经济周期源于经济体系之外的一些真实因素，如技术进步的冲击，而不是市场机制的不完善。

思政教学要点

1. 从资本主义社会的生产社会化和生产资料私有制的固有矛盾角度，解读经济危机不可避免的根本原因。

2. 从社会主义经济运行的公有制与社会资源配置的可指导性出发，讨论中国实行社会主义市场经济四十余年间没有发生重大经济危机的主要原因，探讨社会主义市场经济体制防范和化解经济危机的可能性。

扩展阅读

1. 莱因哈特，罗格夫 . 这次不一样：八百年金融危机史 [M]. 綦相，刘晓锋，刘丽娜，译 . 北京：机械工业出版社，2012.

2. 郝一生 . 经济危机新论 [M]. 上海：生活 · 读书 · 新知三联书店，2013.

3. 斯瓦卢普 . 金融危机简史：2000 年来的投机、狂热与崩溃 [M]. 万娟，童伟华，叶青，译 . 北京：机械工业出版社，2015.

4. 陈德铭 . 经济危机与规则重构 [M]. 北京：商务印书馆，2014.

重点概念

经济周期；库兹涅茨周期；熊彼特周期；货币理论；乘数 – 加速数模型；加速数；真实经济周期理论；资源函数

习 题

一、选择题（在以下四个选项中选择一个最合适的）

1. 经济周期的四个阶段依次是（　　）。

A. 繁荣、衰退、萧条、复苏

B. 繁荣、萧条、衰退、复苏

C. 复苏、萧条、衰退、繁荣

D. 萧条、衰退、复苏、繁荣

2. 资本与劳动在生产上是可以相互替代的，这是（　　）。

A. 哈罗德增长模型的假设条件

B. 新古典增长模型的假设条件

C. 哈罗德增长模型和新古典增长模型共同的假设条件

D. 新剑桥经济增长模型的假设条件

3. 8—10 年一次的经济周期被称为（　　）。

A. 基钦周期

B. 朱格拉周期

C. 康德拉季耶夫周期

D. 库兹涅茨周期

4. 经济周期的中心是（　　）。

A. 价格的波动

B. 利率的波动

C. 国民收入的波动

D. 就业率的波动

二、问答题

1. 经济周期分为哪几个阶段？其主要特点是什么？

2. 经济周期可分为哪些类型？

3. 真实经济周期理论怎样解释经济的周期波动？

4. 试述乘数–加速数模型。

5. 简述经济周期内因论与外因论的区别。

6. 试述中国经历的经济周期及其形成原因。

7. 分析中国典型经济周期的成因。

请扫描上方二维码

观看“迷你课程视频”

第8讲

计划支出与需求

1978—2018年的40年间，中国处于社会主义市场经济发展的初级阶段，投资、消费和净出口是拉动中国经济增长的“三驾马车”，投资和净出口贡献率相对较高，消费贡献率相对偏低。在中华人民共和国成立初期，中国实行的是重工业优先发展的赶超战略，形成了“高积累、低消费”的发展模式。改革开放后，中国实行的是以渐进式改革为核心的转型战略，经济高速增长，但“高积累、低消费”的特征依然存在。20世纪八九十年代，在劳动力供给充足的背景下，投资的大幅度增加对中国经济增长起到了关键作用。1997年亚洲金融危机后，产能过剩和需求约束问题凸显。2001年中国加入世界贸易组织为过剩产能打开了国外消费的市场，形成了以投资和出口为主导的增长模式。2008

年全球金融危机爆发后，世界面临着经济转型。一直以来拉动需求是中国实现经济增长的主要手段，2013年供给侧结构性改革成为政策重点，而供给侧结构性改革的前提条件则是适度扩大总需求。2020年年初席卷全球的新冠肺炎疫情冲击了中国经济增长的既有运行模式，中国领导层适时进行战略调整，提出内部经济与外部经济的“双循环”策略，以及重心在于提升国内消费的战略部署。因此，对于总需求的研究仍然十分重要。为了厘清总需求形成的逻辑，更好地理解需求管理政策，本讲从计划支出出发，分析总需求是如何决定的，进而通过总需求模型（IS-LM模型）来分析货币政策与财政政策的作用。

8.1 计划支出

8.1.1 计划支出的构成

凯恩斯在《就业、利息和货币通论》中提到，短期内，一国经济的总收入是由家庭、企业和政府的支出愿望，即有效需求决定的。一般而言，有效需求越多，企业生产越多。凯恩斯认为，一国经济陷入衰退和萧条的重要原因是有效需求不足。

计划支出是一段时期内家庭、企业和政府在产品和服务上愿意花费的资金数额。与计划支出相对应的是实际支出。实际支出指一段时期内家庭、企业和政府在产品和服务上花费的资金数额，等于一国的国内生产总值。

计划支出和实际支出存在显著不同。在美国经济学家曼昆看来，企业的销售与预期不符会导致企业进行非计划的存货投资：实际销售高于预期时，非计划的存货为负，存货量下降；实际销售低于预期时，非计划的存货为正，存货量上升。预期到的支出属于计划支出，而非计划的存货投资会被计入企业的实际投资支出中，从而导致计划支出和实际支出不同。

计划支出由家庭计划支出、企业计划支出和政府计划支出构成。可以将计划支出与实际支出的不同归结于非计划存货，因此家庭计划支出、政府计划支出分别与家庭实际支出、政府实际支出一致。

图 8-1 表示的是 2008—2020 年中国居民人均消费水平，可以看出居民人均消费水平呈逐年上升趋势。

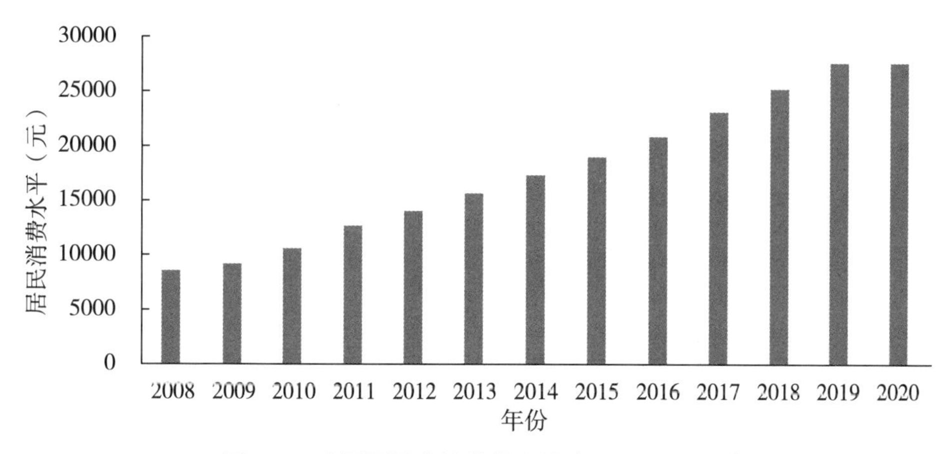

图 8-1　中国居民人均消费水平（2008—2020）

资料来源：国家统计局网站（http://data.stats.gov.cn/）。

企业计划支出主要指企业在主营业务成本、其他业务成本、营业外支出、主营业务税金及附加税、管理费用、财务费用、销售费用等方面的支出。

政府计划支出根据用途不同，分为购买性支出和转移性支出。一般而言，购买性支出主要包括政府采购、农业补助、国防以及教育支出等；转移性支出主要用于社会保障和社会福利等方面。政府的计划支出主要包括如下几个方面：公共工程支出、公共教育支出、行政管理支出、社会保险支出、医疗保健支出、公共文化事业支出、国防支出。随着经济的发展，政府的计划支出随着时间和空间的变化而变化，同时受政治、经济以及制度等因素的制约。图 8–2 表示的是中国 2008—2020 年的政府实际财政支出。

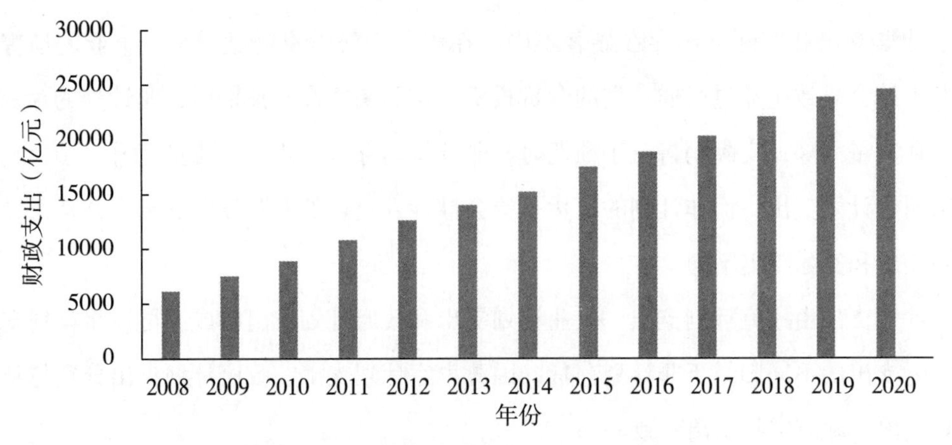

图 8–2　中国政府财政支出（2008—2020）

资料来源：国家统计局网站（http://data.stats.gov.cn/）。

8.1.2　计划支出的决定因素

考虑一个封闭的经济体。该经济体的净出口为 0，则计划支出（E）为消费（C）、计划投资（I）和政府购买（G）的函数：

$$E=C+I+G \tag{8–1}$$

式（8–1）中的消费由消费函数 $c(Y-T)$ 表示，其中 Y 表示总收入，T 则为税收，$Y-T$ 为可支配收入。为了便于分析，将计划投资、政府购买以及税收作为外生变量，得到

$$E=c(Y-T)+I+G \tag{8–2}$$

式（8–2）说明，计划支出是总收入、税收、计划投资和政府购买的函数。也就是说，在一个封闭的经济体中，计划支出由总收入、税收、计划投资和政府购买共同决定。

8.1.3 凯恩斯交叉图模型

凯恩斯交叉图模型是分析总需求、研究计划支出和实际支出均衡的基本模型。构建凯恩斯交叉图模型的第一步是将计划支出（E）表示为总收入（即总产出，Y）的函数，见图 8–3。

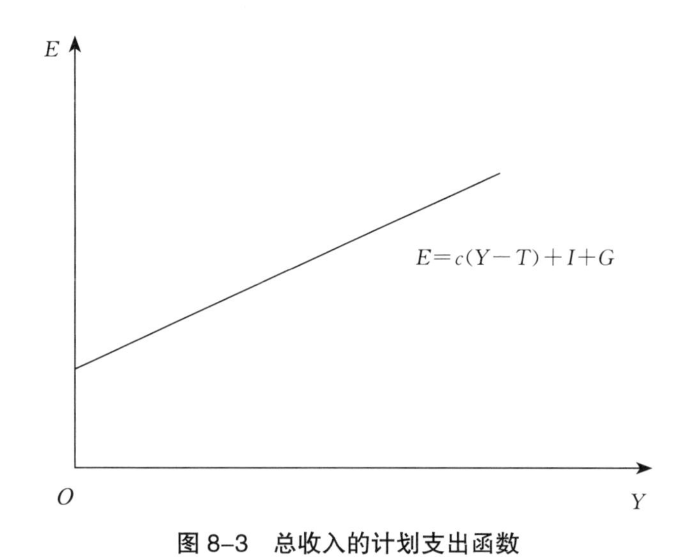

图 8–3 总收入的计划支出函数

在图 8–3 中，计划支出是关于总收入的增函数：总收入增加导致消费上升，进而使计划支出也增加。图中斜线的斜率为边际消费倾向（Marginal Propensity to Consume，MPC），表示收入增加 1 单位时计划支出的变动。

构建凯恩斯交叉图模型的第二步是构建一种均衡状态，即实际支出与计划支出相等的情形。注意到，Y 不仅表示总收入，还表示总支出，也就是实际支出。将 $Y=E$ 加入图 8–3 中，得到图 8–4。

图 8–4 中，A 点为均衡点，表示计划支出等于实际支出。前面提到，计划支出与实际支出的差异，与企业的非计划存货有关。在均衡的实现过程中，存货的调整起到关键作用。当经济处于不均衡状态时，非计划存货将对企业生产活动进行调整，使得经济向均衡移动，调整过程见图 8–5。

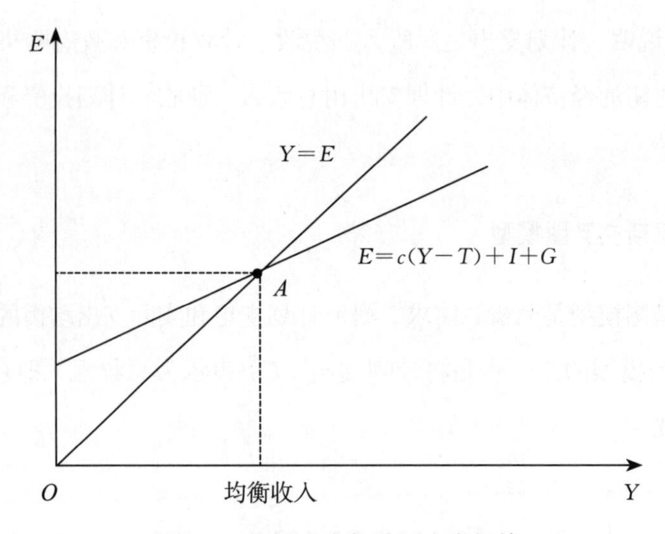

图 8-4 实际支出与计划支出相等

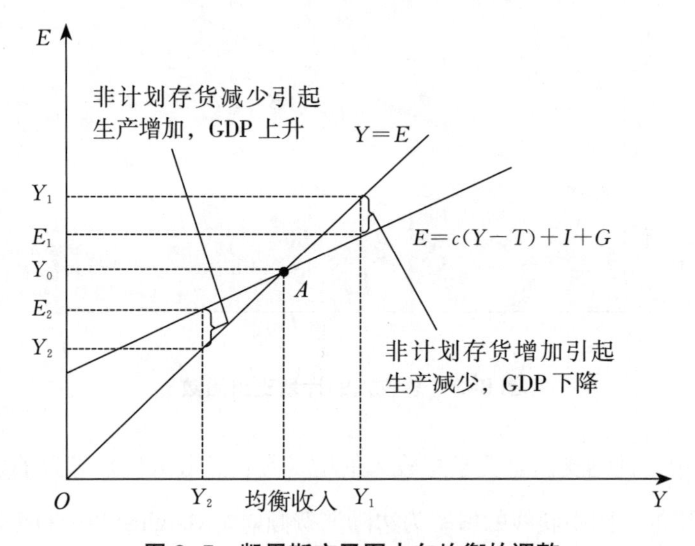

图 8-5 凯恩斯交叉图中向均衡的调整

如图 8-5 所示，当一国的 GDP 为 Y_1 且高于均衡水平 Y_0 时，计划支出 E_1 小于总产出 Y_1，企业的生产量大于销售量，多余的产品增加了企业的非计划存货，导致企业减少生产，从而使得 GDP 减少，直到达到均衡状态。当一国的 GDP 为 Y_2 且低于均衡水平 Y_0 时，计划支出 E_2 大于总产出 Y_2，企业的存货减少（非计划存货为负），存货的减少会促使企业扩大生产，产出增加，GDP 上升，直到经济趋于均衡。

凯恩斯交叉图模型表示的是当税收、计划投资以及政府购买处于固定水平时总收入的变动情况。当这些外生变量发生变动时，总收入将如何变化呢？

8.1.4 政府购买与总收入的变动

根据计划支出函数，政府购买是计划支出的一部分。在总收入水平给定的情况下，政府购买的增加将引起计划支出的上升。考虑政府购买增加 ΔG 时总收入的变动。

如图 8–6 所示，政府购买增加 ΔG 时，计划支出函数向上平移 ΔG 单位，均衡点由 A 转移到 B，均衡收入由 Y_1 变为 Y_2，增加了 ΔY。从图中可以看出，总收入的增加量 ΔY 大于政府购买的增加量 ΔG，也就是说，政府购买的增加引起总收入更大的增加，政府购买具有乘数效应。定义 $\Delta Y/\Delta G$ 为政府购买乘数，该乘数大于 1。

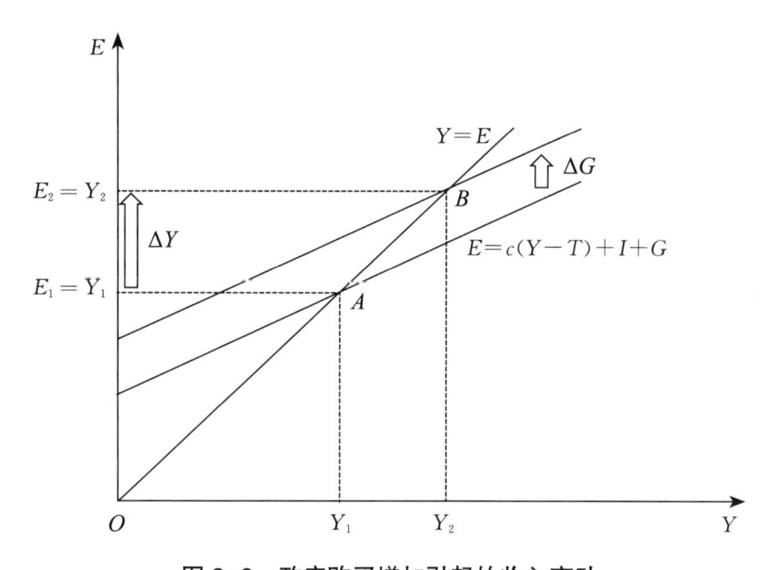

图 8–6 政府购买增加引起的收入变动

当政府购买增加 ΔG 时，意味着总收入上升 ΔG，而总收入的上升引起消费的增加，增加量为 $\text{MPC}\cdot\Delta G$。反过来，消费的增加会引起总收入上升，上升量为 $\text{MPC}\cdot\Delta G$，这一次收入的上升使得消费增加 $\text{MPC}\cdot\text{MPC}\cdot\Delta G$，如此循环，最后总收入的增加量为

$$\Delta Y=\Delta G+\text{MPC}\cdot\Delta G+\text{MPC}\cdot\text{MPC}\cdot\Delta G+\cdots$$

$$\lim_{n\to+\infty}(1+\text{MPC}+\text{MPC}^2+\cdots+\text{MPC}^n)\cdot\Delta G=\frac{1}{1-\text{MPC}}\cdot\Delta G \qquad (8\text{–}3)$$

从而可以得到政府购买乘数 $\Delta Y/\Delta G=\dfrac{1}{1-\text{MPC}}$。

8.1.5 税收与总收入的变动

消费函数 $C=c(Y-T)$，税收减少 ΔT，则可支配收入 $Y-T$ 增加 ΔT，进而消费上升 $\text{MPC}\cdot\Delta T$，因此，计划支出会增加 $\text{MPC}\cdot\Delta T$，如图 8–7 所示。

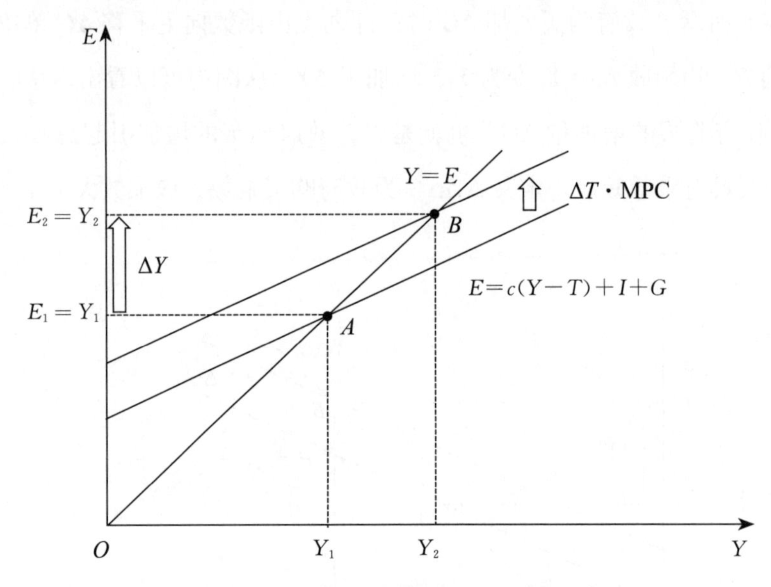

图 8–7 税收下降引起总收入的变动

计划支出增加 $\text{MPC}\cdot\Delta T$，均衡点由 A 转移到 B，均衡收入由 Y_1 增加到 Y_2，增加了 ΔY，税收对总收入同样有乘数效应。与政府购买对总收入的影响过程一样，总收入的第一次变动量为 $\text{MPC}\cdot\Delta T$，得到 $\Delta Y=\text{MPC}\cdot\Delta T/(1-\text{MPC})$。因此，可以得到税收乘数 $\Delta Y/\Delta T=-\dfrac{\text{MPC}}{1-\text{MPC}}$，表示税收变动 1 单位时，总收入变动 $-\dfrac{\text{MPC}}{1-\text{MPC}}$ 个单位。

8.2 总需求与总供给

总需求（Aggregate Demand，AD）函数表示需求量与物价水平之间的关系。

在宏观经济学理论中，总产出取决于经济供给产品和服务的能力，而该能力取决于资本、劳动以及生产技术的供给。在短期，物价具有黏性，总产出还取决于对产品和服务的需求。总需求受许多因素的影响，包括消费者对市场的信心、国家的财政政策和货币政策等。货币政策和财政政策影响着总需求，而总需求也影响着总产出。

8.2.1 简单的总需求曲线

在货币数量论中，有 $M \cdot V=P \cdot Y$，其中 M 表示货币供给，V 表示货币流通速度，P 表示物价水平，Y 表示总产出。货币数量论认为货币供给决定总产出的名义值（物价与总产出的乘积）。经过变换，可以将 $M \cdot V=P \cdot Y$ 写成实际货币余额供给与需求的形式：

$$\frac{M}{P}=\left(\frac{M}{P}\right)^{\mathrm{d}}=\frac{Y}{V} \tag{8-4}$$

式（8-4）表明实际货币余额的供给 M/P 等于需求（M/P）^{d}，同时，这种需求与 Y 是成正比的。假设货币流通速度是常数，货币流通速度不变的假设等价于单位产出对实际货币余额的需求不变的假设。同样也假设货币供给由中央银行固定，那么可以得到总产出与物价水平 P 成反比，从而可以得到一般的总需求曲线，如图 8-8 所示。

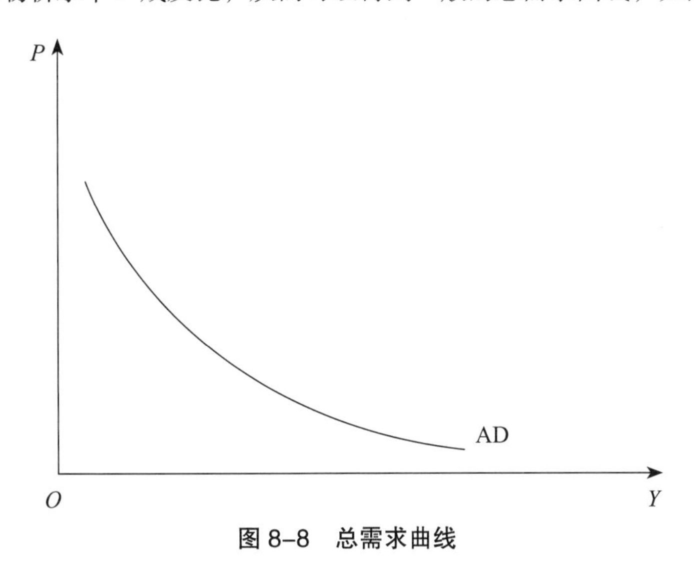

图 8-8　总需求曲线

8.2.2 总需求曲线的解释

总需求曲线是向右下方倾斜的，由货币数量论函数可以很好地进行解释，但这并不是引起总需求曲线向右下方倾斜的本质因素。财富效应、利率效应和汇率效应可以解释物价与总需求之间的关系。

（1）财富效应

财富效应从消费的角度来分析物价与总需求的关系。物价水平的高低直接影响消费者拥有货币的真实值。物价水平上升会导致消费者拥有的真实货币量下降，消费能力降低，支出减少。而当物价水平下降时，消费者会变得相对富有，支出增加，从而使消费者的需求增加。

（2）利率效应

物价水平会影响消费者的货币需求量。物价水平越低，在购买的商品和服务不变的情况下，需要的货币量就越少。在收入不变的情况下，人们会通过储蓄或者购买具有利息收入的产品来降低货币持有量，以此达到增加收入的目的。人们过多地将货币变为有利息收入的资产时，会导致利息收入下降，即利率下降。利率的变化同样也会影响总支出。利率可以理解为借款的成本。利率下降会使投资增加，总产出增加；利率上升会导致投资成本上升，总产出下降。因此，利率与总产出的这种负相关关系可以解释为什么总需求曲线向右下方倾斜。

（3）汇率效应

汇率直接影响两国货币的相对价值。当一国货币相对其他国家的货币升值时，本国商品的价格相对上涨，相同商品在外国的价格会较为便宜，直接导致进口需求增加，出口能力减弱，净出口减少；当本国货币贬值时，则出现相反的情况。汇率作用于两国的相对物价，而物价会影响产品和服务的支出。当本国货币升值时，相对物价的上升会导致对产品和服务的需求下降，同时净出口减少，总需求减少；当本国货币贬值时，相对物价的下降会导致对产品和服务的需求增加，同时净出口增加，总需求上升。

8.2.3 总需求曲线的移动

上一节中我们得到了总需求曲线，分析了在货币流通速度和货币供给固定时物价水平和总产出的关系，接下来我们将分析货币供给变动时总需求曲线的变化。由于货币流通速度是不可控的，因此不将其纳入分析范围。由数量方程 $M \cdot V=P \cdot Y$ 可知，在 V 固定时，货币供给的变化将引起名义产出 $P \cdot Y$ 的同比例变化。货币供给增加，对任何一种给定的物价水平而言，总产出增加；对任何一种给定的总产出而言，物价水平上升。货币供给减少，情况则相反。

货币供给的变动会引起总需求曲线的移动。图 8–9（a）中货币供给的增加提高了名义产出 $P \cdot Y$，对任何一个给定的物价而言，总产出上升。因此，总需求曲线向右移动，由 AD_1 移动到 AD_2。图 8–9（b）中，货币供给的减少使得总需求曲线向左移动。

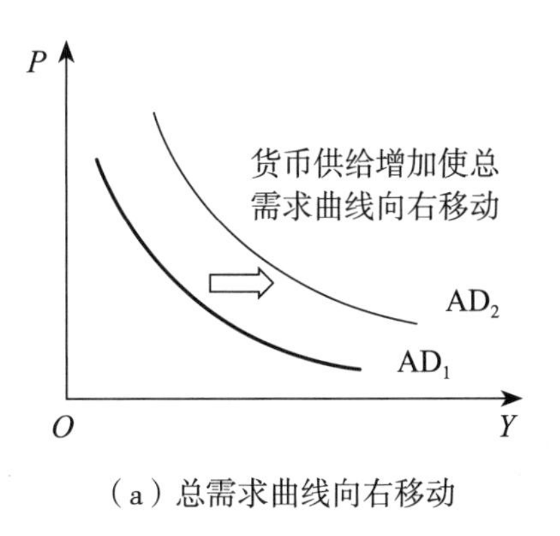

（a）总需求曲线向右移动

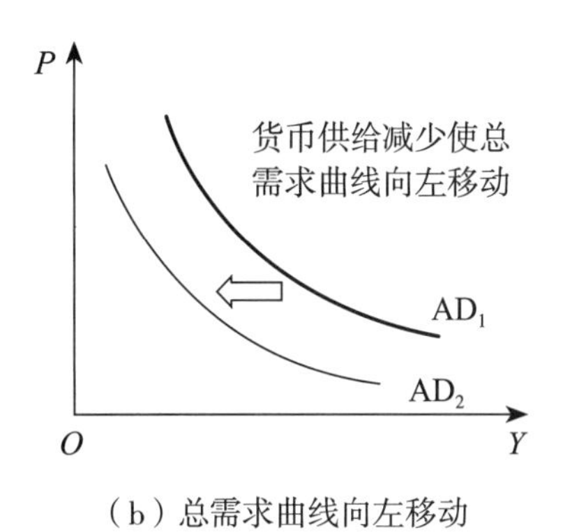

（b）总需求曲线向左移动

图 8–9　总需求曲线的移动

8.2.4　总供给

总供给（Aggregate Supply，AS）曲线描述商品和服务供给量与物价水平之间的关系。在短期中，供给的商品和服务的价格具有黏性，而在长期中二者具有弹性。因此，存在两种总供给曲线：长期总供给曲线（Long-Run Aggregate Supply Curve，LRAS）和短期总供给曲线（Short-Run Aggregate Supply Curve，SRAS）。

（1）长期总供给曲线以及长期均衡

在古典模型中，资本和劳动在长期保持不变，并且得到充分利用，这时即使通过增加货币供给来刺激总需求，也无法增加总产出，只能使物价水平单方面上涨。因此，长期中，总供给曲线是一条垂直的直线，如图 8–10 所示。

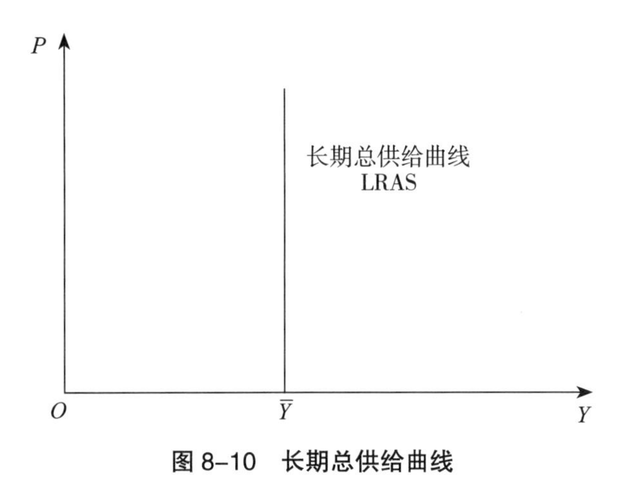

图 8–10　长期总供给曲线

总需求曲线与这条垂直的总供给曲线的交点决定了物价水平，该交点也是长期均衡点。正是由于总供给曲线是垂直的，因此总需求的变动只会影响物价而不会影响总产出，如图 8–11 所示。

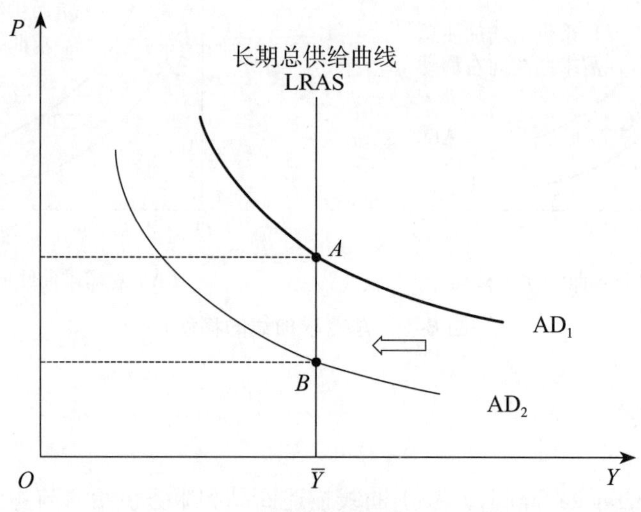

图 8–11　长期总需求曲线的移动

图 8–11 中，货币供给下降使总需求曲线向左移动，从 AD_1 移动到 AD_2，长期均衡由 A 点移动到 B 点，但由于总供给曲线是垂直的，因此总产出未发生变化，而物价水平下降。

（2）短期总供给曲线以及短期均衡

在短期中，物价具有黏性，因而不能根据总需求的变化而变动。在短期中，总供给曲线是一条水平线。总需求的变化在短期会影响产出，而不会使物价水平变动，如图 8–12 所示。

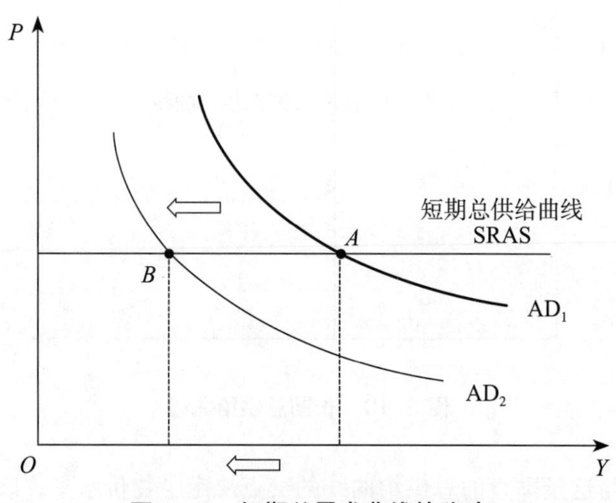

图 8–12　短期总需求曲线的移动

8.2.5 供给侧结构性改革

供给侧是与需求侧相对应的概念。需求侧有投资、消费、出口“三驾马车”，“三驾马车”共同决定经济体的短期经济增长率。而供给侧包含劳动、资本以及技术创新三大要素，三大要素决定了经济体的中长期经济增长率。

习近平总书记在 2015 年 11 月的原中央财经领导小组第十一次会议上提出供给侧结构性改革。从字面意思理解，供给侧结构性改革就是从供给端进行改革，其目的是在适度扩大总需求的同时，去产能、去库存、去杠杆、降成本、补短板，从生产领域加强优质供给，减少无效供给，提高供给结构的适应性和灵活性，提高全要素生产率，使供给体系更好地适应需求结构的变化。

自 2007 年以来，中国的经济增长速度逐年下降，2015 年以来中央银行 5 次降息降准、国家发展和改革委员会新批基建项目规模超过 2 万亿元，但需求刺激效果依然不明显，可见需求不足并非经济增速放缓的真正原因。消费领域呈现较为明显的供需错位：国内消费增速放缓，中国居民在海外疯狂购物，国内航空客运增速缓慢下行，但跨境出游却持续高增长。

这说明中国正面临着供需结构性失衡问题，供需错位现象突出。一方面，过剩产能已成为制约中国经济转型的一大包袱。另一方面，中国的供给体系总体上存在中低端产品供给过剩、高端产品供给不足的问题。收入分配差距过大，国内的供给质量和品类无法满足高收入群体的需求；而低收入群体对于现有的供给品类和质量也消费不起。

为了走出困境，中国需要进行供给侧结构性改革，从提高供给质量出发，用改革的办法推进结构调整，矫正要素配置扭曲，扩大有效供给，提高供给结构对需求变化的适应性和灵活性，提高全要素生产率，更好地满足广大人民群众的需要；同时，调节收入分配不平衡，扩大内需，增加人民群众幸福感，促进经济社会持续健康发展。

8.3 总需求模型：IS-LM 模型

IS-LM 模型由 IS 曲线和 LM 曲线两部分构成。IS 代表投资和储蓄，表示商品市场的情况；LM 代表流动性和货币，表示货币市场的情况。在这两条曲线中，由于利率既影响投资也影响货币需求，所以它是两条曲线之间的纽带，将两条曲线联系在一

起。IS-LM 模型说明了这两个市场的相互作用如何决定总需求曲线的位置和斜率，从而决定短期国民收入水平。

8.3.1 商品市场与 IS 曲线

将计划投资与利率之间的关系用投资函数表达：$I=I(r)$。利率表示融资成本，利率越高说明融资成本越高。融资成本的上升使得投资的活跃度下降，计划投资减少，因此投资函数是一条向右下方倾斜的曲线。

图 8–13 描述了 IS 曲线的推导过程，采用典型的联立图方法，横向并列图的纵轴一致，纵向对齐图的横轴一致。当利率由 r_1 上升到 r_2 时，企业的融资成本上升，从而计划投资由 $I(r)_1$ 下降到 $I(r)_2$，变动量为 ΔI，如图 8–13（b）所示。图 8–13（a）是凯恩斯交叉图，计划投资的下降引起计划支出曲线的移动，计划支出曲线下移导致均衡收入由 Y_1 下降到 Y_2。图 8–13（c）为 IS 曲线，它表示利率与收入的关系，利率越高，收入越低。IS 曲线上的每一点都代表了商品市场的均衡，表明均衡收入与利率之间的

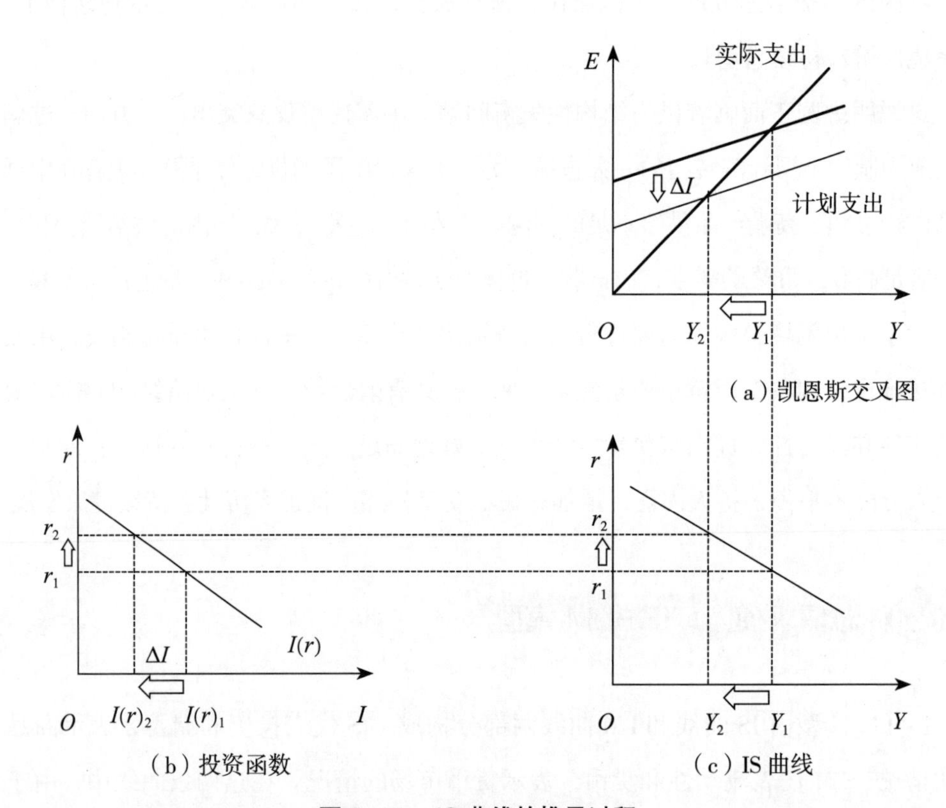

图 8–13 IS 曲线的推导过程

关系。利率的上升引起计划投资的减少，进而导致均衡收入下降；利率的下降引起计划投资的增加，进而导致均衡收入上升。

均衡收入的变动除了受计划投资的影响，还会受到政府购买和税收的影响。接下来我们将讨论政府购买（G）和税收（T）的变动会使得 IS 曲线怎样变化。

图 8–14 展示了当政府购买增加 ΔG 时 IS 曲线如何移动。该图在固定了计划投资利率的情况下进行分析。图 8–14（a）是凯恩斯交叉图，表示在政府购买增加 ΔG 的情况下均衡收入由 Y_1 增加为 Y_2。而图 8–14（b）表示均衡收入与利率之间的关系，当利率固定不变时，IS 曲线则向右移动。

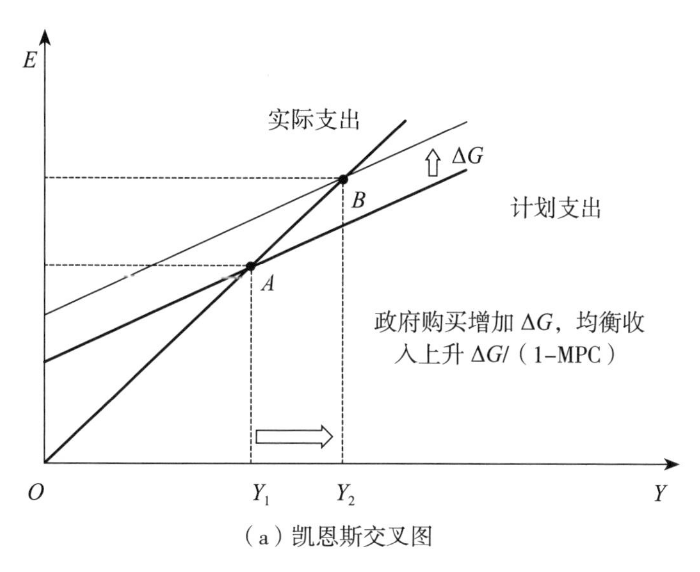

（a）凯恩斯交叉图

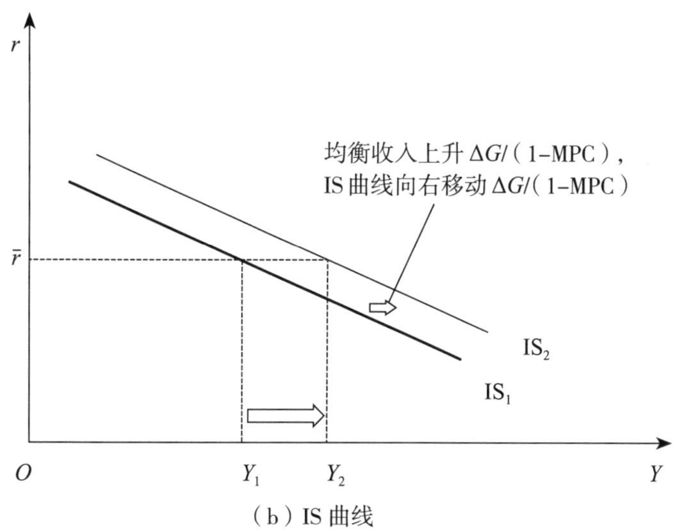

（b）IS 曲线

图 8–14　政府购买增加时 IS 曲线的移动

从上述凯恩斯交叉图的变动分析可知，税收导致的均衡收入的变动与政府购买导致的均衡收入的变动方向相反：税收增加时均衡收入下降，税收减少时均衡收入上升，因此，税收增加使得 IS 曲线向左移动，税收减少使得 IS 曲线向右移动。

IS 曲线表示与产品市场均衡相一致的利率和收入水平的组合。IS 曲线是在固定的财政政策（政府购买和税收不变）下绘制得到的。而财政政策的变动也会使得 IS 曲线移动。使产品和服务需求增加的财政政策会使 IS 曲线向右移动，而使产品和服务需求减少的财政政策会使 IS 曲线向左移动。

8.3.2 货币市场与 LM 曲线

总需求模型由 IS 曲线和 LM 曲线构成。IS 曲线表示与产品市场均衡相一致的利率和收入的组合，而 LM 曲线则描绘了货币市场上利率和收入水平之间的关系。正如凯恩斯交叉图是 IS 曲线的基础模型一样，LM 曲线也有其基础模型——流动性偏好理论。

流动性偏好理论在凯恩斯的《就业、利息和货币通论》中被提出，该理论解释了短期内利率是如何决定的。流动性偏好理论中，M/P（M 表示货币供给，P 代表物价）表示实际货币余额的供给。货币供给 M 是由中央银行决定的外生政策变量，短期内物价具有黏性，因此 P 也是外生变量。

对于实际货币余额的需求，流动性偏好理论假设利率是人们持有货币量的一个决定性因素，该理论认为利率是持有货币的机会成本，利率上升，持有货币的成本上升，人们对货币的需求减少。用 $L(r)$ 表示实际货币余额的需求函数，有 $L(r)=(M/P)^{\mathrm{d}}$。

图 8–15 表示实际货币余额的供求关系。实际货币余额的供给曲线是一条垂线，这是因为供给并不取决于利率，而是固定不变的；需求曲线向右下方倾斜，这是因为较高的利率增加了持有货币的成本，因此需求量下降。供给曲线和需求曲线的交点对应的利率是均衡利率。

根据流动性偏好理论，实际货币余额的需求和供给决定了经济社会的利率。这也表明：通过调节利率货币市场能够达到均衡，在均衡利率上，实际货币余额的需求与供给相等。

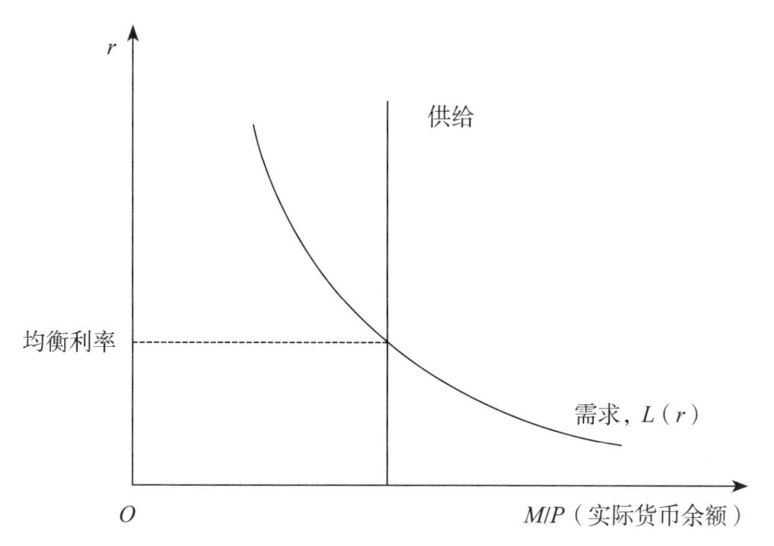

图 8–15　实际货币余额的供求关系

利率对于货币市场的调节过程如下：当利率高于均衡利率水平时，实际货币余额的供给大于需求，持有富余货币的人努力将自己不能带来利息收入的货币转换为有利息收入的银行存款或债券，而银行和债券发行者在面对这种超额的货币供给时则采取降低利率的手段来减少融资成本。相反，如果利率低于均衡利率水平，实际货币余额的需求大于供给，人们会通过出售债券或者到银行提款得到货币，而银行和债券发行者通过提高利率的方式吸引资金。最终，利率达到均衡水平。

流动性偏好理论的假设前提是货币供给是由中央银行决定的外生变量，是固定的。下面我们分析货币供给的变动将如何引起均衡利率的变动。

如图 8–16 所示，货币供给由 M_1 增加到 M_2，M 的上升使得 M/P 增加，P 是固定的，因此实际货币供给向右移动，均衡利率从 r_1 下降到 r_2，下降的利率使人们满足于持有较多的实际货币余额。如果货币供给下降，则出现相反的情况。因此，根据流动性偏好理论，货币供给的增加会引起利率的下降；反之则会使利率上升。

在上述流动性偏好理论中，$L(r)$ 表示实际货币余额的需求函数，但在经济社会中收入水平也会对货币需求产生影响。当收入高时，支出也高，相应地就需要更多的货币进行交易，导致货币需求增加。将收入与货币余额需求的关系用公式表示出来，有 $(M/P)^d = L(r, Y)$，实际货币余额需求量与利率负相关，与收入正相关。

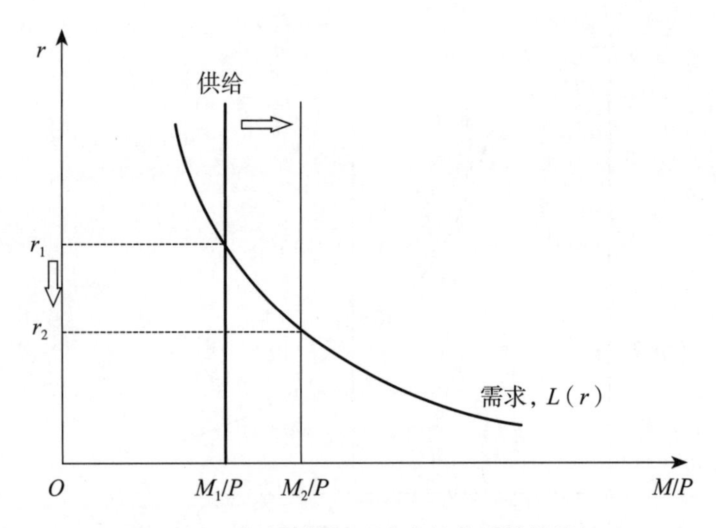

图 8-16　流动性偏好理论中的货币供给增加

图 8-17 展示了 LM 曲线的推导过程。图 8-17（a）表示当收入上升时货币市场的变化，收入由 Y_1 增加到 Y_2，导致实际货币余额需求曲线向右移动，均衡利率由 r_1 上升为 r_2，以使货币市场实现均衡。图 8-17（b）的 LM 曲线表示的是收入和利率之间的关系。LM 曲线上每一点都代表货币市场的一个均衡状态，曲线表示均衡利率是如何依赖于收入水平的。收入水平越高，实际货币余额需求越高，均衡利率也越高，因此 LM 曲线向右上方倾斜。

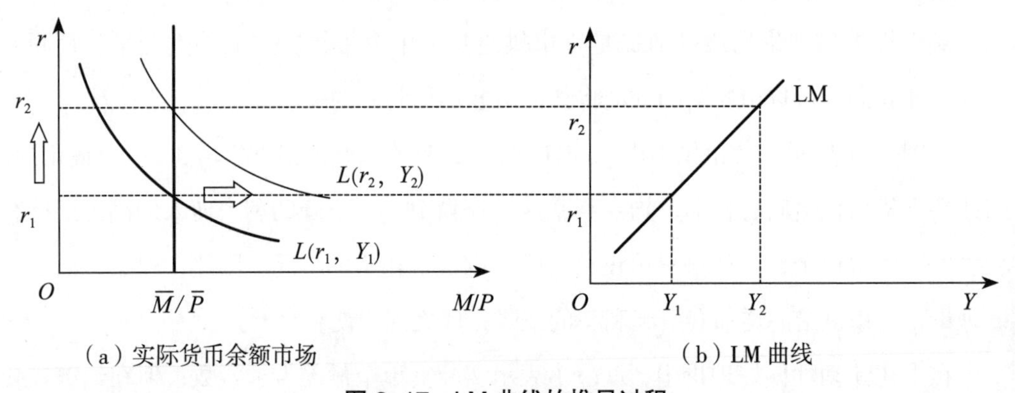

（a）实际货币余额市场　　（b）LM 曲线

图 8-17　LM 曲线的推导过程

LM 曲线展示了在任何收入水平上使货币市场均衡的利率，但是在流动性偏好理论中，均衡利率也取决于实际货币余额供给。LM 曲线的推导过程固定了实际货币余额供给，当实际货币余额供给变动时，LM 曲线也会移动。

图 8-18 展示了在给定的收入水平下，实际货币余额供给减少时 LM 曲线的移动。

图 8–18（a）表示当中央银行决定减少货币供给（由 M_1 减少到 M_2）时，在货币市场上，实际货币余额供给曲线向左移动，均衡利率由 r_1 上升到 r_2。图 8–18（b）表示在给定收入水平 $\bar{Y}$ 时，均衡利率上升时 LM 曲线的移动。

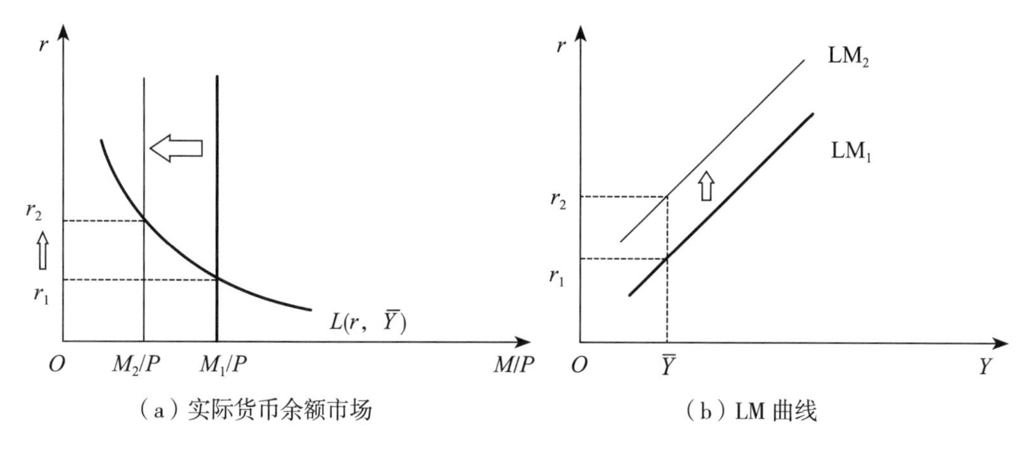

图 8–18　货币供给的减少使 LM 曲线向上移动

LM 曲线表示与货币市场的均衡状态相一致的利率和收入的组合。LM 曲线是在给定实际货币余额供给下得到的。实际货币余额供给的减少使 LM 曲线向上移动，实际货币余额供给的增加使 LM 曲线向下移动。

8.3.3　IS 和 LM 曲线的其他解释

(1) IS 曲线的可贷资金解释

在一个封闭的经济体中，国民收入核算可以写为

$$Y-C-G=I, S=I$$

其中，S 为国民储蓄，I 为投资。国民储蓄代表可贷资金的供给，而投资则代表资金的需求。用消费函数 $c(Y-T)$ 代替 C，用投资函数 $I(r)$ 代替 I，得到

$$Y-c(Y-T)-G=I(r) \tag{8-5}$$

式（8–5）表明可贷资金的供给取决于收入和财政政策，可贷资金的需求取决于利率，通过调整利率，可贷资金供求达到均衡。

图 8–19 中，IS 曲线可被解释为在任意给定的收入水平上使可贷资金市场均衡的利率。图 8–19（a）中，当收入从 Y_1 增加到 Y_2 时，在边际消费倾向小于 1 的情况下，

消费的增加小于收入的增加，储蓄从 $S(Y_1)$ 增加到 $S(Y_2)$，可贷资金的增加使得利率从 r_1 下降到 r_2。图 8–19（b）概括了收入与利率之间的关系：高收入意味着高储蓄，高储蓄又意味着低均衡利率，因而 IS 曲线向右下方倾斜。

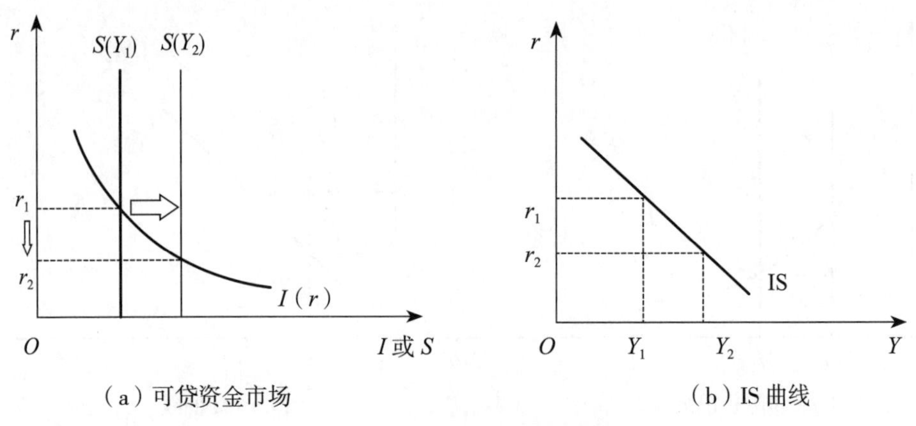

（a）可贷资金市场　　（b）IS 曲线

图 8–19　IS 曲线的可贷资金解释

这种对 IS 曲线的可贷资金解释也说明了财政政策能使 IS 曲线移动，政府购买的增加或者税收的降低会使国民储蓄下降。在给定的收入水平下，可贷资金的减少使得均衡利率上升，表现为扩张性的财政政策使 IS 曲线向上移动。

（2）LM 曲线的数量方程式解释

货币数量方程式为 $M \cdot V = P \cdot Y$，可以利用该方程式描述货币市场。假设货币流通速度是不变的，这意味着对于任何给定的物价水平，货币本身决定了收入。由于收入并不取决于利率，所以根据货币数量论，LM 曲线为一条垂线。

下面，我们放松货币流通速度不变的假设。货币流通速度不变的假设，是基于实际货币余额的需求只取决于收入水平的假设。但在流动性偏好模型中，实际货币余额需求还取决于利率：较高的利率增加了持有货币的成本并减少了货币需求。人们在利率较高时减少货币持有量，那么所持有的每一单位货币必定要更经常地使用。为了支持既定的交易量，货币的流通速度必须提高。将货币数量方程式表示为 $M \cdot V(r) = P \cdot Y$，其中 $V(r)$ 表示货币流通速度，与利率正相关。

由于利率与货币流通速度正相关，利率的上升提高了货币流通速度，因此也提高了任何给定货币供给和物价水平下的收入水平，这解释了 LM 曲线中收入水平与利率的正相关关系。

8.3.4 短期均衡

通过前面的分析，得到 IS-LM 模型如下：

$$\begin{cases} Y=c(Y-T)+I(r)+G & \text{IS} \\ \dfrac{M}{P}=L(r,Y) & \text{LM} \end{cases} \tag{8-6}$$

该模型把财政政策 G 和 T、货币政策 M、物价水平 P 作为外生变量，IS 曲线给出了满足商品市场均衡的 r 和 Y 的组合，而 LM 曲线给出了满足货币市场均衡的 r 和 Y 的组合。将两条曲线结合得到 IS-LM 模型。

图 8-20 是 IS-LM 模型的曲线，经济的均衡位于 IS 曲线和 LM 曲线的交点处。在均衡点的均衡收入和均衡利率既满足商品市场的均衡条件，又满足货币市场的均衡条件。在这个点上，实际支出等于计划支出，实际货币余额的供给等于需求。

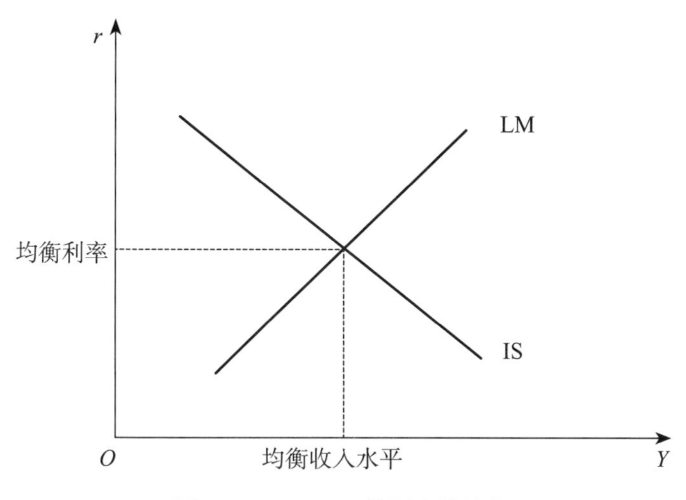

图 8-20　IS-LM 模型中的均衡

IS-LM 模型表示短期均衡，其最终目标是分析经济活动中的短期波动。凯恩斯交叉图和流动性偏好理论是 IS-LM 模型的基础，二者将商品市场和货币市场相结合，从而得到最终的均衡点。

8.4 IS-LM 模型的拓展

通过 IS-LM 曲线可以得到短期均衡点，这是理解短期经济波动的第一步。IS 曲线代表商品市场的均衡，而 LM 曲线代表货币（实际货币余额）市场的均衡，IS 曲线和 LM 曲线共同决定了短期中当物价固定时的利率和国民收入。

8.4.1　从 IS–LM 模型到总需求曲线

前文提到，总需求曲线描述的是物价水平与国民收入水平之间的关系。对于给定的货币供应量，物价水平较高时收入水平较低。并且，货币供给的增加会使总需求曲线向右移动；反之，货币供经的减少会使总需求曲线向左移动。接下来我们将通过 IS–LM 模型来推导总需求曲线，并解释总需求曲线。

首先，我们解释总需求曲线为什么向右下方倾斜，也就是收入和物价为什么呈反向变动关系。考虑物价水平变动时 IS–LM 模型的变化，如图 8–21（a）所示，对于给定的货币供给量 M，物价水平上升（物价由 P_1 上升到 P_2）使得实际货币余额供给 M/P 下降，进而导致 LM 曲线向上移动。LM 曲线向上移动使得均衡利率上升，同时收入由 Y_1 下降到 Y_2。图 8–21（b）为总需求曲线，表示物价水平和收入水平的这种关系。

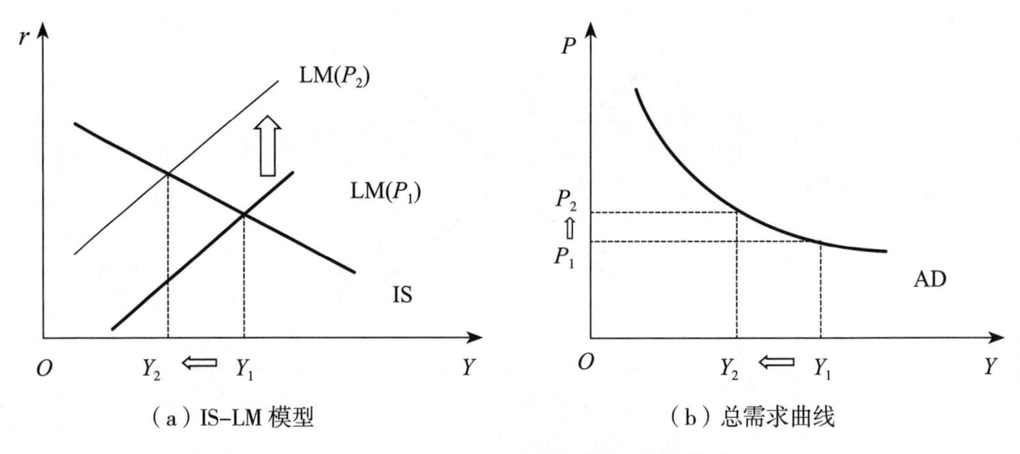

（a）IS–LM 模型　　（b）总需求曲线

图 8–21　从 IS--LM 曲线推导总需求曲线

其次，我们解释总需求曲线的移动。在给定的物价水平下，货币供给的变动会使实际货币余额变动，从而导致 LM 曲线移动，均衡收入水平发生变化，总需求曲线移动。并且，政府购买的变动以及税收的变动也会达到同样的效果。

我们以财政扩张为例来解释总需求曲线的移动。如图 8–22 所示，扩张性的财政政策使得 IS 曲线向右移动，模型的均衡收入发生变化，由 Y_1 增加到 Y_2，在给定物价水平下，表现为总需求曲线向右移动。

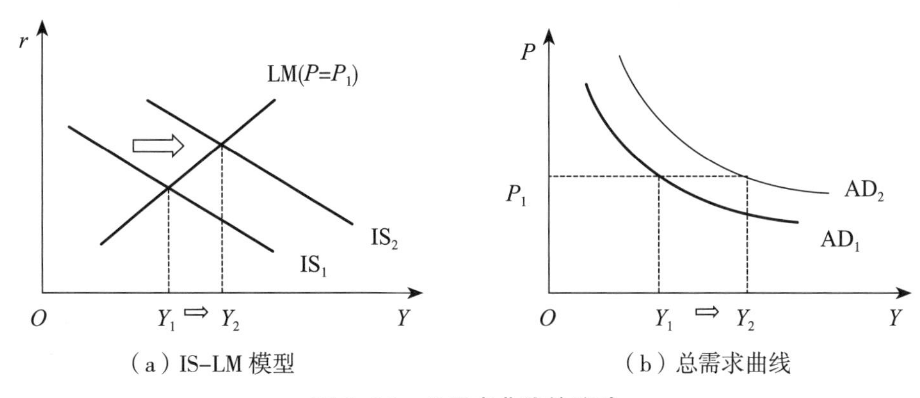

（a）IS-LM 模型　　（b）总需求曲线

图 8-22　总需求曲线的移动

8.4.2　大萧条

1929—1933 年，美国经历了严重的经济危机，危机波及主要资本主义国家，被称为大萧条。大萧条期间美国的经济数据见表 8-1。

表 8-1　大萧条期间美国的经济数据

年份	失业率（1）	实际 GNP（2）	消费（3）	投资（4）	政府购买（5）	名义利率（6）	股市指数（7）	通货膨胀（8）	CPI（9）	货币供给（10）
1929	3.2	203.6	139.6	40.4	22.0	5.9	83.1	–	100.0	26.6
1930	8.9	183.5	130.4	27.4	24.3	3.6	67.2	−2.6	97.4	25.8
1931	16.3	169.5	126.1	16.8	25.4	2.6	43.6	−10.1	88.7	24.1
1932	24.1	144.2	114.8	4.7	24.2	2.7	22.1	−9.3	79.7	21.1
1933	25.2	141.5	112.8	5.3	23.3	1.7	28.6	−2.2	75.4	19.9
1934	22.0	154.3	118.1	9.4	26.6	1.0	31.4	7.4	78.0	21.9
1935	20.3	169.5	125.5	18.0	27.0	0.8	33.9	0.9	80.1	25.9
1936	17.0	193.2	138.4	24.0	31.8	0.8	49.4	0.2	80.9	29.6
1937	14.3	203.2	143.1	29.9	30.8	0.9	49.2	4.2	83.3	30.9
1938	19.1	192.9	140.2	17.0	33.9	0.8	36.7	−1.3	82.3	30.5
1939	17.2	209.4	148.2	24.7	35.2	0.6	38.5	−1.6	81.0	34.2

注：（1）单位为 %；（2）单位为 10 亿美元，用 1958 年美元衡量；（3）、（4）、（5）单位为 10 亿美元；（6）指 4—6 个月期基准商业票据利率，单位为 %；（7）指标准普尔指数，1929 年 9 月 =100；（8）为物价水平变动的百分数，单位为 %；（9）1929 年 =100；（10）指现金加活期存款，单位为 10 亿美元。

资料来源：Buntin, L. J. , Peterson, R. A. Historical Statistics of the United States: Colonial Times to 1970[J]. Journal of Marketing Research, 1976, 13(4):447.

大萧条是由股票市场的崩溃引发的。在 1929 年 9 月到 1932 年 6 月间，美国股市暴跌 85%，因此，大萧条几乎被认为和股市的崩溃是同一回事。除了股市的崩溃，

1929—1933年，美国GNP下降近30%，失业率从3.2%上升到25.2%，同时CPI也下降了近30%。

大萧条中美国经济急剧衰退，那又是什么导致了大萧条呢？经济学家们从不同角度给出了分析。

（1）支出假说：对IS曲线的冲击

从表8-1可以分析出，美国在20世纪30年代初的收入减少与利率下降是一致的，这也使得部分经济学家们认为，收入减少的原因可能是IS曲线的紧缩性移动，这一观点被称为支出假说。根据这一观点，大萧条产生的原因是产品与服务支出的外生减少。

支出减少的原因是什么呢？一些经济学家认为，消费函数的向下移动引起了IS曲线的紧缩性移动。1929年的股市崩盘使得美国民众对未来的不确定性增强，同时财富大量减少，从而消费者将更多的收入进行储蓄，而不是进行消费。此外，家用住房投资的大幅度下降也导致了支出的减少。经济学家们认为，20世纪20年代美国的住房投资过于高涨，住房建设过度，随着住房投资的逐渐减少，加上移民的减少，住房需求大幅度下降，从而使支出减少。

而大萧条本身也使支出进一步减少，大量银行破产，企业得不到可以利用的资金，投资支出减少，投资函数进一步紧缩性移动。

此外，当时的财政政策也导致了IS曲线的紧缩性移动。1932年颁布的《税收法案》（Revenue Act）提高了许多税种的征收率，特别是针对中低收入消费者的税种。同时，美国政府也大幅缩减了政府支出。

（2）货币假说：对LM曲线的冲击

1929—1933年间美国的货币供给减少了25%，同时失业率也大幅度上升，因此有经济学家将大萧条的原因归结为美联储允许货币供给大幅度减少。但是相关资料显示，1929—1931年间美国的实际货币余额略有上升，并且LM曲线的移动伴随着利率的上升，然而大萧条期间美国的名义利率是一直下降的。因此，LM曲线的紧缩性移动引起大萧条的观点无法令人信服。

（3）再论货币假说：物价下降的影响

1929—1933年间，美国的物价水平下降了25%。因此，有经济学家把大萧条归罪于通货紧缩，通货紧缩很可能将一次普通的经济衰退演变为空前的高失业率和低收入的经济问题。这种观点赋予了货币假说新的生命力，货币供给的减少很可能引起物价水平的下降，进而出现上文讲到的实际货币余额的小幅度上升，因此大萧条的原因仍然可以归结于货币供给的减少。

在 IS–LM 模型中，物价的下降会使收入上升。因为对于给定的货币供给而言，较低的物价意味着更高的实际货币余额，而实际货币余额的增加会引起 LM 曲线的扩张性移动，导致收入上升。但是，通货紧缩可能带来不稳定的效应，这里我们通过两种理论来说明。

第一种理论是债务–通货紧缩理论。在物价水平变动时，财富会在债权人和债务人之间进行再分配，物价的下降会使实际债务量（也就是债务人必须向债权人偿还的购买力数量）增加。因此，未预料到的通货紧缩会使债权人变得富有而债务人变得贫穷。这种财富的再分配会影响产品和服务的支出，债务人的支出会减少，而债权人的支出会增加。如果债务人的支出倾向高于债权人，那么债务人减少的支出比债权人增加的支出多，最后会导致支出减少、IS 曲线紧缩性移动和国民收入减少。

第二种理论假设通货紧缩是可预期的。在 IS 曲线中投资函数为 $I(r)$，在这里我们对利率 r 进行重新定义：$r=i-\pi^e$，i 是名义利率，π^e 则是预期通货膨胀率。在大萧条开始前，假设人们都预期物价水平将保持不变，因此不存在通货膨胀，$\pi^e=0$。而当经济开始下滑时，人们预期未来物价水平会下降，因此 π^e 为负数。在任何给定的名义利率下，实际利率提高了。实际利率的提高抑制了计划投资支出，从而会导致 IS 曲线的紧缩性移动，最终导致名义利率下降、国民收入减少。

8.4.3 IS–LM 模型在中国

受 2008 年全球金融危机的影响，为防止中国经济陷入严重的衰退境地，中国政府改变了以往稳健的财政政策，实施更为积极的财政政策，同时货币政策也变得更为宽松。在财政政策方面，政府持续增加财政支出，不断加大基础设施建设投资；货币政策方面也迎来了一波又一波的降息降准。2014 年第四季度以来，中央银行进行了多次降息，而与此同时 CPI 基本维持稳定。

对 IS–LM 模型来说，当 LM 曲线形状既定时，IS 曲线越陡峭，则财政政策的效果越显著；反之，财政政策的效果越不显著。而当 IS 曲线形状既定时，LM 曲线越陡峭，财政政策的效果越不显著；反之，财政政策的效果越显著。

当LM曲线形状既定时，IS曲线越陡峭，货币政策的效果越不显著；反之，货币政策的效果越显著。在IS曲线形状既定时，LM曲线越陡峭，货币政策的效果越显著；反之，货币政策的效果越不显著。

中国的IS曲线表现出以下三个特点：

一是边际消费倾向偏低。由于住房支出、教育支出占家庭支出的比重大，加上社会保障体系不够完善、收入分配差距拉大等因素的制约，中国居民的边际消费倾向偏低。

二是投资对利率的变化敏感度不高。中国的银行利率尚未实现市场化，企业对资金的供求对利率的影响度较低，加上在中国现行的银行信贷资金管理体制下，资金的去向并不是完全由市场决定的。这些因素弱化了利率政策的传导作用，中央银行只得通过多次降息来刺激投资。

三是当前IS曲线较为陡峭。但随着经济的发展、制度的健全和人民生活水平的提高，IS曲线会更加平坦。

中国的LM曲线表现出以下三个特点：

一是货币需求收入弹性较高。在中国的狭义货币需求中，交易需求占了很大的比重，居民因交易动机和谨慎动机而产生了大量的货币需求，并且受收入影响大。

二是货币需求利率弹性较低。预防性货币需求对利率基本无弹性，这部分需求表现为对医疗、养老保险以及对自费教育的预期等，这部分需求一般不会随利率变动；而对于投机性需求，在政策市场不是特别完善的情况下，虽然居民有了一定的投资意识，但由于投资资金和投资渠道有限，投机性需求依然不高。

三是当前LM曲线较为陡峭。但随着证券市场的完善、投资渠道的拓宽以及投资行为的规范，LM曲线会逐渐趋于平坦。

8.5 消费需求的决定

消费需求指消费者对以商品和劳务形式存在的消费品的需求和欲望。在社会的不同时期，消费需求处于不同的水平。在社会发展的初级阶段，商品经济不发达，可供选择的消费品较少，消费需求受限。当社会步入市场经济后，市场上的消费品种类繁多，生产资料和生活资料都以商品形式呈现，消费需求逐渐得到满足，同时消费需求也更加多元化和层次化，并且消费质量不断提高。本节将从相对收入消费理论、生命周期消费理论、永久收入消费理论以及影响消费的其他因素角度对消费需求进行系统阐述。

8.5.1 相对收入消费理论

相对收入消费理论由美国经济学家詹姆斯·杜森伯里（James Duesenberry）在1949年首次提出。杜森伯里认为，消费是相对决定的，一个人的消费会受自己以前消费习惯和周围人的消费水平影响。在他看来，长期中，消费和收入成一定比例，表现为没有常数项的一次函数关系；但在短期中，二者则为截距为正的一次函数关系。

在时间序列上，杜森伯里认为，依照人们的习惯，消费者增加消费较为容易，而减少消费则会比较困难。因为对于一直处于高生活水平的人来说，即便收入下降，短期内生活水平也会依然维持在较高的水平，消费不易随着收入的下降而下降。而低生活水平的人会在收入提高的同时迅速增加消费。因此，在短期内，在经济波动过程中，收入增加时低收入者的消费会赶上高收入者，但收入减少时，消费水平的降低幅度相当有限。短期消费函数不同于长期消费函数，这一理论可以用图8-23加以说明。

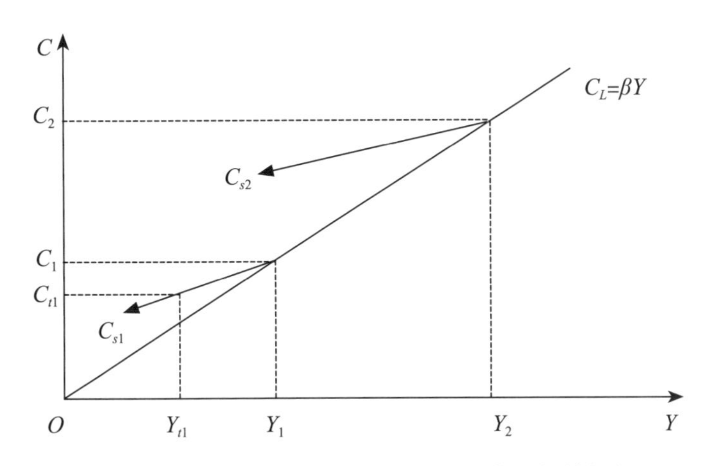

图8-23 相对收入消费理论对短期消费函数的解释

在图8-23中，经济处于稳定增长状态，消费与收入成正比，假设长期消费函数为 $C_L=\beta Y$。当经济发生波动时，短期消费函数有不同形态。例如初始收入水平为 Y_1，消费为 C_1，当收入由 Y_1 减少时，消费不循 C_L 的途径变动，而循 C_{s1} 的途径变动（$C_{t1}/Y_{t1}>C_1/Y_1$，即平均消费倾向变大）；反之，当收入由 Y_{t1} 逐渐恢复时，消费循

着 C_{s1} 的路径变动，直至达到 C_1 为止。当经济由 Y_1 稳定增长时，消费又循着 $C_L=\beta Y$ 的途径变动，故消费函数为 C_L；然而，当收入在 Y_2 处而经济发生衰退时，短期消费函数为 C_{s2}。消费函数如此继续变动的结果，将是长期消费函数和短期消费函数呈现明显的区别，其曲线函数如下：长期消费函数为 $C_L=\beta Y$；短期消费函数为 $C=C_0+cY$。短期消费函数有正的截距，杜森伯里将其归因为经济周期各阶段不同的消费行为。杜森伯里理论的核心是消费者收入的上下波动会对其消费产生不同的效应，消费容易随着收入的提高而增加，但不容易随着收入的下降而减少，这导致短期消费函数有正的截距。消费的这种特点被称为“棘轮效应”，表现为增加消费容易而降低消费困难。

杜森伯里的相对收入消费理论同时认为，消费者的消费行为会受到周围人群消费水平的影响，这就是所谓的“示范效应”。当一个人的收入与周围人群的收入同比例增加时，其消费在收入中的比例不会改变；而当周围人群的收入增加，但自己的收入没有增加时，他会顾及在社会中的相对地位而强行增加消费。这种心理会使短期消费函数随社会平均收入的提高而整体向上移动。

8.5.2 生命周期消费理论

美国经济学家弗兰科·莫迪利安尼（Franco Modigliani）在20世纪50年代提出了生命周期消费理论，该理论强调人们会在长时间范围内计划他们的生活消费开支，以达到在整个生命周期内消费的最佳配置。对于一般人来说，青年时期家庭收入偏低，这一时期的消费会超过收入，并且可能会产生债务；随着时间的推移，当他们步入壮年和中年时，收入大幅度上升，除满足消费支出以外，也会对青年时欠下的债务进行偿还，更重要的是将剩余的财富进行储蓄以备养老；到了老年退休时期，又会恢复到消费大于收入的状态，并逐渐消耗储蓄。其模型如下：

$$C=aW_R+cY_L \tag{8-7}$$

式中，W_R 为实际财富；a 为财富的边际消费倾向，即每年消费财富的比例；Y_L 为工作收入；c 为工作收入的边际消费倾向，即每年消费工作收入的比例。

根据生命周期消费理论，如果社会上青年人和老年人的比例增大，则消费倾向会提高；如果社会上中年人的比例增大，则消费倾向会下降。因此，总储蓄和总消费会部分地依赖于人口的年龄分布，当有更多人处于储蓄年龄时，净储蓄率就会上升。

8.5.3 永久收入消费理论

永久收入消费理论由美国经济学家米尔顿·弗里德曼在1976年提出，该理论认为消费者的消费支出主要不是由当前收入决定的，而是由永久收入决定的。永久收入指消费者可以预期的长期收入加权值。距现在的时间越短，权重越大。假定某人的永久收入为以下形式的一个加权平均值：

$$Y_P=\theta Y+(1-\theta)Y_{-1} \tag{8-8}$$

式中，Y_P为永久收入；θ为权重；Y和Y_{-1}分别为当前收入和过去收入。

消费者的消费支出取决于永久收入，当消费函数$C=cY_P$时，当前收入的边际消费倾向仅为$c\theta$，明显低于长期边际消费倾向c。短期边际消费倾向之所以较低，是因为当收入上升时，人们对于收入增加的持续性有不确定性，因此不会立即充分增加其消费；当收入下降时，人们对于收入是否会一直下降同样有不确定性，因此消费也不会立即发生相应下降，这与相对收入消费理论的观点有很大差异。当收入变动最终被证明是永久的时，人们才会在最终证明的永久收入水平上充分调整其消费。

按照这种消费理论，当经济衰退时，人们的收入下降，但消费者仍然按永久收入消费，故衰退期的消费倾向高于长期的平均消费倾向；相反，经济繁荣时尽管收入水平提高，但消费者依然按照永久收入消费，这时的消费倾向低于长期平均消费倾向。根据这种理论，政府想通过增减税收来影响总需求的政策是不能奏效的，因为减税而增加的收入，消费者并不会立即都用来增加消费。

8.5.4 影响消费的其他因素

上述几个理论都将收入作为影响消费的重要因素，但收入不是影响消费的唯一因素。在短期内，会出现边际消费倾向为负的情况，即收入增加时消费反而减少，收入减少时消费反而增加；也可能出现边际消费倾向大于1的情况，即消费增加额大于收入增加额。下面将介绍几种影响消费的其他因素。

（1）利率

一般来说，利率上升会导致储蓄上升，进而抑制消费。但是有些经济学家认为利率上升是否会增加储蓄和抑制消费需要依据利率的变动对储蓄的替代效应和收入效应来决定。

利率对储蓄的替代效应指在利率上升时，人们选择减少当前消费、增加储蓄，以便将来更多地消费；利率对储蓄的收入效应指在利率上升时，人们未来的利息收入会增加，因此人们认为自己变得更富有，从而增加当前的消费，减少储蓄。利率对储蓄的影响由替代效应和收入效应之和来决定。

一般来说，利率上升对低收入人群主要表现为替代效应，即储蓄会增加。而对于高收入人群来说，利率上升主要表现为收入效应。就社会总体而言，利率上升会导致总储蓄增加还是降低，则由替代效应带来的储蓄增加量和收入效应带来的储蓄减少量之和来决定。

储蓄的另一重要作用是用于将来养老。如果人们储蓄的目的是在将来获得固定的收入，那么利率的上升会使人们减少当前的储蓄本金，因此利率上升会使储蓄减少。人们储蓄的目的不同，收入阶层也不同，因此利率带来的储蓄效应是正还是负难以判断。

图 8-24 给出了 1990—2015 年中国实际私人消费、居民储蓄率和存款利率随时间的变化情况。1990—2015 年，实际私人消费明显呈现逐年递增的态势；存款利率在 1993—1996 年达到峰值后，呈逐年骤降的趋势，而这种趋势到 2000 年左右趋于稳定，从 2014 年开始存款利率又出现了下降的趋势；居民储蓄率经历了一个先降后增的过程，在 2000 年左右出现了凹点。

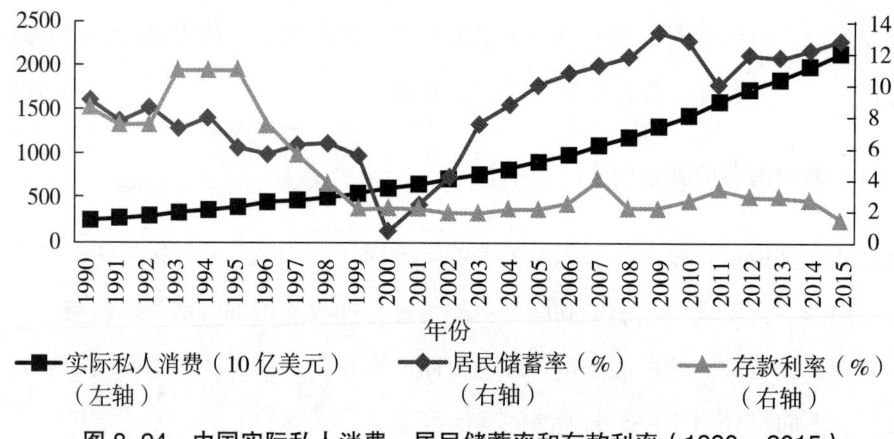

图 8-24　中国实际私人消费、居民储蓄率和存款利率（1990—2015）

资料来源：实际私人消费、存款利率数据来自 WDI 数据库，居民储蓄率数据来自 EIU 数据库。

在 1993—2000 年期间，存款利率和居民储蓄率有一个明显的降低趋势。此时，人们认为增加当前消费而减少未来消费比较有利，人们有动机减少储蓄，这是利率变动对储蓄的替代效应；而利率降低导致储蓄增加则是利率变动对储蓄的收入效应。

（2）物价水平

物价是影响消费的另一个重要因素。当消费者货币收入不变时，物价水平的上升会导致实际收入的下降，实际收入的变动会导致消费者平均消费倾向的变化。消费者为了维持原有的消费水平，平均消费倾向会上升；而当物价下降时，平均消费倾向会下降。因此，当物价水平与货币收入同比例变动时，消费者的消费倾向不会发生变化，但如果消费者只在意货币收入的上升而忽略物价水平的上涨，则会导致消费倾向的上升，产生“货币幻觉”。

图 8–25 是 1990—2015 年间中国实际私人消费、居民储蓄率以及消费者价格指数的走势情况。在此期间实际私人消费和消费者价格指数均呈上升趋势，而居民储蓄率经历了一个先降后升的过程，说明“货币幻觉”现象是存在的。

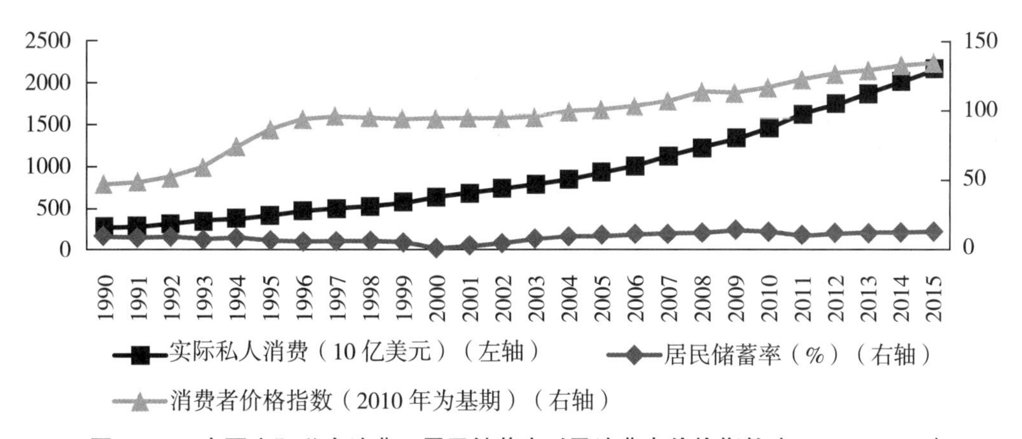

图 8–25　中国实际私人消费、居民储蓄率以及消费者价格指数（1990—2015）

资料来源：实际私人消费、消费者价格指数数据来自 WDI 数据库，个人可支配收入数据来自 EIU 数据库，其中，居民储蓄率 =（个人可支配收入－实际私人消费）/ 个人可支配收入。

（3）收入分配

一般而言，高收入家庭的消费倾向较低，低收入家庭的消费倾向较高。因此，国民收入分配越平均，全国性的平均消费倾向就越高。

图 8–26 给出了 1990—2015 年间中国实际私人消费、平均消费倾向、居民储蓄率以及基尼系数趋势。基尼系数表示一国的收入差距，系数越大表示收入差距越悬殊。在 1990 年，中国的基尼系数为 32.43%，处于相对合理的水平。随后基尼系数逐步增加，到了 2002 年达到一个峰值 42.59%，收入差距处于较高水平。2002 年以后，基尼

系数虽然有所下降，但是仍然维持在40%以上。平均消费倾向在1990—2015年间经历了一个逐步增加然后下降的过程，在2000年前后达到峰值，且2000—2015年均值低于1990—2000年均值。这也在一定程度上验证了收入分配越不平均，全国性平均消费倾向越小。

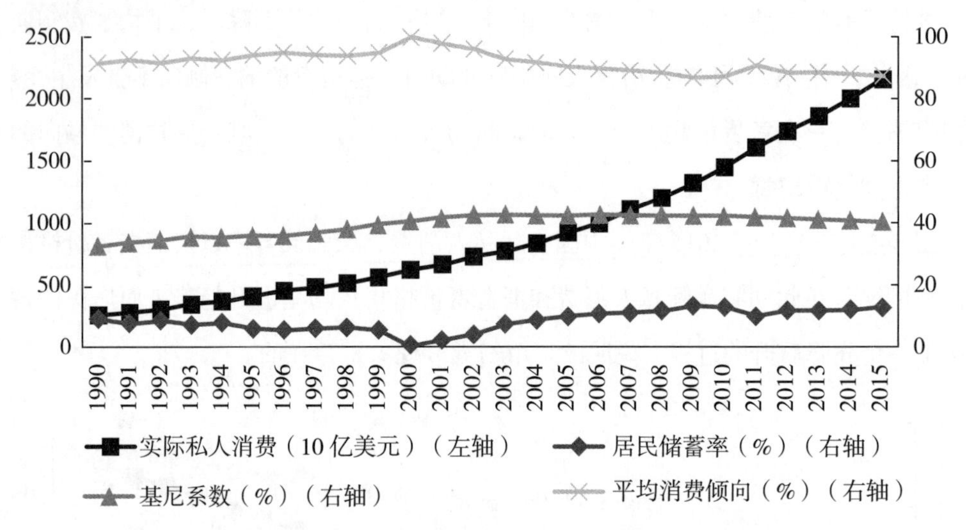

图8-26　中国实际私人消费、平均消费倾向、居民储蓄率以及GINI系数（1990—2015）

资料来源：实际私人消费、基尼系数数据来自WDI数据库，个人可支配收入数据来自EIU数据库，其中，居民储蓄率=（个人可支配收入－实际私人消费）/个人可支配收入，平均消费倾向=实际私人消费/个人可支配收入。

（4）社会保障制度

社会保障制度越完善，居民的消费倾向越高。我们利用WDI数据库收集了1995—2015年间波兰和玻利维亚的实际私人消费、居民储蓄率以及社会保障项目充足率的数据，并绘制了相应的趋势图，如图8-27和图8-28所示。在图8-27中，波兰在1995—2006年这10年时间的社会保障项目充足率基本维持在56%左右，波动并不大。在此期间实际私人消费是增加的，稳定的社会保障制度是可能的原因，伴随着经济增长，人们愿意将更多收入用于消费。从2008年开始，波兰社会保障项目充足率开始提升，实际私人消费也不断增加。从表面上看，这与完善社会保障制度能够促进居民消费的预期是一致的。玻利维亚的情况却截然不同。1995—2015年间，玻利维亚社会保障项目充足率逐渐降低，居民储蓄率也呈降低的趋势，然而实际私人消费却逐年增加，如图8-28所示。社会保障项目的逐步削减是可能的原因，其导致更多私人消费用于个人的保障开支方面。

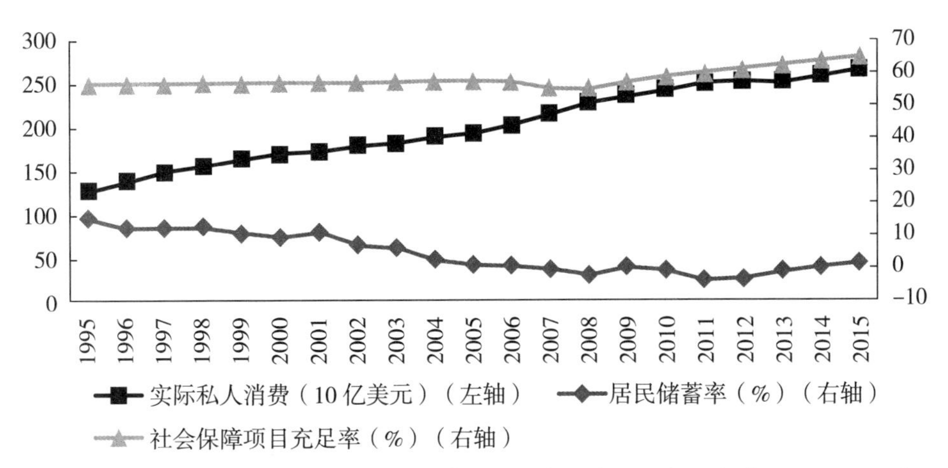

图 8–27　波兰实际私人消费、居民储蓄率、社会保障项目充足率（1995—2015）

资料来源：实际私人消费、社会保障项目充足率数据来自 WDI 数据库，个人可支配收入数据来自 EIU 数据库，其中，居民储蓄率 =（个人可支配收入－实际私人消费）/ 个人可支配收入。

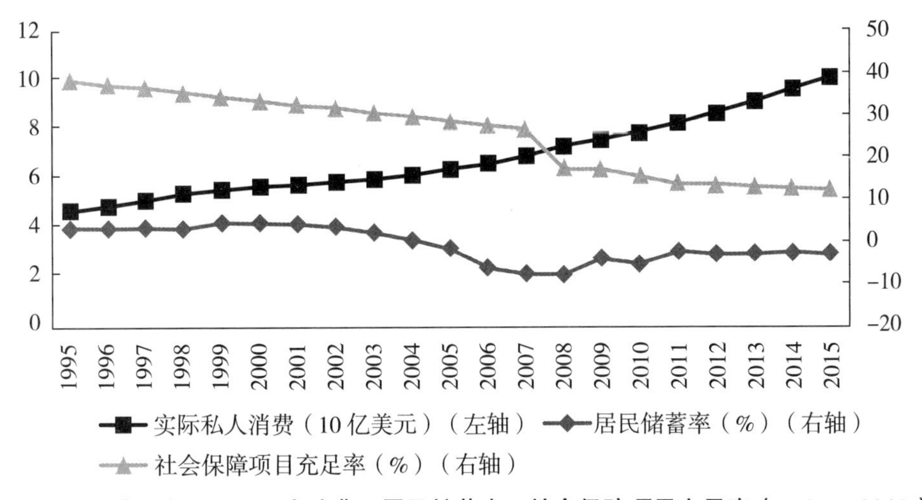

图 8–28　玻利维亚实际私人消费、居民储蓄率、社会保障项目充足率（1995—2015）

资料来源：实际私人消费、社会保障项目充足率数据来自 WDI 数据库，个人可支配收入数据来自 EIU 数据库，其中，居民储蓄率 =（个人可支配收入－实际私人消费）/ 个人可支配收入。

8.6 投资需求的决定

在国民收入决定的简单模型里，投资、消费及政府支出是总需求的组成部分，但投资只作为一个既定的外生变量参与总需求的决定。现实生活中，投资是一个应当放到模型中来分析的内生变量。因此，要研究国民收入是如何决定的，就必须研究投资本身是如何决定的。

在西方国家，人们购买证券、土地和其他财产都被视为投资。但在经济学中，这些却不能算是投资，而只是资产产权的转移。经济学中所讲的投资，指资本的形成，即社会实际资本的增加，包括厂房、设备和存货的增加，以及新建住宅等，其中以厂房、设备的增加为主。

决定投资的因素很多，主要的因素包括实际利率、资本边际效率和预期收益等。

8.6.1 实际利率与投资

根据凯恩斯的思想和新古典公司金融理论，新的实物资本投资的大小取决于这些新投资预期是否能带来比筹集资金所支付的利率更高的收益率，后者被称为内部收益率。如果内部收益率高于外部利率，则该投资被认为是值得的；反之，则应该放弃该投资。因此，在决定投资的众多因素中，实际利率是最为重要的。由费雪方程式可知，实际利率等于名义利率减去通货膨胀率。当投资的预期收益率既定时，影响投资的首要因素就是实际利率，实际利率的高低影响着投资的多少。实际利率上升会导致投资下降，投资是实际利率的减函数。

图 8-29 给出了 1980—2014 年间中国社会资本形成总额与实际利率随时间变化的趋势。在 1980—2014 年间，中国社会资本形成总额呈逐年增加的态势，而实际利率则大部分在正、负 6% 的范围内波动。中国作为发展中国家，投资逐年上升，每年的投资增加量也在上升，投资受利率波动的影响不是很大。但随着国家经济的不断发展，投资水平会逐渐与利率趋于同步。

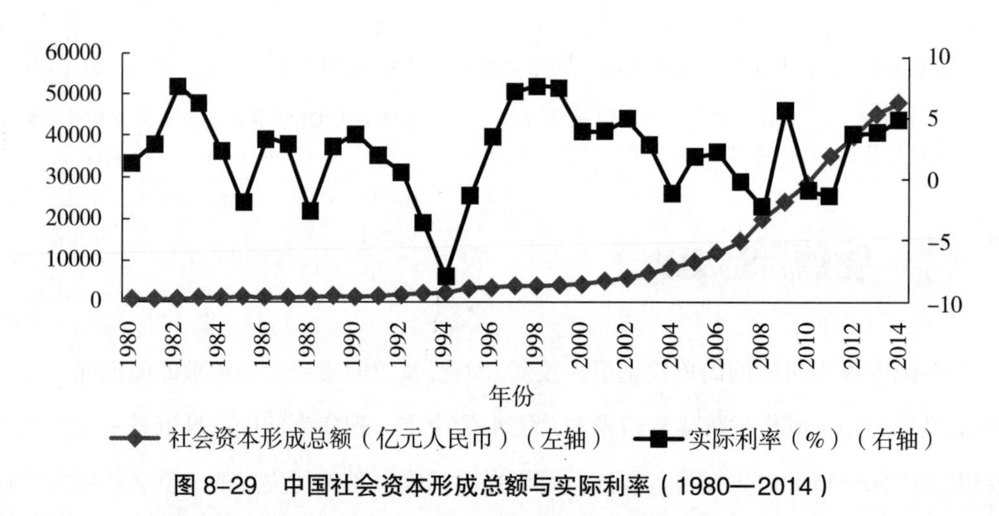

图 8-29　中国社会资本形成总额与实际利率（1980—2014）

资料来源：社会资本形成总额与实际利率数据来自 WDI 数据库。

8.6.2 资本边际效率与投资

资本边际效率（Marginal Efficiency of Capital，MEC）是凯恩斯提出的一个概念。按照他的定义，资本边际效率是一种贴现率，这种贴现率正好使一个资本品在使用期内各项预期收益的现值之和等于这个资本品的供给价格或者重置成本。

资本边际效率的公式如下：

$$R=\frac{R_1}{1+r}+\frac{R_2}{(1+r)^2}+\cdots+\frac{R_n}{(1+r)^n}+\frac{T}{(1+r)^n} \tag{8-9}$$

其中，R 为资本品的供给价格；R_1，R_2，…，R_n 为不同年份（或时期）的预期收益；T 代表该资本品在 n 年年末时的报废价值；r 则代表资本边际效率。

如果 R、T 和各年预期收益都能估算出来，就能算出资本边际效率。如果资本边际效率大于市场利率，则此投资就值得；否则，就不值得。

从资本边际效率的公式可知，r 的数值取决于资本品供给价格和预期收益。预期收益既定时，供给价格越大，则 r 越小；而供给价格既定时，预期收益越大，则 r 越大。在实际生活中，不同投资项目的资本边际效率是不一样的。每个企业都会面临一些可供选择的投资项目，对企业来说，利率越低，投资需求量越大。

部分学者认为，资本边际效率曲线并不能准确代表企业的投资需求曲线。因为当利率下降时，如果每个企业都增加投资，资本品的价格会上涨，在相同的预期收益情况下，r 必然缩小；否则，公式两边无法相等，即这一贴现率（资本边际效率）无法使未来收益折合成等于资本供给价格的现值。这样，由于价格上升而被缩小了的 r 的数值被称为投资边际效率（Marginal Efficiency of Investment，MEI）。因此，在相同的预期收益下，投资边际效率小于资本边际效率。

资本边际效率和投资边际效率的关系如图 8-30 所示。其中 MEI 曲线和 MEC 曲线是向右下方倾斜的曲线，表明投资（I）和利率（r）之间存在反方向变动关系：利率越高，投资越少；利率越低，投资越多。

由于投资边际效率小于资本边际效率，因此，投资边际效率曲线较资本边际效率曲线更为陡峭。尽管如此，投资边际效率曲线和资本边际效率曲线一样也能表示利率和投资之间存在的反方向变动的关系，只是在使用投资边际效率曲线时，利率变动对投资变动的影响较小。西方学者认为，更精确地表示投资和利率间关系的曲线，是投资边际效率曲线。因此，西方经济学著作中一般用投资边际效率曲线来表示利率与投资的关系，该曲线也是投资需求曲线。

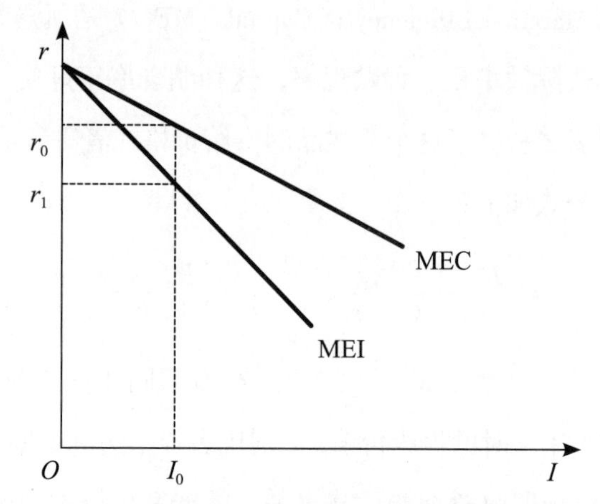

图 8–30　资本边际效率曲线和投资边际效率曲线

8.6.3　预期收益与投资

上文介绍的实际利率水平会影响投资需求，其实是从投资使用的资金成本角度探讨投资需求的，这是微观经济学的分析视角。除成本外，预期收益是影响投资的另一个重要因素。而影响预期收益的因素可以从以下几个方面分析：

（1）对投资项目产出的需求预期

企业在决定项目是否值得投资以及投资金额时，会考虑市场对该项目产品的需求情况，市场对产品的需求决定了产品的走势以及盈利情况。如果企业预期投资项目的产品未来在市场上的需求会增加，则企业的预期收益会上升，因而很可能会追加投资。

（2）产品成本

投资的预期收益也受到产品成本，特别是劳动成本的影响。劳动成本是产品成本的重要组成部分。在其他因素不变时，劳动成本的增加会使企业的利润下降，投资的预期收益下降，对劳动密集型产业更是如此。对于那些能够用机器替代工人的项目来说，劳动成本的增加会使企业加大设备投入，减少工人数量，使产品成本进一步下降。因而实际工资上升又等于投资预期收益增加，从而投资需求增加。劳动成本的变动对投资需求的影响具有不确定性。但在一般情况下，劳动成本的增加会使企业更偏向于使用机器来代替人力，从而使投资需求上升。新古典经济学认为投资需求会随着工资的增加而上升，原因就在于此。

（3）投资税抵免

政府的税收政策也是影响企业投资预期收益的关键因素。税收会影响投资的净利润，也就是预期收益。中国有很多税收优惠政策，如为鼓励外商来华投资对外国企业进行税收减免以及为刺激高新技术产业发展推出的税收优惠政策等。为了鼓励投资，政府规定，进行投资的企业可从它们的所得税税单中扣除其投资总额的一定百分比。作为投资税抵免。这种投资税抵免政策对投资的影响，在很大程度上取决于这种政策是临时的还是长期的。如果是临时的，则此政策的效果也是临时的，过了政策期限，投资需求可能反而下降。

8.6.4 风险与投资

商业竞争与经济周期决定风险。企业的投资需求与对风险的考虑密切相关。企业投资的未来收益具有很大的不确定性，而企业正是基于对未来风险的估计来计算预期收益，再做出投资决定的。然而，风险终归是风险，不可能对其精确预测。较高的投资收益往往伴随着较高的风险。如果收益不足以补偿风险带来的损失，那么企业投资的意愿会下降。一般来说，当经济处于上升时期，企业对未来看好，会认为投资的风险较小；而当经济处于下滑阶段，企业对未来的不确定性增强，会认为投资的风险较大。在凯恩斯看来，投资需求与投资者的情绪有很大的关系，乐观的投资者对未来相对看好，风险意识较低，投资需求较高；而悲观的投资者对未来不看好，投资需求较低。这说明投资需求会随着人们承担风险的能力和意愿的变化而变动。

小结

凯恩斯交叉图是推导IS曲线的基础；流动性偏好理论是推导LM曲线的基础。IS-LM模型是包括货币市场和商品市场在内的总需求的基本模型，它特别强调货币政策和财政政策影响经济的渠道。

IS曲线表示使商品市场处于均衡状态的利率与收入的各种组合。利率上涨，投资减少，从而总需求降低。因此，利率越高，均衡的商品市场的收入就越低，IS曲线向右下方倾斜。

对货币实际余额的需求随收入的增加而增加，随利率的上升而下降。在实际货币余额供给外生确定的情况下，LM 曲线表示货币市场均衡，向右上方倾斜。

利率与产出水平由商品市场和货币市场同时达到均衡的均衡点决定，该均衡点处于 IS 曲线与 LM 曲线的交点。

消费与收入的依存关系可由消费函数和消费倾向表示。消费倾向有边际消费倾向和平均消费倾向之分。相应地，储蓄倾向也有边际储蓄倾向和平均储蓄倾向之分。相对收入消费理论、生命周期消费理论和永久收入消费理论是对凯恩斯消费理论的补充和发展。

思政教学要点

1. 从毛泽东哲学思想的“变与不变”的辩证关系理解短期均衡。

2. 阅读马克思的《哥达纲领批判》，理解社会主义国家税收的作用，分析中国与西方资本主义国家税收作用的异同。

扩展阅读

1. Modigliani, F . Life Cycle, Individual Thrift, and the Wealth of Nations[J]. Science, 1986, 234(4777):704–712.

2. 马克思 . 哥达纲领批判 [M]. 北京：人民出版社 , 1965.

重点概念

计划支出；总需求；总供给；短期均衡；货币数量论；流动性偏好理论；IS–LM 模型；消费需求的决定；投资需求的决定

习 题

一、选择题（在以下四个选项中选择一个最合适的）

1. 政府支出增加使 IS 曲线向右移动 $k_G \cdot \Delta G$（k_G 是政府支出乘数），若要使均衡收入的变化接近 IS 曲线的移动量，则必须（　　）。

A. LM 曲线平缓而 IS 曲线陡峭　　　　B. LM 曲线垂直而 IS 曲线陡峭

C. LM 曲线和 IS 曲线一样平缓　　　　D. LM 曲线陡峭而 IS 曲线平缓

2. 挤出效应最有可能发生的情况是（　　）。

A. 货币需求对利率敏感，私人部门支出对利率不敏感

B. 货币需求对利率敏感，私人部门支出对利率也敏感

C. 货币需求对利率不敏感，私人部门支出对利率也不敏感

D. 货币需求对利率不敏感，私人部门支出对利率敏感

3. 财政政策的“自动稳定器”作用体现在（　　）。

A. 延缓经济衰退

B. 刺激经济增长

C. 减缓经济波动

D. 促使经济达到均衡

二、问答题

1. 在均衡产出水平上，是否计划存货投资和非计划存货投资都必然为 0？

2. 能否说明边际消费倾向和平均消费倾向为何总是大于 0 而小于 1？

3. 什么是凯恩斯定律？凯恩斯定律提出的社会经济背景是什么？

4. 平衡预算、乘数作用的机理是什么？

5. 为什么有了对外贸易之后，封闭经济中的一些乘数会变小？

6. 税收、政府购买和转移支付对总需求的影响有何区别？

请扫描上方二维码
观看“迷你课程视频”

第9讲

金融体系

在工业与知识经济的时代，金融是经济的核心之一，金融体系是货币政策的载体。“金融活，经济活；金融稳，经济稳。经济兴，金融兴；经济强，金融强。经济是肌体，金融是血脉，两者共生共荣。”（习近平，2019年2月22日，中共中央政治局会议上的讲话）只有理解一个经济体乃至全球的金融体系，才能深刻地理解货币政策的功能、效果与局限性。

9.1 直接融资与间接融资

自商品经济出现后，信贷也在不断发展。随着山西商业贸易的发展，古代中国出现了自然经济形态下的钱庄。随着德国和英国采矿业的发展，文艺复兴后，欧洲出现了市场经济形态下的商业银行。钱庄和商业银行都是融资者和储户之间的中介机构，借贷活动的双方没有直接的合同关系，中介对储户负责，这就是间接金融。

17 世纪，荷兰东印度公司的海外贸易催生了柜台股票交易，这是最早的直接融资。第二次世界大战后的 1948 年是欧美证券市场发展的新起点，上市公司与共同基金共同推动了欧美经济的发展。

9.1.1 直接融资与间接融资的概念和统计口径

在资本市场上，不同的投资者与融资者有不同的主体特征与规模，对资本市场金融服务的需求也不同。投资者与融资者对投融资金融服务的多样化需求决定了资本市场应该是一个多层次的市场体系。此外，由于经济生活中存在强劲的内在投融资需求，这种多层次的资本市场能够对不同风险特征的融资者和不同风险偏好的投资者进行分层分类管理，以满足不同性质的投资者与融资者的金融需求，并最大限度地提高市场效率与风险控制能力。

我们一般将融资方式分为直接融资和间接融资。直接融资通常指股票和债券融资，间接融资通常指银行贷款。直接融资和间接融资的概念最早起源于 1955 年约翰·格利（John Gurley）和爱德华·肖（Edward Shaw）发表在《美国经济评论》（*American Economic Review*）上的题为《从金融角度看经济增长》（Financial Aspects of Economic Development）的论文。直接融资定义为资金提供者与需求者之间直接协商并签订商业合同，或者在金融市场上前者购买后者发行的有价证券的资金融通活动。间接融资定义为资金盈余者通过存款等形式，将闲置的资金提供给银行，再由银行贷款给短缺者的资金融通活动。直接融资表现为投融资双方具有直接的经济责任关系；而间接融资则要通过第三方中介实现资金使用的交易，投融资双方没有直接的经济责任关系。

在世界银行等国际机构的研究中，一般以市场主导型金融体系和银行主导型金融体系的概念来表示直接融资和间接融资。直接融资和间接融资规模的统计方法可以概括为增量法和存量法。增量法即用每年或一段时间内从资本市场和银行融通资金的总额来表示融资规模。而市场主导型金融体系和银行主导型金融体系规模的统计方法可以称为存量法，用规模和存量，即一国的金融体系中资本市场和银行的规模之比来表示。如同投资与资本存量的关系，增量法计算的是新增的金融资源，表示金融资源的动态变化；而存量法表示金融规模，也就是金融生产力。值得强调的是，增量法中股票融资部分计算的是新上市或者增发配售的股份市值，而存量法中股市市值计算的是股市的总市值，受到二级市场交易波动的影响。由于一国每年的融资增量都有较大的波动性和不确定性，而存量规模相对稳定，因此国际上普遍采用存量法。

（1）增量法

$$\text{直接融资比重}=\frac{\text{非金融企业股票融资}+\text{企业债券}+\text{政府债券}}{\text{新增社会融资规模}}\times 100\% \quad (9\text{-}1)$$

中国是新兴金融市场的代表性经济体，成长性较强，因此中国常用的直接融资比重指标使用增量法测量：用每年新增非金融企业股票融资、企业债券和政府债券占新增社会融资规模的比重来表示。2018 年以后，为了与存量法保持逻辑上的一致性，在使用增量法计算时，也加入了包含地方债券在内的政府债券。这对于中国十分重要，因为在投资驱动方面政府债券是主要的动力。增量法反映了短期内直接融资的增长情况，适用于制定短期政策，但也存在一定的局限性，如不能反映金融存量结构，易受市场环境、政策影响，波动较大，国际数据可得性差，难以进行国际比较等。

（2）存量法

$$\text{直接融资比重}=\frac{\text{股市市值}+\text{政府债券余额}+\text{非政府债券余额}}{\text{银行贷款余额}+\text{股市市值}+\text{政府债券余额}+\text{非政府债券余额}}\times 100\% \quad (9\text{-}2)$$

国际上研究金融结构更多采用存量法，选取股市市值、债券余额和银行贷款余额等几个数据进行计算，得到直接融资比重或资本市场规模在金融体系中的比重。存量法反映了经过长期发展所形成的金融体系结构和金融稳定性，受短期波动的影响较小，其主要的波动因素来自股市市值的变化。大多数国家都有公开的金融存量数据，因此存量法数据易于进行国际比较。

9.1.2　影响金融结构和直接融资比重的因素

金融结构或直接融资比重涉及发展阶段与市场结构的诸多方面，如经济发展水平、产业发展阶段、法治环境、监管模式、投资文化、风险控制机制以及金融开放程度等。各国的金融结构存在不同的形态，但总体来说，随着经济的发展，直接融资比重不断提高，资本市场在金融体系中发挥更大的作用。金融资源通过市场进行配置是未来的发展趋势，各国向市场主导型金融结构演进的总体方向是基本一致的。

从历史比较与国际比较的情况来看，制造业的产业升级能够引导金融结构优化。资本市场在 17 世纪中叶起源于荷兰的阿姆斯特丹，在此之前，欧洲各国主要依靠商业银行进行资金融通。随着商业文明的发展，特别是工业化大生产的出现，大规模集合资金并分散风险的需求使得更多的企业走向资本市场，通过股票或债券向广大投资者直接募集资金。随后，工业化进程和高科技产业的崛起更是加速了这一过程，确立了资本市场在发达国家的主导地位。以美国为例，过去 100 年间美国金融结构演变的过程就是直接融资占据主导的历史。1913 年，美国股市的市值与银行存款的比例大致为 1∶2，该比例随后逐步攀升，尤其是在 1980—2000 年的新经济时代美国股市市值获得了巨大的增长，1999 年这个比例达到了 8∶9。

“经济兴，金融兴。”一国的人均 GDP 达到中等发达水平后，家庭财富增加，财富管理和直接参与证券投资的需求就会有所增加。20 世纪 50 年代兴起、80 到 90 年代达到高潮的共同基金等投资机构在发达国家得到普遍、快速的发展，机构投资者创造了直接金融的稳定生态。同时，以美国 401k 计划为代表的养老基金大规模地参与资本市场，促进了直接融资的长期化发展。

金融结构除了要与经济水平相适应，更要配合产业升级而不断优化。传统制造业或商业模式与市场相对稳定的产业往往能持续获得商业银行的支持，而创新经济和高科技产业由于其商业模式和现金流具有较大的不确定性和技术周期的快速变化，以及缺少信用基础，难以得到间接金融的持续支持。这必然要求市场金融结构转向以股票和债券为主的直接金融模式。这也是为什么资本市场的发展往往与高科技或战略新兴产业的发展紧密相关。与德国、日本等国相比，美国处于全球科技创新的前沿，以硅谷为代表的信息产业更发达，直接融资或资本市场的比重也明显高于其他国家。不仅发达国家如此，在新兴市场中，韩国资本市场也伴随着高科技产业的快速崛起而迅速发展起来，实业发展水平与金融形态相辅相成、相互促进。

20 世纪 80 年代开始，在美国向外部持续大规模转移制造业同时推动汇率自由化的背景下，全球范围启动了金融市场化进程，直接金融的发展推动了金融资源的市场

化配置。进入 21 世纪，互联网引发了第四次工业革命，金融脱媒（即脱离传统的商业银行存贷模式）成为主导性趋势，也更快地提高了新兴经济体的直接融资比重。新兴经济体中，印度、巴西和印度尼西亚等国在 20 世纪 90 年代推动了以市场化为导向的金融改革，也迅速提高了直接融资的比重，2008 年全球金融危机后直接融资比重基本保持在 70% 的水平。[①] 当然，各国金融市场化改革的效果不尽相同。较为成功的如英美等国，其在法治和信用等方面形成了较完备的制度保障，利率、汇率、资本市场开放和创新等改革举措的协调和衔接较好。以 1985 年《广场协议》（Plaza Accord）为标志，日本的金融自由化改革是在高额贸易顺差的背景下被外来压力推动进行的，缺少战略设计和货币政策的调控经验。最终，政策失误导致了日本 20 世纪 90 年代初的金融危机。泰国、印度尼西亚、阿根廷等一些新兴市场因其实体经济规模太小、产业结构不均衡和金融市场不成熟，在推进市场化改革和对外开放的过程中遭遇外来危机的冲击。这使得其金融改革的进程被打乱或中断，直接融资的市场效果也因此大打折扣。

9.1.3 中国金融结构和直接融资比重的特点

图 9-1 和表 9-1 给出了中国直接融资的态势。使用增量法测算，中国直接融资比重在 2002—2015 年基本呈持续增长态势，2015 年年底已达 24%。根据中国人民银行的报告，2021 年 6 月底，债券存量占比达到 25.6%，直接融资比重达到 28.5%。需要

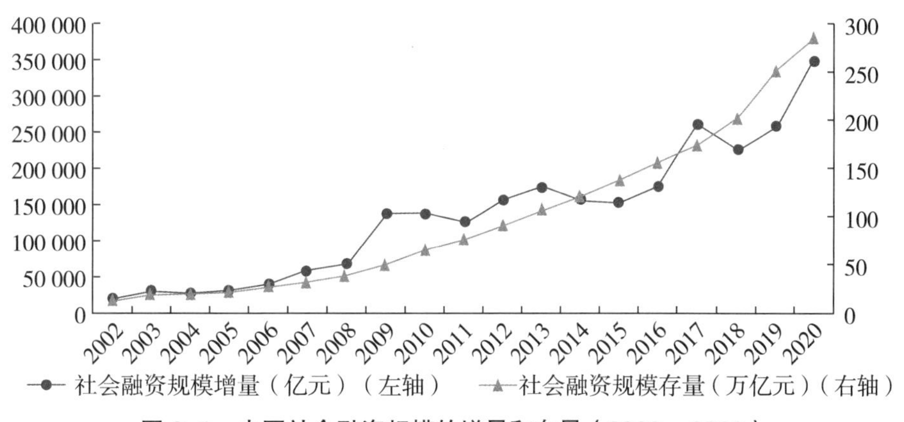

图 9-1 中国社会融资规模的增量和存量（2002—2020）

① 祁斌，查向阳，等．直接融资和间接融资的国际比较．中国证监会研究报告 [R/OL].(2015-05-14)[2021-08-14].http://www.csrc.gov.cn/pub/newsite/yjzx/sjdjt/zbsczdjcyj/201505/t20150514_276935.html.

特别指出的是，直接融资比重的上升，主要源自企业债券融资额的大幅上升，而股票市场融资额的增长则相对较低。

表 9–1　中国社会融资规模及直接融资比重

年份	社会融资规模增量（亿元）	企业债券增量（亿元）	政府债券增量（亿元）	非金融企业境内股票融资增量（亿元）	直接融资比重：增量（%）	社会融资规模存量（万亿元）	企业债券存量（亿元）	政府债券存量（亿元）	非金融企业境内股票融资存量（亿元）	直接融资比重：存量（%）
2002	20112	367	—	628	4.95	14.85	—	—	—	—
2003	34113	499	—	559	3.10	18.17	—	—	—	—
2004	28629	467	—	673	3.98	20.41	—	—	—	—
2005	30008	2010	—	339	7.83	22.43	—	—	—	—
2006	42696	2310	—	1536	9.01	26.45	—	—	—	—
2007	59663	2284	—	4333	11.09	32.13	—	—	—	—
2008	69802	5523	—	3324	12.67	37.98	—	—	—	—
2009	139104	12367	—	3350	11.30	51.18	—	—	—	—
2010	140191	11063	—	5786	12.02	64.99	—	—	—	—
2011	128286	13658	—	4377	14.06	76.75	—	—	—	—
2012	157631	22551	—	2508	15.90	91.42	—	—	—	—
2013	173169	18111	—	2219	11.74	107.46	—	—	—	—
2014	158791	24329	—	4350	18.06	122.86	—	—	—	—
2015	154063	29388	—	7590	24.00	138.28	14.63	—	4.53	13.86
2016	177999	29865	—	12416	23.75	156.00	17.92	—	5.77	15.19
2017	261536	6244	—	8759	5.74	174.71	18.44	—	6.65	14.36
2018	224920	26318	17852	3606	21.24	200.75	20.13	7.27	7.01	17.14
2019	256735	33385	47204	3478	32.74	251.41	23.56	37.73	7.36	27.31
2020	347918	43749	83217	8924	39.06	284.75	27.55	46.05	8.25	28.74

注：（1）根据中国人民银行《2021 年第二季度中国货币政策执行报告》，2018 年的“政府债券增（存）量”只包含地方政府专项债券数据，2019 年、2020 年的“政府债券增（存）量”包含国债、地方政府一般债券以及地方政府专项债券的数据。

（2）2017 年及以前的“直接融资比重：增量”的计算方法为：（企业债券增量 + 非金融企业境内股票融资增量）÷ 社会融资规模增量；2018—2020 年的“直接融资比重：增量”的计算方法为：（企业债券增量 + 政府债券增量 + 非金融企业境内股票融资增量）÷ 社会融资规模增量。

（3）2015—2017 年的“直接融资比重：存量”的计算方法为：（企业债券存量 + 非金融企业境内股票融资存量）÷ 社会融资规模存量；2018—2020 年的“直接融资比重：存量”的计算方法为：（企业债券存量 + 政府债券存量 + 非金融企业境内股票融资存量）÷ 社会融资规模存量。

过去 20 年间，中国直接融资比重一直是 G20 国家中最低的。2012 年年底，中国直接融资比重为 42.3%，不仅低于美国这样的市场主导型国家，也低于传统的银行主导型国家德国（69.2%）和日本（74.4%），以及人均收入远低于中国的印度（66.7%）和印度尼西亚（66.3%）等国。扣除政府债务后，中国直接融资比重为 37.0%，与世界平均水平的差距由26.1%缩小到22.2%，仍远低于高收入及中等收入国家水平。

中国早在1996年朱镕基同志兼任中央银行行长时就提出要提高直接融资比重。在20世纪90年代，中国商业银行转制不久，风险控制机制不健全，导致不良资产率处于较高水平。即使在1999—2000年期间剥离出1.4万亿元的不良资产后，四大国有银行2002年的不良贷款余额仍高达1.8万亿元，不良贷款率为26.62%。在此背景下，为了防止风险过多地集中于银行，提高直接融资比重就成为必然之举。如今中国股票总市值在全球已名列前茅，债券发行规模也保持了高速增长。2012年广义的直接融资比重达到40%，扣除“影子银行”融资额，直接融资比重达到18.8%，较之前有了很大的提高。2007—2012年，中国直接融资增量比重从11.1%上升至15.9%，其中主要的变化来自企业债券融资额的增加。而直接融资存量比重从63.2%下滑至42.3%。一方面，由于2008年后股票市值大幅缩水，这一期间股市比重从47%下降到20%。另一方面，直接融资比重的增量虽有提高，但总量仍然较小，而由于2008年的经济刺激计划，银行贷款总量达十几万亿元，因此直接融资的存量比重仍相对下降。其间，国债规模年复合增长率达9.3%，企业债券年复合增长率达38.1%，股市融资额有所下降，而银行贷款扩张迅猛，年复合增长率为25.5%。

中国场内股市规模与其他国家的差距并不是很大。2012年，中国股市存量比重达20%，低于G20国家的平均值29%。但如果按照世界银行的综合指标，剔除股市市值虚高的新兴市场，则中国的股市存量比重接近平均水平。如果加上中国境外上市企业市值规模，则该比重进一步增加。这反映了中国资本市场过去的发展重点集中在场内股票市场，并且已取得了一定程度的发展。

值得注意的是，国外成熟市场除了有强大的交易所市场，即场内市场，还有同样比较发达的场外市场。例如，美国的公告板市场（Over the Counter Bulletin Board Excharge）和粉单市场（Pink Sheets Market），有近万个企业挂牌。同时，伴随着互联网的发展，美国还有数百个网上或电子化的证券交易平台，形成了数量庞大、形态各异、重点服务于中小微企业的场外市场体系。而中国的场外市场建设才刚刚起步，规模与美国相距甚远。

中国债券市场与发达市场的差距总体来说大于股市与发达市场的差距。一方面，中国企业债券比重偏低。2012年，企业债券存量比重仅为14%，远低于发达国家。另一方面，中国国债比重与发达国家的差距更大。2012年，中国国债存量比重仅为8%，在G20国家中排名倒数第二，远低于平均值20%。我们简单地把金融资产分为股票、债券和银行总资产三类，美国的银行总资产比重只有22.5%，债券存量比重则达到52.4%；而中国的银行总资产比重为73.1%，债券存量比重只有14.4%。当前中国债券市场存在的主要问题是：不同信用等级的债券收益率差距在不断缩小，企业债收益率与国债收益率已相差不多，也几乎没有违约风险，其中就可能存在定价错误的问题，最终可能触发金融危机。

有效提高直接融资比重，除了大力发展股票、债券市场，还需要在金融体系上打破国有银行独大的格局，降低银行业务的进入门槛，在控制风险的前提下推进改革、打破垄断。同时要加强对“影子银行”的监管。近年来，有的银行借信托、券商的通道为地方融资平台和房地产企业融资，导致表外业务迅速膨胀。这些业务名义上属于直接融资，而实际上很多是类贷款业务，如不加约束，将会导致系统性风险的积聚。

长期以来，中国间接融资比重过大，是世界上储蓄率最高的国家。由于直接股权融资风险由出资人自担，从控制企业杠杆水平的角度出发，我们在融资模式上一直强调要降低间接融资比重，增加直接融资比重。20世纪70年代末期，中国经济走上改革开放的道路，金融资源也从高度集中的计划分配方式逐步走向了分散的分配方式，五大商业银行和股份制银行在经济活动中起主导作用。资本市场在20世纪90年代初期萌芽并逐步发展起来，而今中国金融体系高度依赖商业银行的格局仍未能改变，资本市场发展水平仍然较低。这与中国经济发展水平相对较低与产业形态相对简单，受到法治建设、社会诚信等因素的影响有关，也与中国资本市场的发展历史较短有关。各国的实践表明，资本市场的发展和金融结构的调整都需要经过一个阶段。在这一过程中，许多国家的银行都起到了主导作用，如日本20世纪50年代到80年代、韩国20世纪60年代到90年代的金融改革中，银行都起到了重要作用。

从长远发展来看，推动更多金融资源通过资本市场进行配置，提高直接融资比重，是全球金融体系发展的趋势，也是经济社会发展的必然要求。特别是当经济处于结构调整和转型升级的阶段时，直接融资体系的风险共担、利益共享、定价市场化和服务多层次的特性，使其更有利于推动中小企业和创新型企业的成长壮大，从而有效地促进经济转型。美国的纳斯达克（National Association of Securities Dealers Automated Quotations，NASDAQ）市场和韩国的科斯达克（Korea Securities Dealers Automated Quotations，KOSDAQ）市场在本国经济转型中的巨大作用都是较好的例证。

同时，国际货币基金组织的经济学家曾经观察1960—2007年间17个OECD国家在84次危机后经济的恢复。结果显示，以美国、加拿大和澳大利亚等以直接金融为主导的国家，复苏速度和质量远高于比利时、意大利、西班牙和葡萄牙等以银行为主导的国家。2008年全球金融危机后，尽管美国是危机的发源地，但其经济复苏速度超过欧洲和日本等国，这从侧面反映出直接融资对经济的弹性和可持续发展有更好的支持作用。

近年来，尽管中国在发展直接融资方面做了很多努力，但金融结构依然存在比较明显的失衡现象。2013年，中国进入经济发展“新常态”，即转变经济增长方式、促进经济转型升级的关键时期。代表自主创新水平的高科技产业和战略新兴产业的发展对金融结构的调整和资本市场的发展提出了迫切要求，提高直接融资比重的任务也愈加紧迫。同时，社会财富管理、社会保障与养老等基本民生问题也必须通过丰富资本市场品种和发展机构投资者加以解决。

9.2 资本市场的作用

9.2.1 美国资本市场

第二次世界大战结束后，在布雷顿森林体系和美国主导世界经济制造业的背景下，美国经济实力迅速提高，证券市场和共同基金协同发展，形成了吸引普通家庭的直接投资模式。尽管屡次面对重大的危机和挑战，美国的资本市场仍然通过不断调整和变革实现了自身的完善和结构的升级，保持了在全球经济中长期的领先地位。应该说，公司模式的适应性演化和跨国化发展以及共同基金的繁荣持续提升了美国直接金融的主导地位。

（1）共同基金与证券市场

共同基金，也称互助基金，是美国开放式基金的统称。共同基金分为四类：股票基金、债券基金、混合基金和货币市场基金。

1960年，美国共同基金得到普及，总体收益平稳，风险可控，产品和服务不断创新。其间，养老金投资模式的变革对共同基金的发展起到了重要作用。随着美国老龄化趋势的加剧，居民和企业对养老保险越来越重视，不断积累的巨额养老金和职业年金成为美国共同基金的重要资金来源，促进了资本市场长期化投资模式与投资文化的持续发展。进入20世纪90年代，全球化加速，国际投资成为主导力量。信息技术引发金融交易市场的电子化革命，企业融资方式实现了从以银行信贷为主的间接金融向间接金融与直接金融并重的转变，这是一个金融工具创新与金融机构竞争发展的时期。共同基金进入成熟阶段，成为支撑证券市场的主导力量，美国资本市场形成以机构投资者为主的模式。根据美国投资公司协会（The Investment Company Institute，ICI）2016年的数据，截至2015年12月底，美国共同基金数目已经增加到8116只，基金资产达到156526亿美元。在第二次世界大战后70年的发展历程中，美国证券市场也从单一层次的纽约证券交易所发展为包括主板市场、创业板市场以及场外市场在内的完善的多层次证券市场体系。

推动共同基金发展的最为重要的制度因素就是美国成熟的资本市场运行机制和监管机制。共同基金通过资金供给、参与公司治理以及降低交易费用，实现扩大资本市场规模、改善公司环境和提高资本市场效率的目标。共同基金在证券市场的持续完善中保持稳定的业绩水平，提升核心竞争力，获得持续的资金来源。这种历史演进对中国实现资本市场与证券投资基金的良性互动发展有着重要的参考意义。

（2）风险投资、创业板、外汇衍生产品

20世纪七八十年代，随着本质上为固定汇率制的布雷顿森林体系的解体，工业化国家大多开始实行浮动汇率制。1973年国际石油危机后，美国长期处于产业结构调整的历史阶段，其经济增长变得十分不稳定，服务于传统制造业的基础金融工具的风险也随之增加。在这样的市场环境下，投资者迫切需要能够有效规避风险并实现资产保值的金融产品。伴随着美国制造业的重组与对外转移，高新技术产业和创业型商业模式成为主流投资对象，风险投资、创业板、外汇衍生产品市场等得到了飞速的发展。

根据美国风险投资协会（The National Venture Capital Association，NVCA）的定义，风险投资是职业金融家投资新兴的、迅速发展的、有巨大竞争潜力的企业的一种权益资本投资。美国是风险投资出现最早、发展最成熟的国家。第一家正规的风险投资公司是创建于1946年的美国研究与开发公司（American Research and Development Corporation，ARD），它的诞生是风险投资发展的里程碑。但真正将风险投资业带入成熟时期的，是以有限责任公司形式运行的独立的私人风险投资公司（有限合伙制企业）。1973 年 12 月至 1975 年 4 月，石油危机及其导致的经济危机造成美国工商业的持续大动荡。投资企业的经营状况不景气，合伙企业很难收回原有风险投资，加上证券市场疲软，使得合伙企业筹集新的资金困难重重。直到 1978 年，随着美国劳工部《雇员退休收入保障法案》（The Employee Retirement Income Security Act，ERISA）中对养老基金新规定的出台，风险投资市场进入新的发展阶段。

风险投资公司的出现为拥有先进技术和人才资源，却因缺少资金和治理结构不当而导致创业不顺利的企业提供了有力的市场支持。在宏观层面，风险投资使数以千计的新技术创业得以建立和营运，强有力地推动着美国产业结构的升级，促进了新技术的扩散，极大地提高了美国在信息革命浪潮中的国际竞争力。在产业层面，风险投资加速了信息技术革命对于产业升级的推动，造就了微软、苹果、甲骨文、谷歌、脸书、特斯拉等一大批著名的高科技跨国公司，为美国高新技术产业化提供了保障。

随着风险投资的发展，创业板的诞生成为必然。风险投资家们寻求退出机会以实现风险投资的超额收益，这就形成了创业资本与证券资本的良性循环。1971 年，美国纳斯达克市场应运而生，这是当时全球唯一发展起来的创业资本市场，由美国两大核心能力——技术创新能力和金融创新能力所支持。创业板市场作为一种创新型的资本市场，为创业者提供了新的融资渠道，为投资者提供了新的高风险、高收益的投资途径，形成全新的商业模式。纳斯达克已经成为美国三大全国性证券交易所之一，截至 2018 年总市值超过 8 万亿美元，成为全球创业企业理想的融资与股权交易平台。

20 世纪 80 年代起全球金融自由化的浪潮导致各国汇率和利率剧烈波动。为了减少和规避风险，达到保值目的，金融衍生产品应运而生。外汇衍生产品主要包括在场外（Over-the-Counters，OTC）市场进行交易的外汇远期、互换和外汇期权，以及在交易所交易的外汇期货和外汇期货期权等。利率衍生品围绕国债而发展，重点是交易所交易的利率期货、利率期权和利率互换期权等。

1972 年，芝加哥商业交易所（Chicago Mercantile Exchange，CME）率先推出外汇期货合约，这标志着场内外汇衍生品市场的诞生。自 2000 年以来，全球外汇期货和期权（含外汇指数）产品的交易所成交量一直稳步上升，外汇衍生品交易量也已远超外汇即期交易量。这不仅为广大投资者和金融机构等经济主体提供了有效的套期保值工具，也为套利者和投机者提供了新的获利手段。然而，随着金融全球化的不断发展，世界经济从严格的国别壁垒走向全面的区域合作和一体化，利率的波动和汇率的自由化使得各国的金融资产和外汇资产均处于巨大的风险之下。2008 年发端于美国的全球性金融危机一度使得金融衍生品成为争论甚至批评的焦点。

9.2.2 韩国的经验

从新兴经济体走向发达经济体，韩国的实例充分展示了金融资源在一个以制造业为主的经济体的成长过程中的作用。韩国的资本市场是随着制造业的成长而发展起来的。韩国证券交易所（Korea Stock Exchange，KSE）成立于 1956 年，最初上市的企业并不多，政府债券是证券市场的主要交易品种。从 20 世纪 60 年代起，韩国政府颁布了一系列法规以吸引企业和个人参与证券市场，但资本市场仍不能为高速发展的韩国企业筹集足够的资金，所以当时韩国企业更依赖外国金融机构借款。这种间接的资金筹措方式与国际金融市场紧密相关，加剧了企业的经营风险和信用风险。因此，韩国政府持续加大直接融资的发展力度，完善资本市场交易机制和监管机制。该政策收到了明显的效果，上市企业从 1972 年的 66 家上升到 1976 年的 274 家。资本市场的规模大幅扩大，表明韩国的资本市场已进入了正常发挥职能的时期。建立于 1996 年 7 月的韩国科斯达克市场的主要目的是扶植高新技术产业，特别是中小型风险企业，为这些企业创造直接融资的渠道。截至 2016 年年底，科斯达克拥有上市企业 1211 家，市值达到 197 万亿韩元，约合 1.2 万亿元人民币；其交易活跃度在世界三十余个新市场中仅次于美国纳斯达克。

由于石油危机导致的进口石油支出高企，韩国国际收支经常项目在 1979—1985 年间一直存在大量逆差。1980 年逆差曾高达 53 亿美元，通货膨胀率最高曾达 20% 以上，经济也曾出现 -3.7% 的负增长。面对如此严峻的经济局面，在大规模引进外资的同时，韩国政府采取了一系列稳定经济的金融改革措施，实施利率改革、对外资银行开放金融市场，以增加金融资源供给。1985 年起，韩国大力推进国内企业证券的海外发行，国际收支经常项目也由逆差转变为 1986 年后的顺差。但是随之而来的是货币供应量的增长过快，韩国大企业在跨国发展中超越了外债的适度规模，以滚动短期债务实现长期债务。1997 年 7 月亚洲金融危机爆发，韩国大企业的国际融资链断裂，外汇储备陷入危局。对经济形势的悲观估计造成韩国外汇市场掀起了一场抢购美元的狂潮，韩元一路贬值，从1996年的1美元兑800韩元，跌至1997年年末的1美元兑1600韩元。同时，外国投资者纷纷将投资于韩国资本市场的资金抽回，导致韩国银行和资本市场爆发信用危机。此时韩国与中国人民银行签订的货币互换协议起到了有效的支撑作用。亚洲金融危机之后，为了使资本市场恢复活力，韩国政府积极实施改革，先后制定了一系列有利于资本市场发展的政策和制度：首先是修改金融法规，完善监管机构，加强商业银行的风险控制；其次是银行业和金融市场的结构调整；再次是设立民间主导型的独立运作的会计基准制定机构；最后是制定并完善创业板市场的制度。经过一系列调整，证券市场基本趋于稳定，韩国资本市场进入新的发展阶段。2005年1月，原先分别运行的三个市场——主板市场、创业板市场与期货市场，整合为新的韩国证券交易所。到2016年年末，韩国证券交易所拥有2128家上市公司，总市值达到1538万亿韩元，约合9.2万亿元人民币，在全球排名第14位。

值得关注的是韩国衍生品市场。早在2003年上半年，韩国证券交易所的金融衍生品交易就已经获得了成功，各类金融衍生品合约总数达到1405786455份，居亚洲第一位。到2011年，韩国金融衍生品交易量占全球金融衍生产品交易总量的25%以上。韩国的金融衍生品起步虽晚于欧洲，但是其发展势头和影响力已经位居国际前列。

9.2.3 中国的经验

1978—1992年是中国资本市场的萌芽阶段。自上海、深圳证券交易所在1990年年末先后成立以来，中国资本市场由场外交易进入场内交易，由分散交易进入集中交易，这为资本市场的持续发展开创了新局面。与此同时，区域性的场外交易市场由点到面逐渐铺开，银行间债券市场发展较为迅速，政策性金融债券也可以在其中交易。随着市场的发展，沪、深交易所交易的产品由单纯的股票陆续扩展到国债、权证、企业债、可转债、封闭式基金等。但衍生品市场的发展经历了较大的波折。1990年后，中国尝试性地引入国债期货交易，1994年全国国债期货市场总成交量高达2.8万亿元。由于产品设计缺陷和品种单一，1995年爆发了“327国债风波”，相关产品随即被中国证监会叫停。

1993—1998年，资本市场得到了较为迅速的发展。在这个阶段，中国初步建立统一的监管体系，资本市场从早期的区域性市场迅速走向统一的全国性市场，一系列相关法律法规和规章制度出台。同时，对外开放进一步扩大，人民币特种股票（B股）得以推出，内地企业逐渐开始在中国香港以及海外的纽约、伦敦和新加坡等市场上市，衍生品市场也得到初步发展。但各种体制和机制缺陷也在逐步显现，迫切需要进一步完善。

1999—2007年，资本市场得到进一步规范和发展。随着经济体制改革的深入，国有和非国有股份公司不断进入资本市场。在大扩容的背景下，资金源源不断地从货币市场涌向股票市场，股指逐级攀升。但银行终究不能无限度地发放货币，资本市场新增资金的大幅减少和资金向银行和企业的回流造成股市的持续低迷。由于市场规模偏小、结构性缺陷突出、监管法规不规范、国际化程度较低等体制缺陷，资本市场的发展受到了严重的阻碍，从2000年开始的持续熊市就是对这些问题最直接的反映。为此，国家相关部门和监管机构陆续出台了一系列规定。2001年12月，中国加入世界贸易组织，经济面临全面开放。次年12月，QFII制度正式启动，中国资本市场步入国际化的轨道，衍生品市场也开始步入正轨。2006年，中国金融期货交易所在上海成立，这为场内金融衍生品交易的开展搭建了平台，对于完善资本市场体系具有重要的战略意义。

2008至今，资本市场继续发展，信息披露制度逐步趋于完善。1999年7月1日起，《中华人民共和国证券法》施行，其对一级市场和二级市场信息披露制度进行了规定。2014年8月31日通过的《关于修改〈中华人民共和国保险法〉等五部法律的决定》中对《中华人民共和国证券法》的第三次修正对信息披露制度更是进行了详细的规定和解释，完善了中国资本市场信息披露制度，保证了投资者的利益。

总体上看，推动中国资本市场发展的主要因素有以下几点：

一是国家政策的推动。国家鼓励发展直接融资，只有摆脱对银行融资的完全依赖，才能实现资本市场的市场化。

二是居民投资倾向增加。居民对中国资本市场的发展保持乐观预期，大量居民储蓄流入股市刺激了资本市场的发展。

三是企业融资需求增加。传统的银行间接融资已经很难满足企业的需求，而在资本市场融资更直接，数额更大，时间更短，方式更加灵活。

四是人民币国际化。国际货币基金组织于2015年11月30日公布将人民币纳入特别提款权（Special Drawing Right，SDR）货币篮子，以人民币计价的金融工具将成为国内资本市场与国际接轨的基础。另外，以人民币计价的利率衍生品和指数衍生品也会随着机构配置与交易的需求而获得更大的发展空间。

经过三十多年的发展，中国资本市场法治环境逐步完善，风险意识深入人心，上市公司质量提高，监管水平不断改进。当然也有不足之处，例如上市公司法人治理结构不规范、股票价格指导作用不强、操纵市场现象普遍、经济放缓和债务不断累积等。可见，要使资本市场可持续健康发展，还需要政策积极引导支持、宏观经济稳定向好、资本市场结构优化、监管进一步加强和改进。

9.2.4 金融发展的资源说

在经济学文献中最早提及金融资源的是雷蒙德·戈德史密斯（Raymond Goldsmith）。他在《资本形成与经济增长》（*Capital Formation and Economic Growth*）一书中提到“本书应该探讨金融资源和传递渠道对经济增长的速度和性质的影响……”，可惜这一概念并没有形成理论体系，也没有引起学界的重视。1998 年 5 月，中国学者白钦先将金融资源作为金融学理论的一个基础性、系统性的概念提出[①]，引起经济金融理论与实务界的高度重视。

金融资源说揭示了金融的一般资源属性和特殊属性，它既是资源配置的对象，又是配置其他资源的方式或手段。白钦先是这样概括的：“金融是一种资源，是通过自身配置进而可以配置其他一切资源的特殊资源。”金融资源不同于自然资源，又与实物经济资源存在差异，具有战略性、虚拟性、政策性、功能性、层次性、结构性、契约性等特征。金融资源具有相对稀缺性，任何对它的滥用必然要付出代价，2008 年爆发的全球金融危机充分地揭示了这一点。金融资源区别于其他经济资源的另一个显著特征就是其开发配置的高度垄断性和其跨区域、跨国界的高度联动性。其中开发配置的高度垄断性指明了一个经济体中调节、控制、监督、管理的必要性，指明了中国在金融全球化条件下推进资本自由化、人民币可自由兑换并使人民币逐步成为国际主导货币之一的客观必然进程。但与此同时，市场间的风险传染以及系统性金融风险的爆发也成为可能。

金融资源说的现实政策含义如下：首先，揭示了金融的一般资源属性，将金融提

① 1998 年 5 月，白钦先在一次国际会议上公开向中外学者提出“以金融资源学说为基础的金融可持续发展理论与战略”，文献则比这要更早一些。

高到人类社会资财之源的战略高度。其次，揭示了金融的特殊资源属性，指明通过金融资源配置来解决不合理的经济结构、产业结构，以及通过提高金融资源配置效率提高一国经济效率的政策含义。最后，阐明了“金融在提高对一个经济的资源配置能力与效率的同时，它自身的系统性风险也在提升与累积”。这一理论解释了经济金融越是全球化，金融危机发生的频率就越高、危害就越大这一事实；揭示了在现代金融经济条件下，金融危机是不可避免的，应通过防范与化解系统性金融风险和建立金融危机预警系统加以应对。在金融资源说的基础上，金融可持续发展理论继而形成，这是应对知识经济、经济全球化、经济金融化、金融全球化的挑战，防范和应对全球金融危机和经济危机的战略性思考。

9.2.5 金融发展的功能说

罗伯特·默顿（Robert Merton）和兹维·博迪（Zvi Bodie）提出从功能的角度看待金融，将金融划分为资源配置、风险管理、支付系统、集中财富、提供财富及激励机制六种功能。但默顿的功能观是以微观金融为基础的，他强调的是金融工具及创新型金融产品在中介与市场之间的流动和配置。20 世纪 90 年代中后期，在对于金融资源学说的研究中，白钦先又将金融功能列为功能性高层金融资源，将其划分并重新界定为四个具有递进关系的层次：基础功能、核心功能、扩展功能、衍生功能。

金融发展的功能说可以概括如下：第一，金融功能是金融与经济相互协调、调整与适应的过程，是调节实体经济运行与发展的核心；第二，金融功能可以通过金融效率的高低来加以度量；第三，金融功能伴随着经济发展和科技进步而逐步扩展；第四，现代金融功能是高层金融资源，是比其他两个层次的金融资源（核心性货币资源、基础性实体资源）更稀缺的金融资源；第五，现代金融功能包括基础性金融功能（服务性功能和中介性功能）、主导性金融功能（资源配置核心功能和风险规避与经济调节的扩展功能）和衍生性金融功能（包括风险管理、风险交易、信息管理、公司治理、宏观调节、引导消费、区域协调和财富再分配等功能）；第六，金融功能的演进，包含金融功能扩张的量性和质性金融发展，且以质性金融发展为主；第七，明确地将金融功能区分为金融正功能和金融负功能，并突出了金融负功能的研究，这与金融风险和危机紧密相关。

9.3 银行体系的货币供给

中国人民银行作为中国的中央银行，是制定和实施货币政策的金融管理部门。恰当地调整和控制货币供给是中央银行的首要任务，促进经济与信用的和谐发展和金融资源的有效利用是中央银行的主要目标。本节将详细介绍基础货币以及银行体系的货币供给。

9.3.1 基础货币及其供应

中央银行供应的货币是基础货币（Monetary Base，用MB表示），它等于流通于银行体系外的通货总量（Currency，用C表示）加上商业银行的总存款准备金（Reserve，用R表示），于是有基础货币的结构公式如下：

$$\mathrm{MB}=C+R \tag{9-3}$$

其中，银行体系外的通货总量等于中央银行资产负债表中的货币发行。中央银行通过对银行发放贷款或投资政府债券与金融债券，将创造的货币投放到流通领域。

中央银行的资产负债表见表9–2。中央银行资产负债表的总负债包含商业银行为了应对储户提款需要而储备的资金。它由两部分组成：一部分是法定存款准备金，保存在中央银行，且中央银行不为此部分现金支付利息；另一部分是超额准备金，即商业银行的库存现金。从表9–2中可以看出，中央银行可以通过调整自己的资产和负债来改变基础货币。由于除基础货币项目外的负债项目一般不容易进行主动调整，所以改变基础货币主要是通过中央银行资产业务的增减来实现的。对于中国人民银行，其所拥有的国债是最重要的资产。中国人民银行可以通过在银行间国债市场上出售或者买入国债调节国债持有，并以此调节短期货币市场的流动性，这就是最为经常使用的货币政策手段——公开市场业务。中国是世界第一贸易大国，外汇储备是中国人民银行掌握的一项重要资产。当外汇储备增加时，中国人民银行相应地向商业银行兑付等价的人民币，从而增加人民币的市场投放，也就增加了债务。

表 9-2　中央银行的资产负债表

总资产（Total Assets）	总负债（Total Liabilities）
外汇资产 (Foreign Assets)	货币发行 (Currency Issue)
对政府债权 (Claims on Government)	其他存款性公司存款 (Deposits of Other Depository Corporations)
对其他存款性公司债权 (Claims on Other Depository Corporations)	不计入储备货币的金融性公司存款 (Deposits of Financial Corporations Excluded from Reserve Money)
对其他金融性公司债权 (Claims on Other Depository Corporations)	发行债券 (Bond Issue)
对非金融性部门债权 (Claims on Non-financial Sector)	国外负债 (Foreign Liabilities)
其他资产 (Other Assets)	政府存款 (Deposits of Government)
自有资金 (Own Capital)	其他负债 (Other Liabilities)

一般来说，货币进入经济生活是通过商业银行的客户从自己的存款账户提取现金并用于支付商业交易而实现的。进入电子支付时代，依托于活期储蓄账户的移动支付（支付宝、微信等）淡化了现金与活期储蓄存款的界限。每一个商业银行在日常经营活动中都不断有货币流入和流出。如果货币流出大于流入，商业银行必须补充货币，补充的基本渠道是从商业银行在中央银行的存款准备金账户中提取或者向中央银行贷款（中央银行再贴现）。如果货币流出小于流入，商业银行会把多余的库存货币及时地存入中央银行中自己的存款准备金账户。为了保证商业银行可以及时地从存款准备金账户中提取货币，中央银行必须保持足够的流动性，手段包括增加商业银行存款、发行银行短期票据、出售所持有的证券。当商业银行总体由中央银行提取的货币多于存入的货币并且没有足够的可出售证券时，中央银行会增加货币发行量，这就是货币发行。当商业银行总体存入中央银行的货币多于提取的货币时，则货币发行量会减少，简称货币回笼。

当随着经济增长，货币需求量不断增加时，商业银行不断地从中央银行存款准备金账户提取货币，存款准备金相应下降，但经济增长必然同时要求存款准备金增大以支持存款货币的增长，所以存款准备金必须得到不断补充。要使商业银行在中央银行的存款准备金总额增加，必须有中央银行相对应的负债与资产项目的增加。而商业银行从中央银行补充存款准备金的途径包括：向中央银行出售自己持有的外汇、向中央银行出售自己持有的证券、向中央银行再贴现和直接取得贷款。

9.3.2 基础货币的控制

根据表 9–2 的中央银行资产负债表，我们可以看出中央银行控制基础货币主要有两种方式：一是在公开市场上进行政府证券的买卖；二是通过再贴现窗口向商业银行提供贷款。

（1）公开市场业务

中央银行在公开市场上买进或卖出国债就是向流通领域或银行体系注入或回笼货币，进而影响基础货币。我们先来看看在公开市场买入的情况，假设中央银行决定通过公开市场买入而增加 100 元国债持有量，那么会出现以下两种情况。

情况一：如果这些债券是从商业银行那里购买来的。中央银行用支票支付商业银行，此时商业银行将该支票存入它在中央银行的账户，从而增加商业银行的超额准备金，则中央银行和商业银行的资产负债表如表 9–3 中情况 1（1）所示。如果中央银行用现金支付，则资产负债表如表中情况 1（2）所示。

表 9–3 中央银行与商业银行的资产负债表

（单位：元）

情况		中央银行		商业银行		非银行公众	
		资产	负债	资产	负债	资产	负债
1	（1）	证券 +100	银行存款 +100	证券 –100 中央银行存款 +100			
	（2）	证券 +100	发行货币 +100	证券 –100 库存现金 +100			
2	（1）	证券 +100	银行存款 +100	中央银行存款 +100	存款 +100	证券 –100 存款 +100	
	（2）	证券 +100	银行存款 +100	库存现金 –100 中央银行存款 +100		现金 +100	
3	贴现贷款	贴现贷款 +100	银行存款 +100	中央银行存款 +100	贴现贷款 +100		

情况二：如果这些债券是从非银行企业或公众个人那里购买来的。中央银行用支票支付非银行公众，此时非银行公众将该支票存入一家商业银行的账户上，同时该商业银行又将支票存入中央银行，则中央银行、商业银行和非银行公众的资产负债表如表 9-3 中情况 2（1）所示。如果非银行公众把支票兑换成现金，则资产负债表如表中情况 2（2）所示。

上述情况中，中央银行购买证券意味着流通中的货币增加或者银行体系储备金增加，这都会使基础货币相应增加。反之，中央银行在公开市场出售证券，其结果是基础货币的减少。综上所述，中央银行在公开市场上进行的政府证券或者金融债券的交易，称为公开市场业务，可以调节基础货币的供应量。这是中央银行实施货币政策频率最高的工具，可以每天操作。

（2）再贴现贷款

商业银行将已经向客户贴现过的商业票据质押给中央银行而获得贷款，此时中央银行就对商业银行关于该票据进行了再贴现。设贷款额为 100 元，则中央银行向商业银行发放一笔 100 元的贴现贷款。该贷款贷记在商业银行对中央银行的负债项上，这 100 元贷款成为该商业银行可使用的准备金，资产负债表如表 9-3 情况 3 所示。显然这说明银行体系的储备金增加了，其增加量等于再贴现贷款的数量，从而基础货币也相应增加。反之，当商业银行将这 100 元再贴现贷款归还中央银行时，这笔新增的 100 元基础货币也随之消失。

中央银行的货币发行实际上就是通过公开市场的证券买卖和再贴现贷款实现向经济体系注入新的货币或回笼一部分货币的。因此，可以将基础货币分为借入基础货币（中央银行的再贴现贷款）和非借入基础货币（公开市场业务所形成的）。再贴现贷款的数量主要由商业银行决定，因此不能由中央银行完全控制；但是再贴现贷款利率是由中央银行决定的，是完全处于中央银行控制之中的。再贴现贷款利率及商业银行贷款参考利率的确定是中央银行实施货币政策使用频率第二高的工具，其频率可以进行月度计算。

9.3.3 货币供给

货币供给有狭义和广义之分，按口径依次增大的顺序，可划分为M0、M1、M2、M3 等若干层次。M0 为流通中现金，M1 为狭义货币供应量，M2、M3 等则为广义货币供应量。中国于 1994 年 10 月 28 日颁布了《中国人民银行货币供给量统计和公布暂行办法》，经过 2001 年和 2002 年的两次修订，现行的货币层次划分如下：

M0＝流通中现金（货币供应量统计的机构范围之外的现金发行）；

M1＝M0＋企业存款（企业存款应扣除单位定期存款和自筹基建存款）＋机关团体部队存款＋农村存款＋信用卡类存款（个人持有）；

M2＝M1＋城乡居民储蓄存款＋企业存款中具有定期性质的存款（单位定期存款和自筹基建存款）＋外币存款＋信托类存款；

M3＝M2＋金融债券＋商业票据＋大额可转让定期存单等。

狭义货币供应量 M1 是由流通中现金和活期存款组成的，其中流通中现金由中央银行发行，它是中央银行的负债，活期存款则是商业银行和其他存款性金融机构的负债。因此，银行系统中，中央银行和商业银行在货币供应量的决定中起着不同的作用。由于现代银行都实行法定的部分准备金制度，作为营利性企业的商业银行只需对其新增原始存款保留一定比率的法定准备金，就可以将其存款余额的大部分用于向企业发放贷款或投资有收益的证券资产。

下面介绍货币供给过程和一般货币乘数。

假如商业银行 A_0 向中央银行出售一笔国债，价值为 R，于是银行 A_0 的资产项目下库存现金（准备金）中多出了 R，相对应地，证券减少了 R。由于此部分准备金没有利息收入，因此该银行会把这部分准备金放贷出去，一般银行放贷的方法是为借款者开立账户，并把贷款拨到该账户下，成为借款者的存款。借款人使用该项资金进行交易，交易对手将价值为 R 的存款存入银行 A_1，银行 A_1 按照法定准备金率 r 的要求保留准备金 rR 后，其余部分 $(1-r)R$ 全部放贷给客户。同理，这笔贷款又以存款形式进入银行 A_2，成为银行 A_2 的存款，银行 A_2 也依照法定准备金率保留 $r(1-r)R$ 准备金，其余部分全部放贷出去，从而创造出了 $(1-r)^2R$ 的贷款，同时形成了下一个银行的存款……依此类推，在银行体系下派生存款不断被创造出来，货币供应量不断扩张。一般地，银行 A_n 创造出 $(1-r)^nR$ 的存款（$n=0, 1, 2, 3, \cdots$）。这就是简单的货币乘数理论。在这个过程中，整个银行体系新供应的货币总量如下：

$$D=\sum_{n=0}^{\infty}(1-r)^nR=\frac{1}{r}R \tag{9-4}$$

其中，D 为经过派生的存款总额（包括原始存款），R 为原始存款，r 为法定准备金率。

由于法定准备金率 r 是小于 1 的正数，因此法定准备金率的倒数 $1/r$ 一定大于 1，这表明银行准备金的增加带来了银行存款的成倍增加，增加的银行存款就是中央银行与商业银行系统所实现的货币供给。当法定准备金率为 20% 时，每一笔新增的商业银行准备金都可使商业银行系统获得 5 倍于所注入资金的数量，这就是银行存款的扩张过程或者货币供给的过程。根据这个基本思路，货币供给模型最基本的公式如下：

$$M = m \cdot \mathrm{MB} \tag{9-5}$$

其中，M 表示货币供应量；m 表示货币乘数（Money Multiplier），只考虑法定准备金时，$m=1/r$；MB 表示基础货币。

根据式（9–5），我们进一步认识到，不仅准备金的增加支持着存款的成倍增加，而且只要有一家商业银行尚存超额准备金，这家银行就可能新增贷款，这个新增贷款就会引起整个商业银行系统的上述连锁反应，商业银行系统的信用扩张过程就不会停止。只有当所有商业银行都不存在超额准备金，即银行准备金正好等于法定准备金时，存款扩张才会停止，银行体系内的存款活动才能达到短期均衡状态。

9.4 货币乘数

在上一节引入一般货币乘数的基础上，我们进一步介绍具有实际应用价值的基础货币乘数。

9.4.1 基础货币与基础货币乘数

由 9.3 节我们知道，商业银行能以原生存款创造出派生存款，进而创造和收缩货币，改变货币供应量。我们把这部分能使存款总量增加的原生存款称为基础货币，把原生存款和派生存款的比例系数称为货币乘数。

基础货币，或称强力货币、货币基数，因其具有成倍扩大和缩减货币发行量的能力，也称高能货币。从来源看，它是货币当局（通常是中央银行）的货币发行量。从负债角度看，它是货币当局的债务凭证，由商业银行的存款准备金和公众持有的现金构成。从资产角度看，国外净资产、对政府债权、对银行机构债权、政府存款、中央银行债券与短期票据这 5 个项目是基础货币的价值基础。

乘数指某一经济变量的变动所引起的另一经济变量变动的倍数。所谓基础货币乘数，指基础货币经过初次投放、商业银行存贷款运行而形成的货币供应量的放大倍数。货币乘数反映了货币供应量与基础货币之间的倍数关系，但是货币乘数不是一个简单的静止的倍数，而是会受到相关经济变量的影响，从而发生动态变化，并深刻地影响着基础货币与货币供应量之间的关系。基础货币乘数是中央银行通过控制基础货币来控制货币供应量的重要依据。

中国人民银行对基础货币和货币乘数具体有如下定义[①]：

基础货币是经过商业银行的存贷款业务而能扩张或收缩货币供应量的货币。西方国家的基础货币包括商业银行存入中央银行的存款准备金（包括法定准备金和超额准备金）与社会公众所持有的现金之和。中央银行通过调节基础货币的数量就能数倍扩张或收缩货币供应量，因此，基础货币构成市场货币供应量的基础。在现代银行体系中，中央银行对宏观金融活动的调节，主要是通过控制基础货币的数量来实现的。

货币乘数是中央银行提供的基础货币与货币供应量扩张关系的数量表现，即中央银行扩大或缩小一定数量的基础货币之后，能使货币供应总量扩大或缩小的比值。货币乘数亦称基础货币的扩张倍数。

在9.3节我们给出了一个简单的货币供给模型：$M=m\cdot \mathrm{MB}$，其中$m=1/r$。但是这个模型只考虑了法定准备金对货币供应量的影响。在实际货币体系中，货币的供给还受到其他因素的影响，一般我们把这些因素称为影响货币供给的漏出因素。比较常见的漏出因素有超额准备金率和现金漏损率。实际运行中，为了保持充分的流动性，商业银行会在法定准备金的基础上多提取一笔现金作为备用资金，这部分资金被称为超额准备金。通过9.3节的分析可知，超额准备金在存款创造时所起的作用和法定准备金是一样的。因此，我们在分析货币供给时，有必要把超额准备金的影响考虑进去。假如e是每1元人民币存款中银行持有的超额准备金的比例，那么货币乘数可扩展为

$$m=\frac{1}{r+e} \tag{9-6}$$

在9.3节我们还假设所有的流通货币都进入银行系统进行存款创造，但是实际上

① 参见中国人民银行网站术语表：http://tianjin.pbc.gov.cn/fzhtianjin/2927296/113906/2755241/index.html；http://www.pbc.gov.cn/rmyh/109339/742359/index.html。

人们是不会把所有收入都存入银行的。他们会将部分收入以现金形式保留在手上，这种现象在银行制度不发达的国家或者地区非常普遍。这部分漏出的现金是不会参加银行体系的存款创造的。因此如果以 k 表示每 1 元人民币存款中公众持有的现金比例，那么货币乘数可进一步扩展为

$$m=\frac{1}{r+e+k} \tag{9-7}$$

在考虑了超额准备和现金漏损后，货币供给模型拓展为 $M=m\cdot \mathrm{MB}$，其中 $m=\frac{1}{r+e+k}$。这是一种较为简化的货币供给模型，基本考虑到了影响货币供给的最重要的几种因素，因此在宏观经济分析中被广泛应用。在后面的内容中，我们将从基础货币的角度给出货币供给模型及其推导过程。

9.4.2 基础货币乘数

我们从货币供应量和基础货币的概念出发，推导基础货币乘数。

根据定义：

货币供应量（M1）＝公众持有的现金（C）＋活期存款（D）

基础货币（MB)＝公众持有的现金（C）＋总存款准备金（R）

总存款准备金（R）＝活期存款法定准备金（R_d）＋定期存款法定准备金（R_t）＋超额准备金（R_e）

设定 D_t 为定期存款，现金与活期存款比率为 $k=\frac{C}{D}$，活期存款法定准备金比率为$r_d=\frac{R_d}{D}$，定期存款法定准备金率为 $r_t=\frac{R_t}{D_t}$，定期存款与活期存款比率为 $t=\frac{D_t}{D}$，以及超额准备金率为 $e=\frac{R_e}{D}$，则有

$$\mathrm{M1}=C+D=\frac{C+D}{\mathrm{MB}}\,\mathrm{MB}=\frac{C+D}{C+R}\,\mathrm{MB}=\frac{\frac{C}{D}+1}{\frac{C}{D}+\frac{R}{D}}\,\mathrm{MB}=\frac{\frac{C}{D}+1}{\frac{C}{D}+\frac{R_d+R_t+R_e}{D}}\,\mathrm{MB}$$

$$=\frac{\frac{C}{D}+1}{\frac{C}{D}+\frac{R_d}{D}+\frac{R_t}{D}+\frac{R_e}{D}}\,\mathrm{MB}=\frac{\frac{C}{D}+1}{\frac{C}{D}+\frac{R_d}{D}+\frac{R_t}{D_t}\cdot\frac{D_t}{D}+\frac{R_e}{D}}\,\mathrm{MB} \tag{9-8}$$

因此，货币供应量和基础货币的关系式可写为

$$\mathrm{M1}=\frac{k+1}{k+r_{\mathrm{d}}+t\cdot r_{\mathrm{t}}+e}\,\mathrm{MB} \tag{9-9}$$

其中基础货币乘数为

$$m=\frac{k+1}{k+r_{\mathrm{d}}+t\cdot r_{\mathrm{t}}+e} \tag{9-10}$$

从上式易知，若我们只考虑活期存款法定准备金这一种因素，并且假定公众把所有现金都存入银行，则货币乘数可以简化为$m=\frac{1}{r_{\mathrm{d}}}$，这就是式（9–4）。但是，实际上还有其他漏出因素影响货币乘数，这些漏出因素会相应减弱存款派生的能力，减少货币创造。其中现金与活期存款的比例k代表了现金漏损率，表示1单位活期存款中公众提取的现金比例。尽管存款货币的流动性接近于现金，但并不等于现金。在日常生活的小额交易和秘密交易中，人们往往倾向于使用现金，因此必定有部分现金在公众手中流通。超额准备金率e表示1单位存款中银行持有的超额准备金比率，代表了银行持有超额准备金导致的漏出。实际上银行为了避免因短期流动性紧缺导致高昂的融资成本，经常持有超额准备金。当然，为了实现利润最大化，其持有的超额准备金一般较少。最后一种漏出因素则是非个人定期存款。法律规定银行对非个人定期存款需持有准备金。

式（9–9）也可以推广到广义货币的供给乘数。

9.4.3 基础货币乘数的影响因素

从上文分析可以知道，狭义货币供应量（M1）是由基础货币（MB）和基础货币乘数（m）共同决定的，而中央银行决定基础货币的发行量。基础货币乘数是由现金漏损率（k）、活期存款法定准备金率（r_{d}）、定期存款法定准备金率（r_{t}）、定期存款与活期存款比率（t）和超额准备金率（e）共同决定的。中央银行决定法定存款准备金率，社会公众决定现金漏损率和定期存款与活期存款比率，商业银行决定超额准备金率。因此，货币供应量是由中央银行、社会公众和商业银行三方的行为共同决定的。

现在我们定量分析以上各因素对货币乘数的影响，对基础货币乘数进行全微分：

$$dm=\frac{-(k+1)}{(k+r_{\mathrm{d}}+t\cdot r_{\mathrm{t}}+e)^{2}}dr_{\mathrm{d}}+\frac{-(k+1)}{(k+r_{\mathrm{d}}+t\cdot r_{\mathrm{t}}+e)^{2}}de+$$

$$\frac{r_{\mathrm{d}}+t\cdot r_{\mathrm{t}}+e-1}{(k+r_{\mathrm{d}}+t\cdot r_{\mathrm{t}}+e)^{2}}dk+\frac{-t(k+1)}{(k+r_{\mathrm{d}}+t\cdot r_{\mathrm{t}}+e)^{2}}dr_{t}+\frac{-r_{t}(k+1)}{(k+r_{\mathrm{d}}+t\cdot r_{\mathrm{t}}+e)^{2}}dt \quad (9\text{–}11)$$

由全微分易知：

$$\frac{\partial m}{\partial r_{\mathrm{d}}}=\frac{\partial m}{\partial e}=\frac{-(k+1)}{(k+r_{\mathrm{d}}+t\cdot r_{\mathrm{t}}+e)^{2}} \quad (9\text{–}12)$$

$$\frac{\partial m}{\partial k}=\frac{r_{\mathrm{d}}+t\cdot r_{\mathrm{t}}+e-1}{(k+r_{\mathrm{d}}+t\cdot r_{\mathrm{t}}+e)^{2}} \quad (9\text{–}13)$$

$$\frac{\partial m}{\partial r_{\mathrm{t}}}=\frac{-t(k+1)}{(k+r_{\mathrm{d}}+t\cdot r_{\mathrm{t}}+e)^{2}} \quad (9\text{–}14)$$

$$\frac{\partial m}{\partial t}=\frac{-r_{\mathrm{t}}(k+1)}{(k+r_{\mathrm{d}}+t\cdot r_{\mathrm{t}}+e)^{2}} \quad (9\text{–}15)$$

由于在实际生活中定期和活期存款的法定准备金以及通货都是存在的，因此 $k>0$，$r_{\mathrm{d}}>0$，$t>0$，$r_{t}>0$，$e\geqslant0$，所以

$$\frac{\partial m}{\partial r_{\mathrm{d}}}=\frac{\partial m}{\partial e}<0,\ \frac{\partial m}{\partial r_{\mathrm{t}}}<0,\ \frac{\partial m}{\partial t}<0,$$

$$\frac{\partial m}{\partial k}>0,\ r_{\mathrm{d}}+t\cdot r_{\mathrm{t}}+e>1,$$

$$\frac{\partial m}{\partial k}\leqslant0,\ r_{\mathrm{d}}+t\cdot r_{\mathrm{t}}+e\leqslant1$$

由上面的分析我们可以知道，提高法定准备金率（r_{d} 和 r_{t}），基础货币乘数将减少，进而货币供应量将降低；而降低法定准备金率，基础货币乘数将增大，货币供应量将提高。法定准备金率是法律规定的商业银行准备金与商业银行吸收存款的比率。商业银行吸收的存款不能全部放贷出去，必须按照法定比率留存一部分作为随时应付存款人提款需求的准备金。在实行中央银行制的国家中，法定准备金率往往被视为中央银行重要的货币政策手段之一。中央银行调整法定准备金率对金融机构以及社会信用总量的影响较大。从直观上看，中央银行规定的法定准备金率越高，商业银行等上缴的存款准备金就越多，其可运用的资金就越少，从而导致社会信贷总量减少；反之，中央银行规定的法定准备金率越低，商业银行等上缴的存款准备金就越少，其可运用的资金就越多，从而导致社会信贷总量增大。货币乘数与法定准备金率呈反向变

化。法定准备金率越低，存款货币扩张乘数越大；反之，则越小。长期而言，法定准备金率与货币乘数有长期稳定的关系。

超额准备金率（e）越高，货币乘数越小，进而货币供应量越小；反之，超额准备金率越低，货币乘数越大，货币供应量也越大。超额准备金率的大小完全取决于商业银行自身的风险承受能力与经营决策。商业银行愿意持有多少超额准备金，主要取决于以下几个因素：一是持有超额准备金的机会成本大小，即生息资本收益率的高低。二是从中央银行借入准备金的成本大小，主要由中央银行再贴现率决定。如果再贴现率高，意味着借入准备金成本高，商业银行就会保留较多超额准备金，以备不时之需；反之，就没有必要保留较多的超额准备金。三是经营风险和资产的流动性。如果经营风险较大，而现有资产的流动性又较差，商业银行就有必要保留一定的超额准备金，以应付各种风险。

定期存款与活期存款比率（t）也是货币乘数的重要影响因素。一般来说，在其他因素不变的情况下，定期存款与活期存款比率上升，货币乘数就会变大；反之，货币乘数则会变小。由于定期存款的派生能力低于活期存款，各国中央银行都针对商业银行不同种类的存款规定不同的法定准备金率，通常定期存款的法定准备金率要比活期存款的低，这样即便在法定准备金率不变的情况下，定期存款与活期存款间的比率改变也会引起实际的平均法定准备金率改变，最终影响货币乘数的大小。而比较货币乘数对活期和定期存款的法定准备金率的偏微分可以知道，只有当定期存款大于活期存款时（即 $t>1$ 时），定期存款的法定准备金率的变动对货币乘数的影响才会更大；反之，则更小。

现金与活期存款比率（k），对货币乘数的影响比较复杂，取决于算式 $r_d+t \cdot r_t+e$ 的大小。当 $r_d+t \cdot r_t+e<1$ 时，现金漏损率与货币乘数负相关。通常情况下，在经济活动中 $r_d+t \cdot r_t+e<1$ 是成立的。因此现金漏损率的提高会使货币乘数减小，并相应减弱存款派生的能力，降低货币创造能力；反之，则会提高货币创造能力。而现金漏损率由人们的持币倾向所决定，这种倾向主要取决于持有现金的流动性收益和机会成本等因素，如存款利率、有价证券收益率、人均收入、经济周期、价格水平、金融市场发展程度、公众现金使用习惯与偏好等。但是，当 $r_d+t \cdot r_t+e>1$ 时，现金漏损率与货币乘数正相关。什么时候会出现此种情况呢？下式成立时会出现此种情况：

$$t \cdot r_t>1-r_d-e \tag{9-16}$$

$t \cdot r_t = \frac{R_t}{D}$ 是商业银行存在中央银行的全部定期存款的法定准备金与商业银行的活期存款之比。式（9-16）成立，则说明全部定期存款的法定准备金与商业银行的活期存款之比要大于商业银行可以使用的活期存款的比例。例如，如果 $r_d + e = 0.3$，$\frac{R_t}{D}$ 就要大于 70%，而在实际中这是很难发生的。

9.4.4 其他形式的货币乘数

学者们根据货币供应量和基础货币定义的不同以及对变量的重视程度的不同，通过等式变换，得到了许多不同形式的货币乘数。

（1）广义货币乘数

根据货币供应量界定层次的不同，货币乘数也可以相应划分为狭义货币乘数和广义货币乘数。上文推导货币乘数时使用的是狭义货币供应量（M1），所以我们将其对应的货币乘数称为狭义货币乘数。现在我们使用广义货币供应量（M2），推导广义货币乘数。

根据定义：

广义货币供应量（M2）= 狭义货币供应量（M1）+ 准货币（X）

准货币（X）= 定期存款（D_t）+ 储蓄存款（S）

我们设定储蓄存款与活期存款比率为 s，储蓄存款准备金率为 rs，其他变量与狭义货币乘数推导时相同。仿照狭义货币乘数的推导过程，我们可以得到广义货币供应量与基础货币的关系式：

$$\text{M1} = \frac{k + 1 + t + s}{k + r_d + t \cdot r_t + e + s \cdot r_s} H \tag{9-17}$$

其中广义货币乘数为

$$m = \frac{k + 1 + t + s}{k + r_d + t \cdot r_t + e + s \cdot r_s} \tag{9-18}$$

这里需要注意的是，上文中中国的活期和定期存款指非个人的活期和定期存款，而个人的活期和定期存款统称为储蓄存款。

（2）弗里德曼 - 施瓦茨的货币乘数

1963 年，米尔顿 · 弗里德曼（Milton Friedman）和安娜 · J. 施瓦茨（Anna J. Schwartz）

给出了以下形式的货币乘数：

$$\mathrm{M1}=C+D=\frac{C+D}{\mathrm{MB}}\,\mathrm{MB}=\frac{C+D}{C+R}\,\mathrm{MB}=\frac{\dfrac{C+D}{C\cdot R}}{\dfrac{C+R}{C\cdot R}}\,\mathrm{MB}$$

$$=\frac{\dfrac{1}{R}+\dfrac{D}{R}\cdot\dfrac{1}{C}}{\dfrac{1}{R}+\dfrac{1}{C}}\,\mathrm{MB}=\frac{\dfrac{D}{R}+\dfrac{D}{R}\cdot\dfrac{D}{C}}{\dfrac{D}{R}+\dfrac{D}{C}}\,\mathrm{MB}=\frac{\dfrac{D}{R}(1+\dfrac{D}{C})}{\dfrac{D}{R}+\dfrac{D}{C}}\,\mathrm{MB} \qquad (9\text{–}19)$$

所以

$$m=\frac{\dfrac{D}{R}(1+\dfrac{D}{C})}{\dfrac{D}{R}+\dfrac{D}{C}} \qquad (9\text{–}20)$$

从弗里德曼和施瓦茨的分析中，我们可以知道基础货币（MB）是由中央银行决定的，而货币乘数的影响因素可以简化为两个变量：存款准备金率（$\frac{D}{R}$）和存款与通货比率（$\frac{D}{C}$），其中存款准备金率取决于银行体系（包括商业银行和中央银行）。这里的存款准备金包括活期存款法定准备金、定期存款法定准备金和超额准备金。商业银行通过改变超额准备金影响存款准备金率。中央银行通过改变法定准备金影响存款准备金率。所以整个银行体系通过调整准备金率来影响货币乘数，进而影响货币供应量。而存款与通货比率则由公众决定，影响这一比率的具体因素前文已有论述。

（3）卡甘的货币乘数

1965 年，美国著名经济学家菲利普 · 卡甘（Phillip Cagan）系统而深入地研究了美国 1885 年货币存量变化的主要决定因素，并提出如下货币乘数模型：

$$\mathrm{M1}=\frac{\mathrm{MB}}{\dfrac{\mathrm{MB}}{\mathrm{M1}}}=\frac{\mathrm{MB}}{\dfrac{\mathrm{MB}\cdot D}{\mathrm{M1}\cdot D}}=\frac{\mathrm{MB}}{\dfrac{(C+R)\cdot D}{\mathrm{M1}\cdot D}}=\frac{\mathrm{MB}}{\dfrac{C\cdot D+R\cdot D}{\mathrm{M1}\cdot D}}$$

$$=\frac{\mathrm{MB}}{\dfrac{C\cdot D+R(\mathrm{M1}-C)}{\mathrm{M1}\cdot D}}=\frac{\mathrm{MB}}{\dfrac{C\cdot D+R\cdot \mathrm{M1}-R\cdot C}{\mathrm{M1}\cdot D}}$$

$$=\frac{\mathrm{MB}}{\dfrac{C}{\mathrm{M1}}+\dfrac{R}{D}-\dfrac{C}{\mathrm{M1}}\cdot\dfrac{R}{D}} \qquad (9\text{–}21)$$

所以

$$m=\frac{1}{\frac{C}{\mathrm{M1}}+\frac{R}{D}-\frac{C}{\mathrm{M1}}\cdot\frac{R}{D}} \tag{9-22}$$

从卡甘的分析中，我们可以知道通货与货币供应量比率（$\frac{C}{\mathrm{M1}}$）和准备金与存款之比（$\frac{R}{D}$）决定货币乘数。卡甘将$\frac{C}{\mathrm{M1}}$和$\frac{R}{D}$称为通货比率和准备金比率。这两个因素在形式上虽然与弗里德曼和施瓦茨提出的两个影响因素有所不同，但在理论分析上并没有多大区别，因为因素之间可以互相转化。卡甘认为政府控制基础货币，而公众和商业银行则共同决定基础货币为公众和银行持有的比例。

（4）乔顿的货币乘数

杰瑞·L. 乔顿（Jerry L. Jordan）在弗里德曼－施瓦茨和卡甘的货币乘数的基础上考虑了不同类型银行和货币当局对不同类型存款的不同的准备金要求，得到如下货币乘数：

$$\mathrm{M1}=C+D=\frac{C+D}{\mathrm{MB}}\mathrm{MB}=\frac{C+D}{C+R}\mathrm{MB}=\frac{k\cdot D+D}{k\cdot D+r(D+D_t+G)}\mathrm{MB}$$

$$=\frac{k\cdot D+D}{k\cdot D+r(D+t\cdot D+g\cdot D)}\mathrm{MB}=\frac{k+1}{k+r(1+t+g)}\mathrm{MB} \tag{9-23}$$

所以

$$m=\frac{k+1}{k+r(1+t+g)} \tag{9-24}$$

式（9-24）中，r代表各种存款的加权平均准备金率，存款包括商业银行活期存款（D）、个人定期存款（D_t）和政府存款（G），则$R=r(D+D_t+G)$。我们设定公众持有的通货（C）、个人定期存款（D_t）和政府存款（G）与活期存款（D）的比例分别为k、t和g。

乔顿模型最大的特点是依据商业银行所处的制度环境，对存款种类进行了划分，并得出狭义货币乘数是存款准备金率、个人定期存款与活期存款比率和政府存款与活期存款比率的递减函数，但通货与活期存款比率对乘数的影响无法判断。

（5）伯格的货币乘数

1971年，艾伯特·E. 伯格（Albert E. Burger）提出了一个新的基础货币概念（MB′）：基础货币（MB）减去商业银行向中央银行的再贴现和借款，即银行系统的非借入准备金与公众所持有现金之和。其他变量的定义与符号和乔顿模型相同，另外

用 A 表示商业银行向中央银行借入的准备金，a 为借入准备金率。我们定义：

$$MB'=C+R-A,\ A=a(D+D_t+G) \tag{9-25}$$

$$\begin{aligned}
M1=C+D&=\frac{C+D}{MB'}MB' \\
&=\frac{C+D}{C+R-A}MB' \\
&=\frac{k\cdot D+D}{k\cdot D+r(D+D_t+G)-a(D+D_t+G)}MB' \\
&=\frac{k\cdot D+D}{k\cdot D+(r-a)(D+t\cdot D+g\cdot D)}MB' \\
&=\frac{k+1}{k+(r-a)(1+t+g)}MB'
\end{aligned} \tag{9-26}$$

所以

$$m=\frac{k+1}{k+(r-a)(1+t+g)} \tag{9-27}$$

9.4.5 货币乘数与治理通货膨胀

从长期来看，通货膨胀归因于中央银行发行了太多货币，导致货币贬值，进而物价高企。具体来说，中央银行增发了过多的基础货币，这些基础货币通过银行体系的存贷款机制，产生货币乘数效应，导致社会上货币供应量成倍增加，远远超过社会实际货币需求，最终导致货币贬值。为了控制通货膨胀，我们可以从两个方面入手：一是控制基础货币的发行量；二是控制货币乘数。由上文的分析，我们知道基础货币的发行量是由货币当局直接控制的，而货币乘数取决于法定准备金率、超额准备金率、现金漏损率和定期与活期存款比率，其中法定准备金率也是由货币当局直接控制的。而且从各种乘数效应来看，提高法定准备金率是效果最为突出的方式，因此法定准备金率的调整是货币当局控制通货膨胀的重要手段。但是，法定准备金率的调整对商业银行的经营策略影响太大，所以货币当局不会经常使用，大多采用调整基准利率或者在公开市场买卖国债等较温和的手段直接调整基础货币，间接影响货币乘数的其他因素，进而治理通货膨胀。

9.5 信用膨胀

9.5.1 信用膨胀

从 9.3 节和 9.4 节我们了解到货币当局的基础货币发行量和商业银行的信用扩张、收缩活动是影响货币发行量的重要因素。当经济快速发展时，货币需求量增大，货币当局增发的基础货币和商业银行的信用扩张能够及时为社会提供充足的货币。当经济衰退时，货币需求量减小，货币当局减少基础货币发行，同时商业银行开始信用收缩，减少货币供给。但是由于经济活动的复杂性，无论是中央银行增发的基础货币还是商业银行的信用扩张都常常与实际经济需求存在错配现象，因此会导致经济波动。本节重点介绍这种错配中比较常见的一种现象——银行过度信用扩张，即信用膨胀现象。

信用膨胀指银行提供的货币量超过商品流通中货币的需求量进而产生通货膨胀的一种经济现象。信用膨胀通常由金融机构放款的增长速度超过经济增长速度、企业贷款不能如期归还以致影响资金回笼以及国家财政赤字需从银行贷款来弥补等原因造成。

在国民经济中，银行和其他金融机构向企业、财政部门或个人提供贷款，意味着社会购买力增加。社会购买力要求有相应的商品供给，但一定时期内的商品供给数额有其客观限度，并不随着需求的增多而无限增多。如果超过客观允许的限度提供贷款，必然会造成商品供不应求的局面。当这种现象持续发展，影响较大时，就意味着信用膨胀。发生信用膨胀时，一些主要投资对象，包括股票、债券、房地产等的价格往往出现超常规的上涨。这里需要注意的是信用膨胀的关键环节在于，其中的信用扩张不是为了满足生产生活的需要，不具有足够的物质基础，而纯粹是为了获得投资回报而盲目进行的信用扩张，即人为的信用扩张。这种信用扩张一旦成为社会普遍现象，就会形成一种循环，从而推动投资对象价格的不合理上涨。

在这里我们需要区分信用膨胀、信用扩张和通货膨胀三个概念。一般认为，信用扩张有两方面的含义：一是在经济繁荣阶段，信贷规模的自然扩大；二是中央银行为刺激经济发展而实行的一种货币政策。而信用膨胀是由过度的信用扩张导致的。信用扩张是与实际经济发展状况相适应的，是自然形成的或者是人为可控的。而信用膨胀则是与实际经济状况脱节的、不可控的，且存在大量“虚拟存贷”。信用膨胀与通货膨胀本质上讲是一致的，两者都体现了实际流通中的货币量超过商品流动所需货币量这一经济现象。信用膨胀往往导致货币发行扩大，远超实际货币需求，进而导致货币贬值，产生通货膨胀。但它们在表现形式上存在差异，信用膨胀从商业银行存贷款活动出发，而通货膨胀从货币购买力角度出发。而且在经济活动中，通货膨胀时常同财政赤字相联系，适度的通货膨胀能够刺激经济增长，过度的通货膨胀会阻碍经济发展。信用膨胀与银行贷款发放过多相联系，往往与经济周期相伴。信用膨胀往往带来经济泡沫，不利于经济长期稳定发展。

9.5.2 信用膨胀的产生和影响

信用膨胀的出现是以信用扩张为基础的，更具体而言，是以自然的社会信用扩张和人为的社会信用扩张相结合的社会信用扩张为基础的。此外，从信用膨胀的内部来看，其生成过程就是信用扩张的过程。不过与一般的信用扩张过程不同，信用膨胀中的信用扩张过于剧烈，超出了应有的限度，从而变成了信用膨胀。

在一定条件下，一旦某个社会的经济发展到一定程度，出现自然信用扩张的基础后，个别经济主体就会出现自然的信用扩张。当这种扩张得到了周围信用主体的认可，周围信用主体往往受经济增长条件下的“乐观”心态的影响，会高估该经济主体的信用能力，人为提高对其的信任度，从而出现人为的信用扩张。然后，一旦越来越多的信用主体出现自然的信用扩张，整个社会就会展现出普遍的自然信用扩张趋势。此时，大多数信用主体的自然信用扩张就会形成一种相互影响的合力，进一步加大对各自周围信用主体的信任度。人们的“乐观”情绪会被极大程度地调动起来，并且会形成反复不断的反馈循环，从而使整个社会的信任水平和信任效用水平得到极大提升，最终导致整个社会的信用出现人为的扩张。于是，在社会层面就出现了自然的信用扩张和人为的信用扩张的结合。自然的信用扩张和人为的信用扩张相结合使信用扩张的速度加快。当然，只要相关的信用主体能够对这种扩张有所控制，使其扩张不至于超出实际的物质基础的载力过多，那么这种扩张就不至于产生较大的破坏性影响。然而现实是，一旦在社会层面出现自然的信用扩张和人为的信用扩张，且二者结合，其结果就难以控制，社会的信用膨胀就会随之产生。

目前，学术界对于信用膨胀的成因存在许多观点，归纳起来主要有六点：一是货币的信用化和资本化以及货币乘数效应加大了货币存量的变动；二是存在大量无商品保证的贷款和过度的金融创新；三是政府信用泛滥导致金融资产快速膨胀，并且金融工具创新让这种信用膨胀发挥到极致；四是发放过多的用于固定资产投资的长期贷款；五是投资需求膨胀引起的财政赤字和信用膨胀；六是人为炒作和人们预期值的客观提高造成的信用膨胀。

单纯的自然的信用扩张能够给经济发展提供流动性，促进经济发展。而人为的信用扩张只要控制在一定程度内，对于经济发展也没有坏处。但是失控的信用扩张导致的信用膨胀则会阻碍经济发展。从信用膨胀的直接表象来看，信用膨胀的结果是主要投资对象的价格超常增长。超常的价格增长往往会导致经济泡沫，不利于经济稳定持久发展。信用膨胀往往会带来大规模的非理性信用扩张，这不仅会导致经济泡沫，也会降低社会投资效率，为经济衰退埋下伏笔。信用膨胀也会破坏原有的信用关系，给整个信贷体系带来巨大的系统性风险。

9.5.3 2008 年全球金融危机后的量化宽松

2007 年由于不良信贷和信用膨胀，美国爆发了次贷危机。2008 年，国际投资者对美国住房抵押支持债券（Mortgage-Backed Security，MBS）失去信心，引发全球流动性危机。美国的次贷危机迅速演变为全球金融危机。为了满足实体经济的资金供给和证券市场的流动性，美联储迅速将基准利率调到接近于 0 的水平，并且推出了 4 轮非常规的货币政策——量化宽松。随后世界主要经济体为了应对此次金融危机，也相继使用量化宽松货币政策。

英国学者理查德·沃纳（Richard Werner）1991 年提出量化宽松货币政策的概念：在低利率条件下通过大规模、持续性的国债回购实现“信用创造”。量化宽松的关键在于大规模和持续性。最早实践量化宽松货币政策的国家是日本。20 世纪 90 年代初期在《广场协议》的巨大压力下，日元快速升值。为了对冲日元升值对于出口和整个经济的冲击，日本中央银行在制定超低利率的同时，大规模持续投放货币，这是量化宽松的第一次登场。随后，日本经历了数年的金融泡沫破灭后的经济衰退和通货紧缩。为了配合日本政府的财政政策，日本中央银行于 1999 年甚至实施了零利率政策，但是收效甚微，经济停滞的状况没有得到改善。在常规货币政策失灵的情况下，日本于 2001 年 3 月实施量化宽松货币政策，由中央银行通过持续大规模的国债回购，向银行体系注入大量流动性。政策实施后一年后，日本经济恢复增长；而到 2009 年的 7 年间，日本经济处于稳定的适度增长状态。

美国次贷危机从2007年年初开始逐步显现并持续发酵，最终于2008年演变为全球金融危机。2008年11月25日，美联储通过资本金注入救助“房地美”（Freddie Mac）和“房利美”（Fannie Mae），美国首轮量化宽松货币政策开始实行。随后，为了应对危机，提振经济，美联储先后进行了4轮量化宽松（如表9-4所示）。2014年，美联储逐步取消量化宽松，缩减资产购买规模。2015年12月16日，美联储正式启动加息，结束量化宽松政策。

表9-4　美联储量化宽松政策汇总①

时间	具体政策工具	主要内容	主要目录
2008年1月	AMLF、CPFF、MMIFF、TALF、中长期债券购买计划等	购买国债3000亿美元、抵押支持债券12500亿美元和机构债券1000亿美元；购买由“房地美”、“房利美”和联邦住宅贷款银行发行的价值1000亿美元的债券及其担保的5000亿美元的资产支持证券；注资花旗银行200亿美元，并对其3000亿美元的不良资产提供担保；金融工具创新：7000亿美元TARP；2000亿美元TALF；PPIP、TAF、PDCF、CPFF、ABCP、TSLF、私人资本担保等	注入流动性、修复信贷系统、稳定金融市场等
2010年11月4日	中长期债券购买计划等	2011年第二季度结束前购买长期国债6000亿美元	减少经济的异常不确定性，防止通货紧缩等
2012年9月14日	TALF和中长期债券购买计划等	维持联邦基金利率在0—0.25%的超低区间；购买抵押支持债券400亿美元，购买的总规模和期限没有予以说明，“扭转操作”②	刺激经济增长、防止通货紧缩、降低失业率等
2012年12月13日	TALF和中长期债券购买计划等	维持联邦基金利率在0—0.25%的超低区间；每月购买国债450亿美元	刺激经济增长、防止通货紧缩、降低失业率等

注：① AMLF：Asset-Backed Commercial Paper Money Market Mutual Fund Liquidity Facility，资产支撑商业票据货币市场基金流动性便利；CPFF：Commercial Paper Funding Facility，商业票据融资便利；MMIFF：Money Market Investor Funding Facility，货币市场投资者融资便利；TALF：Term Asset-Backed Securities Loan Facility，定期资产担保证券贷款工具。TARP：Troubled Asset Relief Program，不良资产救助计划；PPIP：Public-Private Investment Program，公私合营投资计划；TAF：Term Auction Facility，长期拍卖便利；PDCF：Primary Dealer Credit Facility，一级交易商信贷便利；ABCP：Asset-backed Commercial Paper，资产抵押商业票据；TSLF：Term Securities Lending Facility，长期证券借贷便利。

②“扭转操作”：美联储利用公开市场操作，卖出短期债券而买入长期债券，延长美债平均久期。

随着2009年全球经济危机的全面爆发，刚刚好转的日本经济再次陷入僵局。为了遏制危局，日本中央银行于2009年12月1日决定推出新的融资方案，为市场注入最多10万亿日元的流动性。在2006年退出量化宽松货币政策后，日本时隔3年再次实施量化宽松货币政策。2010 年 10 月 5 日，日本宣布实施全面宽松计划，在采用零利率的同时大规模购买政府债券。随着时间的推移，日本中央银行资产负债表的规模不断膨胀。2014 年 4 月，日本中央银行决定将货币政策的短期操作目标从无担保隔夜拆借利率改为基础货币，形成基础货币投放、长期国债购买和提升平均持有期限“三管齐下”的“量化和质化宽松货币政策”（Quantitative and Qualitative Monetary Easing，QQE），以求快速走出通货紧缩。2016 年 1 月 29 日，日本银行决定在已经实施的 QQE 的基础上将零利率推向负利率。

2009 年 3 月初，当冰岛的主权债务危机进入高潮时，英格兰银行向市场注入 2000 亿英镑的流动性，开始实施量化宽松货币政策。2009 年 12 月，希腊爆发主权债务危机，随后 2010 年覆盖希腊、葡萄牙、西班牙、意大利、爱尔兰等国的欧洲主权债务危机全面爆发。2011 年 12 月，欧洲中央银行以 1% 的利率推出了无限量的 3 年期长期再融资计划（Long-Term Refinancing Operation，LTRO），为 523 家欧洲银行提供了 4890 亿欧元的 3 年期贷款。欧元区正式加入量化宽松货币政策的行列。2014 年 6 月，欧洲中央银行将隔夜存款利率下调至 –0.10%。2014 年 9 月，欧洲中央银行启动定向长期再融资操作（Targeted Longer-Term Refinacing Operations，TLTROs）。

可以看到，2008 年金融危机后美国、日本、欧洲这世界三大经济体相继实施了大规模量化宽松的货币政策。但 2014 年后，三大经济体货币政策开始分化。2014—2015 年，美国开始逐步退出量化宽松政策，但是日本和欧洲依旧保持量化宽松的措施。

进入 2018 年，在经济增长减缓和贸易赤字居高的情形下，一些美国学者和政策制定者又将目光聚焦在货币发行上，在新凯恩斯主义经济学的框架下提出现代货币理论的主张。他们认为以财政部直接向中央银行发行国债的手段实施财政赤字货币化，可以减缓美国国债上限的压制。经济学服务于政客的短期目标的机会主义思潮迅速升温，现代货币理论的主张引起学术界与政策界激烈的争论。

9.5.4 中国的信用膨胀

20 世纪 80 年代中后期到 1994 年，中国商业银行体系迅速发展，信用风险管理处于初级阶段，地方政府直接干预地方商业银行的信贷发放，在消费需求和投资需求大大高于市场供给和房地产信贷投放无序的背景下，中央银行的货币政策模式并不清晰，政府与中央银行货币稳定与经济增长相互协调的宏观管理目标也不够清晰，中国出现了比较严重的信用膨胀现象。1995 年以后，随着有效治理恶性通货膨胀和商业银行体系的建立，中国人民银行的货币政策进入兼顾经济增长和防止通货膨胀的稳定模式，信用规模的增长控制在合理区间。值得一提的是，进入 21 世纪，中央银行探索了兼顾广义货币增长率和通货膨胀率的双目标货币政策模式，中国信用扩张保持总体平稳的态势，没有出现突出的信用膨胀和通货膨胀问题。2009 年年底，中国政府为了应对金融危机，推出“4 万亿”投资计划，导致了一定程度的信用扩张。图 9-3、图 9-4 通过

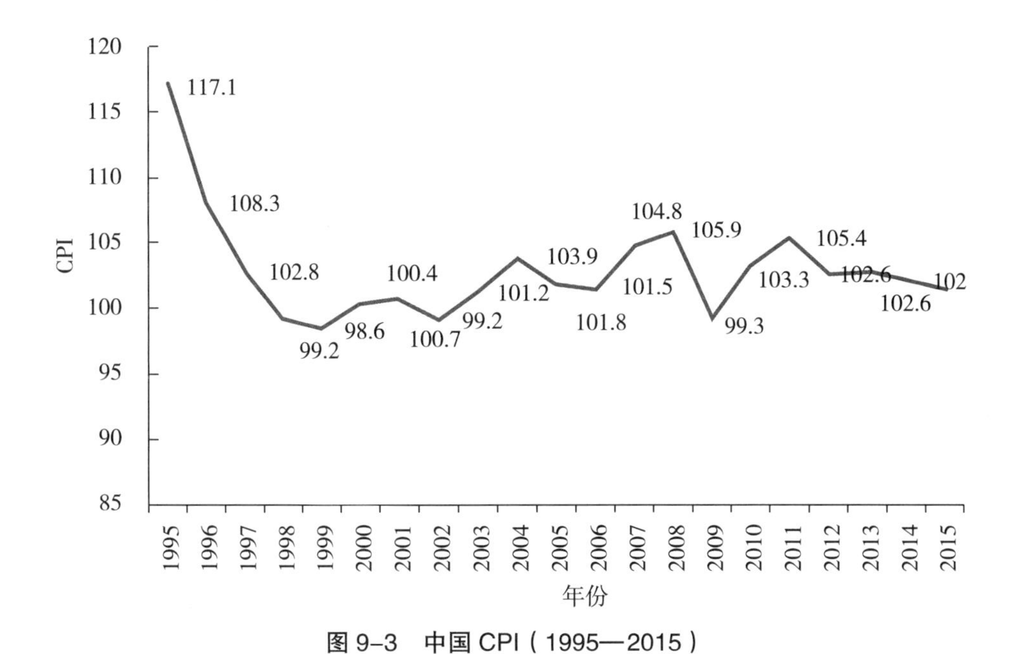

图 9-3　中国 CPI（1995—2015）

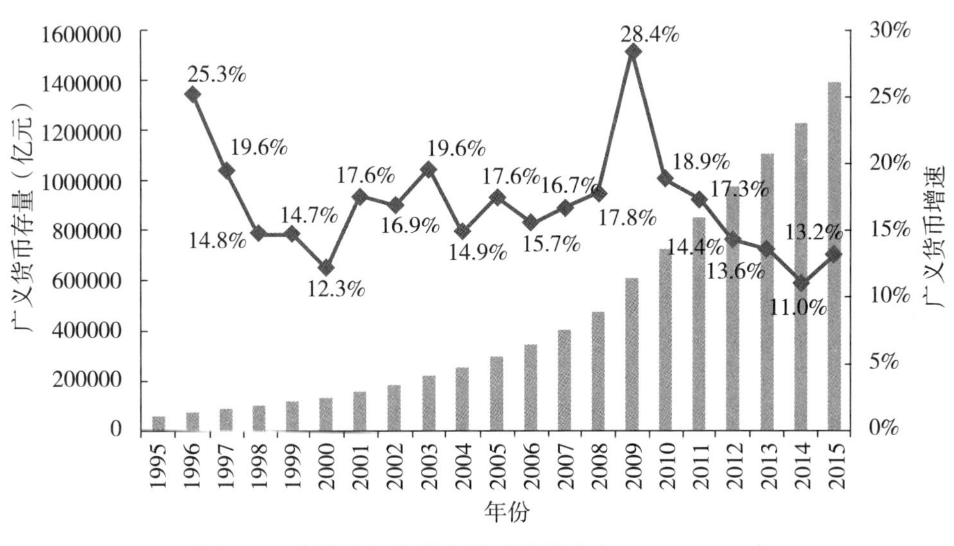

图 9-4　中国广义货币存量以及增速（1995—2015）

不同指标描述了1995—2015年中国的信用膨胀情况。这是中国改革开放以来第一次使用超常规的货币政策，对于提振市场信心、抗衡全球经济衰退的冲击起到了积极的作用，而且产生了正向的国际范围的外部溢出效应。

随着中国特色社会主义市场经济体制的不断改革与完善，我们需要进一步探索常规货币政策和应急货币政策使用的场景判断，既要保证经济的平稳运行和持续增长，又要有效控制信用膨胀。这就需要进一步探索如何做到：第一，建立动态监测的经济周期与波动预警机制，形成有效的商业预期与调控预期。实现这一机制要充分运用大数据和人工智能手段。第二，在社会融资体系的框架下，动态选择货币发行与信贷总量的控制目标，继续探索货币发行增长率和通货膨胀率双重控制目标的政策模式。第三，建立财政政策中公共债务与货币政策的协调与联动机制，充分挖掘社会主义市场经济调控体制的优势。第四，在货币政策与逆周期调节双支柱框架下实施信贷适度性控制和防范系统性金融风险，建立商业银行与中央银行的信息互动机制。

9.6 自由化的代价

9.6.1 金融发展与自由化理论

20世纪70年代，在布雷顿森林体系解体后美国金融服务业快速发展的大背景下，针对发展中国家金融体系封闭、发展滞后以及经济发展受到严重制约等问题，罗纳德·麦金农和爱德华·肖提出金融深化理论，指出金融自由化的发展思路，并大力推动发展中国家进行金融自由化改革。

1973年麦金农和肖在《经济发展中的货币与资本》(*Money and Capital in Economic Development*)和《经济发展中的金融深化》(*Financial Deepening in Economic Development*)两部著作中，分别从不同角度对发展中国家的金融现状进行剖析，得出了相同的结论：在不造成较大的社会与经济代价的前提下，储蓄倾向会强烈地影响实际货币余额的需求，而在任何确定的收入水平下，实际货币余额与投资之间存在互补性。麦金农认为，投资与实际利率水平正相关。在发展中国家，由于实行利率管制，实际利率被压得很低，因此会出现因实际货币积累减少而阻碍投资的情况，从而使经济的发展受到严重影响。肖的债务中介观不认为实际货币余额与投资之间有互补关系，而认为这种看似互补的关系是市场局限于“自我融资”的结果，即只要金融中介发挥作用，市场就不会局限于“自我融资”。他强调银行体系自由准入和竞争的重要性，并将此作为金融自由化成功的前提。肖同时也认为，发展中国家合乎逻辑的发展道路就是解除对利率的人为抑制，深入推进金融自由化改革。

沿着麦金农和肖的逻辑，在利率受到抑制的情况下，储蓄水平下降，工商企业投资所需要的资金就得不到有效供给，从而使得经济增长受到抑制，同时还滋生了银行业的腐败与低效率。解决这些问题的最好办法就是取消利率管制，让市场机制来决定利率水平，同时减少政府对金融机构的过度干预。这是麦金农和肖金融深化理论的一大突出贡献。

但是，麦金农和肖的金融深化理论只注意到货币在集聚金融资源中的作用，忽视了金融体系通过信息挖掘有效配置资源及管理风险等功能。在其理论中，经济依然被割裂为实体部门和金融部门。金融部门并不创造财富，金融发展只能影响资本形成，并不影响全要素生产率。金融效率与技术创新的割裂忽略了资本市场发展的价值而过度聚焦于银行系统。

此后，许多经济学家在麦金农和肖研究成果的基础上，对“麦金农-肖金融深化框架”进行了诸多重要拓展。但是到20世纪80年代上半期，在发展中国家的金融自由化实践中，金融危机频发，引发人们更加深入的思考。理论主张与实践检验的巨大差异引起了人们对金融自由化理论的质疑，并导致新结构主义、新凯恩斯主义、新制度主义等流派的相继诞生。

对于金融自由化理论的科学性，新凯恩斯主义提出了质疑。新凯恩斯理论从有效需求的观点出发，反对实行以提高实际利率为核心的金融自由化理论，认为高的实际利率因增加了企业筹资成本或超过企业实际利润率而必然会抑制投资，投资的缩减将通过乘数效应降低经济增长率。实际利率提高后，实际储蓄可能增加，从而导致居民的实际消费下降，减少社会消费需求。金融自由化往往伴随着贸易和资本流动的放松和自由化，外资流入追求高收益，通常会导致汇率高估，抑制出口，使出口需求下降。实际利率提高可能使银行减少项目融资或促进银行的风险行为，这样容易使银行风险提高，增加金融业的不稳定性。

新结构主义或者新结构经济学反对以金融市场自由化作为新兴经济体工业化发展的突破口，而强调发展服务于适应自身优势的产业结构的金融体系。这个结合本国实际的金融体系不是简单由市场运行的，而需要政府的主导。从货币发行、资本市场设立、商业银行发展到外汇管理制度，不能简单地实施自由市场模式，而应该实行有宏观管理的渐进式市场化模式。

进入20世纪90年代，信息经济学的成就被广泛应用到各个领域，很多经济学家分析了在信息不完全的前提下金融领域的道德风险、逆向选择等问题。他们认为，由于发展中国家普遍存在信息不完全或市场不完全等问题，因此不具有帕累托效率。有限的政府干预能大大提高单个经济体的效率，因此政府干预不但能使金融市场运行得更好，还会改善经济绩效。他们特别主张通过政府干预使利率低于市场均衡利率水平，并认为适当的金融压制反而能够提高资金配置的效率。对发展中国家来讲，引起利率迅速上升的金融自由化不仅会导致银行贷款投资的恶化，还会危及金融体系的稳定性。他们强调，因金融自由化而导致的利率上升是导致金融不稳定的根源。

联系着金融危机的金融自由化的挫折促使麦金农修正其理论，他在1997年亚洲金融危机后，出版了《东亚美元本位下的汇率困境与出路》(*The Dilemma and Outlet of the Exchange Rate Based on the East Asia Dollar Standard*)一书，麦金农明确提出“东亚货币锚定美元”的思路，主张区域内经济体构建可控的汇率制度，以减小汇率波动、维持金融稳定为目标。麦金农思路的转变实际上标志着金融自由化理论的破产。

9.6.2 金融自由化与金融危机

自20世纪70年代以来，在布雷顿森林体系解体的大背景下，随着金融全球化进程的加速，金融危机的发生频率呈上升趋势。拉美和东南亚的若干国家实施了金融自由化改革，实现资本项目自由流动，对国际金融机构和国际资本开放本国市场，不久纷纷遭受金融危机的严重冲击，引发了实体经济的衰退。从表9–5我们看到相关经济体实行金融自由化与金融危机发生的时间。

表9–5 相关经济体金融自由化与金融危机发生时间

国家	金融自由化时间	金融危机发生时间
墨西哥	1989年	1994—1995年
巴西	1992年	1998年
阿根廷	1989—1991年	1990—1991年，2001—2002年
泰国	1987—1988年	1997—1998年，2000年
印度尼西亚	1989年	1997—1998年

（续表）

国家	金融自由化时间	金融危机发生时间
菲律宾	1991年	1997—1998年
马来西亚	1988—1990年	1997—1998年
韩国	1992—1993年	1997—1998年

资料来源：http://www.econ.ucla.edu/people/papers/Tornell/Tornell408.pdf.

拉美国家实施过两次较大规模的金融自由化改革。第一次始于20世纪70年代中期，80年代初债务危机爆发后逐渐趋于停顿。第二次始于20世纪80年代末，90年代上半期达到高潮。根据新自由主义和金融自由化的观点，“南锥体”国家[①]在经济发展方面的落伍应归咎于政府的过度干预。而在金融领域，政府过度干预造成的后果就是金融压抑。主要表现在以下几个方面：第一，过低的利率（有时甚至是负利率）是造成储蓄率低的主要原因之一；第二，人为的低利率不利于金融媒介的发展，从而使资源难以得到有效配置；第三，金融资产的数量和种类远不能满足市场需要。

“南锥体”国家实施的金融自由化改革主要包括：对外开放国内资本市场，放松对外资流入和流出的限制；对内放开利率，大幅度减少或取消对信贷的限制，降低进入金融部门的壁垒，降低银行准备金要求，对国有银行实施私有化，允许在国内开设外汇存款账户等。上述措施的积极成效和消极后果都非常突出：第一，金融中介在国民经济中的地位大幅度上升，储蓄和信贷迅速增加；第二，资本流入量（包括外债）增长幅度很大；第三，利率快速上升；第四，资产价格波动加剧；第五，由于政府放松了对金融机构的管制，越来越多的金融机构从事高风险的金融业务。

进入20世纪90年代，在金融全球化的大潮下，更大规模、更全面的金融自由化浪潮再次席卷拉美地区——利率市场化、废除资本管制、取消定向贷款、降低银行储备、引进外资银行、国有银行私有化等，拉美国家通过这些手段简单模仿发达国家金融自由化的模式。在金融自由化初期，拉美国家获得了金融供给的提升，也展示了金融市场的繁荣，但是当实体经济与金融经济的矛盾被充分激发后，市场进一步展现的不是“华盛顿共识”所预言的有序与和谐。在外部市场冲击和货币危机接踵而至之时，拉美国家的政府在外债与信用双重危机面前束手无策。

东南亚金融危机中的各国也有过类似的经历。东南亚国家也于20世纪70年代相

① “南锥体”国家：阿根廷、智利、乌拉圭、巴拉圭等。

继开启了金融自由化进程。对于很多发展中国家而言，在实施金融赶超战略的过程中，金融自由化和经济发展匹配的失衡导致了国家金融控制力和原有市场秩序的丧失。在东南亚金融危机中，系统性失控具有以下特点：

第一，债务负担水平大大超过本国经济的承受能力。1997 年，作为东南亚金融危机肇始国的泰国，外债负担比例高达 36.5%。那些遭受金融危机的东南亚国家的储蓄率均低于投资率。而在那些未受危机影响的经济体中，储蓄率均高于投资率。在经济增长的高峰期，国内投资的巨大资金缺口迫切需要国际资金加以弥补；而国际资金在利差和寻求高收益等因素的多重驱动下不断涌入这些地区，暂时使这些地区的高投资增长模式在短期内获得支撑并得以强化。当经济增长的资金供给主要自外国流入时，系统性风险就会不断累积。一些国家（如印度尼西亚、马来西亚及韩国），短期外债存量 / 外汇准备金指标一度超过 100%，这意味着这些国家已经处于外汇储备资不抵债的状态，一旦违约风险暴露或者国际流动性收紧，会迅速演变为国家层面的债务危机和金融危机。

第二，较低的金融监管能力导致资本流动失控。在推行金融自由化的过程中，很多国家在金融监管能力尚未发展成熟时就允许资本自由流动，最终导致了资金外逃。

第三，外国金融资本比例过高严重削弱了国家的金融调控能力。外国金融资本是以利益为导向的，不会承担保证国家金融安全的社会责任。在外国金融资本占比较高的情形下，国家对于金融系统的调整与控制能力就会被严重削弱。一旦外部冲击到来，限制资本外逃、维持稳定和恢复信心的方案无法得到有效实施，整个金融体系就会爆发系统性风险。1997 年泰国与韩国的案例就是有力的证明。

第四，外汇储备不足使国家金融体系无法抵御国际投机资本的冲击。对于这一点，泰国的教训很有说服力。20 世纪八九十年代，为了追求经济快速发展，泰国的外汇储备水平长期维持在 300 亿—350 亿美元的水平（相当于泰国 3—4 个月的进口用汇量）。由于国家的外汇储备水平偏低，泰国中央银行的金融宏观调控能力受到严重限制。1997 年 1 月至 7 月，面对国际投机资本的狙击，为避免金融市场动荡，泰国中央银行对金融市场累计投放了约 200 亿美元的外汇，但在强大的国际投机资本面前泰国已经没有充足的风险准备金，很快就失去主动性。干预失败后，泰铢大幅度贬值，引发整个资本市场的剧烈震荡，东南亚金融危机随之爆发。

金融自由化的理念出自自由市场经济，属于强者逻辑。简单听从这一教条，实行脱离本国国情和发展阶段的金融自由化无疑会导致国家放弃信用货币主权，损害金融体系的稳定性和经济的长期持续发展。如果要总结发展中国家在金融自由化过程中的政策失误，那么，僵化的汇率制度、失衡的国际收支、不恰当的外汇储备、问题重重的金融机构、不合时宜的货币控制以及国内宏观政策的不协调等都会成为经济学家口中的“关键词”。然而，上述表象只不过是金融自由化进程中两个根本性问题的具体反映，这两个根本性问题分别是：金融自由化进程与金融体系的发展阶段不协调；金融自由化进程与总体经济的发展阶段不协调。

9.7 中国金融改革的特色

从1978年年底中国实施改革开放以来，中国的金融发展走出了具有中国特色的自主而开放的道路，通过实践过程中的探索，形成了中国特色社会主义理论指导下的金融发展模式。中国没有采用激进的金融自由化改革，而采用了循序渐进的市场化与对外开放。2001年中国加入世界贸易组织之后，遵循对外开放的承诺，中国的银行保险业和证券期货业有序对外开放；借鉴发达经济体金融发展的经验教训，加强宏观监管，推行宏观审慎的运行模式，在高度防范系统性金融风险的同时，保持持续金融创新的节奏。中国金融发展模式在新兴经济体中获得罕见的成功，避免了陷入金融自由化的误区，这是中国经济发展的必要条件。在此背景下，我们对金融自由化理论的国际实践进行分析和评价，探讨如何在持续推进金融发展与开放的同时防范和化解系统性金融风险，具有迫切的现实意义和深远的历史意义。

中国共产党第十九次全国代表大会通过的《中国共产党章程（修正案）》中明确了政府与市场在资源配置中的基本关系：“发挥市场在资源配置中的决定性作用，更好发挥政府作用，建立完善的宏观调控体系。”金融服务效率是市场资源配置效率的核心。通过改革开放持续推进金融发展的关键在于处理好金融创新与防范系统性金融风险的辩证关系，而确保不发生系统性金融风险导致的金融危机是底线。

（1）中国金融改革与开放的循序渐进

传统金融涉及银行、保险、证券、期货四个领域。中国自20世纪80年代起，四个领域并行推进，交叉互动，走出了平稳有序而生动活泼的局面。

为保证国家金融安全，银行与主要金融资源应由国家主导，同时要调动私人资本的积极性并实行市场化配置，这是从中国特色社会主义理论出发的金融改革与开放的原则。20世纪80年代，中国通过银行专业化改革建立了工、农、中、建、交五大国有商业银行和国家开发银行、中国进出口银行、中国农业发展银行三大政策性银行。进入20世纪90年代，近二十个跨区域股份制银行相继成立，实现了国有与民营金融资本的混合所有制。90年代末，财政部组建分别对应工、农、中、建四大国有商业银行的华融等四大资产管理公司，逐步处置银行不良债权，以满足国际巴塞尔体制的风险控制标准，最终到2010年，四大国有商业银行均完成股份制改革，在A股上市。此时，中国股票市场已经形成近二十家上市银行构成的银行板块。同时，中国大力发展城市与县域地区的小型商业银行，大量吸引民营资本进入银行领域，形成国有资本主导的多元股权结构并存的商业银行经营格局。到2018年年底，中国商业银行形成大、中、小规模相对均衡分布的格局，大型国有银行6家、中型股份制银行12家、小型城市商业银行140家、农村商业银行557家、外资银行32家。

与商业银行发展并行的是直接融资市场的渐进式发展。1990年12月，上海证券交易所和深圳证券交易所先后成立，标志着中国证券市场的开端，先后形成了A股（人民币计价）、B股（美元和港币计价）、创业板、中小板、科创板等多种股票板块。到2018年年底，中国上市公司数量达到3584家，总市值达到43.5万亿元人民币。2001年加入世界贸易组织后，中国适时对外开放证券市场。2001年实施QFII；在人民币跨境贸易结算达到一定规模的2011年对外国投资者又开放了以海外人民币投资的RQFII。从2001年到2019年的18年间，随着QFII制度批准的机构增至二百多家和投资额度逐年增加到3000亿美元，QFII价值投资的引导效应得到发挥，中国的跨境资本流动保持平稳。QFII的有效性通过了时间的检验，2019年9月QFII额度放开，在资质管理的框架下实现了中国证券投资对于境外资本的开放。对境外机构投资者开放中国证券市场后，中国对境内机构投资者开放了海外证券市场投资。在中国股票市场个人投资者众多且不成熟的条件下，这是更为谨慎的做法。QFII实施6年后的2007年，证监会开启了合格境内机构投资者（Qualified Domestic Institutional Investors，QDII）投资海外证券市场的试点。为了给个人投资者一个开放的投资平台，2014年监管层与相关交易所先后启动沪港通、深港通和沪伦通，允许在上海与香港、深圳与香港、上海与伦敦相关交易所开户的投资者在规定范围内相互投资对方的股票。中国证券市场经过2005年的股权分置改革、2008年启动的融资融券试点、2010年开始的股指期货引入，以及核准制到注册制的市场准入制度改革和渐进式对外开放后，逐渐走向成熟，形成平稳发展的态势。培育投资者是一个长期而艰巨的任务。2001年中国第一只开放式基金上市，自此，服务个人投资者的证券基金稳健发展，2018年年底证券投资基金数量达到5792只，总资产净值为13万亿元，机构投资者主导市场的趋势正在形成。

作为固定收益证券，企业发行的具有一定违约风险的信用债券是证券市场的“半边天”，并且紧密关联货币市场。中国债券市场的发展滞后于股票市场，并且形成企业债券与公司债券两条线路。企业债券主要由大中型企业通过国家发展和改革委员会监管在证券市场以外发行，在银行间市场交易，通常信用等级是AAA或者AA。公司债券由上市公司发行，在股票市场交易。一家上市公司为高成长、高风险项目融资时，通常通过发行或者增发股票实施；而在为商业模式清晰、现金流稳定项目融资时，通常通过发行公司债券实施。一个股票交易和债券交易各有侧重、相互配合的证券市场是健康的证券市场。与中央政府发行的国债并存的是地方政府债券，二者融资的主要目标是投资基础设施和战略性领域，满足长期公共需求。中国地方政府债券于2015年纳入正式渠道，满足了大量城市化所需的公共设施、地铁和房地产的融资需要，也带动了地方经济的增长。根据中央银行2018年年报，中国各类债券余额达到86.0万亿元，其中公司信用债券余额为20.6万亿元。但是与银行和财务公司贷款余额的136.3万亿元相比，中国债券余额的体量仍然不大。

商品期货市场和金融期货市场是证券市场的另外两个重要市场。商品期货是直接为实体经济服务的，由于可以通过保证金使用杠杆并且可以买空卖空，商品期货具有很强的投机性。20世纪90年代初，伴随郑州、上海、大连三个期货交易所的开办，全国各地掀起了成立期货交易所的高潮。国内期货交易所曾一度多达五十多家，期货经纪公司三百多家，期货兼营机构（银行、证券公司、信托公司）两千多家，造成无序发展、投机盛行的混乱局面。1993年11月，党的十四届三中全会审议通过了《中共中央关于建立社会主义市场经济体制若干问题的决定》，要求严格规范少数商品期货市场试点，随即形成具有专业分工的郑州、上海、大连三大期货交易所的格局。2006年三大商品期货交易所和两大股票交易所共同发起成立了中国金融期货交易所，开启了股指期货和国债期货交易的新阶段。至2018年年底，四大期货交易所共交易70种商品期货和期权、3种股指期货和3种国债期货，各季度交易金额达到50万亿元人民币的总规模。

中国保险市场的发展伴随着居民收入的提高。1992年，中国平安保险成立，开启了中国平安保险、中国人民保险、中国太平洋保险三足鼎立的保险市场局面。2000年，8家股份制保险公司和7家中外合资保险公司相继成立，2004年18家民营保险公司获批。至此，保险业寡头竞争的市场结构形成。2018年年底，中国保险公司期末资产总额达到18.3万亿元人民币，保费收入达7355亿元，其中财险收入2767亿元，人身险收入4588亿元。与GDP和其他金融资产的体量相比，中国保险业发展滞后的状态十分突出，保险的深度和广度与发达经济体相比具有很大差距。这一点既说明中国保险业发展不足，也预示未来成长空间巨大。

（2）利率市场化

金融市场的定价基准是利率。毋庸置疑，利率市场化构成金融改革的核心内容和攻坚难点。参考李扬等人的观点[①]，利率市场化绝不仅仅意味着“放开”，它应该包括以下要点：建立健全由市场供求决定利率的机制，使得利率水平、其风险结构和期限结构由资金供求双方在市场上通过公开交易的竞争来决定；发展利率衍生品市场，打破市场分割，建设完善的市场利率体系和有效的利率传导机制；中央银行创新货币市场调控理念、工具和机制，掌握一套信息化条件下市场化的调控利率的手段，形成预期正确的国债收益率曲线，特别是短期与长期收益率的合理匹配；与汇率形成机制相协调，同时要形成发达的汇率衍生品市场，形成可调节的汇率对于利率变动的有效响应。

从2013年开始建立、到2018年基本形成的贷款市场报价利率（Loan Prime Rate, LPR）机制是人民币信贷利率市场化的关键步骤。LPR是中国人民银行主导的由涵盖各个层次的代表性银行通过银行间市场的公开竞价并加权而形成的中长期贷款利率，以1年期和5年期为标准。LPR以公开透明、不可操纵的方式引导商业银行信贷市场的利率浮动。2020年8月25日起，工、农、中、建和邮储五家国有银行同时批量转换个人住房贷款，按照相关规则统一调整为LPR定价方式。

利率市场化的目标和功能还需要实践的检验与理论的完善。未来应重点探索利率定价在整个金融市场体系的传导机制和反馈机制、系统性风险预警以及危机阻断机制。

---

① 李扬．“金融服务实体经济”辨[J]，经济研究，2017，000（006）：75-77.

（3）人民币国际化

人民币国际化为货币经济学乃至宏观经济学研究提出了全新的课题。在前面内容中我们给出了人民币国际化的历史过程，这里从金融改革与发展的角度再次分析人民币国际化的历史逻辑与历史意义。从金融自由化的角度来看，本国货币成为贸易对手接受的货币甚至成为与本国无关的贸易与投资的支付货币，是对一国金融自由化的最高评价。人民币作为仍处于发展中的货币被国际市场所接受既有特殊性也有一般性。人民币的国际价值是跟着贸易走的，而贸易是跟着制造走的。更一般地讲，金融一定要跟着制造业走，没有强大制造业的支撑就没有金融稳定。金融发展的逻辑是以实体经济为基础，以制造业为根基。制造业的发展提出了金融需求，应从这些需求出发开展金融创新，实现金融发展。盲目跟随外界的金融超前发展是危险的，每一次金融创新都会创造新的风险，没有对应的实体经济的具体需求就没有控制风险的手段。中国国际贸易体量进入世界前两名后，跨境贸易中的人民币结算才被纳入银行服务项目；海外人民币存量进入稳定增长阶段后，海外人民币的回流投资渠道才被打开，海外人民币才得以通过 QFII 进行国债投资与公司债投资，深港通与沪港通才向国内投资者开放。因此，资本项目在金融投资方面的进一步开放一定要跟着人民币国际化走，跟着高端技术出口和制造走。

（4）资本项目开放

党的十八届三中全会确立了“构建开放型经济新体制”的发展目标。这是一个新型全球化背景下的发展目标。新型全球化背景下，中国金融体系将与国际金融体系相结合，中国也会参与金融危机后国际金融体系的治理。因此，资本项目的开放是必要条件。根据易纲教授的观点①，中国加入世界贸易组织以后，人民银行实施了“先流入后流出、先长期后短期、先直接后间接、先机构后个人”的资本项目开放策略，稳步提高资本项目可兑换程度。至 2018 年年底，在 IMF 资本项目交易分类标准下的 40 个子项中，可兑换和部分可兑换的项目达到 37 项，仅有 3 项尚未放开。以贸易为主的经常项目、排除房地产和证券投资的直接投资已经开放，有效促进了实体经济框架下的资本自由流动。

在对外资开放中国证券市场的进程中，监管层采取了有计划的渐进策略。2002 年

① 易纲．在全面深化改革开放中开创金融事业新局面 [EB/OL].（2018-12-05）[2021-05-10]. http://www.pbc.gov.cn/hanglingdao/128697/128728/128835/3679148/index.html.

推出 QFII 模式，外资证券机构或者投资基金数量逐渐增加到 200 多家，额度从 300 亿美元开始，于 2019 年增加到 3000 亿美元，约占平均流通市值的 3.6%。2011 年根据海外人民币存量接近万亿元人民币的情形，中国又实行了 RQFII 制度，这里 R 表示人民币，该制度允许境外投资机构使用海外人民币投资中国证券市场，并于 2019 年 9 月完全放开了额度限制。这一过程既能够逐渐引进长期价值投资者，引导中国证券机构投资者的技术升级，又能够保证中国证券市场受不到境外资本的巨大冲击。

而海外证券投资以境内合格机构投资者（Quanlified Domestic Institutional Investors, QDII）的方式进行，截至 2019 年 9 月，获批额度超过 1000 亿美元。目前关键在于如何控制个人投资者的海外直接投资，以保证国家金融安全和个人投资者的合法权益。综合金融自由化国际案例的教训，确保不发生系统性金融风险是资本项目开放的最高准则。考虑到中国有上亿名股民，在投资者情绪的驱使下，家庭自由投资国外证券市场可能带来数万亿美元的短期资金流失，这对于金融安全是致命的冲击。应当看到，美国证券市场的完全开放是以美元作为世界信用本位货币为基础的。可以预想，只有人民币成为国际主导投资货币和储备货币时，个人跨境证券投资的自由化才能实现。在这个问题上，任何遵循金融自由化教条的策略都是危险的。

在中国金融对外开放已经取得相当进展的基础上，进一步改革的重点为转变跨境资本流动管理方式，便于企业"走出去"；推动资本市场双向开放，有序提高跨境资本和金融交易可兑换程度；同时，建立健全宏观审慎管理框架下的外债和资本流动管理体系，提高可兑换条件下的风险管理水平，保障国家金融安全。

（5）金融科技与互联网金融

在中国，信息革命与工业化升级交织在一起，产生换道超车的效果。中国在互联网金融和金融科技方面，一起步就迅速站到了世界前沿，这部分归功于中国巨大的消费群体和超前发展的移动互联基础设施。金融科技是传统金融业务的智能化和运用新技术手段的金融创新，区块链、大数据和人工智能技术成为金融科技的标志，互联网金融则是应用金融科技产生的新金融服务业态。中国在金融科技和互联网金融领域的发展呈现以下特点：

首先，银行、保险、证券与信息企业并立发展。金融科技的启动与发展是中国产业升级与供给侧结构性改革的组成部分。作为信息革命的标志性手段，金融科技创新推动了银行、保险与证券业务的供给侧升级。中国金融科技领域的发展以传统金融机构和新型科技金融企业两条线路并行发展。中央银行、大中型商业银行、保险公司、证券公司都开展了大数据、云计算、智能化对传统金融业务的流程再造，金融科技研发投入成为这些机构研发投入的主要部分。数以千计的金融科技公司成为各个国家级开发区与科技园区最为活跃的部分。智能投资顾问、智能小额信贷、客服机器人、量化金融工具等显著提升了金融服务的劳动生产率，实现了网络化小微信贷，将普惠金融构想落在了实处。

其次，网络支付和无现金交易迅速成为主流交易方式，为主权数字货币的发展奠定了基础。伴随着支付宝与微信的普及，无现金形态的网络支付成为零售商业的主要支付方式。2004年支付宝业务正式上线，在智能手机普及的大背景下，支付宝以便捷、安全和低成本的优势迅速被普通群众所接受。2011年支付宝获得中国人民银行颁发的支付牌照；2013年获得经身份认证的3亿名客户，完成27.8亿笔支付，支付价值超过9000亿元人民币，成为全球第一大移动支付商；2019年年初支付宝全球注册用户超过10亿人。与支付宝并驾齐驱的是微信支付，它于2015年年初获得3亿名用户，2017年年底突破8亿名用户。在网络支付市场自由发展5年后，根据风险暴露的情形，中国人民银行为加强行业管理，颁布了一系列标准与规则，于2017年年底组建了网络清算有限公司。根据《中国人民银行年报》（2018年），截至2018年年末，中国人民银行新组建的网联清算平台共接入424家商业银行、115家网络支付机构和7家预付卡支付机构，全年共处理支付业务1296.74亿笔，金额57.90万亿元，系统处理峰值达92771笔/秒，已成为全球处理业务量最大的支付清算基础设施。

无现金网络支付的普及为数字货币的推广奠定了良好的社会基础，可以说，数字货币进入经济生活在中国没有任何实质性障碍。基于国家信用的法定数字货币的普及是金融系统的革命。运行可永久追溯的区块链技术的数字货币可以杜绝腐败与洗钱行为，可以精准掌握交易的每一个细节，从微观上掌握每一个企业和行业的经营与现金流，进而通过大数据实现更加精准的宏观经济调控。

再次，互联网金融模式推进普惠金融。普惠金融的关键在于为有偿还能力的小微企业和个人提供小额生产信贷和消费信贷。由于没有可变现的普通抵押物，这些小微企业和个人很难从商业银行获得信贷。那么如何评价其偿还能力和诚信度呢？社会传媒的大数据提供了评价依据，人工智能方法给出了及时的甄别与评价。由此，有真实融资需求和还款能力而以往被隔离在商业银行以外的这部分个体获得了普惠金融的支持。由于客户众多，即使单笔交易利润较低，互联网金融企业也能够获得可观的风险回报。从 2011 年互联网金融模式形成到 2018 年泡沫破灭，经过大规模市场清理，互联网金融进入风险可控的稳定发展模式。

最后，市场呈现新型风险形态。与传统金融服务不同，金融科技与互联网金融有自己特殊的风险形态。金融科技在运用大数据技术手段的同时，也承担了侵犯个人隐私和数据不当泄露的法律风险、技术故障导致客户财产损失的技术风险、机器智能偏差的模型风险。而互联网金融业务也暴露了资产端欺诈的道德风险、信用失察和重复抵押的操作风险。

2018 年的互联网金融大面积“暴雷”说明金融资产价值与实体经济的产出其实存在一个合理的比值。低于这个比值为金融抑制，将导致经济增长不畅；而高于这个比值就将导致泡沫的成长与破灭。互联网金融挖掘的是商业银行信贷与资本市场债券之外的边际效益。从整个经济系统来说，这个边际效益是递减的，而边际风险是递增的。或者说，随着融资额的攀升，获得单位收益的风险将成倍增加，一直增加到风险爆发。所以我们对互联网金融风险以及可能由此引发的系统性金融风险必须高度警觉。

（6）银行保险深度融合

中国居民长期形成的银行存款的理财模式为银行销售保险产品带来了便利。中国保险业在发展之初就采用了银行的业务模式。大众对于储蓄的信赖形成了储蓄寿险高占比的中国特色。而包含社会保险在内的保险资金进入股市进一步形成了银行—保险—证券的产业链关系。2003—2018 年为商业银行与保险公司改革阶段。在此阶段形成了中国金融业监管的“一行三会”（中国人民银行、证券业监督管理委员会、银行业监督管理委员会和保险业监督管理委员会）的监管体制。2018 年 3 月，银监会和保险会合并为银保监会，开启了银行业与保险业深度融合保障的新机制。这是中国特色金融体制的创新，对于改变保险业落后于国际水平的状况、实现银行与保险业的持续升级和防范系统性金融风险意义重大。2008 年年初，时任美国财政部部长的亨利·保尔森（Henry Paulson）指出美国实行跨行业的金融大监管的必要性，然而该政策还未来得及实施就爆发了全球金融危机。吸收 2008 年全球金融危机的教训，中国的银行保险业大监管走在了世界前列。

金融科技在银行保险深度融合中的作用值得强调。大数据、云计算与人工智能的推广应用实现了从以产品为中心到以客户需求为中心的根本性转变，深度挖掘数据的客户价值与商业价值变得十分重要。金融科技手段实现了客户信用评价、信用风险识别与控制等全流程的精准化与智能化操作，并广泛应用于银行理财、私人银行、保险销售、承保、理赔等各个环节，实现运营流程的优化和重构，帮助金融机构快速响应客户各类金融需求，挖掘数据商业价值，形成有效的跨资产类别的系统性风险监测、防范和预警。

中国金融市场化改革采用渐进式的方式，取得了许多令世人瞩目的成果，但其所导致的众多疑难问题，随着中国加入世界贸易组织过渡期的结束到了亟待解决的地步。而由于中国经济发展和金融自由化推进的特殊性，没有现成的金融改革、发展与开放的模式可以采用，更不能简单照搬西方的金融自由化理论。运用中国革命与建设的宝贵经验，开辟试验区，然后以点带面，是中国金融发展对于经济学理论与实践的贡献。例如，从上海浦东新区开始的十几个“自由贸易试验区”的金融实验的逐步递进的制度改革探索，为后续的金融改革、发展与开放提供了实践依据。

小结

货币市场和证券市场是金融体系的重要组成部分。1973年石油危机以后，主要发达经济体的直接融资比重稳步持续增加，证券市场的融资水平已经超过商业银行的信贷水平。因此，在考察金融稳定性、货币政策效应等时，必须关注证券市场。在整个金融体系中，货币发行居于核心地位。对于中央银行来说，基础货币是最为可靠的观察与控制指标，而基础货币乘数原理则是解释货币政策效用的基本理论要点。基础货币乘数构成的因素包括法定准备金率、现金比率。当两个比率都变化时，基础货币乘数的全微分可以恰当表示货币乘数的变化，这将进一步影响调整法定准备金率的政策效果。信用膨胀是超发货币和放松金融监管的后果，如果信用膨胀严重，可能会诱发金融危机，2008年全球金融危机即为例证。作为新古典主义经济学的一部分，金融发展理论的意义和局限性值得深入研究与讨论。

思政教学要点

1. 列宁关于“金融寡头”的论述对于理解金融危机的成因有什么启发？

2. 学习习近平中国特色社会主义思想的相关论述，理解为什么必须坚持金融发展服务实体经济，并进一步从国家金融安全和稳健性原则出发，反思金融自由化。

扩展阅读

1. 罗斯，马奎斯．金融市场学：第 10 版 [M]. 陆军，等，译．北京：机械工业出版社，2009.

2. 张亦春，郑振龙，林海．金融市场学：第 4 版 [M]. 北京：高等教育出版社，2013.

3. 米什金．货币金融学：第 9 版 [M]. 北京：中国人民大学出版社，2011.

重点概念

直接融资；资本市场；广义货币；基础货币；一般货币乘数；基础货币乘数；金融发展理论；金融自由化；金融危机

习　题

一、选择题（在以下四个选项中选择一个最合适的）

1. 以下金融工具中，属于直接融资工具的是（　　）。

A. 银行承兑汇票

B. 企业债券

C. 银行债券

D. 大额可转让存单

2. 在中央银行的一般性货币政策工具中，对货币乘数影响很大、作用力很强的是（　　）。

A. 再贷款利率

B. 再贴现率

C. 公开市场业务

D. 法定存款准备金率

3. 下列关于货币乘数的说法中，正确的是（　　）。

A. 货币乘数指货币供给量与流通中货币的倍数关系

B. 货币乘数是 1 单位存款准备金所产生的货币量

C. 货币乘数的大小决定了货币供给扩张能力的大小

D. 中央银行的初始货币供给量与社会货币最终形成量之间客观存在着数倍扩张（或收缩）的效果或反应，即所谓的乘数效应

4. 中央银行在公开市场上买进政府债券的结果将是（　　）。

A. 银行存款减少

B. 市场利率上升

C. 公众手里的货币增加

D. 以上都不是

5. 下列不是中央银行的资产业务的是（　　）。

A. 再贴现业务

B. 贷款业务

C. 黄金外汇储备业务

D. 货币发行业务

6. 目前，中国人民银行买卖证券的操作目标主要是（　　）。

A. 货币市场利率

B. 基础货币

C. 国债价格

D. 央行票据规模

二、问答题

1. 简述中国金融发展的历史路径。

2. 从美国资本市场发展的经验来讨论资本市场对经济发展的作用。

3. 讨论金融自由化的利弊，思考中国金融自由化应当采用的方式。

三、计算题

1. 某时期中央银行规定商业银行活期与定期存款准备金率分别为 20% 与 3%。假定银行体系准备金为 20000 亿元，公众持有现金为 500 亿元。根据以往经验，银行体系现金漏损率为 5%，超额准备金率为 15%，活期存款转化为定期存款的比例为 30%。请计算这一时期的货币乘数与基础货币，以及全社会货币供给量。

2. 已知某国商业银行系统，活期存款准备金率为 20%，定期存款准备金率为 10%，定期存款与活期存款比率为 0.67，折现率为 1%，超额准备金率为 5%。已知该国基础货币数量为 1000 亿元，请计算该国 M1、M1、M3 的数量。

请扫描上方二维码

观看“迷你课程视频”

第 10 讲

财政政策

在探索中国特色社会主义市场经济的道路上，中国宏观经济的调控由过去的直接行政干预逐步转变为以财政政策和货币政策为主的间接调控方式，在促进经济稳步增长和消除贫困方面发挥了重要作用。1998 年，中国实施“逆向调节”的积极财政政策并取得显著成效，自此财政政策逐渐走向台前，成为中国宏观调控，特别是应对经济衰退的重要手段。无论是 1998 年的东南亚金融危机还是 2008 年的全球金融风暴，以大规模增加公共投资为主要措施的积极财政政策都有效促进了经济的较快恢复。与此同时，大规模的公共投资带来政府债务规模的持续攀升，由此引发的货币超发也导致了较大的通货膨胀压力。这不禁让人们更深入地思考如何实施可持续的财政政策，或者说，如何通过财政政策的长期化实现经济稳定均衡增长的目标。

本讲将从财政政策中的两个基本点——政府支出和税收出发，介绍财政政策的常用工具及其分类，构建政府部门的 IS-LM 框架并分析财政政策的总体均衡模型，同时将分别阐述财政政策研究中的三个重要问题——挤出效应、债务约束以及减税效应，揭示财政政策的作用机制。

10.1 政府支出与税收

财政政策作为国家经济政策的重要组成部分，主要通过调节政府支出和税收以影响总需求，进而影响就业和国民收入。政府支出指整个国家各级政府支出的总和，可以分为四类：一是政府消费，包括政府支付给公共部门雇员的工资以及购买消费品的支付；二是政府投资，包括各种不同形式，如道路和港口建设的资本支出；三是对私人部门的转移，包括退休养老金、失业保险、退伍军人津贴，以及其他福利支付；四是公债利息，也是最后一类政府支出。有时，按财政支出产生效益的时间分类，财政支出只分为两类——经常性支出和资本性支出。经常性支出是维持公共部门正常运转或保障人们基本生活所必需的支出，主要包括人员经费、公用经费和社会保障支出。资本性支出是用于购买或生产使用年限在 1 年以上的耐用品的支出，它们的耗费结果将形成供长期（1 年以上）使用的固定资产，其补偿方式有税收和国债两种。

政府支出是财政政策的重要内容。19 世纪德国经济学家阿道夫·海恩里奇·瓦格纳（Adolph Heinrich Wagner）曾预言，随着国民收入的增长，政府支出会以更快的速度增长，使得政府支出占 GDP 的比重增加。这一表述也被称为瓦格纳法则。图 10–1 给出了中国财政收入、财政支出、各项税收在 1995—2019 年间的变化趋势。显然，这三者均随时间的变化而逐步增加。政府支出占 GDP 的比重 2002—2007 年在 18% 左右波动，但是从整个时间跨度来看，其逐步提升的整体趋势是较为明显的，这也验证了瓦格纳法则在中国的适用性。

税收作为政府收入中最主要的部分，是政府部门为实现其职能，根据相关法律规定（如宪法、税法等）强制地、无偿地取得财政收入的一种手段。按照不同的标准，税收可有不同的分类。按征税对象，可将税收划分为流转税、所得税、财产税、资源税和行为税五类。流转税主要以流转额为课税对象，包括增值税、消费税、营业税和关税等。所得税也称收益税，指个人和公司的所得税。财产税是以纳税人所拥有或支配的财产数量或者财产价值为课税对象，包括房产税、契税、车船税、船舶吨税等。资源税以自然资源和某些社会资源为征税对象，主要包括资源税、城镇土地使用税等。行为税是以纳税人的某些特定行为为课税对象，主要包括城市维护建设税、印花税、车辆购置税等。

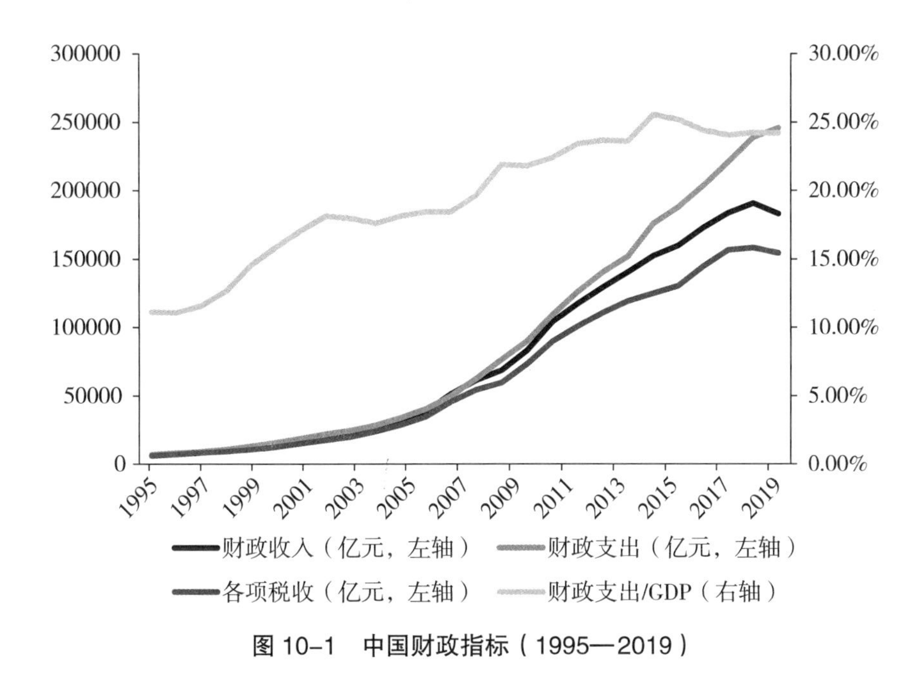

图 10–1　中国财政指标（1995—2019）

资料来源：国家统计局网站（http://data.stats.gov.cn/）。

根据税收负担能否转嫁，可把税收分为直接税和间接税。直接税中的“直接”指纳税义务人同时也是税收的实际负担人，即直接对个人和企业所得和财产征的税，不能转嫁；而间接税的纳税义务人不是税收的实际负担人，例如对商品和服务征收的税，可以转嫁。所得税和财产税属于直接税，而销售税和贸易关税则属于间接税。发达国家和发展中国家的税收结构差别很大。发达国家来自直接税的收入在政府收入中所占的比例一般较大。例如，美国财政收入的最大税源（约占总额的 85% 以上）是直接税，其中最主要部分来自个人。相反，发展中国家的大部分收入来自包括贸易税在内的间接税。比如，中国自 1994 年分税制改革以来，间接税一直占主要比重；而自 2003 年以来，中国间接税占税收收入的比重虽然呈下降趋势，但基本上维持在 70% 以上。特别是在 2006 年之前，间接税占比几乎达到 80%，2004 年突破 80% 的比例，达到 81%。随着经济的持续增长，直接税比重在缓慢上升，根据国家统计局公布的数据，截至 2019 年，直接税占比达到 30.18%。现阶段以间接税为主体的税制结构仍然是中国税收制度的重要特征。为什么间接税会成为发展中国家税收的重要来源？主要是因为发展中国家个人和企业所得和财产规模相对有限，依靠直接税难以满足庞大的财政支出的需要。间接税可以在企业的多个环节征收，而且间接税可以通过商品价格转嫁到最终消费者，低收入者通过消费生活必需品也要承担间接税。直接税是累进的，而以间接税为基础的税制是累退的，纳税人的负担率随课税对象数额的增加而递减，低收入人群的纳税额占其自身收入的比例比高收入人群的要高。发展中国家随着经济的发达，直接税占比会越来越高。

公共部门收入的另一个来源是出售商品和服务的政府企业和机构上缴的利润。虽然政府企业在美国几乎不具有数量上的重要性，但它们在西欧却比较重要，而在发展中国家，则常常十分重要。在许多资源丰富的发展中国家，国有资源生产者的收入可能占公共收入的很大比重。比如，在委内瑞拉，石油部门由政府拥有，在 20 世纪 80 年代初期，它提供了高达 77% 的政府收入。中国的一个特色就是国有企业上缴利润较高，根据财政部提供的数据，2019 年国有企业上缴利润达到 2614.81 亿元，占其利润总额的 7.27%，占财政收入的 1.37%，占税收收入的 1.65%。

10.2 财政政策工具

纵观西方工业国家的发展史，我们可以看到，随着经济社会化程度的不断提高，市场失灵的现象普遍存在。1929 年美国爆发的大萧条说明了市场失灵对人类社会的巨大伤害。社会资源的有效配置已经无法单纯通过市场交易机制得以实现，此时，政府便化身为“救世主”，通过财政政策对经济进行调节，以弥补市场机制的不足，凯恩斯宏观经济学应运而生。1978 年以来，在经济高速增长的大背景下，中国经济发展一波三折，财政政策一直在经济扩张和紧缩之间频繁调整与变换。1998—2004 年间，中国政府实施相对积极的财政政策，有效抑制了通货紧缩。2005 年之后，基于对供给能力持续增长的预判，中国政府改变政策，积极的财政政策适时转换为稳健的财政政策。2007 年美国次贷危机引发全球金融海啸，中国经济也受到剧烈冲击，中国政府于 2008 年 11 月出台了“4 万亿”投资计划，从此结束了 4 年的稳健财政政策，积极财政政策又成为国家宏观调控的主基调。不难看出，在中国经济发展过程中，财政政策扮演着重要角色。

财政政策工具指政府为实现特定财政政策目标而采取的各种财政手段和措施，主要包括财政收入（主要是税收收入）、财政支出、公债和政府投资。财政政策工具分为收入政策工具和支出政策工具。收入政策工具主要指税收；支出政策工具分为购买性支出政策和转移性支出政策，其中，购买性支出政策又包括公共工程支出政策和消费性支出政策。下面我们从财政收入、财政支出、公债、政府投资这四个方面逐一阐述各项财政政策工具的主要内容。

10.2.1 财政收入

财政收入的主要来源是税收。不同国家不同时期征税的动机也不一致。公元前 3100 年左右，税收在古埃及产生：通过征收谷物、蔬菜、皮革等，统治阶级获得用于享受的物品。中国夏朝向平民征收贡品以豢养国家机器；春秋时期各国向臣属征收车马兵甲，用于对内对外战争；汉朝向商人征收缗钱税来缓解财政困难。1799 年英国开征所得税为英法战争筹集经费。18 世纪西方各国征收反倾销关税以此抵制他国商品的倾销。美国现代征收特种物品消费税限制某些特定消费和行为的发生。古往今来，所有的税收都为实现国家职能服务。

税收是政府凭借政治权力参与社会产品分配的重要形式，具有无偿性、强制性、固定性等特点。税收促进财政目标实现的方式即是灵活运用各种税制要素，具体包括：适当设置税种和税目，形成合理的税收体系，确定税收调节的范围和层次，使各种税种相互配合；确定税率，明确税收调节的数量界限，这是税收作为政策手段发挥导向作用的核心；规定必要的税收减免和加成。综上，税收可以通过增减税种和调整税率来调节产业结构，实现资源的优化配置，可以通过累进的个人所得税、财产税等来调节个人收入和财富，实现公平分配。

税收政策通过增税和减税两个方面来发挥对经济周期的调节作用，具有如下特点：首先，需要经过一定的法律程序，决策时滞较长。政府税收的增减都是通过调整税法来实现的，而税法需要经过一定的政治程序才能通过、付诸实施。其次，对于政府来说，减税容易增税难，增税易遭到纳税人的反对。再次，税收直接影响人们的可支配收入，而且是无偿的永久性的影响。当政府以增加税收的办法来弥补财政赤字时，实质是将资金从个人或企业手中转移到政府手中，如果政府所扩大的支出效率不高或无效益，则对需求的抑制作用将是双重的。最后，政府的减税政策是通过增加居民的可支配收入实现的，因此对需求的影响还依赖于居民的边际消费倾向，这对政府来说是不确定因素。

10.2.2 财政支出

财政支出是政府为满足公共需要的一般性支出（或称经常项目支出）。它包括购买性和转移性支出，这两类支出对国民经济的影响有不同之处。购买性支出指政府购买商品和劳务，包括购买进行日常政务活动所需要的或者进行政府投资所需要的各种物品和劳务的支出，即由社会消费性支出和财政投资支出组成。其中社会消费性支出包括：行政管理费、国防费；文教、科学、卫生事业费以及工交商农等部门的事业费。财政投资性支出是以政府为主体，将其从社会产品或国民收入中筹集的财政资金用于国民经济各部门的一种集中性、政策性的投资。转移性支出是政府进行宏观调控和管理，特别是调节社会总供求平衡的重要工具。例如，社会保障支出和财政补贴就在现代社会里发挥着“安全阀”和“润滑剂”的作用，在经济萧条、失业增加时，政府增加社会保障支出和财政补贴，增加社会购买力，有助于恢复供求平衡；反之，则相应减少这两种支出，以免需求过旺。下面我们分别介绍政府购买性支付政策与转移性支付政策的特点。表 10–1 给出了 2012—2020 年中国财政支出中中央财政和地方财政的支出金额，地方财政支出占全国财政支出的比例保持在 85% 左右的水平。

表 10–1　2012—2020 年中国财政支出的中央与地方金额

（单位：亿元）

年份	2012	2013	2014	2015	2016	2017	2018	2019	2020
全国财政支出	125952.97	140212.10	151785.56	175877.77	187755.21	203085.49	220904.13	238874.02	245588.03
中央财政支出	18764.63	20471.76	22570.07	25542.15	27403.85	29857.15	32707.81	35115.15	35095.57
地方财政支出	107188.34	119740.34	129215.49	150335.62	160351.36	173228.34	188196.32	203758.87	210492.46

购买性支出指政府直接购买劳务和消费品并用于当期的支出，如增加政府雇员、提高雇员工资、扩大办公设备的购买等的支出。这一政策手段具有如下特点：首先，与公共工程支出政策相比，其时滞短。其次，与转移性支出政策相比，其公平性差。例如，增加政府雇员工资与增加失业人员的救济金相比，前者会扩大就业者与无业者之间的收入差距；如果同时同比例地提高二者的收入，对需求的影响就取决于二者的边际消费倾向。就单个消费者来说，其边际消费倾向与其个人收入水平、财富水平和

储蓄偏好相关；就消费者群体来说，则要从其年龄、职业、教育程度、社会环境等方面分析。

转移性支出指政府为企业、个人或下级政府提供无偿资金援助，以调节社会分配和生产的支出，如对企业的投资补助、限价补助、进出口补助等。这些支出都会直接促进企业生产发展或保证企业利润的提高。这一政策手段具有如下特点：首先，对国民收入分配的影响较强。转移性支付本身具有直接影响国民收入分配的功能，政府增加对低收入者的支出，可缩小贫富之间的差距。其次，对需求的扩张作用更大。低收入者的边际消费倾向要比高收入者的边际消费倾向大，增加对低收入者的财政补贴支出，对社会总需求的刺激作用更大。再次，积累性差。转移性支付资金转化为积累资金的可能性要比上述两项支出政策要小，其用于消费的部分将更大。最后，对需求的影响与受益者的层次关系重大。从年龄结构看，通常年轻人的边际消费倾向最大，中年人其次，老年人的边际消费倾向最低。

10.2.3 公债

公债作为政府财政信用措施的主要组成部分，是政府筹集资金、调节经济、实现预定的财政目标的重要手段。按照发行主体，公债可分为中央政府债券、政府关系债券和地方政府债券。国债则专指中央政府债券。国债最初的产生主要是为了筹集战争经费，弥补由于战时军费扩张造成的财政收支缺口。随着资本主义商品经济及金融业的发展，国债逐渐从单一的财政筹资工具演变为集筹资、投融资、宏观调控为一体的综合信用工具。政府关系债券指由政府某些特许机构或特殊法人发行的主要用于铁路、交通、基础设施、中小企业发展、技术开发等特定公共项目的债券。地方政府债券即各级地方政府为筹集地方建设性投资所需资金而发行的债券。

中国的国债由财政部代表中央政府发行，由国家信用担保。中国在20世纪50年代为了筹集国民经济恢复和经济发展所需资金，发行约38.5亿元（按第二版人民币折算）的“人民胜利折实公债”和“国家经济建设公债”。在之后相当长的时期内，由于中国实行量入为出的保守财政政策，没有发行国债，也没有新增政府债务。1981年，中国在停发国债20年后开始恢复发行，当年国债发行额为46.65亿元，占GDP的比重为0.95%。

国债在国家重点项目建设、弥补财政赤字、调节产业结构、转变发展方式等方面发挥着重要作用。2008年美国次贷危机爆发，迅速波及全世界。中国政府在2008年年底改变了对经济过热的预期，开始实施新一轮积极的财政政策。积极的刺激计划加大了国债的发行量。为积极克服全球金融危机造成的困难，中国在2009年发行国债17927.24亿元，2010年发行国债19778.3亿元，2011年发行国债17100亿元，2012年发行国债14527.33亿元。国债的发行对中国尽快走出金融危机起到了不可替代的作用。2019年发行国债42737.18亿元，余额达到16.8038万亿元，占当年GDP的16.96%。但是，扩张的财政政策也增加了各国政府的财政负担，造成财政赤字大量增加，甚至引发波及全球的主权债务危机。国债问题成为后危机时代的重要议题。作为一个发展中国家，中国国债市场的发展还处于初期阶段。

国债作为最常见的一类公债，是国家按照信用有偿的原则筹集财政资金的一种形式。国债对经济的调节作用主要体现在三种效应上：一是挤出效应，即通过国债的发行，使民间部门的投资或消费资金减少，从而起到调节消费和投资的作用。二是货币效应，指国债发行所引起的货币供求变动。它一方面可能使“潜在货币”变为现实流通货币，另一方面可能将存于民间的货币转移到政府手中，或由中央银行购买国债而影响货币的投放。三是利率效应，指通过调整国债利率水平改变资本市场的供求变化来影响市场利率水平，对经济产生扩张或紧缩效应。在现代信用条件下，国债的市场操作是沟通财政政策与货币政策的主要载体，同时也是它们的耦合点。因此，国债作为财政政策工具实施时，除了要与其他财政政策手段配合使用，还特别要与货币政策相协调。

发行国债是财政部门的重要事项，但发行国债会对金融状况造成一定的影响甚至造成重大冲击。在国债的发行方式、发行时间、发行条件等问题上，需要注意如下因素：首先是社会资金的供求状况，特别是社会闲置资金对国债的需求；其次是金融状况，如信贷规模、利率情况、金融市场的完善程度等；最后是政府的应债能力和风险承担能力，特别是在社会对国债需求空间较大的情况下，更要避免出现政府债务负担过重的情况。国债本身是一种直接信用，可以避免间接信用过度所导致的金融风险。但是，它也会变成一种间接的融资渠道，如商业银行选择国债为资金的主要“贷放”对象时，间接融资所固有的问题便可能产生。

10.2.4 政府投资

政府投资是中国经济增长与经济调控的特色。自改革开放以来，中国经济迅猛发展，为了促进国民经济建设，近些年政府投资规模逐渐加大，投资项目日益增多，对社会经济发展和建设的影响越来越显著，尤其在社会固定资产投资活动中极具影响力，占社会固定资产投资总额的10%以上。因此，政府项目投资上一旦发生决策失误，必然会造成巨大的经济损失，导致投资成本浪费，甚至会因为导向性错误，对社会投资造成不利影响，造成市场波动，提高社会投资风险，引起大面积的社会投资损失。所以，需要科学地决策政府投资项目，把投资风险降到最低，正确发挥政府的导向和调控作用。

政府投资指财政用于资本项目的建设性支出，它最终将形成各种类型的固定资产。政府的投资项目主要是那些具有自然垄断特征、外部效应大、产业关联度高、具有示范和诱导作用的基础性产业、公共设施，以及新兴的高科技主导产业。这种投资是经济增长的推动力，而且具有乘数作用。投资乘数指每增加 1 元投资所引起的收入增长的倍数。

公共工程是政府投资的重要对象，政府人为地扩大公共工程支出，更多地承担民间不愿意投资的工程，可以扩大总需求，有助于经济复苏。公共工程支出政策具有如下特点：一是积累性强。公共工程支出政策的结果往往是形成若干公共投资项目，可供居民长时期消费，或者改善营商环境，具有积累性质。二是缺乏市场激励。因此公共项目加入市场主体的商业资本的混合模式就是一个优化的选择。三是时滞长。工程的建设期间，经济形势变化快，可能使财政政策由逆调节变成顺调节，加大经济波动的不稳定。四是公共工程支出政策是中央政府动用地方性政策工具来调节经济的一种政策，可能打破均衡，形成地区间新的不平衡。公共工程作为一种地方性公共品，本应由地方政府投资，中央政府为调节经济、刺激需求而在某些特定的地方建设某些公共工程，实质是用全国的资金为某些地方供给公共品，负担了本该由该地方政府支出的建设项目，结果是各个地方争项目、争投资，增大了投资的风险，并会出现新的不平衡现象。因此，公共工程支出政策工具要与政府间财政转移支付政策协调配合。

10.3 “自动稳定器”与“相机抉择的稳定器”

自1978年改革开放以来，伴随着国民收入水平的提高，中国经历了多次税收制度改革，个人所得税的起征点从1980年的800元上调到2011年的3500元，再到2018年的5000元。个人所得税与公司所得税有其固定的起征点和税率，这些标准并不随经济状况而变动，从而可以自发地调节经济，发挥“自动稳定器”的作用。

10.3.1 “自动稳定器”

财政政策常被经济学家称为“自动稳定器”与“相机抉择的稳定器”。“自动稳定器”也称“内在的稳定器”，指在经济中能够自动地趋向于抵消总需求变化的政策工具与活动。其特征是可以自动调节总需求，不需要人们预先做出判断和采取措施，自行发挥作用，减轻需求水平的波动，进而起到稳定经济的作用。财政政策的这种作用主要通过以下三种机制来实现。

（1）税收的自动变化

税收的自动稳定作用主要体现在所得税的累进制度。在经济萧条时，个人和企业利润降低，符合纳税条件的个人和企业数量减少，从而导致税基相对缩小，使累进税率相对下降，税收自动减少。税收的减少幅度大于个人收入和企业利润的下降幅度时，税收便会产生一种推力，防止个人消费和企业投资的过度下降，从而起到遏制经济衰退的作用。在经济繁荣时，作用机理则相反。

（2）政府转移支付的自动变化

政府转移支付（包括失业救济金和各种福利支出）有助于稳定可支配收入，在萧条时，符合领取失业救济和各种福利标准的人数增加，失业救济和各类福利发放就会自动增加，从而有利于抑制消费支出的持续下降，防止经济的进一步衰退。在经济繁荣时期，作用机制则相反。

（3）农产品价格支持

农产品价格支持以政府补贴的形式来保证农民和合作社的可支配收入不低于一定水平。在经济萧条时，市场对农产品的需求减少，产品价格下跌，此时，政府根据农产品价格维持方案，增加政府采购农产品的数量，向农民或农场主支付货币或补贴，增加他们的可支配收入。在经济繁荣时，农产品需求增加，产品价格上涨，政府亦可根据农产品价格维持方案，抛售库存的农产品，吸收货币，平抑农产品价格，以减少农民和合作社的可支配收入。

政府税收和转移支付的自动变化以及农产品价格维持制度对宏观经济活动都能起到一定的自动稳定作用，都是财政政策的“自动稳定器”和防止经济波动的第一道防线。

10.3.2 “相机抉择的稳定器”

“相机抉择的稳定器”指为了使经济达到预定的总需求水平和就业水平，政府根据不同情况所采取的财政措施。其特征是不能自动地发挥作用，需要人们对客观经济形势进行分析判断，再相机决定所要采取的相应财政措施。“相机抉择的稳定器”主要包括：调整政府的公共项目投资、购买商品和劳务的水平，调整税率，调整税收起征点和减免税规定，调整转移支付条件，调整加速折旧政策规定等。在 20 世纪 30 年代的全球经济危机中，美国实施的罗斯福–霍普金斯（Roosevelt-Hopkins）计划（1929—1933 年）、日本实施的时局匡救政策（1932 年）等，都是相机抉择政策选择的实例。1936 年，凯恩斯在其力作《就业、利息和货币通论》中，将相机抉择财政政策上升到理论高度。

相机抉择财政政策具体包括汲水政策和补偿政策。汲水政策指经济萧条时期政府进行公共投资，增加社会有效需求，以恢复经济活力的政策。汲水政策的特点是：第一，它以市场机制所拥有的自发机制为基础，是一种诱导经济恢复的政策；第二，它以扩大公共投资规模为手段，启动和活跃社会投资；第三，财政投资规模具有有限性，只要社会投资恢复活力，实现经济自主增长，政府就不再投资或缩小投资规模。

补偿政策主要指政府有意识地从当时经济状况的反方向上调节经济，以实现稳定经济波动的目的的财政政策。在经济萧条时期，为缓解通货紧缩影响，政府通过增加财政支出、减少财政收入等政策来增加投资和消费，增加社会有效需求，刺激经济增长；反之，在经济繁荣时期，为抑制通货膨胀，政府通过增加财政收入、减少财政支出等政策来抑制和减少社会过剩需求，稳定经济波动。

10.4 IS 曲线

1929 年 10 月 24 日，美国爆发了资本主义历史上最严重的一次经济危机。一周之内，美国人在证券交易所内失去的财富达 100 亿美元，农场主为了销毁过剩的产品，把牛奶倒进密西西比河。富兰克林 · 德兰诺 · 罗斯福（Franklin Delano Roosevelt）于 1933 年 3 月 4 日就任美国第三十二届总统，并以改革（Reform）、复兴（Recovery）和救济（Relief）为重点政策，对资本主义市场经济的运行机制展开一场革命，领导美国渡过大萧条时期，政府出台的这一系列政策被称为"新政"。政府对调控国家经济的重要性在历史上第一次得到验证。前文中，我们采用消费和投资两部门经济假设，在这里为了分析财政政策的重要作用，我们加入政府部门。

10.4.1 包含政府部门的 IS 曲线及其推导

在三部门经济中，假定政府的经济行为只有购买与征税，国民收入在支出方面包括消费（C）、投资（I）和政府购买（G）；收入方面包括消费（C）、储蓄（S）和税收（T）。由于消费在三部门经济中是可支配收入 Y_d 的函数，即 $C=\alpha+\beta Y_d$，且政府会通过转移支付的形式，将一部分税收收入转移到居民手中，成为居民的可支配收入，因此，可支配收入等于国民收入减去税收加上政府转移支付。这里的税收有两种情况：一种是定量税，即税收量不随收入变动而变动，用 T 来表示；另一种是比例税，即按照收入的一定比例来征税，税收总量随收入的变动而变动。为简化起见，下面讨论定量税情况。此外，将投资表示为 $I=e-d\cdot r$，e 表示与利率无关的自主投资，d 表示投资需求对利率变动的敏感系数，r 为利率。

设产品的总供给为 Y，可支配收入为 $Y_d=Y-T$，当产品市场均衡出清时，可得

$$Y=C+I+G=\alpha+\beta(Y-T)+I+G \tag{10-1}$$

由此可得均衡产出与利率的关系，即三部门框架下均衡收入的代数表达式为

$$Y=\frac{\alpha+e+G-\beta T}{1-\beta}-\frac{d\cdot r}{1-\beta} \tag{10-2}$$

上式可改写为

$$r=\frac{\alpha+e+G-\beta T}{d}-\frac{1-\beta}{d}Y \quad (10\text{–}3)$$

式（10–3）就是三部门框架下 IS 曲线的代数表达式。IS 曲线的纵轴代表利率，横轴代表收入，式（10–3）中，Y 的系数就是 IS 曲线的斜率，显然，它既取决于 β，也取决于 d。

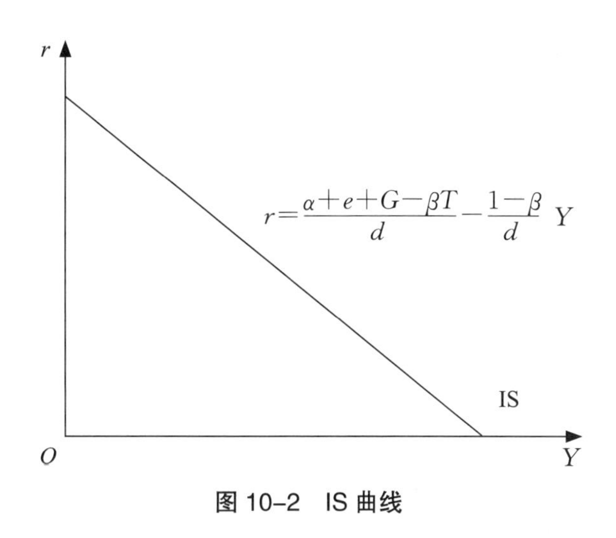

图 10–2　IS 曲线

d 是投资需求对利率变动的反应程度，它表示利率变动一定幅度时投资变动的程度。d 值较大，则表明投资对利率变化比较敏感，IS 曲线斜率的绝对值较小，即 IS 曲线较平缓。投资对利率较敏感时，利率的较小变动就会引起投资的较大变化，进而引起收入的较大变化。反映在 IS 曲线上，则是利率的较小变动就要求有收入的较大变动与之相配合，才能使产品市场均衡。

图 10–3 显示在 1980—2020 年间中国的国民总收入（GNI）是逐年提升的，然而实际利率主要在－4% 到 8% 之间波动。分阶段来看，1980—1995 年间，中国的实际利率是在波动中下降的，在此期间 GNI 缓慢增加，而实际利率在 1999—2011 年间又有一个波动中下降的趋势，在此期间 GNI 提升速度变得更快。

β 是边际消费倾向，如果 β 较大，IS 线斜率的绝对值也会较小。这是因为，β 较大，意味着支出乘数较大，从而当利率变动引起投资变动时，收入会以较大幅度变动，IS 曲线就较平缓。从式（10–3）也可以看出，当边际消费倾向较大时，IS 曲线斜率的绝对值较小，IS 曲线也较平缓。

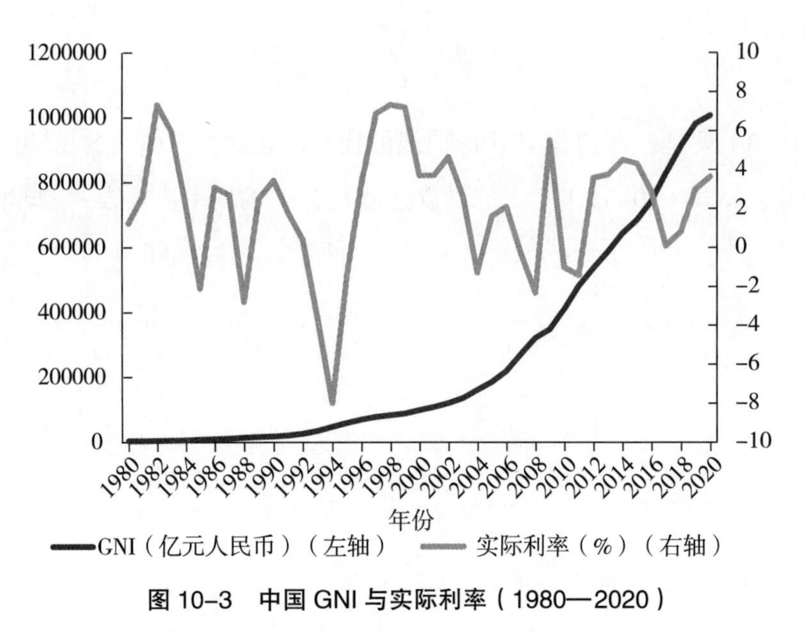

图 10–3　中国 GNI 与实际利率（1980—2020）

资料来源：国家统计局网站（http://data.stats.gov.cn/）、WDI 数据库。

在三部门经济中，由于存在税收和政府支出，消费成为可支配收入的函数，但在定量税的情况下，IS 曲线斜率的绝对值仍是 $\frac{1-\beta}{d}$。在比例税的情况下，若用 t 表示边际税率，那么 $C=\alpha+\beta(1-t)Y$，于是上述 IS 曲线斜率的绝对值就相应地变为 $\frac{1-\beta(1-t)}{d}$。在这种情况下，IS 曲线斜率除了与 d、β 有关，还与税率 t 有关。当 d 与 β 一定时，t 越小，IS 曲线越平缓；t 越大，IS 曲线越陡峭。

10.4.2　政府参与下的乘数效应

加入政府部门后，引起收入变动的原因除了投资的乘数效应，还有政府购买、税收、政府转移支付等产生的乘数效应。

（1）政府购买乘数

政府购买乘数指收入变动与引起这种变动的政府购买支出变动的比率。以 ΔG 表示政府购买支出的变动，ΔY 表示收入的变动，k_G 表示政府购买乘数，由三部门经济中国民收入均衡公式 $Y=\frac{\alpha+e+G-\beta T}{1-\beta}-\frac{d\cdot r}{1-\beta}$，可得

$$k_G=\frac{\Delta Y}{\Delta G}=\frac{1}{1-\beta} \tag{10-4}$$

例如，若边际消费倾向 $\beta=0.8$，则 $k_G=5$。因此，政府购买支出若增加200亿元，则国民收入增加1000亿元。

（2）税收乘数

税收乘数指收入变动与引起这种变动的税收变动的比率。根据税收的种类，税收乘数分为两种：一种是税率变动对总收入的影响；另一种是税收变动对总收入的影响，即定量税对总收入的影响。本讲仅分析后者。

由三部门经济中均衡国民收入表达式 $Y=\frac{\alpha+e+G-\beta T}{1-\beta}-\frac{d\cdot r}{1-\beta}$，可计算出定量税情况下的税收乘数表达式为

$$k_T=\frac{\Delta Y}{\Delta T}=\frac{-\beta}{1-\beta} \tag{10-5}$$

其中，k_T 为税收乘数且为负值，表示收入随税收增加而减少。其原因是税收增加，人们的可支配收入减少，消费就会相应减少，因而税收变动和总支出变动方向相反。

例如，若边际消费倾向 $\beta=0.8$，则 $k_T=\frac{-0.8}{1-0.8}=-4$。因此，如果税收增加200亿元，则国民收入减少800亿元。

（3）政府转移支付乘数

政府转移支付乘数指收入变动与引起这种变动的政府转移支付的变动的比率。政府转移支付增加，人们的可支配收入增加，因此消费会增加，总支出与国民收入增加，所以政府转移支付乘数为正值。加入政府转移支付后，纳税净额即税收 T 要写为 $T=T_g-T_r$，T_g 表示总税收，T_r 表示政府转移支付。于是 $Y_d=Y-(T_g-T_r)=Y-T_g+T_r$，因此，$Y=C+I+G=\alpha+\beta Y_d+I+G=\alpha+\beta(Y-T_g+T_r)+I+G$，可得

$$Y=\frac{\alpha+I+G-\beta T_r-\beta T_g}{1-\beta}$$

用 K_{T_r} 表示政府转移支付乘数，则

$$K_{T_r}=\frac{\Delta Y}{\Delta T_r}=\frac{\beta}{1-\beta} \tag{10-6}$$

政府转移支付乘数也等于边际消费倾向与1减边际消费倾向之比，或边际消费倾向与边际储蓄倾向之比，其绝对值和税收乘数相同，但符号相反。

若边际消费倾向 $\beta=0.8$，则 $K_{T_r}=\frac{0.8}{1-0.8}=4$。因此，如果政府转移支付增加200

亿元，则国民收入增加 800 亿元。

（4）平衡预算乘数

平衡预算乘数指政府收入和支出同时以相同的数量增加或减少时，国民收入变动与政府收入变动的比率。

上述例子表明，政府购买增加 200 亿元时，国民收入增加 1000 亿元；税收增加 200 亿元时，国民收入减少 800 亿元。因此，政府购买和税收同时增加 200 亿元时，从政府的角度来看是平衡的，但国民收入增加了 200 亿美元，即国民收入增量与政府购买和税收变动相等。公式推导如下：

假定政府购买增加 ΔG，税收增加 ΔT，并且 $\Delta G=\Delta T$，税收为定量税。政府购买增加 ΔG，从而增加的收入为 $\Delta Y_{\mathrm{G}}=k_{\mathrm{G}}\cdot\Delta G=\frac{1}{1-\beta}\Delta G$；税收增加 ΔT，从而增加的收入为 $\Delta Y_{\mathrm{T}}=k_{\mathrm{T}}\cdot\Delta T=\frac{-1}{1-\beta}\Delta T$；政府同时等量地增加购买与税收，增加的收入为 $\Delta Y=\Delta Y_{\mathrm{G}}+\Delta Y_{\mathrm{T}}=\Delta G=\Delta T$。那么此时，平衡预算乘数为

$$k_{\mathrm{b}}=k_{\mathrm{G}}+k_{\mathrm{T}}=1$$

10.4.3 IS 曲线的移动

凯恩斯在《就业、利息和货币通论》中说明了总收入取决于与总供给相等的总有效需求，而有效需求取决于消费支出和投资支出。由于消费倾向在短期是稳定的，因而有效需求主要取决于政府主导的引致投资，即为适应某些现有产品或整个经济开支的实际增加或预期增加而发生的投资。投资量取决于资本边际效率和利率，若资本边际效率一定，则投资量取决于利率。利率取决于货币数量和流动性偏好，即货币需求。货币需求由货币的交易需求（包括预防需求）和投机需求构成。货币的交易需求取决于收入水平，而投机需求取决于利率水平。在商品市场上，要决定收入，必须先决定利率，否则投资水平无法确定，而利率是在货币市场上决定的。在货币市场上，如果不先确定收入水平，利率就无法确定，而收入水平又是在商品市场上决定的，因此利率的决定又依赖于商品市场。凯恩斯的理论陷入循环推论：利率通过投资影响收入，而收入通过货币需求又影响利率；或者，收入依赖于利率，而利率又依赖于收入。凯恩斯的后继者约翰·希克斯（John Hicks）发现了这一循环推论的错误，并把商品市场和货币市场结合起来，建立了一个商品市场和货币市场的一般均衡模型，即 IS-LM

模型，以解决循环推论的问题。

在 IS 曲线上，有一系列利率与相应收入的组合可使商品市场达到均衡；在 LM 曲线上，又有一系列利率和相应收入的组合可使货币市场达到均衡。但能够使商品市场和货币市场同时达到均衡的利率和收入组合却只有一个。这一均衡的利率和收入可以在 IS 曲线和 LM 曲线的交点上求得。其数值可通过求解 IS 和 LM 的联立方程组得到。

IS–LM 模型的函数表达式可以简单表述如下：

$$I(r)=S(Y)$$

其中，Y 为国民收入（产出），k 表示交易性货币需求对收入变化的敏感度系数，r 为利率，h 表示投资需求对利率变化的敏感度系数。

$$M=L_1(Y)+L_2(r)=k\cdot Y-h\cdot r$$

企业追求利润最大化行为的结果是商品市场供求均衡的实现。货币市场上供给大于需求或者供给小于需求都意味着公众愿意持有的货币量与实际持有量不一致。这意味着公众当前的金融资产结构未能实现其收益最大化。这种情况迫使公众改变当前的金融资产结构，以提升收益，最终实现货币市场的供求均衡。通俗些说，如图 10–4 所示，商品市场的均衡 $I=S$ 表达了“应该”的可被消费的产出量 Y，货币市场的均衡 $M=L$ 表达了“应该”的可达到充分就业的利率 r，宏观经济的均衡点 E 表达了

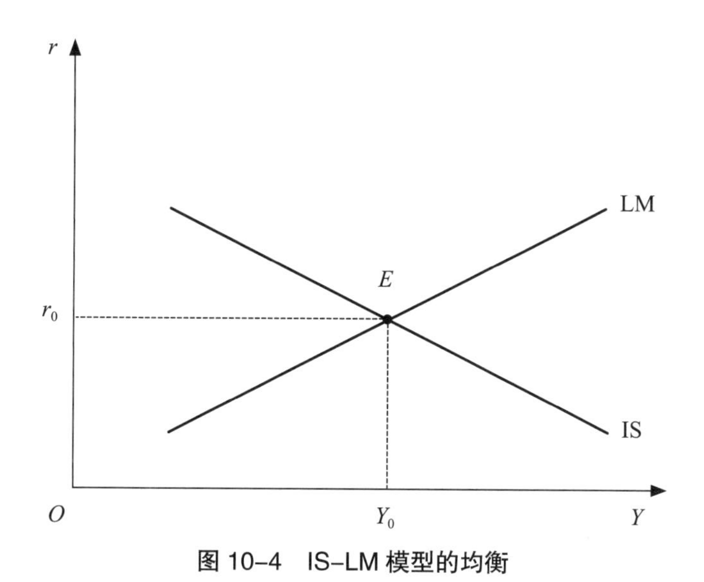

图 10–4　IS–LM 模型的均衡

“应该”实现充分就业的国民收入 Y_0 和利率 r_0。宏观经济的均衡是一种理想状态，现实经济往往处在 E 点以外的非均衡点上。但是，宏观经济政策与市场运行会驱动市场状态从非均衡向均衡移动。

如图 10–5 所示，假设 LM 曲线位置不变，投资增加、政府购买增加、储蓄减少且消费增加、税收减少这 4 个因素皆可使 IS 曲线从 IS_0 向右上方移动到 IS_1。其经济学含义是均衡利率从 r_0 上升到 r_1，均衡国民收入从 Y_0 增加到 Y_1，经济增长和充分就业的宏观经济目标实现。投资减少、政府购买减少、储蓄增加且消费减少、税收增加这 4 个因素皆可使 IS 曲线从 IS_0 向左下方移动到 IS_2。其经济学含义是均衡利率由 r_0 下降到 r_2，均衡国民收入由 Y_0 减少到 Y_2，这意味着在货币政策不变的情况下，以总需求下降为代价调节经济过热。

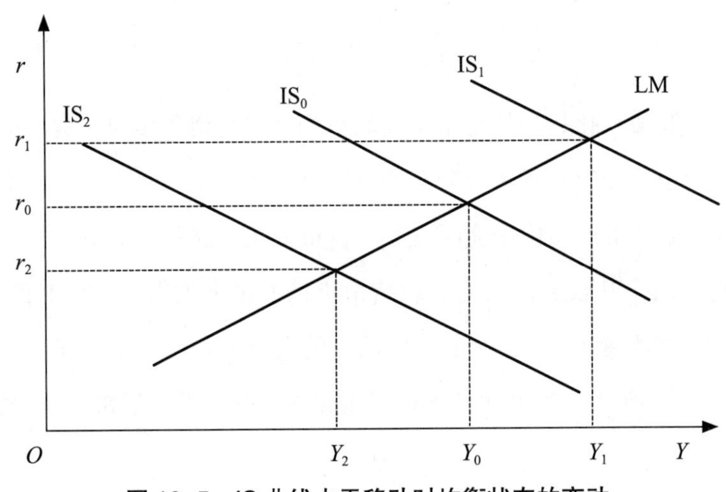

图 10–5　IS 曲线水平移动时均衡状态的变动

如图 10–6 所示，假设 IS 曲线位置不变。货币供给增加或货币需求减少皆可使 LM 曲线由 LM_0 向右下方移动到 LM_1。其经济学含义是均衡利率由 r_0 下降到 r_2，均衡国民收入从 Y_0 增加到 Y_1，经济增长和充分就业的宏观经济目标实现。而货币供给减少或货币需求增加皆可使 LM 曲线由 LM_0 向左上方移动到 LM_2。其经济学含义是均衡利率从 r_0 上升到 r_1，均衡国民收入由 Y_0 减少到 Y_2，以此控制经济过热和物价上涨过快。

此外，IS 曲线与 LM 曲线同时变动也会使均衡国民收入和利率发生变动。政府可以利用市场机制灵活调节政府购买、税收政策和货币供给来实现宏观经济均衡，实现宏观经济政策目标。这就是说，财政政策和货币政策应配合使用。

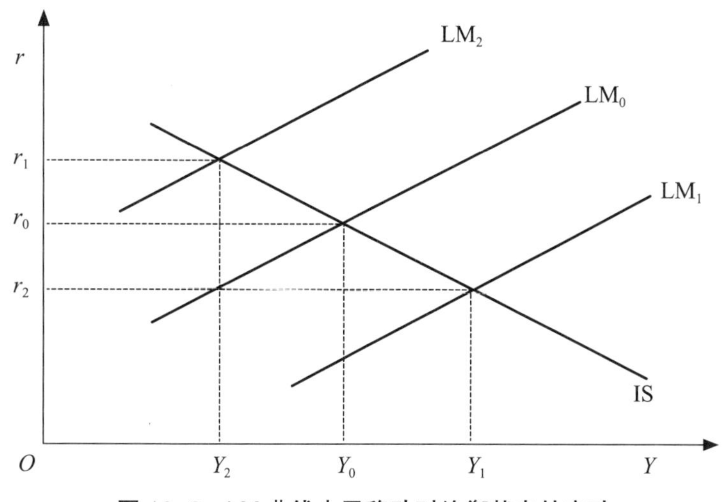

图 10-6 LM 曲线水平移动时均衡状态的变动

10.5 挤出效应

IS-LM 模型作为宏观经济学的基本模型，是现代凯恩斯主义支撑政府制定和执行宏观经济政策的理论工具。2008 年年底中国政府提出“4 万亿”投资计划之后，有不少投资者担忧这会进一步挤出私人投资，不利于国民经济的中长期发展。新古典主义认为，政府支出的增加使总需求增加，产出水平相应增加，从而使货币需求大于货币供给，使利率提高，导致投资水平下降，居民消费相应减少。因此，政府支出的增加“挤占”了私人消费或投资，这就是挤出效应。

10.5.1 IS-LM 框架下的挤出效应分析

在 IS-LM 模型中，财政政策的变动主要表现为 IS 曲线的移动。扩张性的财政政策会使 IS 曲线向右上方移动；紧缩性的财政政策会使 IS 曲线向左下方移动。在 IS-LM 模型中，影响财政政策效果的因素主要是 IS 曲线和 LM 曲线的斜率。两者的斜率不同，挤出效应不同，因而财政政策效果也不同。

（1）LM 曲线不变的情况

LM 曲线不变时，IS 曲线斜率的绝对值越大，即 IS 曲线越陡峭，则 IS 曲线移动时国民收入的变化就越大，挤出效应越小，财政政策效果越大；反之，IS 曲线越平坦，则 IS 曲线移动时国民收入的变化就越小，挤出效应越大，财政政策效果越小。

从图 10–7 可以看出 LM 曲线不变时，IS 曲线陡峭时的收入增幅（由 Y_0 增至 Y_2）大于平坦时的收入增幅（由 Y_0 增至 Y_1）。

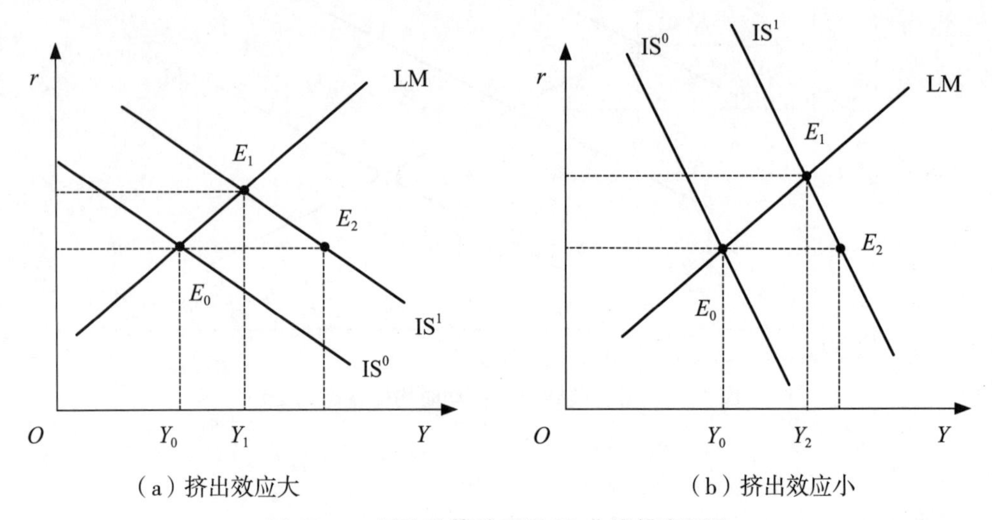

图 10–7　财政政策效果因 IS 曲线斜率而异

（2）IS 曲线不变的情况

IS 曲线不变时，LM 曲线越平坦，收入变动幅度越大，财政政策效果越大；反之，LM 曲线越陡峭，收入变动幅度越小，财政政策效果越小。在图 10–8 中，可以看出 IS 曲线不变时，LM 曲线平坦时的收入增幅（由 Y_1 增至 Y_2）大于 LM 曲线陡峭时的收入增幅（由 Y_3 增至 Y_4）。

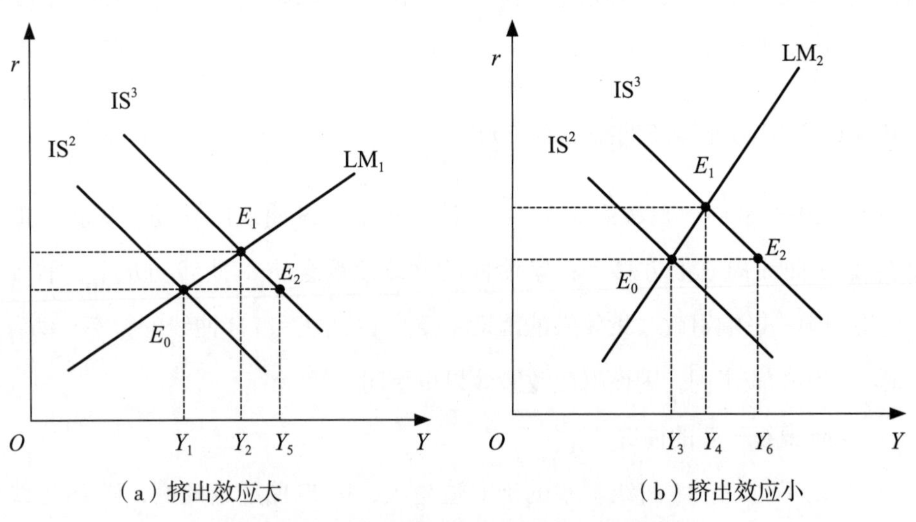

图 10–8　财政政策效果因 LM 曲线斜率而异

10.5.2 挤出效应的影响因素

投资需求的利率弹性、货币需求的利率弹性是影响挤出效应大小的主要因素。根据 IS–LM 模型，影响挤出效应的因素包括：支出乘数、投资需求对利率的敏感程度、货币需求对产出的敏感程度以及货币需求对利率的敏感程度等。其中，支出乘数、投资需求对利率的敏感程度及货币需求对产出的敏感程度与挤出效应成正比，而货币需求对利率的敏感程度则与挤出效应成反比。在这 4 个因素中，支出乘数主要取决于边际消费倾向，而边际消费倾向一般较稳定；货币需求对产出的敏感程度主要取决于支付习惯，也较稳定。因而，影响挤出效应的决定性因素是货币需求及投资需求对利率的敏感程度。

支出乘数。政府支出增加会使利率上升，支出乘数越大，利率提高使投资减少所引起的国民收入的减少也越多，挤出效应越大。

货币需求对产出的敏感程度。货币需求函数 $L=k\cdot Y-h\cdot r$ 中，k 代表货币需求对产出水平的敏感程度。k 越大，政府支出增加引起的产出增加所导致的对货币的交易需求增加越大，使利率上升越多，挤出效应越大；反之，k 越小，则挤出效应越小。

货币需求对利率的敏感程度。货币需求函数 $L=k\cdot Y-h\cdot r$ 中，h 代表货币需求对利率的敏感程度。h 越小，货币需求稍有变动，就会引起利率的大幅度变动，因此当政府支出增加引起货币需求增加时所导致的利率上升就越多，因而挤出效应越大；反之，h 越大，挤出效应越小。

投资需求对利率的敏感程度。投资需求对利率的敏感程度越高，一定量利率水平的变动对投资水平的影响就越大，因而挤出效应就越大；反之越小。在凯恩斯主义极端情况下，货币需求对利率变动的弹性无限大，而投资需求的利率弹性为 0，因而政府支出的挤出效应为 0，财政政策效果极大。在古典主义极端情况下，货币需求对利率变动的弹性为 0，而投资需求的利率弹性极大，因而财政政策毫无效果。

10.5.3 财政政策的极端情况

在 IS–LM 模型中，如果 LM 曲线越平坦，或 IS 曲线越陡峭，财政政策的挤出效应就越小，其效果越大；反之，则其效果越小。因此，出现了财政政策的凯恩斯主义极端和古典主义极端。

（1）凯恩斯主义极端

在流动性偏好陷阱中，挤出效应为 0，财政政策效果极大，这种情况被称为凯恩斯主义极端。

如图 10–9 所示，当利率下降到 r_0 时，货币的投机需求将是无限的。因而货币的投机需求曲线 LM 是一条水平线，斜率为 0，这表明货币需求对利率变动的敏感程度极大。因此，当政府采取扩张性财政政策增加支出时，尽管 IS 曲线向右移动，但并不会引起利率的上升，从而对私人投资不产生挤出效应。所以财政政策效果极大，政府支出增加引起的国民收入增加量为 $Y_1–Y_0$。

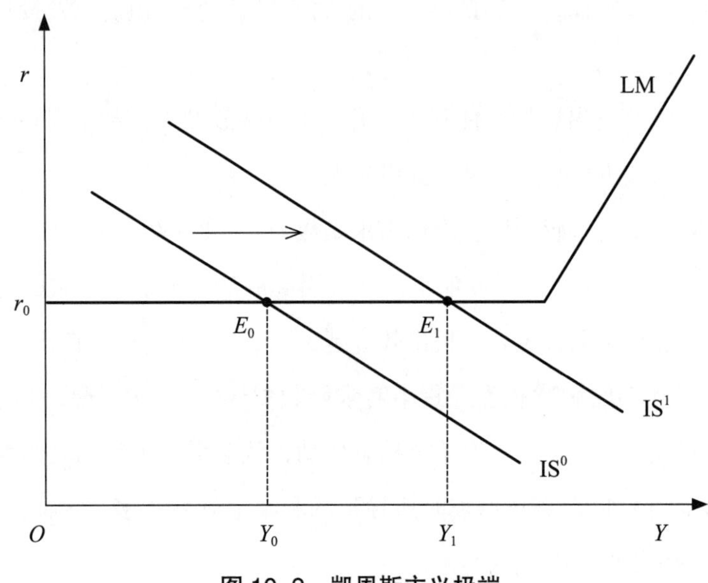

图 10–9　凯恩斯主义极端

（2）古典主义极端

古典主义极端指 LM 曲线在古典区域的情况。这时利率上升到极高的水平，人们不愿再持有货币，而是用手中的货币购买债券以待获益。在这种情况下，政府如果推行扩张性财政政策而向私人部门借钱，由于私人部门没有闲置货币，因此只有在私人部门认为投资与借款给政府的收益是一致的时，政府才能借到这笔款项。为此，政府借款利率一定要上升到足以使政府债产生的收益大于或等于私人投资的预期收益。这样，政府支出的任何增加都将伴随着私人投资的等量减少。显然，政府支出对私人投资的“挤出”是完全的，扩张性财政政策并没有使收入水平发生任何改变，财政政策完全没有效果。

在图 10–10 中，由于利率极高，所以 LM 曲线为垂线。开始时，IS_0 曲线和 LM 曲线相交于 E_0 点，均衡收入和利率分别为 Y_0 和 r_0。这时如果政府采取扩张性财政政策，使 IS 曲线由 IS_0 移动到 IS_1，均衡点变为 E_1 点，均衡利率上升到 r_1，而均衡国民收入仍然为 Y_0，在此情况下，挤出效应极大，财政政策无效。

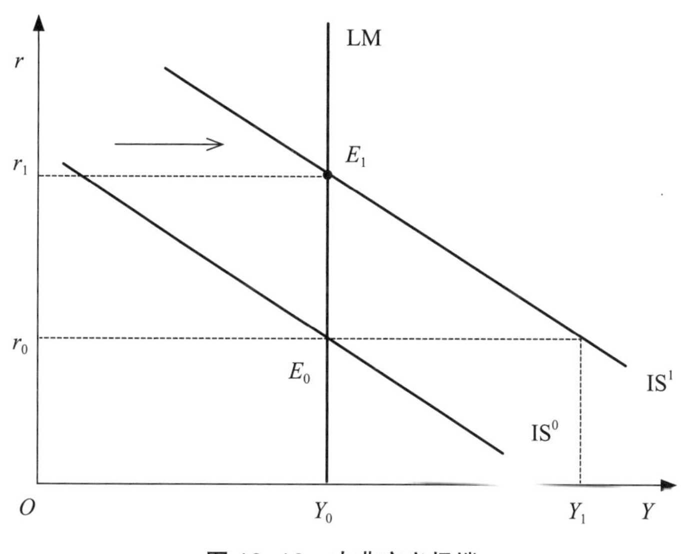

图 10–10　古典主义极端

10.6 政府债务风险

10.6.1　政府债务对经济的影响

关于政府债务对经济的影响，学者观点各异。代表性的观点包括：政府负债有害论、政府负债有益论，以及政府负债中性论。

（1）政府负债有害论

由亚当 · 斯密在 1776 年开创的古典经济学派认为，市场机制可以实现资源的有效配置，政府在经济运行中只需扮演“守夜人”的角色。该学派主张对经济自由放任，不加干预，其对政府负债的态度是消极的。该学派认为：一方面，利用负债来增加政府购买以刺激需求，违背了自由放任的原则，破坏了市场经济机制，可能造成资源配置效率低下。另一方面，过多的负债还给政府带来破产的风险，使得政府可能通过让本国货币贬值以减轻还款负担。此外，政府负债不利于储蓄，使得投资减少。

在《政治经济学及赋税原理》（*On the Principles of Political Economy and Taxation*）一书中，大卫·李嘉图提出政府负债与税收相同的观点，认为二者最后的成本都落在纳税人的头上，因此认为政府负债总体有害。

约翰·穆勒（John Mill）在亚当·斯密和李嘉图的理论基础上提出政府负债增加导致投资减少，会给社会带来泡沫式的繁荣，政府大肆发债的后果势必是劳动阶级利益的牺牲。因此，保持财政盈余才是恰当的经济政策。

（2）政府负债有益论

在凯恩斯学派的经济学家眼中，政府负债却是扩张型财政政策的重要工具。在有效需求不足的情况下，政府负债在乘数效应下可以刺激消费和投资，有利于解决就业问题，增加国民收入，对经济有着积极的影响。

凯恩斯的"公债哲学"理论指出了政府负债的三点益处：首先，国民和政府分别作为债权人和债务人，两者的根本利益是一致的；其次，债务由政府担保，信用问题无须担心；最后，债务对经济的刺激能够为子孙后代创造财富，而非造成负担。

（3）政府负债中性论

以罗伯特·巴罗（Robert Barro）、罗伯特·卢卡斯等经济学家为代表的新古典主义经济学家认为，政府负债与税收的效果类似，不会导致储蓄和投资发生变化。巴罗更是论证了政府负债规模的变化不会导致利率的变化。虽然这一观点后来受到了许多质疑，但其开辟了看待政府负债对宏观经济影响的新角度。

10.6.2 中国政府债务风险控制

中国政府债务风险处于可控范围内。近年来中国政府债务迎来偿债高峰，地方政府债务增长迅速。2008 年全球金融危机之后的两年间，中国总体杠杆率上升了 30% 左右。2020 年年底，全国省、市、县三级地方政府债务余额共计 25.66 万亿元，中央财政国债余额 20.89 万亿元，两者相加的政府债务共占当年 GDP 的 45.82%。该比例与大多数发达经济体相比还存在一定差距，中国债务占比尚在可控范围之内。值得注意的是，2015—2020 年，地方政府债务年增长率持续上升，从 –4.22% 上升至 20.42%（图 10–11）。

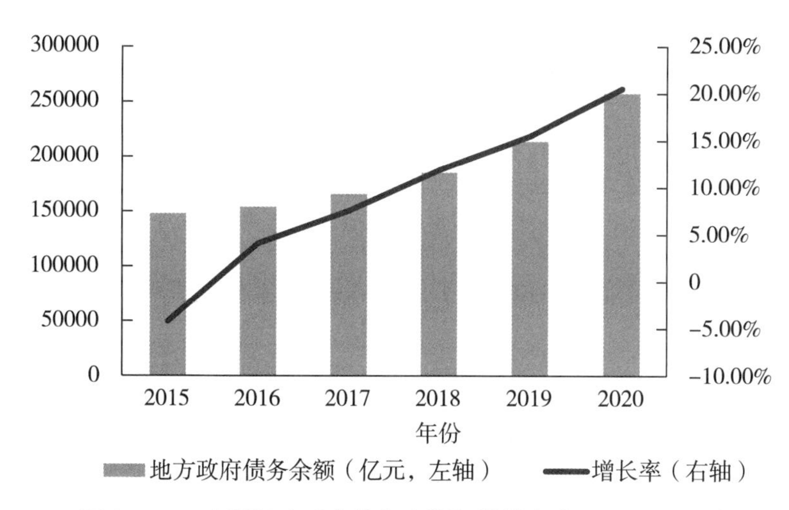

图10-11　中国地方政府债务余额和增长率（2015—2020）

资料来源：国家统计局网站（http://data.stats.gov.cn/）。

然而，风险并不完全来自中国债务的规模，最大的问题是债务背后的结构性风险。从财政赤字和公共债务占GDP的比重来看，中国的政府债务尚处在安全线以内。问题在于，省级以下的财政部门普遍具有一定的融资权，地方的“预算软约束”现象十分普遍，向企业提供资金的金融机构（政府或银行）无法坚持原先的商业约定，放任企业的资金运用超过其当期收益。由于政府部门之间的职责分配不清晰以及偿债责任不明确，逐年累积的巨额债务一旦超过地方财政所能承担的压力上限，必会将偿债压力向上级部门转移，并逐步危及中央财政的安全。尤其在中国经济进入“新常态”的发展模式之后，结构性减税、民生财政都会使政府的收入减少、支出增加，进一步加大财政支付压力。

图10-12和图10-13是1980—2020年中国财政收入和支出在中央和地方的分配情况。其实，自1994年分税制改革以来，地方财政收入占总收入的比例从当年的78%稳步下降，但地方财政支出的占比却不断上升。公共财政收入大部分上缴到中央，地方留存较少，导致地方“钱少事多”。此外，地方每年的政绩考核又非常严苛，除了GDP增长指标，国家财政层层下放的任务也非常繁重。中央和地方政府的财政与事权的倒挂现象严重。面对财政压力，地方政府不得不走上“借地生财”的道路，“土地财政”带来的收入成为地方政府收入的主要来源。然而，近年来地方政府依靠出让土地使用权换来的相关收入正不断下降。2012年，土地出让金占地方财政收入的比重

从2010年的31.7%显著下降至27%，土地财政难以为继。

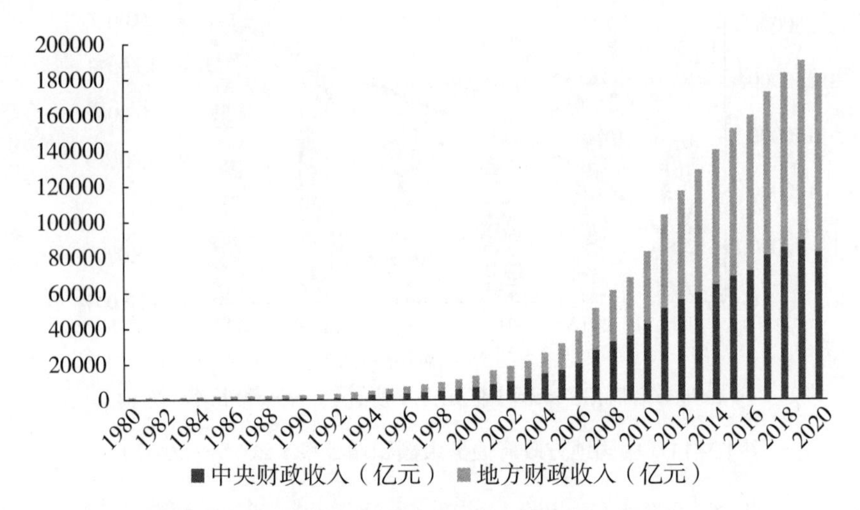

图10-12　中国财政收入在中央和地方的分配（1980—2020）

资料来源：国家统计局网站（http://data.stats.gov.cn/）。

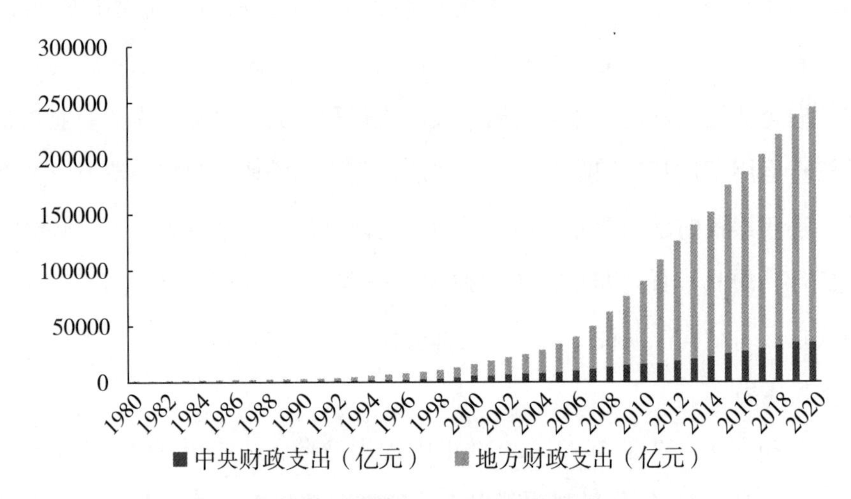

图10-13　中国财政支出在中央和地方的分配（1980—2020）

资料来源：国家统计局网站（http://data.stats.gov.cn/）。

有学者认为，中国的政府债务水平被显著低估。根据中国社会科学院统计，2010—2020年，中国总债务占GDP的比重快速攀升，政府部门、居民部门以及非金融企业部门债务之和占GDP的比重从2010年的180.8%增加到2020年的270.1%。而总债务占GDP的比重，美国约为260%，英国约为277%，日本约为415%。按照国际标准，中国已开始进入债务危险区域。

从整体债务情况看，中国政府债务水平在未来很有可能继续上升，这将影响政府的财政能力。政府运用积极财政政策的自由度将受到限制。

由此可见，中国目前的债务风险在于硬约束的缺失，以如此模式发展下去，随着财政收入的增速减缓，财政收支矛盾将在未来凸显。因此，地方政府的“预算软约束”现象应加以控制，改变“大进大出”的财政模式，建立高效的预算体系和约束制度，推行严格的财政监督，大幅提高财政运行效率。近年来，国内外学者针对控制政府债务风险问题的研究成果和政策建议大致可以归为以下三点：

首先，加强对地方政府财政部门的管理。一方面，地方政府要加强对债务的管理，妥善处理偿债和在建项目后续融资的问题，积极推进相关管理规范制度的建设，将地方政府的债务水平控制在合理范围内。另一方面，通过编制政府资产负债表和现金流量表，地方政府将面临更强的市场约束，发债资格审批机制同样可以敦促地方政府自律。

其次，加速完善财政监督的相关立法。目前财政约束的法律依据大多分散在《预算法》《会计法》《税收征管法》等法律法规中，由于这些法律法规对财政监督而言没有针对性，造成其权威性不高、指导性不强，严重影响了财政监督职能的发挥和财政监督工作的实施。

最后，建立偿债准备金制度，加固风险防护网。可以考虑建立一笔稳定可靠、逐年滚存的财政偿债准备金，专门用于政府逾期债务的清偿，这是防止财政风险扩散转嫁的有效的制度安排。地方财政偿债机制的构建有助于避免因债务密集偿还造成的对正常预算支出的挤压，保证财政偿债资金有稳定的来源，降低中国未来的偿债风险。

10.6.3 希腊主权债务危机

2009 年 10 月初，新一届希腊政府宣布 2009 年政府财政赤字和公共债务占 GDP 的比例预计分别达到 12.7% 和 113%，远远超过欧盟《稳定与增长公约》(Stability and Growth Pact) 规定的 3% 和 60% 的上限，希腊主权债务危机由此拉开了序幕。

希腊本身经济增长能力不强，经济规模较小，其 GDP 只占欧元区的 2%，因此其借债的成本会比较高。但是在加入欧元区以后，希腊享用了欧元区整体的借债成本，获得了它们的经济信誉，大幅度降低了自身的借债成本。因此，加入欧元区后，希腊政府以欧元为后盾，开始大规模举债。政府将巨额的借款用于国防开支、扩大公务员队伍、增加养老金和其他社会福利，希腊人的工资福利被抬高到了与国家经济实力不匹配的程度——医疗免费、教育免费、全民养老保险。

1999—2009 年，希腊公共支出飙升 129%，在 2009 年债务危机爆发时，已经占到 GDP 的一半。如此看来，希腊政府似乎是提高国民福利的“典范”，似乎这一切的花销都有赖于身后有欧元区这个强大的后盾，而希腊政府因为这样的福利政策，得到了选民的高票拥护。希腊政府刚开始举债时，情况并不严重，也的确给民众以实惠。但当讨好选民以获得执政权这个原动力被无限放大后，希腊历届政府不断借债，不断超支，如此往复。希腊经济结构的深层次问题也在这一过程中暴露出来。希腊的三大产业占 GDP 的比重如下：服务业 85%、工业 12%、农业 3%。希腊的经济支柱是旅游业和海运业，但这两个产业恰恰是欧洲债务危机后受损最为严重的。这也导致希腊丧失核心的经济竞争力、经济增长动能、财政收入来源，由此陷入了债务持续膨胀的恶性循环。

10.7 代际平衡

代际平衡指社会财富能够实现在不同世代间的公平分配。评价世代间财富分配的公平性是一个难题。由美国经济学家阿兰·奥尔巴赫（Alan Auerbach）提出的代际核算模型是当前最具权威性的方法。

10.7.1 代际核算方法

政府通过其税收和支出政策实现资源在不同世代之间的再分配。代际核算是一种用来衡量这种再分配结果均衡性的方法。该方法以构建代际账户为主要思想，引入贴现率等参数完成对代际平衡的判定。具体模型如下：

$$\sum_{s=0}^{D} N_{t,t-s}+\sum_{s=1}^{\infty} N_{t,t+s}=\sum_{s=t}^{\infty} G_s\ (1+r)^{t-s}-W_t \tag{10-7}$$

其中，D 为最大寿命，r 为贴现率，G_s 为政府在 s 年的消费，W_t 为政府在 t 年的净财富。

式（10–7）说明政府未来所有消费的现值减去当期的净财富，应等于未来所有代人所缴纳净税额的现值加上当期所有代人在其剩余生命周期内缴纳的净税额之和。定义 $N_{t,i}$ 为在 i 年出生的一代人在 t 时点之后剩余生命周期内支付净税额的现值，称之为 i 年出生的一代人在 t 时点的代际账户。$\sum_{s=0}^{D} N_{t,t-s}$ 表示当期所有代人的代际账户之和，$\sum_{s=1}^{\infty} N_{t,t+s}$ 表示未来所有代人的代际账户之和，$\sum_{s=t}^{\infty} G_s(1+r)^{t-s}$ 是政府未来所有消费的现值，W_t 而是政府在 t 时点的净财富。等式代表所有的财政支出都需要由现存代和未来代负担。

当前的财政体系下，当期所有代人代际账户值、政府消费现值以及净财富都是已知的。假设未来代人的人均代际账户值与生产率的增长速度相同，未来代的人均代际账户就可以求得。将未来代的人均代际账户值与当期所有代的人均代际账户值进行比较，就可以知道代际分配是否平衡。如果不同代的人向政府缴纳的净税额相等（扣除生产率增长的因素），那么政府的财政政策能够实现代际平衡。

10.7.2 公债与代际财富分配

公债作为政府取得收入的一种形式可以为预算赤字融资，使赤字得到弥补。然而，政府发行了公债要还本付息，未清偿的债务会逐渐累积成巨大的债务净存量，这些债务净存量所要支付的利息又构成政府预算支出中一笔庞大的支出。一国政府预算的总赤字等于非利息赤字（由不包括利息支付的全部政府开支减全部政府收入构成）和利息支出的总和，因此，即使非利息赤字为 0 或不变，只要利息支出增长，总赤字也会增加。

20 世纪 60 年代初，有学者提出财政赤字可以衡量财富的代际分配情况。当期政府出现财政赤字，意味着这一代正在花下一代的钱，这样的财政政策是不可持续的；相反，如果当期政府出现了财政盈余，意味着这一代将财富留给了下一代，这样的财政政策是可持续的。但在 20 世纪 70 年代左右，经济学界开始对通过财政赤字衡量财富代际分配的手段提出质疑。学者们指出财政赤字本身与财政政策的代际平衡状况没有内在的联系——当采用不同的财政政策时，财政赤字可以不发生变化；而当财政政策的代际平衡状况相同时，财政赤字却可以大相径庭。其中的原因可以用大量未计入政府债务的隐性养老金或者其他政府财产解释。

对于财政赤字影响代际财富分配的问题，可以分别从内债、外债的角度进行分析。经济学家认为，公债无论是内债还是外债，与税收一样，都是政府加在公众身上的一种负担。这是因为公债和私债一样要还支付息，这就必须用征税和多发行货币的办法来解决，其结果必然是公众负担增加。进一步地，公债不仅是加在当代人身上的负担，还会给下代人造成负担，因为旧债往往是用发行新债来偿还的，因此，公债的债务负担会一代一代传下去。然而另一些经济学家认为，外债对国民而言是一种负担，因为必须用本国的产品来偿还外债的本息；但内债则不同，因为内债是政府欠本国人的债，因而不构成负担。并且，政府是长期存在的，会用发新债的办法还旧债。即使用征税的办法来偿还公债，也是财富再分配，对整个国家而言，并没有财富损失。至于公债对后代，他们认为也不构成负担。理由是发行公债可以形成更多的资本，加快经济增长，从而给子孙后代带来更多的财富和消费。如果在充分就业时期增加公债且又没有相应的资本形成，或者公债的增加引起私人投资下降，公债则会成为公众的一种负担。

10.8 减税效应

作为税收政策的一种取向，减税不基于社会心理，而基于对冲公共风险的现实需要——在任何国家和地区都是如此。经济下行会影响社会就业，进而会影响民众生活。稳定经济、稳定就业一直是政府最重要的政策目标，而作为政策工具之一的税收，对实现这个政策目标将发挥积极作用。

10.8.1 传统观点

减税对经济最直接的影响是刺激消费，而较高水平的消费不论在短期还是在长期中对经济都有一定的影响。短期来看，较高水平的消费会增加对产品和服务的需求，从而增加产出和就业。然而减税这一举措会带来国民储蓄的缩水，进而导致利率上升。利率上升将会抑制投资，人们倾向于从国外引入资本来完成投资，此时本国货币的价值将提升，本国商品无论在国内还是在国外都失去了竞争力，产出和就业的短期扩张会逐渐收缩。长期来看，减税将逐渐导致资本存量的缩水和国外债务的累积，国家的总产出开始减少，外债占 GDP 的比例也会扩大。

因此，减税使得现在的一代人从高水平的消费和较低的失业率中获得好处，但是下一代人将面临缩水的资本和较多的外债，承担这一代人的赤字带来的负担。

10.8.2 李嘉图等价观点

经济学家大卫·李嘉图在19世纪第一次提出：具有前瞻性的消费者完全预见到了政府债务所隐含的未来税收，从而政府现在借贷并在未来增税以偿还债务与现在增税对经济有同样的效应。这一理论被称为李嘉图等价定理。这一定理表明，政府改变征税的时间安排是中性的。所谓中性，指在均衡中，当期税收的变化从现值来看正好可以被等量的、变化相反的未来税收所抵消，从而对实际利率或单个消费者没有影响。

李嘉图的观点建立在一个重要假设上：消费者都是向前看的。在这种假设条件下，消费者在支出时不仅要对当期的收入进行衡量，而且会把未来的预期收入纳入考量范围。向前看的消费者会有这样的观念：政府以预算赤字为代价为减税筹资，如此一来，在未来某个时间点政府必定会增加税收来偿还利息。因此，当下的减税政策意味着未来的增税，多出来的收入在未来仍会上交，只是税收的时间被重新安排。

李嘉图等价定理阐述的观点与传统观点相反，其认为政府以债务筹资的减税行为不会影响消费。为了支付当前减税所包含的未来税收责任，消费者偏向把额外的可支配收入储蓄起来。私人储蓄的增加与公共储蓄的减少使得国民储蓄总量保持不变。因此，减税不会带来刺激支出、扩大产出与就业等好处。

然而，这一理论在实际运用中存在一些限制：

一是消费者前瞻性不成立。人的理性是有限的，人们往往会认为当期税收与未来税收水平相同。因此，当期的减税会让消费者误以为是永久收入的增加，进而增加消费。

二是借贷约束。李嘉图理论认为消费者的支出基于其一生的收入（现期收入与预期未来收入），但是实际中存在一批有借贷需求的人，对他们而言，现期收入显得更加重要。从本质上说，当政府制定当期减税、未来增税的组合政策时，相当于给了纳税者一笔贷款，而当期的减税行为造福了有贷款需求的人，进而刺激了消费。

三是代际财富再分配。以财政赤字为代价的减税代表着财富从下一代纳税人向当代纳税人的转移，因为未来税收将由当代人的子孙后代来承担。经济学家罗伯特·巴罗对此给出了合理的假设：代际利他主义普遍存在于当前一代的消费者中，表现形式往往为遗产，因此消费决策并非仅根据自己的收入，还会根据未来家庭成员的收入。而减税带来的额外收入会被储蓄起来，并以遗产的形式留给未来将要承担税负的子孙后代。

10.8.3 减税政策在中国的应用

在中国历史上，盛世的出现与政府实行减税政策有密切关系。比如唐朝，前有“贞观之治”，后有“开元之治”，经济文化繁荣稳定，其主要原因就是当权者坚持实行了减税政策。中国历次盛世的出现都与减税有关，这是极重要的历史经验，可以汲取并应用于当下。

有关统计数据表明，2013 年中国全部政府收入为 20.87 万亿元，占 GDP 的比重达 36.7%；2014 年为 23.67 万亿元，占 GDP 的比重达 37.2%。而综合考虑税收、政府性基金、各项收费和社保金等项目后，中国企业的税费负担高达 40% 左右，超过 OECD 国家的平均水平。过高的税费负担，连同近几年持续上升的人工成本、融资成本、地租成本等，大幅侵蚀着企业的利润。在中国经济下行期间，经济复苏的关键举措是减税。减税在刺激企业投资和居民消费的同时提高了社会闲置资金的使用效率，从而开启中国经济增长新周期。

低赤字的发债条件使中国有实力扩大减税规模。大规模减税可以极大地刺激投资和消费增长，激发经济恢复可持续增长。近代历史上减税力度最大的是美国的里根政府，他不仅把美国的个人所得税税率在 33 个月内降低了 23%，而且把利息、红利税率都下调了 20%，并大幅下调企业所得税、缩短固定资产折旧年限。经过上述减税刺激后，美国经济从 1982 年的负增长迅速上升到 1983 年全年增长 6.5% 的水平，其中个别季度经济增长率高达 8%。企业税负减轻后，投资意愿增加。根据投资乘数理论，当总投资增加时，国民收入和就业的增加将达到投资增量的数倍。居民的税负减轻之后，消费支出也会增加。一笔初始消费基金的支出，可以带动整个消费链增加若干倍的消费，经济也将进入良性循环。在经济低迷时减税，在未来经济过热、有通货膨胀风险时增税，把未来经济景气或过热阶段的资源提前放到目前经济低迷阶段使用，不仅有利于当前经济企稳回升，也有利于避免下一轮经济过热的发生，是熨平经济波动的有效手段。在当前资产配置荒的金融市场背景下发行国债，还可以有效吸纳社会闲置资金，避免金融泡沫，进一步提高整个经济的运行效率。

总之，对中国经济而言，全国平均税收成本每下降一个百分点，就会有几十万、上百万家企业扭亏为盈，避免倒闭，甚至从此焕发勃勃生机。此时，中国应抓住时机，下决心扩大减税力度，并且进一步从供给侧深化改革，提高金融供给效率，降低资金使用成本；提高土地供给效率，降低资源成本；提高劳动供给效率，平衡劳资分配；提高制度效率，降低管理成本；提高创新效率，降低技术成本。以全面减税为起点的新供给侧结构性改革，将推动中国经济开启新一轮上升周期。

10.8.4 中国财税体制改革——“营改增”

（1）“营改增”

营业税改征增值税（简称“营改增”），指国家在“十二五”期间，将营业税这一税种基本取消，本来在营业税征收范围的行业，全部转为缴纳增值税。增值税由国家税务总局征收，先交给中央再分配给地方；而营业税主要由地产税务局征收，先交给地方再交给中央。因此“营改增”的一个大背景是税权上收，是一种加强税权集中管理的举措。

2011 年 10 月，国务院决定开展“营改增”试点，逐步将征收营业税的行业改为征收增值税。2012 年 1 月 1 日开始试点，最早在北京、上海、江苏等地试点，后来推广到全国。最早纳入“营改增”的是交通运输业、有形动产租赁业和现代服务业（比如软件开发等），后来又纳入了邮政业、物流业等。到 2014 年，还没有纳入“营改增”的行业只有餐饮业、房地产业、金融业、建筑业等。表 10–2 是“营改增”涉及的工作流程改造。

表 10–2 “营改增”涉及的工作流程改造

工作流程	改造内容	主要涉及部门
系统更新	销售采购加税分离、核心业务系统更新	信息技术部门、各业务部门
发票管理	发票购买、发票保管、电子发票、发票开具、发票认证、红字发票	财务部门、税务管理部门、各业务部门
全员培训、客户供应商沟通	价格沟通、税务条款沟通、发票沟通、覆盖全体员工的增值税培训	各销售渠道部门、法务部门、各业务部门

2016年5月1日起，中国全面进入“营改增”时期，《财政部　国家税务总局关于全面推开营业税改征增值税试点的通知》提出：经国务院批准，自2016年5月1日起，在全国范围内全面推开营业税改征增值税试点，建筑业、房地产业、金融业、生活服务业等全部营业税纳税人，纳入试点范围，由缴纳营业税改为缴纳增值税。

（2）营业税和增值税的区别

营业税是一种根据营业额征收的税，一般税率是5%。例如，某餐厅营业额为100万元，那么就要交5万元的税。营业税的优点是计算方便简单。但是营业税存在一个问题，那就是在流通过程中存在重复征税，因为营业税只看营业全额不看增值。当甲花100万元买了A产品，在这100万元里包括95万元的收入和5万元的营业税，如果此时他将A产品以120万元卖出去，则还需根据120万元的营业全额再交6万元（$=120\times5\%$）的税。也就是说，一个产品的流转过程越多，要重复缴纳的营业税也就越多。一个产品如果流转10次才到消费者手里，则消费者实际上负担了10次营业税。

增值税是“增值部分交的税”。若乙花100万元买进B产品，以120万元卖出去，税率是17%，他只需要交3.4万元（$=120\times17\%-100\times17\%$）的税金，远少于营业税。对于大部分行业来说，增值税所带来的税负远低于营业税。中国大部分企业是小规模纳税人，增值税税率只有3%，比起营业税具有较大优势。

营业税会带来重复征税的问题，但是许多行业以前只能征收营业税，因为存在无法确认进项的问题。如果一个生产企业花100万元买入一套设备来生产产品，这100万元中有17万元是税金，在之后的销售中这17万元税金都可以用来抵扣。但如果这是一家软件公司，其主要依靠的是计算机程序员，而不是机器设备等产品呢？公司在聘用程序员的时候，并没有交增值税，所以无法抵扣。也就是说，如果花100万元请人设计了一套软件，则这100万元成本全部由公司承担。

（3）“营改增”的优缺点

“营改增”的优点主要包括以下几个方面：首先，征收营业税时，无论买什么东西都不能抵扣；其次，在销售的时候，由于买家也可以抵扣，所以存在和交易对象重新谈判价格的空间；最后，从国家的角度来说，增值税比营业税更容易监管，能更有效地打击偷税漏税。

但是，“营改增”也有局限性和弊端。最大的弊端在于进项无法核算。有专家分析，虽然表面上改成增值税，但是可能还是按照原税率简易征收（增值税简易征收不可以进行进项抵扣，但是税率较低，和营业税相同）。图 10–14 总结了“营改增”的具体影响。

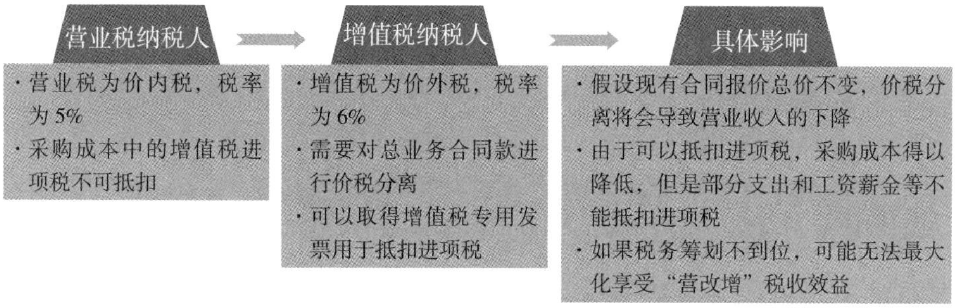

营业税纳税人	增值税纳税人	具体影响
· 营业税为价内税，税率为 5% · 采购成本中的增值税进项税不可抵扣	· 增值税为价外税，税率为 6% · 需要对总业务合同款进行价税分离 · 可以取得增值税专用发票用于抵扣进项税	· 假设现有合同报价总价不变，价税分离将会导致营业收入的下降 · 由于可以抵扣进项税，采购成本得以降低，但是部分支出和工资薪金等不能抵扣进项税 · 如果税务筹划不到位，可能无法最大化享受“营改增”税收效益

图 10–14 “营改增”带来的具体影响

小结

公共支出可分为四类：政府消费、政府投资、政府对私人部门的转移、公债利息。税收也可以分为直接税和间接税：直接税指直接对个人和企业征收的那些税；而间接税则指对商品和服务征收的税。所得税和财产税属于直接税范畴，而销售税和贸易关税则属于间接税范畴。

财政政策工具也称财政政策手段，指国家为实现一定财政政策目标而采取的各种财政手段和措施，主要包括财政收入（主要是税收收入）、财政支出、国债和政府投资。

挤出效应指政府支出增加所引起的私人消费或投资降低的效果。

预算赤字通过代际再分配将部分债务或税收负担转移给子孙后代。

对于减税效益的观点主要分为两派：传统观点以及李嘉图等价观点，其中李嘉图等价观点建立在消费者向前看的大前提上。

思政教学要点

1. 依据习近平中国特色社会主义思想的相关论述，理解中国财政政策所体现的人民性。

2. 阅读毛泽东《论十大关系》，理解中国财政政策如何处理经济发展中的重点与非重点、人民群众的短期利益与长期利益的关系，认识其中所体现的每一对矛盾双方的辩证关系。

扩展阅读

1. 毛泽东 . 论十大关系 [M]. 北京：人民出版社，1976.

重点概念

财政政策；“自动稳定器”；相机抉择；IS 曲线；挤出效应；政府债务风险；代际分配；李嘉图等价

习 题

一、选择题（在以下四个选项中选择一个最合适的）

1. 政府支出增加使 IS 曲线右移 $k_G \cdot \Delta G$（k_G 是政府支出乘数），若要使均衡收入变动接近 IS 曲线的移动量，则必须有（　　）。

A. LM 曲线平缓而 IS 曲线陡峭

B. LM 曲线垂直而 IS 曲线陡峭

C. LM 曲线和 IS 曲线一样平缓

D. LM 曲线陡峭而 IS 曲线平缓

2. 下列哪种情况中挤出效应可能很大？（　　）

A. 货币需求对利率敏感，私人部门支出对利率不敏感

B. 货币需求对利率敏感，私人部门支出对利率也敏感

C. 货币需求对利率不敏感，私人部门支出对利率不敏感

D. 货币需求对利率不敏感，私人部门支出对利率敏感

3. 挤出效应发生于（　　）。

A. 货币供给减少使利率提高，挤出了对利率敏感的私人部门支出

B. 私人部门增税，减少了私人部门的可支配收入和支出

C. 所得税的减少，提高了利率，挤出了对利率敏感的私人部门支出

D. 政府支出减少，引起消费支出下降

二、问答题

1. 经济学家认为，对高收入者征税补贴给低收入者能够增加国民收入。为什么？

2. 如何理解财政制度的“自动稳定器”功能？

3. 用收入–支出图说明三部门的总需求与均衡收入。

4. 财政政策的手段主要有哪些？财政政策的传导机制是什么？

5. 根据当前的宏观经济态势，你认为应当采取哪些政策措施（财政政策、货币政策及其组合）？请详细说明你的论点、论据。

6. 假定政府要削减税收，试用 IS–LM 模型表示以下两种情况下减税的影响，并说明两种情况下减税的经济后果有什么区别。

（1）用适用性货币政策保持利率不变；

（2）货币存量不变。

三、计算题

假设货币需求为 $L = 0.20Y$，货币供给量为 220 亿美元，$C = 100+0.8Y$，$T = 50$ 亿美元，$I = 140$ 亿美元，$G = 50$ 亿美元。

（1）导出 IS 和 LM 方程，求均衡收入、利率和投资；

（2）若其他情况不变，G 增加 20 亿美元，均衡收入、利率和投资各为多少？

（3）是否存在挤出效应？

（4）用图形表示上述情况。

请扫描上方二维码
观看“迷你课程视频”

第 11 讲

货币政策

11.1 货币政策工具

中央银行通常通过各种货币政策工具，调节货币供应量，影响利率及信贷规模，最终影响宏观经济指标。根据效果和职能，货币政策工具可分为一般性货币政策工具、新型货币政策工具、选择性货币政策工具及补充性货币政策工具四类。

11.1.1 一般性货币政策工具

法定存款准备金制度、再贴现政策及公开市场业务是中央银行最常用的能对整个金融体系的货币信用扩张与紧缩产生全面性影响的一般性货币政策工具，也被称为"三大法宝"。

（1）法定存款准备金制度

存款准备金指金融机构为保证客户提取存款和资金清算需要而准备的资金，而法定存款准备金率就是金融机构按规定向中央银行缴纳的存款准备金占其存款总额的比例。美国是最早建立法定存款准备金制度的国家，1913 年《联邦储备法》（Federal Reserve Act）就以法律形式明确规定存款金融机构需要向中央银行缴纳存款准备金，之后各国中央银行纷纷效仿并建立法定存款准备金制度。20 世纪 60 年代之前，《联邦储备法》仅仅将联邦储备体系内的存款金融机构列入缴纳存款准备金的范围。为了消除美联储会员银行与非会员银行之间的不平等竞争因素，1980 年《联邦储备法》做出修改，将所有吸收存款的机构统统置于存款准备金制度之下。与此同时，存款准备金的资产范围也在不断扩大。20 世纪 60 年代以后，美国存款金融机构的库存现金也被纳入准备资产的范围。为控制规避存款准备金的行为，1992 年美国又将可转让定期存单也纳入必须缴纳存款准备金的范围。

设立法定存款准备金制度的最初目的，是限制存款金融机构过度信用扩张，保持银行的清偿能力，以应对大规模挤兑可能带来的流动性风险，维护银行体系的稳定。从 20 世纪 30 年代中期开始到 70 年代末，保持流动性及清偿能力已被认定为商业银行的生存根本，法定存款准备金制度也逐渐从应对流动性风险的预防性政策转变为控制银行信贷扩张和货币供给的积极政策。20 世纪 90 年代以来，为减轻金融机构负担，削弱存款准备金制度对竞争机制的扭曲效应，部分国家大幅降低法定存款准备金率，存款准备金制度的操作空间受到严重压缩。而随着西方国家货币政策操作技术手段的日益丰富，存款准备金制度调控经济的功能逐渐弱化，更侧重于稳定储备需求，辅助中央银行控制利率水平。

存款准备金制度主要通过影响商业银行的信用扩张或收缩来影响货币供应量及信贷规模。如果中央银行提高法定存款准备金率，商业银行缴存于中央银行的存款准备金就会增加，其他条件不变时，用于发放贷款的超额准备金就会减少，促使商业银行收缩信贷规模，大大降低商业银行创造存款货币的能力，引起货币供应量的倍数收缩；反之亦然。当然，法定存款准备金工具的敏感性和有效性与缴存法定存款准备金的金融机构的超额准备金余额大小有关。

存款准备金制度被认为是中央银行调节货币供应量强有力的工具之一，即使法定存款准备金率调整幅度很小，也会引起货币供应量的巨大波动。由于其影响效果过于强烈，频繁调整存款准备金率势必会对金融市场的稳定性产生较大冲击，也会破坏准备金需求的稳定性和可测性。因此，在中央银行货币政策的实际操作中，很少会频繁调整存款准备金率。国际上目前主要将调整存款准备金率作为一般性货币政策工具中的辅助手段。

中国的存款准备金制度历史较短，由中国人民银行于 1984 年建立，并按存款种类规定了法定存款准备金率，即企业存款为 20%，农村存款为 25%，储蓄存款为 40%。值得注意的是，中国建立存款准备金制度的初衷不是应付挤兑和调控货币供给，而是为重点行业建设筹集资金。由于法定存款准备金率过高，1985 年又统一下调至 10%。1987 年和 1988 年，为紧缩银根以抑制通货膨胀，中国人民银行两次上调法定存款准备金率，由 10% 上调至 13%。1994 年以后，随着经济体制改革的逐步深入，存款准备金制度筹集资金、调整信贷结构的功能逐渐弱化，货币政策调控成为其主要功能。存款准备金制度从此成为中国人民银行重要的货币政策工具。1998 年 3 月 21 日，中国人民银行将“准备金存款”和“备付金存款”两个账户合并为“准备金存款”账户，并将法定存款准备金率由 13% 下调至 8%。1999 年，在经济低迷的背景下，为刺激经济增长，中国人民银行将法定存款准备金率由 8% 下调至 6%，这一水平一直稳定至 2003 年。

从 2004 年 4 月 25 日起，中国人民银行根据规模将金融机构分为大型金融机构和中小型金融机构，实行差别存款准备金率制度。从 2006 年开始，为防止经济发展过快，解决“热钱”大量流入所带来的流动性过剩问题，中国人民银行先后多次上调存款准备金率，2007 年一年之内竟调整 10 次之多，法定存款准备金率也由 2003 年的 6%

逐步上升至 2008 年 6 月的 17.5%。2008 年美国次贷危机爆发后，为应对动荡加剧的金融格局，中国人民银行先后 4 次下调存款准备金率以保证银行体系的流动性。直到 2010 年，中国人民银行又先后 6 次上调存款准备金率来控制银行体系内的过剩流动性。

2011 年年初，在国际收支持续顺差的背景下，中国人民银行实行差别准备金动态调整机制，上半年中国人民银行先后 6 次上调存款准备金率。2011 年第四季度，中国人民银行开始下调存款准备金率，以应对欧洲主权债务危机加剧给中国银行体系内部流动性所带来的冲击。2012 年，中国人民银行根据市场流动性供需形势，先后两次下调存款准备金率。2015 年中国人民银行为刺激实体经济发展，进一步释放流动性，又先后 5 次下调存款准备金率。2016 年 3 月 1 日，在供给侧结构性改革的宏观经济背景下，为保持金融体系内充分的流动性，进一步为供给侧结构性改革营造适宜的货币金融环境，中国人民银行再次下调存款准备金率。

与其他国家很少调整存款准备金率不同的是，中国人民银行调整存款准备金率的频率要高得多。第一，通过调控存款准备金率，可有效解决流动性过剩和经济过热的问题，且成本低、见效快。第二，中国金融机构以存款类金融机构为主的特点也使得存款准备金制度更易于操作。第三，中国人民银行为对冲外汇而投放大量人民币，为了防止通货膨胀，需要提高法定存款准备金率以收回外汇占款。中国法定存款准备金率的变动趋势如图 11-1 所示。

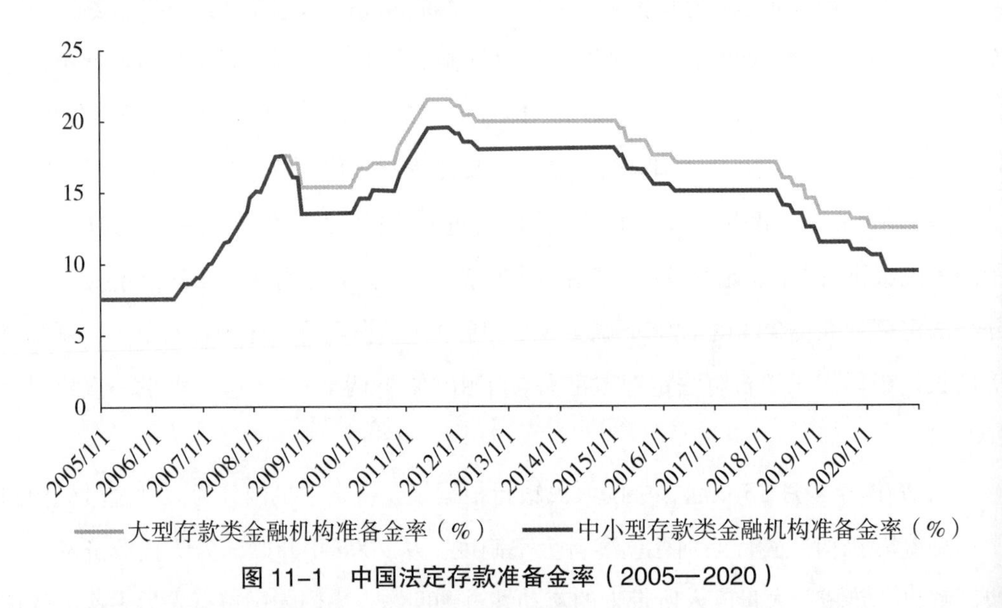

图 11-1　中国法定存款准备金率（2005—2020）

资料来源：中国人民银行网站（http://www.pbc.gov.cn）。

（2）再贴现政策

再贴现政策指中央银行通过直接调整再贴现率或者设制可贴现票据信用等级的种类来干预和影响市场利率以及货币市场的供给和需求，进而达到调节货币供应量和利率水平的一种货币政策。

再贴现是商业银行以其从客户手中贴现的未到期的商业票据作为抵押，向中央银行再融资的行为。整个过程可以用图 11–2 来表示。

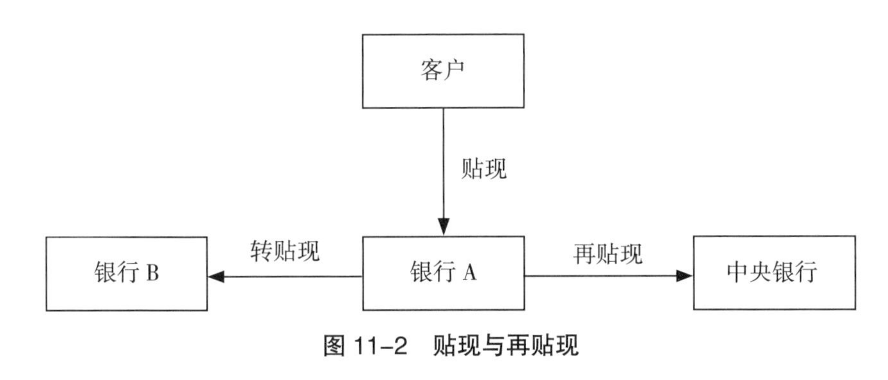

图 11–2　贴现与再贴现

一般来说，再贴现政策包含两方面内容。

一是规定再贴现票据的种类及再贴现业务的对象。中央银行对可用于再贴现业务的票据种类进行规定，通常包括经中央银行审查合格的已办理贴现尚未到期的商业承兑汇票和银行承兑汇票；还可对再贴现票据的信用等级做出规定。有时为扶持某些特定的行业，中央银行也可通过公开挂牌，优先办理该行业的票据再贴现业务。另外，各国中央银行根据具体需要，对再贴现业务的对象也有不同的规定。许多国家允许商业银行和金融机构办理再贴现业务，例如中国人民银行的再贴现对象包括在中国人民银行开立账户的商业银行、政策性银行及批准的非银行金融机构等。而一些国家严格限制其再贴现对象，如美联储只允许其会员银行进行再贴现业务，英格兰银行只允许其规定的商业银行进行再贴现业务。

二是再贴现率的调整。再贴现率指商业银行将其贴现的未到期票据向中央银行申请再贴现时的预扣利率，实质上就是商业银行以票据作为抵押向中央银行贷款的利率。再贴现率的调整具有一定的告示效应，可以向公众传达中央银行货币政策的信号与方向。中央银行提高再贴现率，意味着收缩信贷规模和货币供应量，即不鼓励商业银行向中央银行进行再贴现业务；当再贴现率高于市场利率时，商业银行通过再贴现从中央银行融资的成本上升，影响商业银行的资金成本和超额准备金的持有量，商业银行进而会提高贷款利息，消除市场过剩的流动性，达到收缩信贷规模的目的。反之，中央银行降低再贴现率，意味着扩张信贷规模，为市场补充流动性。商业银行会通过再贴现获取资金用于信贷业务，达到增加货币供应量的目的。如果再贴现率持续向同一方向调整，虽然每次调整幅度不大，但累积可发挥较大效应。

由于历史原因，中国人民银行曾长期将再贷款作为货币政策工具。再贷款指中央银行对金融机构发放的贷款，是中央银行资产业务的重要组成部分。1985 年，在“实贷实存”的信贷资金管理体制下，再贷款作为调控基础货币的工具逐渐成为当时中国人民银行运用最多的货币政策工具。而这段时期，由于再贴现余额小、再贴现率由国家统一规定，再贴现既无法反映资金供求状况的变化，也无法对商业银行的借贷行为产生足够的影响，并不能满足再贴现政策的宏观调控作用。自 1994 年开始，再贷款作为调控基础货币的作用不断弱化，并不断过渡为辅助性货币政策工具。1997 年亚洲金融危机后，再贷款又开始承担化解金融风险、支持金融体制改革的重任。1998 年，中国人民银行取消对商业银行贷款规模的指令性计划，并出台一系列促进商业汇票业务发展、加强再贴现操作效果的政策，使得再贷款逐渐退出货币政策舞台，并确立了再贴现政策独立的货币政策工具地位。一般来说，再贷款风险高于再贴现风险，所以市场化国家的中央银行一般不发放没有票据抵押的再贷款。

中国人民银行再贴现率的调整历史如图 11-3 所示。

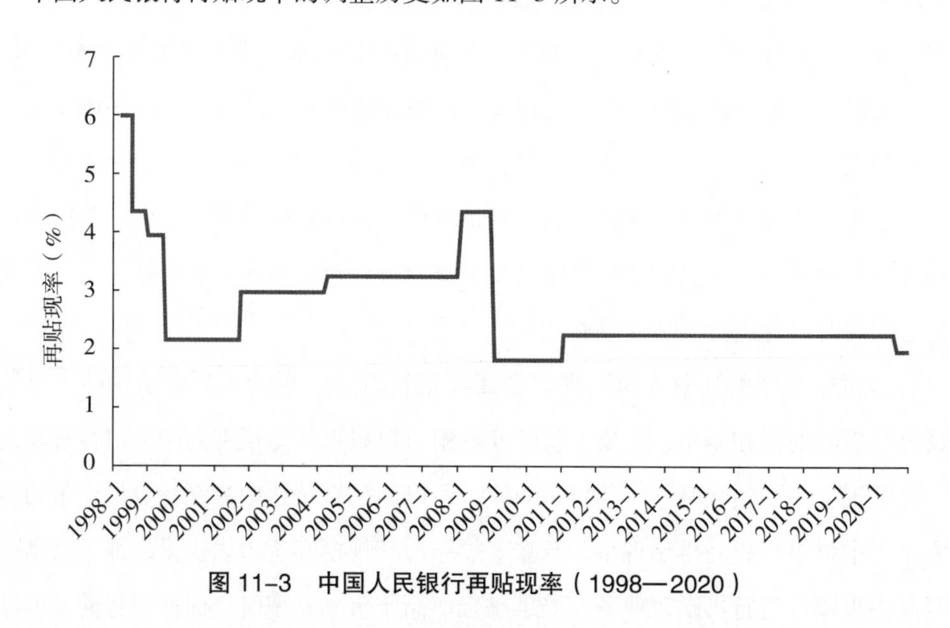

图 11-3　中国人民银行再贴现率（1998—2020）

资料来源：中国人民银行网站（http://www.pbc.gov.cn）。

自 1998 年以来，中国人民银行再贴现率调整次数不多，调整频率也较低。其中 2002—2008 年中国人民银行三次提高再贴现率，尤其在 2008 年，伴随着国际收支双顺差的持续扩大，中国经济发展逐渐过热，为防止经济结构失衡，中国人民银行直接将再贴现率由 3.24% 提高至 4.32%，试图通过对再贴现率的调整来对冲市场过剩的流动性。而美国次贷危机之后，为走出发展困境、推动经济恢复，中国人民银行调低再贴现率为市场补充流动性。

当然，再贴现政策也存在一定的局限性。一方面，从控制货币供应量的角度来看，再贴现政策并不能理想地控制市场的货币供应量。首先，中央银行处于被动地位。商业银行是否愿意到中央银行申请贴现、贴现多少，取决于商业银行。如果商业银行可以通过其他途径筹措资金，而不依赖再贴现，则中央银行就不能有效地控制货币供应量。其次，再贴现率的调整范围具有一定的限度，在经济扩张时期，即使中央银行大幅度提高再贴现率水平，也无法限制或阻止商业银行向中央银行再贴现，导致中央银行难以有效地控制货币供应量。另一方面，从调整利率的角度来看，再贴现率的调整虽然能对利率水平产生影响，但无法撼动利率结构。而再贴现率的调整对利率水平的影响也建立在一定的基础之上，即要求中央银行能够随时且自由地进行再贴现业务，并且商业银行能够根据再贴现率与市场利率的关系及时调整其融资决策。另外，再贴现率调整频率和调整幅度过大，会对市场产生频繁的冲击，不利于市场的稳定；而如果再贴现率调整频率和调整幅度较小，中央银行又无法通过再贴现政策对市场货币供应量进行有效调整。

（3）公开市场业务

公开市场业务指中央银行通过买进或卖出有价证券，投放或回笼基础货币，调节货币供应量的行为。中央银行买卖证券的目的不是盈利，而是调节货币供应量。在多数金融市场发达的国家，公开市场业务是中央银行吞吐基础货币、调节市场流动性的主要货币政策工具。

中国人民银行公开市场业务主要包括外汇公开市场业务以及人民币公开市场业务两部分。中国人民银行于 1994 年 3 月启动外汇公开市场业务，并于 1998 年 5 月恢复人民币公开市场业务。自此以后，中国公开市场业务迅速发展，在一般性货币政策工具即“三大法宝”中担任重要角色，对于调节货币市场供应量、维持金融体系内部流动性稳定具有重要意义。中国公开市场业务主要以国债、政策性金融债券等作为交易工具。中国人民银行的交易对象主要是公开市场业务一级交易商，即依据 1998 年建立的公开市场业务一级交易商制度所确立的一批能够进行大额债券交易的商业银行。随着 2004 年信息报告制度、一级交易商考评调整机制等管理制度的相继出台，一级交易商也逐渐融入证券公司等金融机构。

依据公开市场业务的交易品种，可以将公开市场业务分为回购交易和现券交易。回购交易指中央银行临时出售一定的债券，并在约定的时间内以约定的价格将其买回的操作。公开市场业务中回购交易包括正回购和逆回购。其中，正回购指中央银行向一级交易商卖出有价证券，并约定在未来特定日期买回有价证券的交易行为，中央银行可以通过正回购操作回笼货币，收回流动性，防止资金过度宽松导致通货膨胀；逆回购为中央银行向一级交易商购买有价证券，并约定在未来特定日期将有价证券卖给一级交易商的交易行为，中央银行可以通过逆回购操作投放货币，为市场补充流动性，防止资金过度紧张导致利率飙升。

公开市场业务中的现券交易包括现券买断以及现券卖断。现券买断指中央银行直接从二级市场买入债券，一次性地投放基础货币；现券卖断指中央银行直接卖出持有债券，一次性地回笼基础货币。公开市场业务中的中央银行票据发行指发行中央银行票据。中央银行票据指中国人民银行向一级交易商发行的 3 个月至 3 年的短中期债券，用以调节市场的货币供应量，是中国人民银行实施公开市场业务的主要工具。中央银行票据发行可以吸收流动性，而中央银行票据到期则可以为市场补充一定的流动性。

中央银行票据是中国外汇持续流入、国债市场不发达、中央银行资产负债结构不合理背景下的特有产物。2002 年以来，国际收支顺差持续扩大，外汇储备骤增。为维持固定汇率制度，中央银行被迫吸纳顺差外汇，从而被动地扩大了国内货币供给。为防范通货膨胀，中央银行必须在公开市场实施反向操作，抛售债券，回笼货币。公开市场所操作的债券，应具备风险低、市值波动小、市场规模大等特征，然而由于国债市场发展缓慢，可交易的国债数量较少且期限结构不合理。另外，外汇储备膨胀压力扭曲了中央银行的资产负债结构，中央银行资产中外汇占款比重过大，国债持有量不足以支撑大规模的公开市场业务，迫使中央银行从现有工具之外寻找其他解决途径。由中国人民银行直接发行短期债券以回笼流动性便成为最为简单直接的方案，在此背景下中央银行票据应运而生。中央银行票据本就是在国债发行期限结构、利率和汇率改革不到位的背景下解决外汇占款带来的基础货币投放压力的权宜之计，随着票据市场、债券市场尤其是国债市场结构的完善及利率市场化和汇率制度改革的不断推进，中央银行票据可以灵活进退。

如表 11-1 所示，以 2018 年上半年中国公开市场业务具体操作为例，通常来说，在公开市场业务中，回购交易、现券交易和中央银行票据发行并非同时进行的。在特定的经济环境下，通常固定以一种公开市场业务方式为主，以防止频繁的工具交替应用对市场产生不稳定性冲击。另外，在公开市场业务中，每个月都同时进行投放及回笼操作，因此影响货币供应量的是公开市场业务的月净投放量而非交易量，如果投放量及回笼量相等，则货币供应量基本不受影响。

表 11-1　2018 年上半年中国公开市场业务净投放量

（单位：亿元）

	2018 年 1 月	2018 年 2 月	2018 年 3 月	2018 年 4 月	2018 年 5 月	2018 年 6 月
投放量	20100	7300	5400	7600	18800	14300
中央银行票据到期	0	0	0	0	0	0
正回购到期	0	0	0	0	0	0
逆回购发行	20100	7300	5400	7600	18800	14300
回笼量	28000	3900	10500	6700	14200	16400
中央银行票据发行	0	0	0	0	0	0
正回购发行	0	0	0	0	0	0
逆回购到期	28000	3900	10500	6700	14200	16400
月净投放	−7900	3400	−5100	900	4600	−2100

资料来源：中国人民银行网站（http://www.pbc.gov.cn）。

另外，证券买卖的种类不同，也会对利率及其结构的变动产生影响。中央银行在购入证券后，虽然增加了商业银行的准备金，为银行体系的信贷扩张创造了条件，但银行并非一定要扩张信贷。反之，中央银行在出售证券后，固然使商业银行的准备金减少，但若银行准备金仍在法定准备金之上，即银行体系仍有超额准备金，则银行体系就没有立即收缩信贷的必要。只有超额准备金等于或接近于 0 时，银行体系才会收缩信贷。此外，公开市场业务以回购交易、现券交易和中央银行票据发行等证券交易为基础，因此高度发达的证券市场是公开市场政策有效性的必要条件。

公开市场业务与存款准备金制度和再贴现政策相比优势明显。一方面，相对于再贴现政策而言，公开市场业务的主动性更强，可以根据经济形势和国家政策主动进行调整；另一方面，与存款准备金政策相比，公开市场业务更为灵活，可以适时适度地对市场进行高频率、持续性地正向或逆向操作，并且可以直接对市场货币供应量进行微调，不会对货币市场产生巨大冲击。

中国人民银行货币政策工具“三大法宝”的启用和比较如表 11-2 所示。

表 11-2 中国人民银行货币政策工具“三大法宝”的启用和比较

货币政策工具	时间	内涵	优点	缺点	定位
存款准备金制度	1984 年	调整存款准备金率，控制信贷规模	影响力度大，见效快，效果明显	反映强烈，增加经济的不稳定性	非日常性辅助操作手段，调整幅度大
再贴现政策	1986 年	调整再贴现率，调节货币供应量和利率水平	发挥最后贷款人作用，调整信贷结构，宣告效应	顺经济周期，作用有限，具有被动性	中等规模的调整
公开市场业务	1994 年	投放或回笼基础货币，控制货币供应量及影响利率水平	具有主动性、灵活性、时效性，弹性大	对证券市场的广度及深度要求较高	日常性操作手段，微调

11.1.2 新型货币政策工具

次贷危机之后，美国金融市场的不稳定性因素激增，导致银行体系内部的流动性管理难度不断加大。虽然美联储主动下调联邦基金利率及再贴现利率以试图稳定市场，但是由于货币流通速度放慢、货币政策本身的外部时滞性等原因，一般性货币政策工具效果甚微。在此背景下，美联储直接拓展新型货币政策工具，为金融市场提供流动性支持。美联储新型货币政策工具如下。

（1）期限拍卖融资便利

2007 年 8 月以来，在放宽贴现窗口借款条件、延长贷款期限、降低贴现贷款利率的基础上，美联储对银行贴现窗口进行改革和创新，于 2007 年 12 月 12 日设立期限拍卖融资便利（Term Auction Facility，TAF）。期限拍卖融资便利是一种新型贴现窗口，即通过招标拍卖方式向合格的存款类金融机构提供贷款。符合资格的存款类金融机构向美联储提交利率报价和竞拍额，由美联储决定拍卖结果。在抵押物方面，贴现窗口接受的抵押资产即可作为 TAF 的抵押资产。在资金数量方面，每次 TAF 拍卖的资金总量是由美联储预先确定并公布的，利率通过存款机构之间的竞争程序确定，投标利率最高的机构将得到资金。TAF 于 2010 年 3 月 8 日结束。

（2）定期证券借贷工具

2008年3月11日，美联储创设了一种更具扩张性的证券借贷业务，即定期证券借贷工具（Term Securities Lending Facility，TSLF）。相比主要针对存款类金融机构的TAF交易，TSLF面对的是次贷危机中深陷困境的投资银行，而且接受的抵押品范围放宽至所有投资级证券。TSLF交易使得美联储通过拍卖机制用自身高流动性的财政部债券交换一级交易商流动性较差的抵押证券，从而能缓解资产抵押债券持有者面临的融资困境。2010年2月1日，TSLF结束。

（3）一级交易商信贷工具

在回购市场压力剧增的背景下，为解决主要交易商资金紧张的形势，阻止信贷市场流动性危机向其他市场蔓延，美联储于2008年3月16日在债券借贷业务的基础上针对一级交易商推出一级交易商信贷便利（Primary Dealer Credit Facility，PDCF）。一级交易商通过清算银行向美联储申请融资，美联储根据一级交易商的抵押品状况向其提供短期融资。PDCF使一级交易商获得了与存款机构相同的进入贴现窗口的权利，一级交易商可以按与存款机构同样的贴现率借款，资金数量取决于交易商的需要，而且利率是固定的，抵押物可以是各种投资级证券。2010年2月1日，PDCF结束。

（4）资产支持商业票据货币市场共同基金流动性工具

2008年9月雷曼兄弟破产导致票据市场流动性紧缩，美国货币市场基金流动性出现问题。为稳定金融市场，美联储于2008年9月19日推出资产支持商业票据货币市场共同基金流动性工具（Asset-Backed Commercial Paper Money Market Mutual Fund Liquidity Facility，AMLF）。AMLF允许存款机构、银行控股公司和外国银行在美国的分支机构以高质量资产支持商业票据（Asset-Backed Commercial Paper，ABCP）为抵押，从美联储获得相应的资金。AMLF提高了ABCP的流动性，维护了货币市场的正常运行。2010年2月1日，AMLF结束。

（5）货币市场投资者融资工具

2008年下半年，美国货币市场依然流动性紧张，货币市场共同基金和其他投资者难以出售各类资产，无法满足赎回请求和调整投资组合的要求。对此，2008年10月21日，美联储宣布创设货币市场投资者融资工具（Money Market Investor Funding Facility，MMIFF）。MMIFF的具体操作有两种形式：一是美联储设立特殊基金，从货币市场上买入货币市场共同基金出售的金融工具，从而向市场注入流动性。二是向特殊目的载体（Special Purpose Vehicles，SPV）注资，通过SPV向合格投资者购买货币市场上的各类金融工具，有针对性地应对基金赎回潮，为货币市场注入流动性。2009年10月30日，MMIFF结束。

（6）商业票据融资工具

2008年第四季度，美国信贷市场形势进一步恶化，商业票据市场的融资功能几乎丧失。在此背景下，美联储于2008年10月7日创设商业票据融资工具（Commercial Paper Funding Facility，CPFF），以缓解信贷紧缩的局面。美联储通过特殊目的载体，直接从符合条件的商业票据发行方购买评级较高的资产抵押商业票据和无抵押商业票据，为商业银行和大型企业等商业票据发行者提供信用支持，其实质是美联储变相地向企业提供贷款。2010年2月1日，CPFF结束。

自2008年开始，中国银行体系短期流动性供求的波动性有所加大，尤其当多个因素相互叠加或市场预期发生变化时，可能出现市场短期资金供求缺口极大的情形，不仅加大了金融机构流动性管理难度，也对传统货币政策工具提出了严峻的挑战。2013年以来，为有效应对银行体系的流动性风险，提高货币政策的调控效果，中国人民银行先后尝试了很多新型货币政策工具，常被提及的包括短期流动性调节（Short-Term Liquidity Operations，SLO）、常备借贷便利（Standing Lending Facility，SLF）、中期借贷便利（Medium-Term Lending Facility，MLF）、抵押补充贷款（Pledged Supplementary Lending，PSL）、临时流动性便利（Temporary Liquidity Facilities，TLF）和定向中期借贷便利（Targeted Medium-Term Lending Facility，TMLF）。

（7）短期流动性调节工具

基于中国公开市场业务的实际需要，2013年1月，中国人民银行通过借鉴国际经验建立短期流动性调节工具，作为公开市场常规操作的必要补充。短期流动性调节工具，简单来说，就是7天以内的超短期逆回购，通常选择在公开市场常规操作的间歇期使用，通过投放流动性的方式应对银行体系临时出现的流动性波动。

（8）常备借贷便利

为满足政策性银行和全国性商业银行等金融机构较长期限的大额流动性需求，防止市场利率巨幅波动，2013年年初，中国人民银行借鉴国外经验建立常备借贷便利工具。常备借贷便利通常由金融机构根据自身需求，以优质债券及信贷资产为抵押主动向中央银行发起申请，然后由中央银行与金融机构进行针对性交易。常备借贷便利通常以1—3个月期限为主，利率水平据市场情形综合而定，并且覆盖所有存款金融机构。另外，常备借贷便利的操作内容不即时公开，具有一定的隐蔽性。

（9）中期借贷便利

2014年9月，在外汇占款量逐渐降低、市场流动性趋紧的情形下，中国人民银行建立中期借贷便利工具，以应对短期可能面临的货币流动性问题。中期借贷便利指商业银行、政策性银行等符合宏观审慎管理要求的金融机构，以优质债券为抵押，通过招标的方式从中央银行获取中期基础货币的一种货币政策工具。中期借贷便利的期限通常为3个月，到期可能会重新约定利率并展期或续贷。中期借贷便利可以在提供流动性的同时发挥中期政策利率的作用，引导商业银行降低贷款利率以及社会融资成本。

（10）抵押补充贷款

以“棚户区改造”重点项目为出发点，为支持国家经济发展重点领域、薄弱环节和社会事业发展，如基础设施建设、民生支出等项目，借鉴美国期限拍卖融资便利（Term Auction Facility，TAF）及英国的融资换贷款计划（Funding for Lending Scheme，FLS），中国人民银行于2014年4月推出抵押补充贷款。抵押补充贷款指商业银行等金融机构可以通过抵押高信用评级的债券类资产以及优质信贷资产等，从中央银行获取最长可达5年的大额低成本资金。抵押补充贷款作为创新的基础货币投放渠道，可以引导中期政策利率水平，在降低相关领域融资成本的同时，解决了再贷款基础货币投放过程中存在的信用风险问题。

（11）临时流动性便利

临时流动性便利于2017年1月20日由中国人民银行推出，向现金投放占比较高的几家大型商业银行提供临时流动性支持，以满足春节前后现金投放的集中需求。临时流动性便利有以下特点：一是操作对象主要针对大型商业银行，促进银行体系流动性平稳运行；二是操作期限为28天，旨在缓解春节期间资金面紧张局面；三是操作成本与同期限公开市场操作利率大致相同；四是不需要抵押品，能够解决银行因抵押品不足的困境，相当于一个信用融资工具，在效果上类似临时降准，这也是临时流动性便利与其他货币政策工具最大的区别之处。

（12）定向中期借贷便利

为继续贯彻落实党中央、国务院关于改善小微企业和民营企业融资环境的精神，中国人民银行创设定向中期借贷便利，进一步加大金融对实体经济，尤其是小微企业、民营企业等重点领域的支持力度。大型银行对小微企业、民营企业的发展发挥了重要作用，定向中期借贷便利能够为小微企业、民营企业提供较为稳定的长期资金来源，增强对小微企业、民营企业的信贷供给能力，降低融资成本，还有利于改善商业银行和金融市场的流动性结构，保持市场流动性合理充裕。大型商业银行、股份制商业银行和大型城市商业银行，如符合宏观审慎要求、资本较为充足、资产质量健康、获得中央银行资金后具备进一步增加小微企业、民营企业贷款的潜力，可向中国人民银行提出申请。中国人民银行根据其支持实体经济的力度，特别是对小微企业和民营企业贷款的情况，并结合其需求，确定提供定向中期借贷便利的金额。该操作期限为1年，到期可根据金融机构需求续做两次，这样实际使用期限可达到3年。定向中期借贷便利利率比中期借贷便利利率优惠15个基点，目前为3.15%。

表11–3总结了中国的新型货币政策工具。

表 11–3　中国新型货币政策工具一览

名称	时间	操作方式	目的	对象	抵押品	期限
短期流动性调节工具	2013年1月	中央银行主动操作超短期逆回购	平抑短期货币利率大幅波动风险，向公开市场一级交易商注入流动性	公开市场一级交易商中具有系统重要性、资产状况良好的部分金融机构	无	7天以内
常备借贷便利	2013年年初	金融机构主动发起，中央银行与金融机构一对一交易	满足特定金融机构的大额流动性需求，解决中小金融机构流动性需求	政策性银行、全国性商业银行	国债、中央银行票据、政策性金融债、高等级信用债等优质债券	1—3个月
中期借贷便利	2014年9月	中央银行定向提供中期基础货币	提供流动性的同时发挥中期政策利率的作用，引导商业银行降低贷款利率和社会融资成本	商业银行、政策性银行	国债、中央银行票据、政策性金融债、高等级信用债等优质债券	3个月，到期可能会重新约定利率并展期或续贷
抵押补充贷款	2014年7月	中央银行定向发放，以同业存款的形式分批提取使用	实现中央银行短期利率控制，对中长期利率水平进行引导和掌握	商业银行	高信用评级的债券类资产、优质信贷资产	期限较长，最长可达5年
临时流动性便利	2017年1月	中央银行定向提供临时流动性支持	促进银行体系流动性平稳运行，满足春节前后现金投放的集中需求	大型商业银行	无	28天

（续表）

名称	时间	操作方式	目的	对象	抵押品	期限
定向中期借贷便利	2018年12月	商业银行主动发起，中央银行与金融机构一对一交易	改善小微企业和民营企业融资环境，加大金融对实体经济的支持力度	大型商业银行、股份制商业银行和大型城市商业银行	无	1年

资料来源：中国人民银行网站（http://www.pbc.gov.cn）。

11.1.3 选择性货币政策工具

传统的“三大法宝”都是通过调节货币供应量以影响整个宏观经济的，属于全局层面的货币政策工具。除此之外，中央银行还可以通过消费信用控制、证券市场信用控制、不动产信用控制、优惠利率和特种贷款等货币政策工具，有选择地对某些特定领域的信贷规模进行调整。

消费信用控制指中央银行对不动产之外的各种耐用消费品的销售融资予以控制。证券市场信用控制指中央银行对以信用方式购买股票和证券所实施的一种管理措施。中央银行通过规定保证金比率来控制以信用方式购买股票或证券的交易规模。不动产信用控制指中央银行对商业银行办理不动产抵押贷款作限制性规定，以抑制市场的过度需求。如对金融机构的不动产贷款规定最高限额、最长期限以及首次付款最低额和分期付款的最长期限等。优惠利率指中央银行对国家产业政策要求重点发展的经济部门或产业规定较低的利率，以鼓励其发展。实行优惠利率有两种方式：制定较低的贴现率和规定较低的贷款利率。特种存款指特定的经济形势下，中央银行为调整信用规模和结构，支持国家重点建设或其他特殊资金需要，按商业银行、专业银行和其他金融机构信贷资金的营运情况，以特定方式集中这些金融机构的资金。

11.1.4 补充性货币政策工具

除以上提及的“三大法宝”、新型货币政策工具及选择性货币政策工具外，中央银行有时还会运用一些直接或间接的信用控制工具，作为货币政策工具的补充。其中信用直接控制工具指中央银行依法对商业银行创造信用的业务进行直接干预而采取的各种措施，主要包括信用分配、直接干预、流动性比率、利率限制、特种贷款。而信用间接控制工具指中央银行凭借其在金融体制中的特殊地位，通过与金融机构之间的磋商等，指导其信用活动，以控制信用。

11.2 货币政策目标

货币政策目标指中央银行通过货币政策的制定和执行所要达到和实现的社会经济发展目标。按照中央银行对货币政策的影响力、影响速度及施加影响的方式，货币政策目标可分为最终目标、中介目标及操作目标三个层次。

11.2.1 货币政策的最终目标

货币政策的最终目标指货币政策制定者期望货币政策运行的结果，即对宏观经济总体目标所能发挥的实际效应。货币政策最终目标一般包括物价稳定、充分就业、经济增长和国际收支平衡四项内容。

（1）物价稳定

在社会经济发展过程中，物价水平受多种因素的综合作用，总体呈现上升趋势。所谓物价稳定，并不是要求物价水平一成不变，而是在短期内不会发生显著或急剧的波动，并且国内币值基本维持稳定。但这并不排除某种商品价格相对于其他商品价格的变动，物价水平的整体稳定与个别商品价格的波动并不冲突。货币政策的实施，是为了维持物价水平在一定时期内的总体稳定，并非简单地抑制物价上涨，物价的急剧上升和快速下降都是不可取的。一般来说，一国收入水平和社会保障程度不同，其对通货膨胀的容忍程度也不同。鉴于通货膨胀过高对资源配置效率、财富分配及稳定预期等方面的负面影响，大多数国家的中央银行货币政策的首要目标就是物价稳定，通常以通货膨胀率为执行目标，将通货膨胀率控制在 5% 以下。

（2）充分就业

凯恩斯在《就业、利息和货币通论》中指出，充分就业指在某一工资水平之下，所有愿意接受工作的人都获得了就业机会。但是充分就业并不意味着所有人都能找到工作，在充分就业情况下仍然存在着失业现象，即摩擦性失业和结构性失业。这两种失业在任何经济环境及社会经济制度下都是必然存在的。

失业率过高不仅会阻碍一国的社会经济发展，还有可能引发政治动荡和金融危机，因此充分就业十分重要，各国的中央银行也普遍将充分就业作为优先选择的货币政策最终目标。通常以失业人数与愿意就业的劳动者的比率（即失业率）作为衡量一国就业状况的指标，而经济处于潜在产出水平（即充分就业下的产出水平）下的失业率被称为自然失业率。自然失业率的衡量标准较为灵活，不同国家不同经济时期的自然失业率也可能存在一定的波动，因此各国中央银行对自然失业率的衡量也存在一定的偏差，但普遍认为自然失业率应维持在 4%—5%。

（3）经济增长

经济增长是经济社会发展的一项综合目标，指一个国家或地区在一定时期内产品及服务的持续增加，它意味着经济规模和生产能力的扩大，可以反映一个国家或地区经济实力的增长。通常选择剔除价格上涨因素后的国民生产总值的增加来作为衡量经济增长的指标。影响经济增长的因素很多，如科学技术的进步、劳动生产率的提高、投资的增加、资源的利用等；还有若干抵消经济增长的因素，如资源浪费、环境污染等。经济增长是经济社会的一项综合发展目标，要求全社会共同努力去实现。中央银行将其作为货币政策的目标之一，是因为中央银行可通过对投资规模的调控而对经济增长产生重要影响。

（4）国际收支平衡

国际收支平衡指一国对其他国家经济贸易往来中的全部货币收入和货币支出基本持平或略有顺差、略有逆差。一般来说，国际收支的绝对相等或者绝对平衡是几乎不可能实现的，国际收支平衡可以包容短期内的逆差或顺差而避免长期的大量顺差或逆差。在国际经济贸易中，要想所有国家的国际收支都保持顺差是不可能的，这意味着经济关系无法持续下去。由于国际收支状况与国内市场的货币供应量有着密切的关系，因此各国在决定货币政策时，不能单纯考虑物价稳定、充分就业和经济增长等国内经济目标，国际收支平衡也是货币政策的最终目标之一。

货币政策的四个最终目标之间的关系十分复杂，虽然在某些方面具有一致性，如充分就业与经济增长之间具有一致性，但更多地表现为目标间彼此的矛盾性。在实际的货币政策操作中，同时兼顾充分就业、物价稳定、经济增长和国际收支平衡这四个目标过于理想，几乎不可能实现。某一货币政策目标得以满足的同时，难免会对其他货币政策目标的实现产生影响，货币政策最终目标的选择只能有所侧重。货币政策最终目标之间的矛盾性具体表现如下：

一是物价稳定与充分就业之间的矛盾。依据菲利普斯曲线，通货膨胀率与失业率之间存在着此消彼长的反向变化关系，二者之间的关系在实际经济运行中是显而易见的，如图 11–4 所示。一方面，中央银行为降低通货膨胀率、稳定物价水平，通常选择收缩信贷规模，导致实体经济的生产能力受到资金限制，进而导致失业率上升。另一方面，中央银行为降低失业率、保证充分就业，通常会选择扩张信贷规模，增加货币供应量，为实体经济补充流动性，而这又势必会导致物价上涨。因此，物价稳定与充分就业之间表现出一种矛盾的关系：要维持物价稳定，就不得不牺牲就业水平，导致失业率增加；要降低失业率，实现充分就业目标，就必然会以物价上涨为代价。

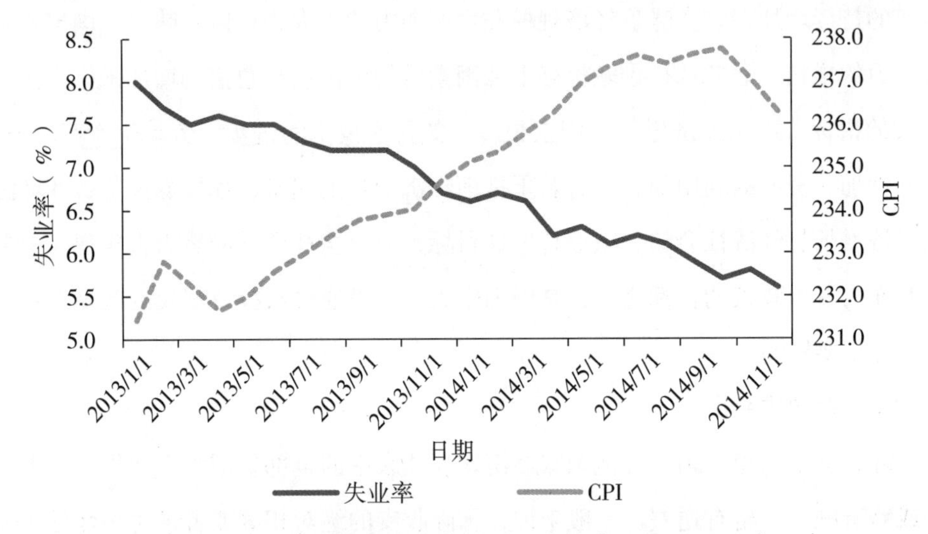

图 11–4　美国月度失业率与 CPI 比较（2013—2014）

资料来源：http://www.edatasea.com/Content/us.

二是经济增长与国际收支平衡之间的矛盾。经济增长会导致国民收入的增加和支付能力的增强，从而增加对进口商品，或者国内一部分本来用于出口的商品的需求，此时如果出口贸易的增长不足以抵消这部分需求，必然会导致国际收支不平衡。而要消除国际收支逆差，势必会使得国内需求受到抑制，需求不足导致生产相对过剩，又会增加失业率，同时引致经济增长缓慢乃至衰退。

三是物价稳定与经济增长之间的矛盾。通常认为通货膨胀与经济增长形影不离，而适当的通货膨胀是短期内经济增长的重要推动力，但是持续的经济增长仍然是以物价稳定为前提的，而经济增长又为保持物价稳定提供了物质基础，两者在根本上是统一的，关键在于采取什么样的政策来促进经济增长。如果采取通货膨胀政策来刺激经济发展，短时可能奏效，但最终会使经济发展受到严重影响。因为通货膨胀政策会导致物价恶性上涨，反过来迫使政府采取反通货膨胀政策，最终又会降低经济增长率。由图 11-5 美国历年 GDP 与 CPI 数据可以看出，伴随着经济的增长，物价水平也几乎在同步上升。总之，既要保持高速的经济增长，又要维持物价稳定、防止通货膨胀，这确实是一道难题。

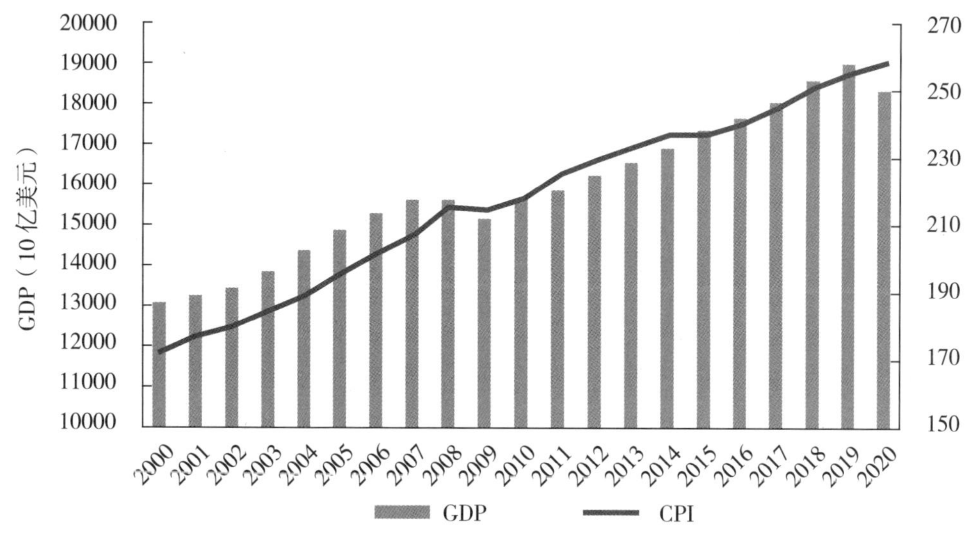

图 11-5　美国 GDP 与 CPI 的比较（2000—2020）

资料来源：http://www.edatasea.com/Content/us.

事实证明，货币政策四个最终目标彼此之间的矛盾性是客观存在的。一方面，四者兼顾，过于理想。而另一方面，强调其中的一个或两个目标，其他目标就可能会向相反的方向发展；要实现一个目标，就可能会牺牲其他目标。因此，在制定货币政策时，要根据本国的具体情况，在一定时间内选择一个或两个目标作为货币政策的主要目标。

当今各国中央银行在货币政策目标选择中，主要围绕物价稳定与经济增长的关系，在目标本身或政策措施上进行调整和组合，以便最终保证社会总需求与社会总供给的平衡，促进经济协调稳定发展。同时，大多数国家的中央银行都把物价稳定作为货币政策的主要目标，同时适当兼顾其他目标。因为只有实现了物价稳定，才可能为实现其他三个目标奠定基础。

11.2.2　货币政策的中介目标

货币政策中介目标指中央银行借助货币政策工具为实现货币政策最终目标所间接

影响的中间变量。一般来说，充分就业、物价稳定、经济增长和国际收支平衡四个最终目标并不能被中央银行所直接观测和控制，因此必须运用一定的货币政策工具作用于货币中介目标，适时适度地进行微调。

货币政策的中介目标通常包括存款准备金、利率、基础货币和货币供应量。

存款准备金是中央银行负债的一部分，它由商业银行的库存现金及其在中央银行的存款两部分组成。存款准备金与货币政策目标具有相关性。在一定条件下，商业银行的存款准备金增加，意味着信贷规模缩减，货币供应量减少，这时如果经济正处在繁荣阶段，则可稳定经济，稳定物价；如经济正处于萧条时期，则可导致继续衰退。相反，如果商业银行存款准备金减少，则意味着货币供应量增加，对经济的影响恰好与上述情况相反。

利率（指市场利率）是影响社会的货币供求、调节市场货币供应量的一个重要指标。利率与货币政策目标具有高度的相关性。利率对中央银行来讲，还具有可测性和可控性，中央银行可随时观察利率的动向并通过再贴现率和公开市场业务来间接调节市场利率。不过利率作为中介目标的缺陷也显而易见，因为利率同时也是一种经济内生变量，当经济繁荣时，利率会因为资金需求增加而上升。如果货币当局采用紧缩政策来抑制需求过热，结果利率的确上升了，但难以区分这种上升究竟是经济过程本身推动的还是外部政策造成的，因此货币政策的有效性就难以判断。

基础货币指流通中的现金与商业银行的准备金之和。中央银行对基础货币的可控性较强，因为现金可由中央银行直接掌握，商业银行的准备金由中央银行通过法定存款准备金等手段加以调控，二者均具有很高的可测性，是较理想的货币政策中介目标。

货币供应量按照流动性标准可划分为 M0、M1、M2 等若干层次，每一层次都可由中央银行在不同程度上加以控制。如 M0 是直接由中央银行发行和管理的，其他几个层次的货币供应量虽然不是由中央银行直接控制的，但中央银行可通过基础货币的调控去影响它们，可测性也较强。货币供应量是各国中央银行普遍采用的一个中介目标。

中国货币政策中介目标的选择长期处于动态调整阶段。在 1984 年至 20 世纪 90 年代中期，中国人民银行曾将现金发行和信贷规模作为中介目标，但因其在可测性和可控性方面有所欠缺，在不同层次的货币供应量指标公布之后，中国人民银行取消了对商业银行信贷规模的控制，将中介目标逐渐转向货币供应量方向，并于 1996 年正式选择 M1 作为货币政策中介目标，M0 和 M2 作为观测目标。货币供应量成为中国人民银行货币政策取向的“风向标”。

然而在之后十余年的货币政策实践中，货币供应量虽然在指标可控性、可测性方面具有一定的优势，并且与货币政策最终目标之间具有一定程度的关联性，但是长期的实践结果表明，货币供应量作为中介目标效果并不理想。如表 11–4 所示，1999—2020 年中国 M2 增速的目标值与实际值之间存在较为明显的差异，这一缺口在 2009 年甚至高达 10.7%，而在中国数十万亿元乃至数百万亿元的 M2 货币供应量基础上，即便 1% 的缺口也意味着万亿元级别的货币供应量差异，也就是说，货币供应量作为中介目标，其目标值长期以来难以准确实现。

表 11–4　中国 M2 增速的目标值与实际值（1999—2020 年）

年份	实际值（%）	目标值（%）	实际值减目标值（%）
1999	14.7	14	0.7
2000	12.3	14	–1.7
2001	14.4	13	1.4
2002	16.8	13	3.8
2003	19.1	16	3.1
2004	16.2	17	–0.8
2005	17.5	15	2.5
2006	16.9	16	0.9
2007	16.7	16	0.7
2008	17.8	16	1.8
2009	27.7	17	10.7
2010	19.7	17	2.7
2011	13.6	16	–2.4
2012	13.8	14	–0.2
2013	13.6	13	0.6
2014	12.2	13	–0.8
2015	13.3	12	1.3
2016	11.3	13	–1.7
2017	8.1	12	–3.9
2018	8.1	12	–3.9
2019	8.7	未设置	—
2020	10.1	未设置	—

资料来源：中国人民银行网站（http://www.pbc.gov.cn）、国家统计局网站（http://data.stats.gov.cn/）。

作为货币政策中介目标，货币供应量在实践中效果不佳的原因主要包括两个方面：

一是货币供应量本身可控性较差。一方面，中国的人民币汇率制度并非真正意义上的浮动汇率制，再加上中国金融创新的不断发展、市场风险应对能力的不断加强，导致对基础货币数量及结构方面的控制力越来越弱。另一方面，货币乘数的不确定性使其在一定程度上同样脱离了中央银行的控制。基础货币与货币乘数两者的不稳定性导致了货币供应量较差的可控性。

二是货币供应量与最终目标之间的相关性较差。中国目前正处于经济结构转型阶段，金融市场不断完善，金融创新不断发展，货币供应量的运行规律发生变化，破坏了其与货币政策最终目标之间的相关性，使其无法满足作为中介指标的相关性要求，无法成为有效的货币政策中介指标。

货币供应量目标的可控性、可测性以及最终目标之间的相关性方面都已出现较为严重的问题。中国人民银行也逐渐考虑采用利率、通货膨胀率、社会融资规模等与主要经济指标存在紧密关系的变量，逐步构建多指标相协调的中介目标体系。

11.2.3 货币政策的操作目标

货币政策操作目标指中央银行运用货币政策工具能够直接影响或控制的目标变量。操作目标介于政策工具和中介目标之间，是货币政策工具影响中介目标的传送带。

之所以选择操作目标是因为：一方面，由于中央银行有时不能通过政策工具直接影响中介目标，为了及时掌握政策工具对中介目标的调节效果，有必要在政策工具和中介目标之间设置一些中间变量，通过这些中间变量来判断中介目标的未来变化；另一方面，由于货币政策最终目标不仅受货币政策措施的影响，同时还会受到一些非货币政策措施（如财政政策等）的影响，为了将这些影响与货币政策的影响区分开来，需要在政策工具与中介目标之间设置一些能够及时、准确反映货币政策操作力度和方向的中间变量。

许多中央银行并不十分强调中介目标，操作目标同时也承担中介目标的职能。因此，所选取的操作目标最好也要具有中介目标的一些性质，如基准性、中央银行可控性、抗干扰性、市场影响性以及与市场体系和实体经济的相关性。

11.3 货币政策传导机制

中央银行制定货币政策之后，从货币政策实施到货币政策发挥作用会经历一系列传导途径，而这一传导路径和作用机理就是货币政策传导机制。货币政策传导机制是否完善，将直接影响货币政策的实施效果以及对经济的影响。

货币政策传导机制理论可以追溯到18世纪早期的货币数量论。由于经济背景及研究侧重点不同，学术界对货币政策传导机制理论产生了不同的观点，目前学术界较为认可的是弗雷德里克·S. 米什金（Frederic S. Mishkin）对货币政策传导机制的分类，即利率传导渠道、货币供应量传导渠道、资产价格传导渠道、汇率传导渠道、信贷传导渠道。

11.3.1 利率传导渠道

利率传导渠道是最早提出的货币政策传导机制理论，是其他货币政策传导渠道的基础，也是凯恩斯学派的主要观点。1936年凯恩斯在《就业、利息和货币通论》中提出，政府可以调控货币供应量，然后通过利率传导的方式刺激投资、解决失业，强调利率在经济中的核心作用，利率传导渠道开始引起学术界的广泛关注。在20世纪90年代以后，西方国家中央银行相继用利率取代货币供应量作为货币政策中介目标，利率的传导作用越来越明显，成为货币政策传导的主渠道。利率传导渠道的基本思路可表示如下：

货币政策工具→货币供应量↑→利率水平↓→投资↑→总产出↑

在利率传导渠道中，核心变量为利率。中央银行通过操作货币政策工具调节货币供应量来影响利率水平，利率水平的变动对投资产生影响，最后导致总产出的变动。利率传导渠道的传导效果取决于货币供应量对利率水平的敏感性、投资对利率水平的敏感性（即投资的利率弹性），以及投资乘数。按照凯恩斯学派的观点，当利率降到较低水平时，由于存在“流动性陷阱”，货币需求变得无限大，任何货币供给的增加都会被公众所吸收，而不会引起利率的变化。同时如果某一时期投资的利率弹性很低，利率下降未必对投资规模产生显著的刺激作用，这会导致利率传导渠道的传导效果并不理想。

11.3.2 货币供应量传导渠道

自20世纪50年代起，凯恩斯学派的利率传导渠道开始受到货币主义的挑战。20世纪60年代末至70年代初，现代货币主义学派的代表人物弗里德曼认为，利率在货币政策传导机制中不起主导作用，货币政策传导机制主要通过货币供应量的变动来影响总产出，并强调货币供应量在整个传导机制中具有决定性效果。货币供应量影响总产出的方式和途径繁多且复杂，要想将这些途径全部找出来是不太现实的，因而弗里德曼更倾向于从实证的角度研究货币供应量与总产出的关系，而不具体探讨货币供应量对于总产出的作用方式及传导渠道，这种理论也被称为货币政策传导的“黑箱理论”，即货币供应量的变动从“黑箱”的一端进入，总产出的变动从“黑箱”的另一端显示出来，但并不清楚货币政策传导的具体过程，表示如下：

货币政策工具→货币供应量→黑箱→总产出

以货币供应量变动通过影响支出进而影响总产出的传递方式为例，货币供应量传导渠道的基本思路可表示如下：

货币政策工具→货币供应量↑→总支出↑→投资↑→总产出↑

当中央银行采取宽松的货币政策时，货币供应量增加，由于货币需求具有内在的稳定性，从而必然使支出增加。人们会调整各自的资产结构，将超过意愿持有的货币用于购买金融资产或实物资产。若投资金融资产偏多，金融资产价格上涨，收益相对下降，从而会刺激实物资产投资，实物资产需求增加及价格上涨会促使生产者扩大生产，最终导致总产出增加。生产规模的扩大及实物资产价格的上涨，会吸收过剩流动性，使名义货币需求量与实际货币需求量趋于平衡，实现货币均衡。所以货币供应量不是通过利率间接地影响投资和总产出的，而是通过作用于支出，导致资产结构调整，最终引起总产出变动的。

11.3.3 资产价格传导渠道

随着金融市场的不断完善，股票在金融资产投资中的地位越来越高，其在货币政策传导过程中所起的作用逐渐引发经济学家的关注。货币政策将通过影响各种金融资产，尤其是股票的价格传导到实体经济，从而达到货币政策的最终目标。

资产价格传导渠道下主要有托宾 q 理论以及弗兰科·莫迪利安尼（Franco Modigliani）的财富效应理论。随着资本市场的快速发展，资产价格、财富效应的传导作用越来越重要，资产价格开始纳入西方国家的货币政策监控指标之中。

（1）托宾 q 理论

托宾 q 理论由美国经济学家詹姆斯·托宾（James Tobin）于 1969 年提出，该理论揭示了货币政策通过影响股票价格进而影响投资支出的可行性。托宾 q 理论中，定义 q 为企业市值与其资本重置成本之比。当 $q>1$ 时，表明公司的股票市值高于重置成本，因此只需发行少量股票就可以获得较多新的投资品，企业投资支出将会上升。这会增加投资的需求，总产出也随之上升。当 $q<1$ 时，公司市值低于重置成本，投资新项目不如收购现有资本产品更划算，资本需求减小。托宾 q 理论的货币政策传导机制表示如下：

货币政策工具→货币供应量↑→股票价格↑→ q 值↑→投资↑→总产出↑

（2）财富效应理论

财富效应理论由莫迪利安尼根据生命周期理论提出，指货币政策通过货币供给的增减影响股票价格，使以股票市值表示的个人财富发生变化，从而影响个人的消费支出，进而影响总产出。生命周期理论认为消费支出不仅取决于消费者的当期收入，也取决于其终身财富。消费者的终身财富主要包含人力资本、实物资本和金融资产，其中金融资产的主要构成就是股票。因此，实施扩张性货币政策时，货币供应量增加，股票价格上升，金融资产市值上升，消费者的终身财富也增加，进而消费增加，导致总产出增加。因此，该传导机制可表示如下：

货币政策工具→货币供应量↑→股票价格↑→终身财富↑→消费↑→总产出↑

11.3.4 汇率传导渠道

经济全球化进程中，汇率作为开放经济中极其敏感的宏观经济变量受到学者的广泛关注。而在开放经济及浮动汇率制度下，货币政策传导机制主要通过汇率传导渠道对净出口产生影响，最终引起总产出的变动。

开放经济下，一国货币供给增加，会导致本国利率下降，投资者往往会选择在外汇市场抛售本国货币、买进外国货币，使得汇率下跌，进而引发本国货币贬值，导致本国出口扩大，净出口增加，最终引起总产出水平的提升。因此，货币供给的增加可以通过增加净出口而使总产出增加。汇率传导渠道的传导过程表示如下：

货币政策工具→货币供应量↑→利率水平↓→汇率↓→净出口↑→总产出↑

11.3.5 信贷传导渠道

信贷传导渠道指货币政策通过影响货币供给作用于信贷的可得性，从而影响信贷供给并进一步影响投资和消费需求。由于市场完善、信息完备假设下的传统货币政策传导渠道的解释无法令人信服，20 世纪 70 年代末到 80 年代初，斯蒂格利茨和安德鲁·威斯（Andrew Weiss）在市场信息不对称的基础上提出均衡信贷配给理论，1995 年伯南克和马克·格特勒（Mark Gertler）将信贷传导渠道划分为银行信贷渠道和资产负债表渠道。

（1）银行信贷渠道

银行信贷渠道主要指基于商业银行在金融体系中的特殊作用，中央银行采取的货币政策通过商业银行的信贷供给对投资产生影响。就货币政策传导而言，扩张性货币政策将增加银行准备金存款，进而拉动银行贷款。而贷款的增加将刺激投资，进而增加总产出。该传导途径可以简化如下：

货币政策工具→货币供应量↑→银行存款↑→银行贷款↑→投资↑→总产出↑

随着金融市场的日益完善，直接融资成本不断降低，间接融资比重不断下降，银行信贷对整个金融市场的反映越来越不全面，银行信贷渠道的传导作用越来越小。

（2）资产负债表渠道

信贷市场上的信息不对称可能会引发道德风险及逆向选择。公司资产净值越低，道德风险及逆向选择的可能性就越大。而公司资产净值的下降使道德风险及逆向选择问题更加严重，促使公司从事高风险的投资项目，使得违约概率增大并导致贷款减少，进而导致投资下降。货币政策可以通过多种途径影响公司的资产负债表：

一是扩张性货币政策使股票价格上升，公司的资产净值增加。由于逆向选择和道德风险问题得到缓解，投资增加，引起总需求上升。其传导过程如下：

货币政策工具→货币供应量↑→股票价格↑→净值↑→贷款↑→投资↑→总产出↑

二是扩张性货币政策使名义利率降低，逆向选择和道德风险问题得到缓解，进而改善公司的资产负债表。其传导过程如下：

货币政策工具→货币供应量↑→利率水平↓→现金流↑→贷款↑→投资↑→总产出↑

三是由于债务一般是事先确定的，并且利率通常是固定的，因此通货膨胀率的上升会使债务的实际价值减少，降低企业的债务负担，然而却不会降低公司资产的实际价值。所以，货币扩张会使公司实际净资产价值增加，逆向选择和道德风险问题得到缓解，从而使投资和总产出增加。其传导过程如下：

货币政策工具→货币供应量↑→未预期物价水平↑→净值↑→贷款↑→投资↑→总产出↑

随着经济金融体制的改革和发展，中国货币政策经历了不同的发展阶段，货币政策传导机制也不断演进。经济转轨时期，中央银行、各商业银行及企业间形成特有的委托代理关系，使得货币传导机制形成以信贷传导渠道为主、利率和汇率传导渠道相结合的局面。

货币政策传导机制过分依赖于信用传导渠道使得中国金融市场暴露出一些特有弊端，如市场发展严重受限、货币政策缺乏灵活性等。1998 年中国人民银行取消对商业银行的贷款规模限制之后，信贷传导渠道仍然部分有效，而中国资产价格传导渠道仍无法与发达经济体相提并论，亟待建立和完善。

对于汇率传导渠道而言，由于资本项目受到严格管制，外汇体制改革、人民币自由兑换的条件仍不成熟，再加上中国当前的外汇市场是一个封闭的、以银行间市场为中心，同时外汇交易受到政府管制的市场体系，国内市场与外汇市场尚未建立直接联系，汇率只能通过影响国内经济从而间接影响利率。而利率作为国家间接调控主要工具的作用将逐渐加强，货币政策传导机制也将发生巨大变革，利率传导渠道将成为主要的货币政策传导途径。

11.4 货币政策的时滞

货币政策正式实施之后，其效果往往要经过一定时间才能在实体经济中显现，而从中央银行制定货币政策到货币政策取得预期效果的这段时间，就是货币政策的时滞。如图 11-6 所示，货币政策时滞由两大部分组成。

一是内部时滞，即从经济形势发生变化到中央银行制定货币政策的时间间隔。该过程又可分为两个阶段：从经济形势发生变化到中央银行认识到有必要改变货币政策的时间间隔，即认识时滞；从中央银行认识到有必要改变货币政策到中央银行制定货币政策的时间间隔，即决策时滞。

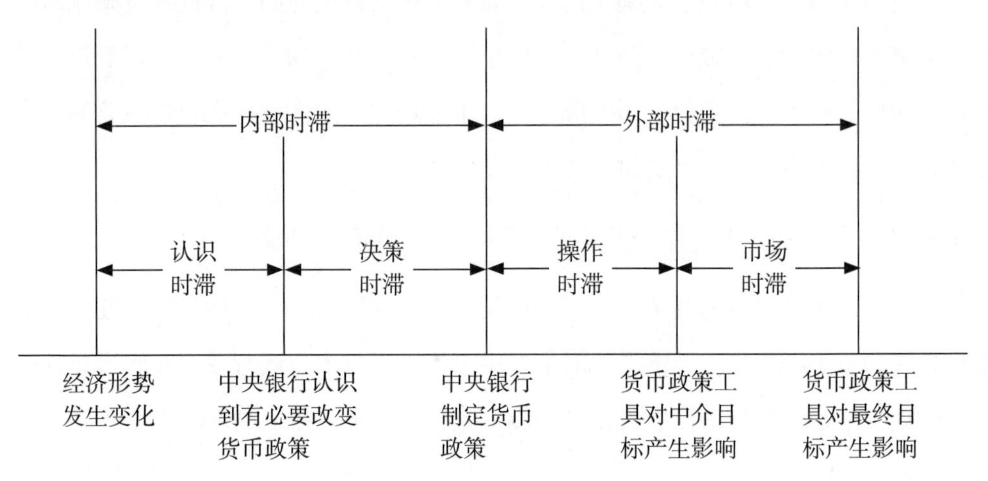

图 11–6　货币政策的时滞

二是外部时滞，即从中央银行制定货币政策到货币政策效果显现的时间间隔。外部时滞也可划分为两个阶段：从货币政策制定到货币政策工具对中介目标产生影响的时间间隔，即操作时滞；从货币政策工具对中介目标产生影响到对最终目标产生影响的时间间隔，即市场时滞。

一般情况下外部时滞要长于内部时滞。中央银行采取实际行动之后，并不会立刻引起最终目标的变化，要经过影响中介目标的变化、通过货币政策的传导机制影响各经济单位的行为，最终影响最终目标。而内部时滞的长短取决于中央银行对当前经济形势的认知能力及决策能力，并与中央银行的独立性及外部环境等多种因素相关。内部时滞一般较短，只要中央银行能把握好经济活动的发展趋势及动态，并能及时采取相应的措施，那么内部时滞就可以大大缩短。

货币政策时滞究竟有多长？作为一个实证经济学问题，西方学者与中国学者对货币政策时滞长度的结论存在颇大差异。西方学者一般认为货币政策的时滞在 6 个月到 2 年之间，其中最有影响力的是马克 · H. 瓦利斯（Mark H. Wallis）的研究，他通过实证研究发现美国货币政策的时滞为 4 个月到 23 个月，其中内部时滞为 3 个月，外部时滞为 1 个月到 20 个月。而中国学者利用不同时期的不同数据得到的结论与之相差甚远。由于金融体系发育不完善，中央银行缺乏独立性，利率、汇率未完全市场化，中国货币政策的时滞性表现出如下特点：

第一，内部时滞偏长。经验表明，独立性越强的中央银行越能有效、迅速制定和执行货币政策，其货币政策内部时滞较短。而中国人民银行是政府职能部门，由国务院负责，每项货币政策的制定都要经国务院批准，缺乏独立性，又受到政策工具等客观条件的制约，因此在货币政策的制定和政策工具的选择上，需要较长的时间。

第二，资本市场不发达、货币传导机制不畅使得外部时滞偏短。中国资本市场不发达，融资渠道少，资金供给主要通过信贷，企业的自有资金率普遍偏低，企业的运营资金需求高度依赖于银行的信贷资金。只要商业银行改变信用配置，企业则难有其他选择。在货币政策的传导过程中，商业银行自成体系，利率还未成为货币传导机制中的重要中介指标，在发生重大经济事件时，有关部门经常利用行政手段干预市场，这使中国货币政策的外部时滞偏短。

11.5 泰勒规则

泰勒规则是宏观经济学中经常提到的一种简单货币政策规则。20 世纪 90 年代，美国国会通过了联邦政府预算法案，在此法案的约束下联邦政府已无法顺利地通过减少税收、扩大财政支出等传统财政政策来刺激经济，从而在相当程度上削弱了财政政策对宏观经济的影响力。因此，货币政策成为调控宏观经济的主要手段，而此时通过调整货币供应量来对经济进行调控的货币政策的弊端与不便逐渐显现，美联储决定放弃这一货币政策规则，转而选择通过调整实际利率来进行宏观调控。在此基础上，1993 年约翰·泰勒（John Taylor）通过研究美国、英国以及加拿大等国的货币政策实际操作总结得出泰勒规则。

泰勒规则虽然形式简单，但是它表明了实际利率与通货膨胀、产出缺口等宏观经济变量之间的关系，并且将规则性和相机抉择两种货币政策模式成功地结合在一起，其蕴含的前瞻性货币政策操作思维对货币政策规则的研究具有启发式影响，从此成为政府和学术界研究的热点。

11.5.1　泰勒规则的含义

约翰·泰勒经过长期的研究发现，在各种影响物价水平和经济增长率的因素中，实际利率是唯一能够与物价水平和经济增长保持长期稳定关系的变量。因此，实际利率应为货币政策的中介目标。据此，泰勒认为，应该根据通货膨胀和总产出的目标值与实际值之间的差距来调节名义利率，使名义利率在剔除物价水平因素后与实际利率相等，这样就能使利率水平保持中性，使之对经济既不起刺激作用，也不起抑制作用，以形成稳定的利率环境，避免利率波动与经济走势的背离，扰乱经济运行。这样，经济就可以在目标通货膨胀率下持续稳定地增长，从而实现稳定物价和总产出稳定增长的双重目标。

泰勒认为，中央银行相关货币政策操作应该遵循以下规则：

$$i_t = r^* + \pi_t + \alpha(\pi_t - \pi^*) + \beta(y_t - y^*) \tag{11-1}$$

其中，i_t 表示名义利率，即美国联邦基金利率；r^* 表示实际均衡利率，泰勒将其定义为 2%；π_t 为实际通货膨胀率；π^* 为预期通货膨胀率，泰勒将其定义为 2%；$\pi_t - \pi^*$ 表示通货膨胀缺口；y_t 为实际 GDP；y^* 为潜在 GDP，即在充分就业状态下的 GDP；$y_t - y^*$ 表示产出缺口。α 和 β 表示通货膨胀缺口及产出缺口的权重，泰勒将其定义为 0.5。如此，上述模型可以表述为

$$i_t = 2 + \pi_t + 0.5(\pi_t - \pi^*) + 0.5(y_t - y^*) \tag{11-2}$$

当通货膨胀缺口及产出缺口均为 0，即 $\pi_t = \pi^* = 2$，$y_t = y^*$ 时，整个经济达到充分就业状态，名义利率等于实际均衡利率与实际通货膨胀率之和，保持在 4% 左右，即 $i_t = r^* + \pi_t = 4\%$。当实际通货膨胀率比预期通货膨胀率高 1 个百分点，且不存在产出缺口时，中央银行会运用相应的货币政策工具将名义利率提高 0.5 个百分点，使得实际利率 $i - \pi_t$ 达到均衡状态，进而缩小实际通货膨胀率与预期通货膨胀率之间的差距。而当实际 GDP 比潜在 GDP 高 1 个百分点，且不存在通货膨胀缺口时，中央银行同样会运用相应的货币政策工具将名义利率提高 0.5 个百分点，使得实际利率同样达到均衡状态，避免实际 GDP 过度偏离潜在 GDP。当通货膨胀缺口及产出缺口均为 1 个百分点时，中央银行为避免经济的过度膨胀，应该采取合适的货币政策将名义利率提高 1 个百分点至均衡利率水平。

由图 11–7 及图 11–8 可以看出，20 世纪 80 年代，泰勒规则能够高度拟合并解释美国联邦基金利率。之后从 1994 年开始，美国联邦基金利率开始持续高于泰勒规则所确定的理论水平，美联储似乎也越来越不“遵守”泰勒规则。直至 2001 年，美国联邦基金利率急转直下，并从此之后持续低于泰勒规则的理论利率水平。而泰勒认为，与泰勒规则所确定的理论水平相比，美联储长期保持过低的联邦基金利率，催生了严重的房地产泡沫，并引发次贷危机。次贷危机之后，2009—2010 年间的泰勒规则理论利率水平为负，也为该时期美国量化宽松政策的实施提供了理论支撑。而 2011 年之后，泰勒规则理论利率水平已经由负转正，美联储应当适时加息，提高联邦基金利率。

当然，泰勒规则也存在一定的局限性。一方面，泰勒规则只是一个政策反应式，无法通过通货膨胀缺口及产出缺口对利率变动的反应来确定利率路径。另一方面，泰勒规则中的实际通货膨胀率为当期值，缺乏前瞻性。若当期的实际通货膨胀率高于预期通货膨胀率，而经济恰巧由繁荣转为衰退，依据泰勒规则，提高利率则会导致经济的加速衰退，导致货币政策决策失误。而且，泰勒规则适合封闭经济体，开放经济体中汇率机制同样会对货币政策的选择产生重要影响。另外泰勒本人也指出，泰勒规则用一个如此简单的公式是无法将利率调整及货币政策实施过程中遇到的种种因素均考虑在内的，因此基于泰勒规则所估计的理论利率水平可能存在一定程度的偏差。

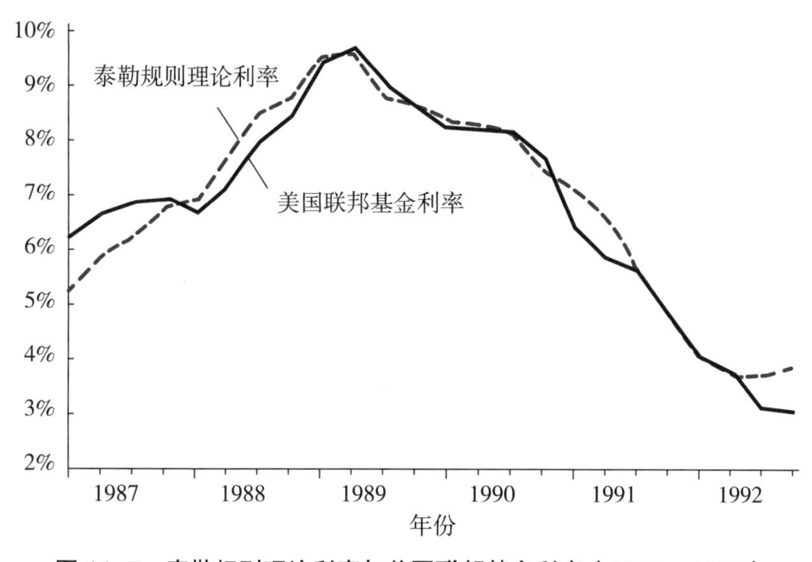

图 11–7　泰勒规则理论利率与美国联邦基金利率（1987—1992）

资料来源：Taylor, J. B. Discretion versus Policy Rules in Practice[J]. Carnegie-Rochester Conference, 1993: 39: 195–214.

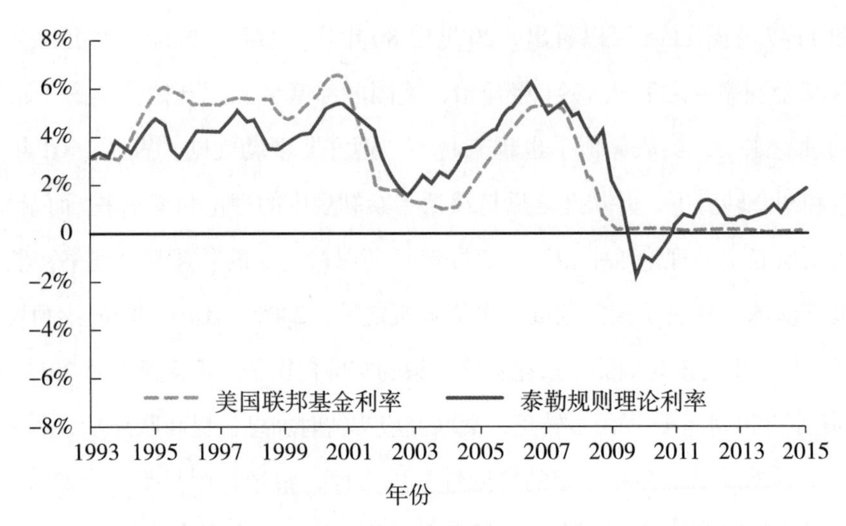

图 11–8　泰勒规则理论利率与美国联邦基金利率（1993—2015）

资料来源：华尔街见闻（http://wallstreetcn.com/）。

11.5.2　泰勒规则在中国的适用性分析

泰勒规则作为一种常见的货币政策规则，在实体经济中的运用操作具有一定的前提条件。结合泰勒规则在美国几十年来的应用表现，中国在泰勒规则的实际应用方面存在如下几个问题：

第一，中国目前正处于经济转型的特殊时期，加上利率尚未完全市场化，潜在 GDP 以及实际均衡利率存在高度不确定性，而且中国预期通货膨胀率不稳定，无法准确把握。在此特殊的经济金融环境下，泰勒规则的应用存在较大的估计误差。

第二，应用泰勒规则的前提条件是实行浮动汇率制度，因为在固定汇率制度下，中央银行无法简单地通过通货膨胀缺口及产出缺口来确定并调整名义利率。而目前人民币汇率制度并非真正意义上的浮动汇率制。

第三，中国金融市场机制不完善，缺乏泰勒规则所需的畅通的利率传导机制。首先，中国人民银行独立性不高；其次，中国商业银行市场分割严重，无法形成有效的市场竞争；最后，中国信贷约束明显，直接融资市场受限，金融市场对利率的变动缺乏敏感性。泰勒规则的利率传导机制受到严重阻碍。

11.6 经济危机中的量化宽松

2008 年美国次贷危机以来，世界各国为摆脱经济危机，尽快实现经济复苏，纷纷采用宽松的货币政策来刺激经济，甚至不得不大幅下调利率以稳定金融市场。这种零利率的货币政策在经济危机前中期虽然起到了一定的作用，但总体收效甚微。在此背景下，量化宽松货币政策被认为是应对次贷危机、实现经济复苏的唯一有效手段。

量化宽松货币政策思想最初源于对美国 20 世纪 30 年代大萧条期间货币政策的反思，其中很多学者，包括弗里德曼、伯南克和罗默等都对其进行了深入研究。20 世纪 90 年代以来，日本经济持续衰退，为稳定金融市场、摆脱经济低迷、解决长期性通货紧缩问题，日本中央银行于 2001—2006 年间首次采用量化宽松政策，被称为“第一代量化宽松货币政策”。而 2008 年美国次贷危机中的货币政策实践则通常被称为“第二代量化宽松货币政策”。

作为特殊经济环境下的非常规货币政策，量化宽松与常规的货币政策存在一定的差异。首先，在货币政策最终目标方面，有别于常规货币政策物价稳定、充分就业、经济增长和国际收支平衡的目标，量化宽松货币政策的最终目标主要包括金融稳定以及物价稳定。因为量化宽松政策主要应用于金融市场剧烈波动、严重通货紧缩的背景下，其目的仅仅在于稳定市场秩序，恢复市场信心，而不是刺激经济。同时，量化宽松货币政策也旨在摆脱通货紧缩，实现物价稳定。其次，在货币政策中介目标方面，量化宽松货币政策因政策操作而异。日本 2001—2006 年的量化宽松货币政策选择商业银行在中央银行的经常账户余额为中介目标。而美国量化宽松货币政策选择资产负债表资产方的资产组合变化为中介目标。最后，在货币政策工具方面，数量放松、预期管理及非常规公开市场业务是量化宽松货币政策主要的政策工具。

2008 年美国金融危机以来，面对长期的通货紧缩压力，为稳定金融市场波动，美联储先后 4 次采取量化宽松货币政策，向市场注入流动性，为降低失业率、刺激经济复苏开出一剂猛药。

（1）第一轮量化宽松（2008 年 11 月—2010 年 4 月）

2008 年次贷危机之后，美国经济呈现断崖式下滑，为稳定金融体系、恢复投资者信贷信心、补充市场流动性，美联储于 2008 年 11 月 24 日首次实施量化宽松货币政策，主要方式在于购买国家担保的问题金融资产，包括由“房地美”“房利美”和联邦住宅贷款银行发行的价值1000亿美元的债券及其担保的5000亿美元资产支持证券。

此次量化宽松货币政策的经济刺激效果较为明显。以纳斯达克市场为例，如图11-9所示，纳斯达克100指数由2008年11月第一轮量化宽松开始时的1186点升至第一轮量化宽松结束时的2001点，涨幅高达68.7%，而次贷危机前纳斯达克100指数最高也不过2000点左右，第一轮量化宽松成功避免了美国经济迅速下滑，使经济衰退停止。但是美国整体经济复苏较为缓慢，与此同时，失业率由6%左右激增至10%左右，失业问题的日益严重也为美国政府敲响了警钟。

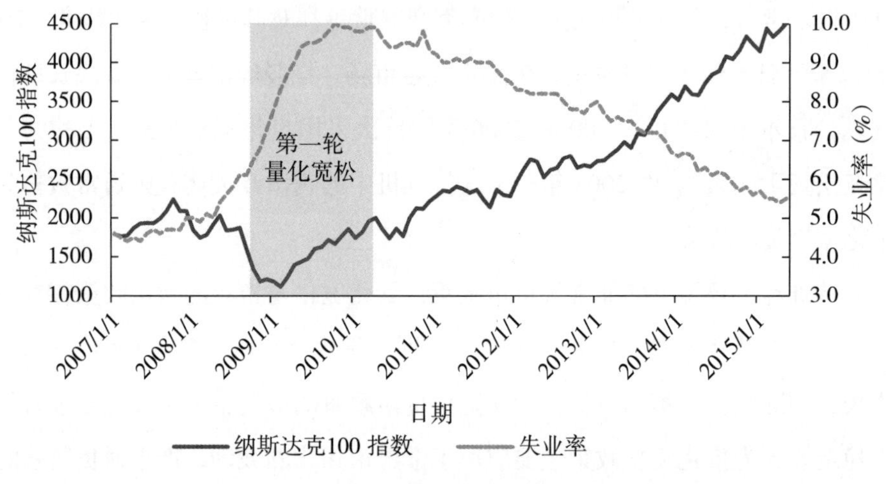

图11-9　纳斯达克100指数与失业率（2007—2015）

资料来源：http://www.nasdaq.com/；http://www.edatasea.com/Content/us.

（2）第二轮量化宽松（2010年11月—2011年6月）

第一轮量化宽松虽然有效地阻止了经济的继续衰退，但是美国国内失业率日益上升，并且出现了严重的通货紧缩现象，再加上欧洲主权债务危机的冲击，美国经济复苏障碍重重。而且在零利率的金融市场环境下，价格型货币政策依然失效，数量型货币政策成为唯一选择。为解决高失业问题，进一步刺激经济复苏，美联储于2010年11月—2011年6月期间实施第二轮量化宽松货币政策，以每月750亿美元的规模从市场购入6000亿美元中长期国债，并将资产负债表中到期的回笼资金进行再投资、购买国债。另外，依然维持0—0.25%水平的联邦基金利率。

然而第二轮量化宽松货币政策的效果并不理想。一方面，虽然失业率有所下滑，但是仍然保持在较高的水平（9%以上），如图11-10所示，严峻的就业形势加剧了美国政府的政治压力。另一方面，量化宽松货币政策也增大了货币泡沫，引发物价的持续上涨。

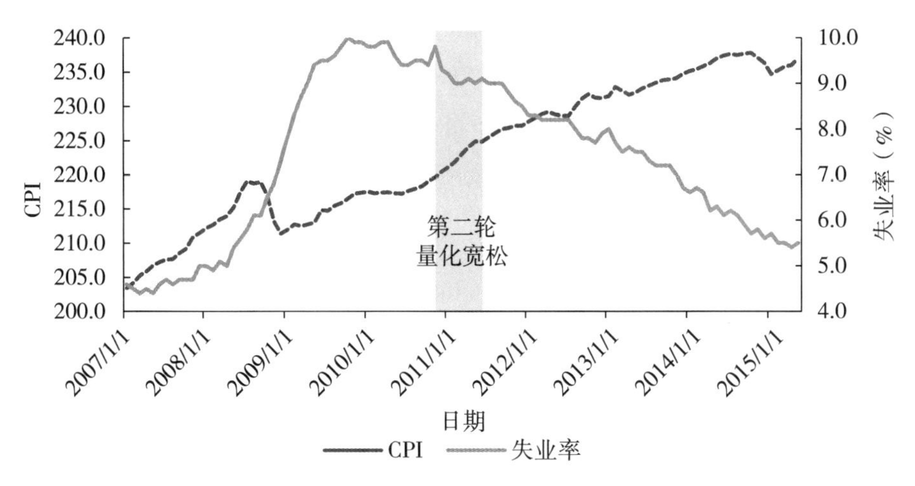

图 11-10　美国 CPI 与失业率（2007—2015）

资料来源：http://www.edatasea.com/Content/us.

（3）第三轮量化宽松（2012 年 9 月—2012 年 12 月）

第二轮量化宽松货币政策结束之后的一年时间内，美国失业率有所下滑，到 2012 年 8 月份左右降至 8% 的水平，但是长期维持较高失业率，导致失业迟滞现象的出现。为改善就业市场状况，美联储于 2012 年 9 月 13 日实施第三轮量化宽松政策，以每月 400 亿美元的规模从市场中购入抵押贷款支持证券，同时将 2011 年 9 月—2012 年 6 月期间实施的卖出 3 年期或更短期国债同时买入 6 年至 30 年期相同规模长期国债这种“卖短买长”的扭转操作继续执行下去，并继续坚持 0—0.25% 水平的联邦基金利率。

第三轮量化宽松之后，美国经济缓慢复苏，通货膨胀与失业问题也得到有效控制，然而美国经济恢复缓慢及“财政悬崖”[①] 问题逐渐显现。

（4）第四轮量化宽松（2012 年 12 月—2014 年 10 月）

为了进一步推动经济复苏、降低失业率，解决美国“财政悬崖”问题，作为第三轮量化宽松的必要补充，美联储于 2012 年 12 月 12 日推出第四轮量化宽松政策，以每月 450 亿美元的规模购入美国国债，以此来替代扭曲操作。这就意味着美联储将以

① “财政悬崖”：2013 年 1 月 1 日起，美国同时实施增税及全面开支削减政策，政府财政开支被迫突然减少，支出曲线形同悬崖，故而得名。

每月850亿美元的规模进行资产采购，并继续进行机构债、抵押债的本息再投资计划，而且仍然坚持0—0.25%水平的联邦基金利率。

在对美国经济前景及就业市场形势比较乐观的情况下，美联储于2014年10月30日宣布停止之前的资产购买计划，意味着持续6年的量化宽松货币政策就此结束。

2008年次贷危机以来，从美国的四轮量化宽松，到欧洲的量化宽松，再到日本的“安倍经济学”①，各大经济体为尽快实现经济复苏，纷纷采取以量化宽松为代表的各种宽松货币政策来刺激经济并取得一定成效，宽松货币政策似乎成为各国中央银行的必备工具。然而宽松货币政策并非一剂良药，时效性过强导致其本身并不适合作为长期性货币政策，随着时间的推移，其负作用逐步显现。宽松货币政策下，中央银行释放大量基础货币，实体经济无法吸收多余流动性，资本市场为其接盘，导致全球资产价格攀升，加剧资产泡沫。而宽松货币政策下利率水平一降再降，丹麦（2012年7月）、欧元区（2014年6月）、瑞士（2015年1月）、瑞典（2015年2月）、日本（2016年2月）等经济体均已实行负利率操作，货币政策进一步宽松的空间受到严重压缩，迫使各国中央银行不得不重新思考货币政策。

小结

货币政策指中央银行为实现其既定的经济目标而采用的各种控制和调节货币供应量或信贷规模的方针和措施的总称，包括货币政策工具、货币政策目标等一系列内容。

根据货币政策工具的调节职能和效果，中央银行的货币政策工具一般可分为一般性货币政策工具、选择性货币政策工具和补充性货币政策工具三类。其中，一般性货币政策工具指中央银行所采用的对整个金融系统的货币信用扩张与紧缩产生全面性或一般性影响的手段，也就是通常所说的“三大法宝”——法定准备金制度、再贴现政策和公开市场业务。

中央银行的货币政策目标为物价稳定、充分就业、经济增长和国际收支平衡。在实际经济运行中，既要达到合理的经济增长率、较低的失业水平，又要维持物价稳定、保持国际收支均衡，四者兼顾，同时实现这些目标是非常困难的。事实

① “安倍经济学”，指日本第96任首相安倍晋三2012年年底上台后加速实施的一系列刺激经济政策，其中最值得关注的就是宽松货币政策，该政策使得日元汇率加速贬值。

证明，在制定货币政策时，要根据本国的具体情况，在一定时间内选择一个或两个目标作为货币政策的主要目标。货币政策中介目标指距离货币政策的最终目标较近，并且能被货币当局的货币政策工具施以间接影响的中间变量，如货币供应量、信贷量、市场利率、汇率等。货币政策操作目标是中央银行运用货币政策工具能够直接影响或控制的目标变量。操作目标介于政策工具和中介目标之间，是货币政策工具影响中介目标的传送点。

中央银行制定货币政策之后，货币政策从实施到发挥作用，会经历一系列传导路径，而这一系列传导路径和作用机理就是货币政策传导机制。

泰勒规则是常用的简单货币政策规则之一，由泰勒于 1993 年针对美国的实际数据提出。泰勒规则启发了货币政策的前瞻性，如果中央银行采用泰勒规则，货币政策的抉择实际上就具有了一种预承诺机制，从而可以解决货币政策决策的时间不一致问题。

量化宽松指经济危机或经济衰退时期，在零利率水平且常规货币政策工具失效的经济环境下，为稳定金融市场，缓解通货紧缩压力，通过保持宽松货币政策承诺、调整中央银行资产负债表规模和结构、购买长期资产等特殊手段，适时为经济补充流动性，推动经济复苏的非常规货币政策。

思政教学要点

1. 从矛盾的多样性角度理解财政政策与货币政策的相互关系，理解财政政策与货币政策相互配合所体现的辩证法。

2. 根据局部与全局的对立统一，认知货币政策“三大法宝”的使用原则；结合人民币升值过程中高强度使用法定准备金调节的案例，理解主要矛盾的转换决定政策工具使用策略的方法论。

扩展阅读

1. 格雷德 . 美联储 [M]. 耿丹，译 . 北京：中国友谊出版公司，2013.

2. 贝恩，豪厄尔斯 . [M]. 货币政策：理论与实务 [M]. 杨农，周瀛，张慧卉，译 . 北京：清华大学出版社，2013.

3. 博芬格 . 货币政策：目标、机构、策略和工具 [M]. 黄燕芬，等，译 . 北京：中国人民大学出版社，2013.

4. 汪洋 . 中国货币政策工具研究 [M]. 北京：中国金融出版社，2009.

重点概念

货币政策；货币政策工具；法定存款准备金；再贴现；公开市场业务；货币政策目标；货币政策传导机制；泰勒规则；量化宽松

习题

一、选择题（在以下四个选项中选择一个最合适的）

1. 货币政策四大目标之间存在矛盾，任何一个国家要想同时实现这四大目标是很困难的，但其中基本一致的是（　　）。

A. 充分就业与经济增长

B. 经济增长与国际收支平衡

C. 物价稳定与经济增长

D. 物价稳定与充分就业

2. 下列货币政策操作中，引起货币供应量增加的是（　　）。

A. 提高法定存款准备率

B. 提高再贴现率

C. 降低再贴现率

D. 中央银行卖出债券

3. 2002 年，中国人民银行督促商业银行加强信贷管理，防止一些地区出现房地产泡沫。这一做法属于（　　）。

A. 消费者信用控制

B. 证券市场信用控制

C. 不动产信用控制

D. 公开市场业务

4. 中央银行针对某些特殊的经济领域或特殊用途的信贷而采用的信用调节工具被

称为选择性货币政策工具，如（　　）就是选择性货币政策工具。

A. 窗口指导

B. 优惠利率

C. 再贴现政策

D. 基础货币

二、问答题

1. 试述一般性货币政策工具的优缺点和适用范围。

2. 试述再贴现政策的作用机制。

3. 何为货币政策中介指标？如何选定货币政策中介指标？

4. 试分析货币供应量作为中介指标的优缺点。

5. 如何正确理解中国的货币政策目标？

6. 中央银行货币政策最终目标的具体含义是什么？它们之间的矛盾何在？

7. 简单分析泰勒规则的含义。

8. 从中国2007年1月到12月法定存款准备金率的调整（如表11–5所示）看一般性货币政策工具的运用及效果。思考分析：中国2007年12个月中10次提高法定存款准备率说明了什么？

表11–5　2007年中国法定存款准备金率的历次调整

时间	调整前	调整后	调整幅度
1月15日	9%	9.5%	0.5%
2月25日	9.5%	10%	0.5%
4月16日	10%	10.5%	0.5%
5月15日	10.5%	11%	0.5%
6月05日	11%	11.5%	0.5%
8月15日	11.5%	12%	0.5%
9月25日	12%	12.5%	0.5%
10月25日	12.5%	13%	0.5%
11月26日	13%	13.5%	0.5%
12月25日	13.5%	14.5%	1%

请扫描上方二维码
观看“迷你课程视频”

第 12 讲

宏观经济政策与流派

在应对 1929 年资本主义市场经济前所未有的大萧条中，诞生了现代宏观经济学。从那时起，宏观经济学总是以救急为目的，总是应时应景。面临新出现的问题，要提出想法，给出办法，形成说法，自然形成了出自不同价值观和角度的各种宏观经济政策与流派。

12.1 凯恩斯革命

凯恩斯宏观经济学的产生是在资本主义从自由竞争走向垄断的历史背景下，按照弗拉基米尔·伊里奇·列宁（Влади́мир Ильи́ч Ле́нин）的观点，也是垄断资本主义产生帝国主义和战争的历史。

1871 年普法战争的结束标志着资本主义市场经济终于迎来了在欧洲的和平发展。1871—1914 年，欧洲利用这 43 年宝贵的和平期，将自由资本主义的生产力发展到了最高水平。经济发展的结果是供给与需求这对矛盾的主要方面从一直以来的供给侧终于第一次转向了需求侧。有效需求不足成为商业危机频发进而导致资本主义经济陷入危局的主要因素。殖民地与海外市场的重新瓜分导致了第一次世界大战，随后仅有 11 年的短暂恢复期，就发生了 1929—1933 年的欧美经济大萧条。这是资本主义经济形态所遇到的致命挑战。资本主义市场经济向何处去？苏联的社会主义计划经济模式表现出前所未有的发展力，短短 30 年，苏联就从落后的农业国一跃成为排在世界前列的工业国。德国将国家资本主义的传统引向极端，选择了法西斯专制的军事经济模式，给全世界带来灾难。世界不禁要问：美国和英国的自由资本主义模式该如何延续？

凯恩斯给出了答案：以政府的适度干预延续资本主义市场经济，通过反垄断来保持市场的竞争态势。凯恩斯理论实际上参考了德国 19 世纪 70 年代的发展模式和苏联社会主义计划经济模式，而给出了英美式的政府引导的市场经济新模式。

凯恩斯通过其于 1936 年出版的划时代的《就业、利息和货币通论》一书，开创了现代宏观经济学的第一支流派——凯恩斯主义。他的理论支柱就是凯恩斯三大定律：边际消费倾向递减、边际资本效率递减、流动性偏好假说。

边际消费倾向递减是三大定律的核心。在《通论》中，紧随第一章“导言”和第二章“概念与理念”的就是第三章“消费倾向”。凯恩斯总结了影响消费倾向的客观因素和主观因素，强调了主观效用和信心的作用，给出了边际消费倾向的严格经济学表述，并使用了严谨的微积分语言。凯恩斯的分析逻辑是：边际消费倾向决定投资对于收入的乘数，凯恩斯将这个乘数称为投资乘数。边际消费倾向与投资乘数是正相关关系，提高边际消费倾向就提高了投资对于收入的效率。这就是凯恩斯思想的逻辑起点，也是凯恩斯宏观经济政策思想的核心。事实上，边际消费倾向递减定律指出：随着家庭收入的增加，每单位新增加收入所用于消费的比例是下降的。因此，高收入阶层对于投资乘数的动态效应低于低收入阶层的效应。政府通过投资基础设施而带动供应链中私人投资的跟进，随之带来就业增加和中低收入阶层的可支配收入增加，能够使边际消费倾向发挥作用。

12.2 干预常态化

西方国家在 20 世纪 30 年代的大萧条持续时间长达 4 年，1933 年后经济继续在底部徘徊，当时以微观经济学为主的传统西方经济学对此束手无策，最终导致第二次世界大战的爆发。与之形成鲜明对照的是生气勃勃的苏联工业化进程，社会主义计划经济显示出政府对于经济资源的调动能力。这使得许多经济学家开始相信政府对经济的计划与指导是一种稳定经济的力量，而始于 1929 年的几乎使资本主义覆灭的大萧条则被认为是政府自由放任的结果，这些都为凯恩斯需求管理思想登上历史舞台提供了一个良好的历史机遇。为了拯救和改善资本主义，此时的经济政策制定者和政府也需要从理论上为国家干预经济提供依据。这样，凯恩斯主义的需求管理理论就得到了认可。

由于凯恩斯主义迎合了当时西方国家干预经济的需要，因此，凯恩斯经济思想得到迅速传播。美国的凯恩斯主义者还将凯恩斯的学说和传统的古典经济学（即现在的微观经济学的前身）结合起来形成新古典综合派，其在第一次世界大战后的二十余年间占据西方经济学界的支配地位。该学派试图弥补和纠正凯恩斯经济学的不足，在许多方面使凯恩斯经济学得到了补充和发展，其中主要有：希克斯提出的 IS–LM 模型；消费函数理论方面有杜森伯里的相对收入假说、弗里德曼的永久收入假说和莫迪利安尼的生命周期假说；投资理论方面有阿尔文·哈维·汉森（Alvin Harvey Hansen）和萨缪尔森的乘数–加速数模型；货币需求理论方面有威廉·杰克·鲍莫尔（William Jack Baumol）和托宾的货币交易需求的平方根法则，以及托宾的货币投机需求的资产组合理论；经济增长理论方面有哈罗德–多马模型和索洛的新古典增长模型；失业与通货膨胀相互关系的理论方面有菲利普斯曲线。此外，劳伦斯·克莱因（Laurence Klein）等人还把凯恩斯主义经济学数量化，形成一整套计量经济模型。所有这些理论的形成和发展，对西方国家第一次世界大战之后几十年的经济政策思想都有很大影响，尤其是IS-LM模型成为研究财政政策效果的重要分析工具，菲利普斯曲线则提供了对失业和通货膨胀进行选择的总需求管理的根据，强调相机行事的财政政策和货币政策对总需求加以调节，减少经济的波动。

12.3 货币主义学派的批评

20世纪50年代和60年代美国经济的持续增长和美元的国际化使得通货膨胀成为美国经济生活中不可忽视的问题。1951年美国通货膨胀率高达7.89%，其后超过2%的年份还有1952年（2.19%）、1957年（3.57%）、1958年（2.74%）、1966年（2.85%）、1967年（2.90%）、1968年（4.19%）、1969年（5.37%）和1970年（5.92%）。此时，需求的增长已经不是问题，人们对于凯恩斯理论的关注已经没有那么强烈，而伴随经济增长的通货膨胀却成为人们密切关注的话题。货币主义学派的代表人物弗里德曼在《货币数量论》（Studies in the Quantity Theory of Money）一文中重新表述了经典货币数量说，强调通货膨胀的本质是一种货币现象，并以制止通货膨胀和反对凯恩斯的国家干预为宗旨，提出了货币主义经济学的分析思路。根据卡甘的估计，美国1875—1955年广义货币量平均每年增长5.7%，这是通货膨胀发生的主要原因。据此可以估计通货膨胀率的波动区间，也就获得了长期稳定的广义货币发行增长率的参考值。

弗里德曼认为货币需求函数是一个稳定的函数，其走势是可以预测的，反对国家运用货币政策干预经济，主张实行一种“单一规则”的货币政策。他认为应将货币存量作为唯一的政策工具，由中央银行公开宣布一个在长期内固定不变的货币增长率，这个增长率应该在保证物价水平稳定不变的条件下，与预计的国民收入或者国民生产总值在长期的平均增长率相一致。

货币主义主要在两个方面和凯恩斯主义展开论战：一是关于财政政策和货币政策的效果。凯恩斯主义者强调财政政策作用，认为由于IS曲线较陡，货币政策效果并不理想，从而只有财政政策才能对总需求和总产出产生直接、较快和可靠的作用。然而，货币主义者通过对美国1867—1960年近一个世纪以来货币和产出关系历史的考察，认为只有货币政策才对产出的波动起作用。例如，20世纪30年代的大萧条是实行错误的货币政策的结果，美联储如果能增加基础货币供给，本来可使危机免除，而正是由于美联储的不当操作才使经济陷入大萧条的困境。二是关于稳定的经济政策的作用。弗里德曼否定凯恩斯主义的“斟酌使用”或根据经济情况而进行“微调”的经济政策，认为凯恩斯主义为克服萧条而制定的这种扩张性财政政策不但无助于降低失业率，反而会引起通货膨胀，从而加剧经济波动，阻碍经济增长。按照货币主义者的说法，资本主义市场并不是凯恩斯所描述的那样不稳定。因此，如果顺其自然，让经济真正地自由地活动，减少政府干预，经济就可以避免剧烈波动。既然如此，政府在自由竞争社会中的职能应是制定竞争规则并按规则裁决交易双方的行为，同时给经济提供一个稳定的“单一规则”的货币政策和自由汇率制度。“单一规则”的货币政策指排除利息率、信贷流量、自由准备金等因素，仅以稳定的货币供给及其预期作为唯一因素的货币政策。按照这一规则，货币供应量每年应按照固定的比例增加，比例的数值大致等于经济和人口的实际增长率之和。这样，市场上商品和劳务产量的增减就能与货币供应量的增减相适应，使物价稳定下来。而实行自由汇率（即浮动汇率）又可以防止通货膨胀的国际传递，使经济稳定在自然失业率的水平上。总之，货币主义反对凯恩斯主义的财政政策，反对凯恩斯主义通过“微调”来进行需求管理的政策，把反通货膨胀目标放在优先地位，认为货币在短期中是影响产量、就业和物价变化的最主要因素，因而政府应当并且能够实行的唯一政策就是控制货币供给。显然，货币主义在本质上属于经济自由主义的思潮。

12.4 理性预期的作用

理性预期是货币主义学派所提出的概念。美国经济学家约翰·穆斯（John Muth）在《理性预期与价格变动理论》（Rational Expectations and the Theory of Price Movements）一文中提出理性预期的思想。20 世纪 70 年代由卢卡斯、萨金特和华莱士等人给出一系列理论成果，逐渐形成理性预期学派。

理性预期概念经历了来自经济统计学的适应性预期到基于经济学规律的理性预期的演化。穆斯首先提出适应性预期的预测思路，认为预测者在第一次预测后会将真实值与预测值加以比较，在模型中加入误差修正项，进而给出下一步预测。

理性预期学派则进一步认为，经济行为人具有主观能动性，他们会在问题分析、判断和决策中，运用经济学理论对未来的通货膨胀率和失业率等宏观经济状态进行判断而采取事前的行动。理性预期理论的基本命题是：消费者和企业充分利用所获取的经济信息，依据管理层可能的宏观经济政策措施判断未来的经济状态，进而在投资、就业、信贷活动中采取有利于自己利益的防护措施。它们不仅是宏观经济政策的调节对象，而且以自己的理性预期反应主动积极地影响宏观经济政策的效果。理性预期效应决定着宏观经济政策的效果。

理性预期学派反对经常性的宏观经济政策，强调对公众预期进行引导的作用。理性预期学派认为个人决策的作用与人们对于经济形势的预期有关。个人的决策对于经济活动的变化有决定性的影响，而个人的决策也依赖于人们的理性预期。因此，公众的理性预期是影响经济变化的一个重要因素。根据理性预期学派的观点，国家干预经济的任何措施都是无效的，应该根据市场经济的自动调节来保持经济的稳定，反对任何形式的国家干预。理性预期学派认为，凯恩斯主义的分析前提是不现实的。首先，在 20 世纪 70 年代之后，世界的资源存在短缺问题，达不到充分就业的假设前提。其次，凯恩斯主义侧重政府干预对于国民经济总体的影响，并没有考虑市场机制和公众对于政策的反应，基于凯恩斯总量分析方法制定的政策不能发挥应有的效果。理性预期学派强调心理预期对于宏观经济政策的抵消或者制约作用。

理性预期在宏观经济学的研究中加入了管理学中行为分析的元素。穆斯在《理性预期与价格变动理论》一文中，先后给出三个假定条件：由于信息是稀缺的，经济系统一般不会浪费信息；预期的形成方式主要取决于描述经济的有关体系结构；公众的预期对经济体系的运行不产生重大影响(除非它以内部信息为基础)。由此，穆斯认为理性预期是对观察到的过去经验的规律性总结，它可以指导人们的经济行为。由于它与理性预期结果一致，因而理性预期可以构成经济行为的基础。理性预期模型中存在随机误差项，表明企业和经济学家都不能无所不知地掌握一切信息，因而会对其产出行为发生影响。规则的经济政策不会对实际经济行动产生影响，只有当经济体系受到预料之外的冲击时，才会使实际产量偏离其正常轨道。显然，这一结论部分地否定了凯恩斯主义经济政策的有效性。穆斯的理性预期模型是理性预期理论的雏形。20 世纪 70 年代后，卢卡斯对理性预期假说进行了深化，并把它作为工具分析宏观经济政策的有效性问题，提出著名的“卢卡斯批判”。

12.5 从新古典综合派到新凯恩斯主义的演化

第二次世界大战以后，凯恩斯经济学在美国得到广泛传播，到 20 世纪 60 年代，沿着凯恩斯理论的发展形成了后凯恩斯主义经济学。在此过程中，形成了两个主要流派：以保罗·萨缪尔森、詹姆斯·托宾和罗伯特·索洛为代表的新古典综合派，以琼·罗伯逊为代表的新剑桥学派。

进入 20 世纪 80 年代，随着凯恩斯主义学派、货币主义学派、理性预期学派争论的深入，凯恩斯主义学派对于其坚守的理论体系进行了大幅度调整，结合此前新古典综合派的代表人物保罗·萨缪尔森对于凯恩斯理论的修正，形成了新凯恩斯主义经济学。

新凯恩斯主义改进了凯恩斯理论的基础，融入了微观经济学成熟的企业理论，将市场出清的一般均衡分析与宏观经济的总体平衡结合在一起，吸收了理性预期假设。在方法论上，提出了动态随机一般均衡（Dynamic Stochastic General Equilibrium，DSGE）的分析框架，探索了从微观经济学的均衡状态到宏观经济学整体均衡的集成。在 DSGE 的广泛应用中，形成了从微观经济的产业层面、家庭消费层面、金融系统层面到宏观经济总体的系统性和动态性联结，进而为制度设计和政策评价提供了系统性的经验或者仿真的证据。

新凯恩斯主义的代表人物有埃德蒙·费尔普斯（Edmund Phelps）、约翰·泰勒、斯坦利·费希尔、迈克尔·帕金（Michael Parkin）、奥利维尔·布兰查德（Olivier Blanchard）、乔治·阿克洛夫（George Akerlof）、珍妮特·耶伦、约瑟夫·斯蒂格利茨、本·伯南克等。他们一方面改进了源自萨缪尔森的《宏观经济学》（*Macroeconomics*）教材的理论体系，另一方面形成了宏观经济政策分析的全方位与动态化的新范式。帕金首先从该理论对凯恩斯主义的继承性出发，将其命名为新凯恩斯理论。

新凯恩斯理论继承了经典凯恩斯理论的三个基本假设：非充分就业假设，即结构性失业和摩擦性失业是经常存在的；经济周期波动假设，即宏观经济的非规则周期性波动是一般存在的；宏观经济政策有效性，即宏观经济政策调节总是有效的。新凯恩斯理论从接受批评的角度，吸收了理性预期思想，将其加入宏观经济分析的方法论，融入微观经济学均衡分析的思想，将宏观经济的总体均衡置于微观市场均衡的加总之上。

新凯恩斯理论与方法的贡献体现在以下方面：

第一，提出不完全竞争与不完全信息市场条件下的价格黏性。在此条件下，不仅劳动市场具有工资黏性，具有垄断因素的商品市场也具有价格黏性，如产品差异化的垄断竞争市场，同时货币市场的利率和资本市场的资产价格也具有黏性。据此，该理论坚持货币的非中性作用，以支持必要时动用货币政策工具的理念和价值观。在2008年全球金融危机的危急关头——2008年年底至2009年上半年——美国率先推出美元量化宽松政策，这是新凯恩斯主义货币政策的典型案例。

第二，提出理性预期是微观行为主体的一般理性。家庭和企业的最优化决策要加入理性预期的元素，这直接影响到宏观经济政策的效果，也就成为决定宏观经济政策工具选择和实施时机与实施程度的重要依据。

第三，提出自然失业率是宏观经济均衡的主要元素。新凯恩斯理论用自然失业率替代以往的自愿失业率和摩擦失业率，与周期性失业和结构性失业结合起来，分析宏观经济周期的演化。自然失业率成为宏观经济政策工具选择、时机判断与适度微调的基准。在宏观经济政策分析模型中引入自然失业率也就形成了长期菲利普斯曲线的评价基准，为短期行为建立了长期的参考标准。2009—2016年，美国在实施量化宽松的货币政策和选择量化宽松的退出时机时，将实际失业率与自然失业率的比较和通货膨胀率水平作为主要判断依据。这可以用长期菲利普斯曲线和短期菲利普斯曲线的关系来解释。

第四，突出了经济崩溃时刻政府救助政策的作用。在技术冲击和全球化的背景下，经济危机必然是全局性的、世界范围的或者跨区域的。危机一旦发生，其深度和持续性都是空前的。没有主要经济体的应急宏观经济政策的实施和协调，危机的后果是世界经济所不能承受的。2008年全球金融危机导致实体经济危机以后，英国和美国实行了银行国有化措施和量化宽松的货币政策，中国实行了“4万亿”投资计划并持续实施积极的货币政策，这些措施对于危机的治理效果显著。每年一次的G20（二十国集团）峰会实现了主要经济体的政策协调与市场信心的提振。

第五，提出了动态均衡分析的方法论，为宏观经济政策的动态调整提供了学术依据。以往的宏观经济政策不仅是短期的，而且是静态的。新凯恩斯理论框架下的DSGE方法加入时间维度，考虑微观行为演化相关变量的滞后因素，进而形成了均衡的动态性和时间相关性。据此，宏观经济政策工具的动态实施就可以参照动态均衡形成有内在关联的长期策略。DSGE 方法论的影响是深刻的，不仅可以用于表述总体均衡，更有助于宏观经济政策效果的模拟与预判。

新凯恩斯主义是当前最有政策影响力的主流经济学，不仅在美国成为主导的经济学派，在新兴经济体中也是重要的参考理论。在学术领域，多数实证研究基于新凯恩斯主义的基本理论框架和模型方法。

理解新凯恩斯主义一定要认识萨缪尔森的贡献。萨缪尔森是第一本宏观经济学教材的奠基者，凯恩斯经济学是他的教材最初版本的主线。萨缪尔森将凯恩斯理论传授给理工科学生，并且传播到社会生活中。萨缪尔森在宏观经济学研究方法论上的贡献是历史性的。由于他在微观经济学分析上具有深厚的研究功底，他在陈述凯恩斯理论时恰当地运用了数学语言，为后续研究开辟了道路。著名的斯托尔珀－萨缪尔森定理（Stolper–Samuelson Theorem）揭示了要素报酬与要素边际生产率的关系，为国际贸易对要素市场的影响提供了理论基础，并进一步发展为赫克歇尔－俄林－萨缪尔森理论（Heckscher–Ohlin–Samuelson Theory）。

在传统凯恩斯主义和新凯恩斯主义之间的具有重要历史地位的过渡学派是新古典综合派。主要代表人物有萨缪尔森、莫迪利安尼、托宾、希克斯、汉森、奥肯和索洛等。相关研究的本意在于强调宏观经济现象的微观基础与微观加总，但是其实证结果却加强了宏观经济政策存在的必要性。这就为新凯恩斯主义的提出与展开提供了来自微观的证据与分析视角。

进入 20 世纪 60 年代中期，在第二次世界大战以后德国和日本的制造业恢复，以及美国主导世界经济体系的背景下，技术创新推动经济增长的趋势凸显，市场自主运行的能力增强，直接融资形态的证券市场的发展弥补了商业银行体系在推动产业创新上的不足。在此背景下，凯恩斯理论受到来自新古典经济学的货币主义思潮的挑战，萨缪尔森在他的研究和《经济学》（*Economics*）教科书中融入新古典理论的内容，对经典凯恩斯理论进行改造。1961 年出版的《经济学（第 5 版）》是新古典综合派形成的标志。萨缪尔森领衔的新古典综合派对凯恩斯的理论给出了新的诠释，成为新凯恩斯主义的开端。他们认为国家干预经济的主要理论依据是在市场运行障碍条件下出现的有效需求不足；其理论支撑是凯恩斯提出的三大心理规律（边际消费倾向递减、预期利润率递减、灵活偏好）和市场的工资刚性，不能简单地归结为新剑桥学派所强调的收入分配不公平问题。新古典综合派运用凯恩斯的计划总支出到总收入形成的分析框架来阐述凯恩斯的需求决定论，进而导出支出乘数原理，为政府实施财政政策提供理论依据。作为代表性成果，萨缪尔森关于乘数分析与加速原理的相互作用的研究揭示了经济波动的微观机理，也为凯恩斯的经济周期论提供了理论基础；进而结合菲利普斯提出的工资（物价）与失业率负相关的菲利普斯曲线的分析方法深入讨论经济周期的运行机理。萨缪尔森的《经济学》一书充分运用希克斯 1937 年创立的 IS–LM 模型，以收入–利率为核心变量，将产品市场和货币市场联结起来，阐述宏观经济的总体均衡，给出凯恩斯理论的数理分析框架。基于此框架，揭示了财政政策挤出效应的发生机理，为货币政策与财政政策相互配合的策略选择提供了理论依据。

在新古典综合派的理论中，奥肯定律和菲利普斯曲线揭示了宏观经济三大指标的基本关系，从而形成了宏观经济状态评价与政策选择参照的完整的逻辑框架，这就为宏观经济与政策的理论体系提供了相对严谨的逻辑基础。

值得关注的是，从索洛的新古典增长理论到罗默和卢卡斯的内生增长理论的演化过程以及相关理论争论。索洛模型从产出要素与产出的逻辑关系出发，导出全要素生产率，在没有政府行为的条件下揭示了经济增长的长期规律，但是没有给出技术进步的动力与路径。随后发展出来的内生增长理论则从教育、基础研究和金融发展的组合方面分析了技术进步与人力资源提升的源泉与机制，这必然导出长期性的国家战略、市场机制建设和持续连贯的短期宏观经济政策。这就成为新凯恩斯主义的思路与证据。

12.6 供给学派与供给侧经济学

继承经典凯恩斯理论的萨缪尔森新古典综合派的一个显著特征是考虑供给侧因素，这是其与凯恩斯理论最主要的不同。

供给学派是 20 世纪后期的一个新兴经济学流派，其主要观点为市场投资和生产要素壁垒的减少能够为经济增长提供有效的支撑。根据供给学派的解释，消费者在低价格水平上会受益于更多的商品和服务的供给，同时，企业对雇员的需求会随着投资和商业扩张而增加，从而减少失业。典型的供给学派政策建议是降低边际税率和减少政府监管。

20 世纪 70 年代，西方经济的滞胀局面导致了当时占据统治地位的凯恩斯需求管理理论无法继续稳固西方经济，于是经济学各流派开始向其提出挑战，供给学派就是其中之一。哥伦比亚大学教授罗伯特·蒙代尔（Robert Mundell）作为供给学派的先驱，反对美国政府的经济政策和凯恩斯主义的观点，提出低税率、高生产、恢复金本位和稳定美元价值的建议。

供给学派和传统学派的最大区别在于，前者主张对工人阶级和主要群体采用低税率。古典自由主义反对赋税是因为其反对政府干预，而赋税恰恰是政府干预最主要的表现形式。他们认为，每一个人都有权力拥有财产，因此赋税这一举措便是不道德和有悖于常理的。此外，供给学派认为低税率会促进经济的增长。在古典经济学中，供给学派认为产品或者供给是经济繁荣的关键因素，而消费和需求仅是次要的结果。在发展的初期，萨伊定律指出，“产品生产（供给）本身创造出自己的需求”，这与凯恩斯主义所持的“需求驱动供给”观点相反。

1978年，裘德·万尼斯基（Jude Wanniski）出版《世界运转方式》（*The Way the World Works*）一书，在书中他将供给学派和高税率的失败放在最核心的位置，同时，他提倡低税率和恢复金本位的做法。乔治·吉尔德（George Gilder）在《财富与贫穷》（*Wealth and Poverty*）一书中阐述了供给学派中的资本和分配思想。20世纪70年代后期，供给学派已经在美国有了立足之地，其中阿瑟·拉弗（Arthur Laffer）、万尼斯基等是供给学派的代表人物。

供给学派的主要思想可以从以下几个方面来体现：

第一，供给创造需求。这一观点主要来自19世纪著名法国经济学家让-巴蒂斯特·萨伊（Jean-Baptiste Say），他认为，在供求关系中，供给排在首要的位置，它起着决定性的作用。社会的生产能力（即供给能力）决定了社会的购买能力，生产者在向人们供应商品的过程中自然会创造出各种各样的需求。社会的供给能力越大，人们的购买能力就越强。同时，供给学派还认为供给能力和规模决定了社会的经济水平，提高社会的经济水平需要在扩大生产和提高供给效率上做工作。因此，该思想可以由以下三个观点支持：一是产品本身能创造出需求；二是由于市场有自我调节的能力，不可能产生遍及所有部门的普遍性产能过剩，只可能在个别部门中产生该现象，即使产生也只是暂时的；三是货币只是流通的媒介，商品的买卖不会脱节。

第二，实行自由市场，降低政府干预。在萨伊定律中，供求关系在自由市场里被人为是处于一个动态的平衡当中的。因此，供给经济学家们提出企业家的创业和自主经营能有效地促进和增大供给。同时，自由市场是企业家生存的最佳经济状态和经济体制。在自由市场当中，各个影响因素都会趋于平衡，经济也会平稳发展。政府干预则会破坏该平稳，甚至减少和阻碍经济建设中的供给力量，对经济的发展造成破坏。与其主张相反的便是凯恩斯主义，其主张充分就业为国家政策的关键因素和主要目标，需求侧的短期目标需要被国家关注，而供给侧的长期利益却被放在次要的位置。凯恩斯主义主张把收入放在分配调节的首位，通过税收将募集到的社会资金通过财政转移的方法变成巨大的消费，这一做法降低了资本配置效率，阻碍了生产发展，降低了供给能力。尤其是政府对经济的调节和干预往往依附于政党之间的竞争和利益，虽然这是短期的行为，但是会对供给产生持久的破坏性影响。

第三，降低边际税率，促进供给规模。由于供给学派推崇供给创造需求，即产量决定供给，各种生产要素的投入会直接影响产量，而各种外生刺激能影响各种生产要素。因此，为了促进需求和经济发展，这些刺激应该以提高投资率和储存率为目标，政府应该以经济发展为目的，鼓励企业家创业，以各种方法刺激生产要素投入，促进供给。同时，供给学派认为税率的变动是在各种各样的政府刺激手段中影响生产规模和效率最重要的因素，因为税率可以影响生产者的劳动力供给及生产结构，也直接影响着储蓄、投资等多种经济活动。由于人们从事经济活动的最终目的是获益，所以人们最关心的是他们的净收入。因此，减少税率可以增加人们手里的净收入，从而提高劳动者的生产热情，这不但能扩大生产规模，增加供给，而且扩大的规模和降低的税率相抵消，政府的收入也不会减少，从而促进了经济繁荣。此外，供给学派认为降低税率能使更多的国民收入流入企业家和个人手里，这样便更容易将货币用于扩大储蓄和增加投资，从而使供给增加。由于决定税收总额的不只有税率，还有税收基数的大小，所以高税率不一定会使税收增加，低税率也不一定会导致税收降低。该问题常用供给经济学中的拉弗曲线来解释。

第四，控制美元汇率，抑制通货膨胀。由于以增大供给和降低税率为目标，供给学派的思想与货币政策有着紧密的联系，通货膨胀率和汇率的上升都会导致生产效率的下降和生产规模的降低。因此，稳定美元指数和抑制通货膨胀也就自然而然地成为供给学派思想的一部分。

供给学派一个著名的成就便是拉弗曲线，该曲线由美国供给学派经济学家拉弗提出，描述了税收和税率之间的二次函数关系，如图 12–1 所示。拉弗曲线呈现了供给学派的一个中心思想：通过降低税率能创造出更多的政府收入，即主张政府必须保持适当的税率才能保证较好的财政收入以及宏观经济的健康发展。

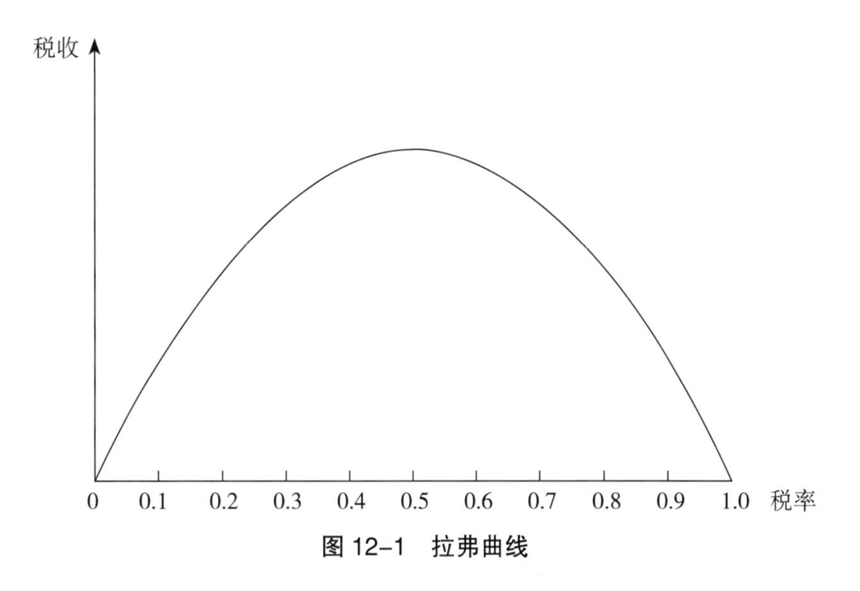

图 12–1 拉弗曲线

如图 12–1 所示，税收的拉弗曲线理论可以描述如下：当税率为 0 时，税收为 0，之后税收随着税率的提高而增加；当税率到达 0.5（50%）时，税收达到最大化，此时，如果税率继续提高，税收与税率反向变动，税率越高，税收越低；当税率达到 1（100%）时，税收减少至 0。其中我们将税率从 0 到 50% 称为可调区间，税率从 50% 到 100% 称为禁税区间。

然而拉弗曲线仅仅考虑了税率，没有考虑纳税负担，而后者正是衡量税率改变产生结果的一个重要指标。此外，通过对过去几十年美国税率的研究可知，降低税率这一措施很少能弥补收入的损失，而且对 GDP 增长的影响极小。

从实践上，供给学派对美国和英国经济也有相当大的贡献。尤其是里根总统和撒切尔夫人（玛格丽特 · 希尔达 · 撒切尔，Margaret Hilda Thatcher）实施的经济政策，他们在执政期间尤其注重减税和减少政府干预，从而增加市场经济活力，刺激经济增长。具体来讲，20 世纪 70 年代，美国经济出现高通货膨胀和高失业率，风靡一时的凯恩斯主义失效。于是里根总统便转而推崇以供给学派为主导的新经济形式，他认为“政府不能解决问题，因为政府本身就是问题”，他主张减税，并减少政府干预，同时紧缩货币供应。在全新的经济政策的促进下，美国经济回归繁荣，迎来“大稳健”时代，里根经济学大获成功。虽然这样的经济政策增加了美国政府的财政赤字，但是从长远来看，它为美国未来的经济发展打下了坚实的基础。无独有偶，同时期英国经济也陷入了低增长、高通货膨胀的悲惨境地。撒切尔夫人自1979年执政以后，同样信奉供给学派的观点，采取紧缩货币、推进国企私有化、减税、减少政府干预等政策。经过改革，英国经济得以触底反弹，高通胀率得以控制，各主要经济指标波动率大幅度减小，英国经济迎来一个稳定发展时期。

12.7 新古典主义

与新凯恩斯主义相对应的是新古典主义经济学。二者是当前全球宏观经济学的两个主流方向。

在经济学说史的研究中，新古典主义经济学的起源可上溯至19世纪末的马歇尔与奥地利学派，其后有影响力的学者和学派是奥地利学派的第二代领导者弗里德里希·奥古斯特·冯·哈耶克（Friedrich August von Hayek）以及由弗里德曼领军的芝加哥学派。

新古典主义坚守以市场价格为中心的微观均衡理论，结合制度经济学的市场机制设计思想，主张市场的自由运行，强调市场面对经济危机的自我修复能力。新古典主义以恢复市场经济的自主运行为宗旨，反对凯恩斯理论的危机干预的宏观经济政策。从思想体系上讲，新古典主义应该包括货币主义学派和理性预期学派。进入20世纪60年代，技术进步对于经济的推动效果凸显，索洛的新古典经济增长理论得以发展。其理论没有考虑政府行为，但是论证了技术进步是经济增长的唯一源泉，这为新古典主义提供了理论支撑。

1973年石油危机之后，凯恩斯的宏观经济政策失灵，凯恩斯理论陷入困境，而货币主义学派也没有更好的政策建议。新古典增长理论从长期的视角给出了保证经济持续增长的方向。这是从市场侧提出的思路而不是从宏观经济政策方面提出的观点。随后，内生增长理论强调教育、基础研究、储蓄的合力作用，没有给出政府短期宏观经济政策，而是从市场机制的设计和保障上提出了政府的长期作用。这些观点从方法论上将新古典主义提到了一个历史高度。

服务于产业结构调整和科技型小企业发展的金融发展成为可持续经济增长的前提条件。由此，20世纪70年代末罗纳德·麦金农教授和爱德华·肖的金融发展理论成为新古典主义经济学的发展前沿。他们认为发展中国家经济发展缓慢的主要原因之一是金融压抑，其中的关键在于政府对于金融业的管制。沿着这个逻辑，金融自由化就是经济发展与经济增长的前提条件。金融自由化包含对内和对外两个方面：对内要实现利率市场化和金融业市场准入完全开放；对外要实现汇率自由浮动和资本跨境自由流动。这是继经济增长理论之后新古典主义经济学的第二个发展高潮。相关实证研究几乎覆盖了每一个发展中经济体，但随后的拉丁美洲金融危机和 1997 年亚洲金融危机却提供了反面证据。新古典主义遭遇了“滑铁卢”。2003—2006 年美国布什政府对于住房次级贷款发展的放纵，酿成了 2007 年 3 月爆发而后演化为全球金融危机的次贷危机，这又一次为金融自由化提供了反面证据。设想，如果当年美联储不配以过度宽松的货币政策，那么虽然美国会经历互联网经济泡沫破灭后的经济低增长，但是也可以避免金融危机的发生。

但是，新古典主义及其金融发展理论顺应了石油危机后的金融业特别是金融创新活动在全球持续不断的大发展，在此框架下的新古典金融学成为社会科学领域最为耀眼的学科，吸引了数学和物理学两个最古老的传统学科的关注和渗透，甚至诞生了数理金融学和金融物理学。20 世纪 70 年代以来，新古典金融学的持续发展不仅丰富了人们对以证券市场为中心的金融市场体系的规律性认知，提供了市场弱均衡——套利均衡的一整套定价方法，形成了风险溢价的分析原理，而且更为有意义的是，形成了微观与宏观相结合的分析方法论，这对于宏观经济学理论的发展意义重大。新古典主义在微观经济学理论方面与战略管理理论相结合，在垄断竞争市场理论和战略管理方面获得了有价值的进展，实现了宏观经济学与工商管理理论的结合。

12.8 新国际分工理论

古典国际分工理论从斯密、李嘉图开始，新古典国际分工理论以赫克歇尔和俄林的 H-O 理论为代表，主要从优势和要素禀赋的宏观角度来阐述国际分工理论和国际贸易演化路径。1978 年新国际分工问题被提出，引起了学界的思考。新国际分工理论从企业和市场等微观层面论证国际分工、国际贸易和国际投资的演化与互动，雷蒙德·弗农（Raymond Vernon）、迈克尔·波特（Michael Porter）、杨小凯等为代表人物。他们分别提出了产品生命周期理论、钻石理论和内生比较优势理论。新国际分工理论不断修正前人的假定和理论，增加了更多的影响因素。新国际分工理论研究了产业间贸易和产业内贸易，将国际分工分为水平型和垂直型，但是该理论并不成熟。

产品生命周期理论（Product Life Cycle Theory）描述了产品从进入市场直到最终退出市场所经历的市场生命循环过程，包括导入期、成长期、成熟期和衰退期四个阶段，反映了创新资本从最发达国家到一般发达国家，再到发展中国家的投资过程。1966年弗农教授在《产品周期中的国际投资与国际贸易》[①]中首次提出产品和人的生命一样，要经历形成、成长、成熟和衰退这样的周期。在技术水平不同的国家里，产品生命周期发生的时间和过程不同，反映了同一产品在不同国家市场上的竞争地位的差异，决定了国际贸易和国际投资的变化。据此，弗农把这些国家分为创新国（最发达国家）、一般发达国家和发展中国家，把产品的生命周期分为新产品阶段、成熟产品阶段和标准化产品阶段三个阶段。在新产品阶段，创新国家具有垄断的技术优势，替代品较少，绝大部分产品在国内销售。在成熟产品阶段，创新国的技术不具有垄断性，企业产品的附加值降低，创新国和一般发达国家市场开始出现饱和，企业纷纷到发展中国家建厂。在标准化产品阶段，由于产品技术和产品本身已经完全成熟，成本和利润成为生产的决定性因素，发展中国家具有明显的成本优势，创新国和一般发达国家为了进一步降低成本，开始大量地在发展中国家投资建厂，生产产品，再将产品远销别国。

钻石理论是分析国际竞争优势的工具。1990年迈克尔·波特在《国家竞争优势》（*The Competitive Advantage of Nations*）中提出国家竞争优势理论（也称波特理论），认为影响一个国家某一个行业的国际竞争优势的因素包括：生产因素、需求状况、相关产业、企业策略（结构或竞争对手）、政府行为和机遇。国家的经济发展可以分为四个阶段，即生产要素导向阶段、投资导向阶段、创新导向阶段和富裕导向阶段。前三个阶段会带来经济上的繁荣，也是国家竞争优势发展的主要力量，最后一个阶段是经济的转折点。李嘉图的比较优势理论以完全竞争市场为前提，钻石理论则以不完全竞争市场为前提。传统的比较优势理论认为比较优势主要取决于一个国家的初始条件，而钻石理论则认为竞争优势主要取决于一个国家的竞争精神和后天的努力程度。

产业内贸易指一个国家或地区，在一段时间内，同一产业部门的产品既进口又出口的现象。随着跨国公司的大量出现，跨国公司的投资行为对国际贸易的影响越来越

① Raymond Vernon. International Investment and International Trade in the Product Cycle[J]. The Quarterly Journal of Economics, 1966(5), 80 :190–207.

大。在跨国公司理论中，跨国公司被分为垂直一体化模型和水平一体化模型两种。垂直一体化模型中的跨国公司将生产经营活动的各个阶段分散于不同国家，而水平一体化模型中的跨国公司在很多国家重复从事大致相同的活动。垂直一体化模型和水平一体化模型对产业内贸易的影响机制不同。一国的垂直型对外直接投资越多，产业内贸易额就越大，对外贸易竞争力就越强，从短期来说，对一国外贸竞争力具有促进作用。但从发展的角度分析，发展中国家总是接受前一轮被淘汰的技术，在技术发展上始终处在相对劣势的地位，对发展中国家产业结构升级的促进作用不大，因而这种产业内贸易的扩大并不能代表产业真正的技术水平和竞争力的提高。水平一体化跨国经营所产生的产业内贸易的增加，无论是对母国的还是对东道国的对外贸易竞争力都具有促进作用。对母国来说，水平一体化跨国公司在总部与海外工厂之间平行分工，从事基本相同的生产经营活动，从而获得了规模经济，降低产品平均生产成本，这种建立在规模经济基础之上的产业内贸易的增加极大地促进了母国对外贸易竞争力的提高。而对东道国来说，跨国公司的进入会给东道国带来母国先进的生产和经营技术，促进东道国相关产业的技术进步和产业升级。

国际垂直专业化分工指经济发展水平相差悬殊的国家之间的分工，主要表现为发达国家与发展中国家之间的分工。随着各国中间品贸易的不断增加，跨越多个国家的垂直贸易链不断延长，若要实现每个国家只在商品生产的某个或某几个生产环节进行专业化的生产，必须满足以下三个条件：最终产品由多个生产阶段完成；至少包含两个国家，每一个国家从事一个以上的专业化生产阶段，且不是所有阶段；在生产过程中，至少某一个生产阶段必须跨过国界。在这种国际分工中，发达国家主要生产具有较高技术水平的工业制成品，发展中国家则主要生产技术水平较低的初级产品。发展中国家成为发达国家生产的工业品的销售市场，发达国家企业通过垄断价格获取超额利润。垂直型国际分工使得各国联系起来，但是在垂直型的国际分工中，发达国家获得的利益大于发展中国家获得的利益。这种国际分工只有产品流动，而没有技术转移，各国经济无法紧密融合。

20世纪90年代杨小凯等人提出内生比较优势理论，论证了一个经济体比较优势演化的内生机理与动态性以及不同经济体比较优势演化差异的制度性原因。与H–O模型中的外生要素禀赋优势不同，杨小凯理论强调了市场制度、产业决策、教育发展、知识与技术创新等来自系统本身的后天演化。杨小凯认为，专业化分工以及知识创新机制促进人力资源持续发展，进而形成新的内生化比较优势。他在研究中国问题时指出了单纯实施引进技术的出口加工型发展战略的长期劣势效应。

随着中国经济在新世纪的迅速崛起和经济进入“新常态”，中国经济在世界经济体系中的地位与作用的论题引起越来越多国际学者的关注。

12.9 市场失灵与政府失灵

12.9.1 市场失灵的含义

市场失灵是一个复杂的概念，可以用一句话简单概括：市场失灵就是市场运行难以维持，甚至陷入危机而濒临崩溃。

首先，在竞争性市场中，当市场的功能出现障碍时，就会出现市场失灵。此时，由于存在市场垄断和价格扭曲，一般非公共品商品的交易失去公平竞争意义下的效率。因此，需要市场主体以外的政府运用司法、行政和经济等手段来加以干预与规范。

其次，在公共品层面，由于信息不对称和外部性等原因，资源配置无效或低效，从而不能实现零机会成本的资源配置状态。

再次，在金融市场层面，商业银行的竞争性商业活动会使经济泡沫增大，直至泡沫在高处突然破灭，市场价格来不及调整，市场资源来不及重新分配，使经济陷入混乱与灾难。此时，金融需要监管，危机需要救助。

最后，在环境与生态层面，市场的商业活动不会天然地考虑其商业行为给环境与生态造成的短期与长期的影响。事实上，人们在实行工业化三百年左右后，才觉察到工业化对环境与生态的破坏。保护环境与生态的活动具有极大的正外部性，需要政府的力量。

12.9.2 市场失灵的原因

造成市场失灵的主要原因是市场经济固有的内在矛盾：市场竞争的不完全、局部利益与整体利益的不协调和信息的不充分。

（1）不完全竞争市场

在不完全竞争市场，竞争会导致垄断。市场形成垄断后，垄断者会操控价格与产量，使产品价格高于边际成本，导致寻租行为盛行，从而使资源配置缺乏效率。垄断者以一己私利作为决策的目标，导致供需关系调节无效，市场泡沫增大。特别地，在竞争不完全的环境中，技术创新和商业模式创新受阻，整个经济的核心竞争力下降。此时，如果没有市场以外力量的干预，市场不会天然产生反垄断机制。

（2）外部性与公共品

由于生产者、消费者与利益相关者的分离，公共品具有不可克服的非排他性和非竞争性，而市场自身没有促进公共品的配置和生产正效应机制。正的外部性产品会产生“搭便车”行为，而负的外部性产品在没有监管的市场环境下则会泛滥。因此，外部性与公共品是导致市场失灵的根本性原因。

（3）信息不充分

在市场经济环境下，信息会产生价值。在互联网和大数据的背景下，信息的私有化被进一步加强。而私有信息的存在加剧了市场交易者之间的信息不对称。有实力获得信息的企业可以获得竞争优势，而缺少资本优势无法获得充分信息的大量初创企业则失去了生存与发展的空间。市场经济的运行和发展需要信息的公共服务，这只能由政府引导与扶持。

12.9.3 市场失灵的重点问题

（1）收入与财富分配不均

市场机制遵循资本与效率原则和风险报酬原则。在激烈的市场竞争中，优胜劣汰，资源向少数人倾斜，这就是所谓的“马太效应”。从企业效率优化的目标出发，只有做强做大，才能有效控制市场、控制资源，形成高市场集中度的垄断形态。由此产生的反垄断与市场发展、国家产业竞争力问题一直是宏观经济学的热点论题。与市场竞争机制相配套的是社会保障机制。从政治上讲，是为了保持社会的公平与稳定，从经济上讲是为了提升人力资源。这更是宏观经济学与社会学的重点交叉领域。

凯恩斯三大假设之首是边际消费倾向递减假设。在一个贫富差距悬殊的社会里，少数人拥有多数财富，就剥夺了多数人增加消费的权利，而少数人的消费贡献是微不足道的，无法拉动经济增长。拉丁美洲持续近百年的中等收入陷阱就是历史例证。

迄今为止，在效率优先和公平竞争的运行法则下，没有一种市场经济调节机制可以有效实现收入与财富差距的调整。

（2）负外部性

负外部性的一个突出问题是对环境与生态的损害。在发达经济体从自由资本主义向垄断资本主义过渡期间，环境受到了极大的损害，市场交易机制对此没有任何办法。1821 年，在欧洲工业化与市场经济发展的高潮中，英国在关于蒸汽机的法律中加入了防止大气污染的规定。这是环境保护法的先驱，但遗憾的是当时美国没有相应的政府治理机制，无法阻挡攫取自然而危害自然的商业活动。1962 年美国科学家蕾切尔・卡逊（Rachel Carson）的《寂静的春天》（*Silent Spring*）在美国问世，她从农药危害人类环境的事实开始，以科普与述评的方式阐述了人类生产活动对于地球环境造成的破坏，引发了人们对于环境与生态保护的反思，开启了环境保护立法和人类绿色运动的时代，最终政府将环境保护列入政府监管职责与公共政策范畴。主要经济体的市场经济体制并没有自然产生治理负外部性的机制，利润驱动的市场活动没有考虑环境与生态保护。从文献上看，环境与生态保护没有进入宏观经济学的主流研究，新古典主义和新凯恩斯主义都是如此。目前与新凯恩斯主义相关联的环境经济学、能源经济学与生态经济学更多是从环境工程、能源产业等生产领域的管理与公共政策问题中产生的。

（3）市场垄断的形成

竞争是市场经济的动力机制，但是竞争是有条件的，从理论上讲，完全竞争是在同一市场中的同类产品或可替代产品之间展开的。因此，在现实的市场环境中，竞争不可能是完全的。竞争会导致垄断力量的发展、分工的细化与产品的差异化。分工的深入使产品之间的差异不断拉大，市场竞争不断加剧，资本集中度提高，客户关系管理和营销推广等交易成本不断增加，这就形成了典型的垄断竞争市场。垄断竞争使产品的差异性与个性化得以发展，促进甚至引导了消费升级，例如个人计算机、智能手机、数码相机等。垄断竞争在社会技术进步方面的作用具有两面性：一方面，为了巩固目标客户和拓展市场份额，垄断竞争型企业会持续加大研发投入，这会加快行业技术进步，而社会通过专利制度保护技术进步所形成的垄断利润。另一方面，一个行业垄断力量的增强也会增加技术垄断的负面效应，阻碍资本的自由转移和市场的自由竞争。

在金融资源的配置上，企业为获得规模效应会进行并购，在资本市场上获取更多的直接投资。商业银行和资本市场将大部分金融资产配置给具有垄断地位的大企业，小微企业则被挤出正规金融体系，这会妨碍技术创新和新行业的发展。

控制一个行业的垄断程度、消除阻碍技术进步的行为、更为合理地分配金融资源，是一个完美市场的基本要求。但是，市场无法自发实现这些条件，因为存在市场失灵。政府的介入是必不可少的，是市场公平准则的内在要求。

（4）失业问题

失业是市场竞争的结果之一，也是市场经济的自然现象。摩擦性失业反映了劳动者的自由流动。每个经济体都有与社会保障制度和就业文化相适应的稳定的自然失业率。结构性失业和周期性失业则是产业结构调整和宏观经济供需不平衡的结果，是宏观经济不稳定的主要表现，其社会与经济后果严重。根据新古典主义的思想，市场可以自动调节包括劳动在内的经济资源，但是，这种自动调节可能存在时滞。在市场调节奏效之前，社会可能已经陷入动乱。因此，政府的干预是必不可少的。实际上，新古典主义并不反对政府对失业问题进行市场干预。

市场机制作用会产生两方面的结果：一方面，从微观看，当资本追求规模经营和提高生产效率时，劳动力也会被机器取代；另一方面，从宏观看，市场经济运行的周期变化导致企业对劳动力需求的不稳定，从而需要有产业后备军的存在，以满足生产高涨时对新增劳动力的需要。由此，一定程度的失业从宏观与微观两个方面满足了市场机制运行的需要。但失业的存在不仅对社会与经济的稳定不利，而且也不符合资本追求日益扩张的市场与消费的需要。因此，政府应将失业率控制在社会可以接受的自然失业率水平，这需要政府机制与市场机制相配合。

（5）区域经济不协调问题

由于自然与社会禀赋的差异，市场机制的作用可能会扩大地区之间的不平衡现象。经济条件优越、发展起点较高的地区，发展也会更顺利。制度、交通、基础设施、法律环境、市场环境、教育水平、社会治理水平等短期内难以改变的因素决定了地区间的差异。同时，区域经济不协调也给经济增长提供了空间。区域经济差异有可能长期存在，相关经济体有可能因此失去增长机会。中国西部地区发展滞后、中国东北地区在市场经济发展中资本与人才大量流失、21世纪美国中部农业区域和机械制造传统工业城市衰落、俄罗斯远东经济区经济发展长期落后，这些都是区域经济差异导致经济体发展滞后的例子。

（6）公共品供给不足

公共品指消费过程中具有非排他性和非竞争性的可以产生正效应的产品。所谓非排他性，是指当这类产品生产出来后，生产者不能排除别人不支付价格的消费，任何消除或者只是减少排他性的努力都会付出高额成本，使得排他成本远远高于排他收益。对生产者来说，如果多一个消费者或者少一个消费者都不会影响生产成本，即边际消费成本为0，则称产品具有非竞争性。而对正在消费的消费者来说，只要在公共品的消费过程中不出现拥挤也就不会影响自己的消费水平。所以公共品又称非营利产品。这类产品包括国防、基础研究、环境保护、公共安全、航标灯、路灯、电视信号接收等方面的产品。从本质上讲，公共品与市场机制是矛盾的，追逐利润的生产者是不会主动生产公共品的。但是如上面所列举的例子所示，公共品是全社会成员必须消费的产品，公共品的提供水平也反映了一个国家的福利水平。这样一来，公共品生产的滞后与社会成员和经济发展的需求之间的矛盾就十分突出。进入工业化社会以来，公共品的生产水平是衡量一个国家硬实力和软实力的综合指标，反映了一个国家的发展水平。公共品的供给与发展是政府的职责，也是市场机制长期平稳运行的根本保障。

（7）公共资源的过度使用

有些生产主要依赖于公共资源，如渔民捕鱼、水电开发、航空运输等。这些生产涉及空域、海域、江河湖泊等国家拥有的公共资源。这些资源难以从产权上划分归属，在使用中也很难转移成本或者租金。并且过度使用这些资源会破坏环境与资源再生，导致空间上的拥挤或者阻塞，从而造成生产性危机。

仅凭市场调节，生产者受利润最大化的驱使，往往会对这些公共资源进行掠夺式使用，渔民过度捕鱼就是典型的例子。因此，政府必须介入。为实现渔业资源的充分再生，保障渔业的永续发展，政府实施了强制休渔制度。为保障水资源在发电、灌溉、湿地涵养方面的自然循环与合理配置，政府实行了跨流域的水资源协调和“河长制”[①]。

12.9.4 政府失灵的含义

政府失灵是针对凯恩斯宏观经济政策效果下降甚至失败的各种情形的归纳，具体指国家高税收与高福利所导致的政府累计债务过高、市场竞争力下降、交易成本上升和商业效率下降。政府失灵的突出危害是社会福利支出过大，导致公共债务超过安全警戒线，使政府失去使用财政政策调节公共品生产的能力，甚至使得政府资不抵债

① “河长制”，即由中国各级党政主要负责人担任“河长”，负责组织和领导相应河湖的管理和保护工作。

而濒于破产。然而，与此同时，国民收入差距的进一步恶化，会带来更深层次的社会问题。

12.9.5 政府失灵的原因

政府失灵指政府的宏观经济政策失去应有的调节市场的效能，其成因要从克服市场失灵的动机出发而加以分析。

（1）信息不充分

新古典主义认为，如同私人部门在市场所面临的信息不充分一样，公共部门制定和实施决策时也有信息不充分的问题。由于权利与监督的不对等，政府难以精准地把公共福利给予那些真正需要关怀或帮助的人。例如，转移支付没有有效帮助弱势群体，没有激发其内在的参与生产的能力，特别是教育资源的无效配置，会产生短期内不可逆转的负面效果。如果要把真正应该享受福利的人与不应该享受福利的人区分开来，其成本可能很高，欧洲社会保障体系的低效率就是证据。在中国，也存在信息低效和失真的问题。由于考核地方官员以经济增长为主要指标，部分地方官员在统计数据时违背统计法，以不准确的信息来应付上级政府的考核。例如，2013 年辽宁省经济普查数据的作假造成了恶劣的经济后果与社会影响。因此，优化社会治理体系是社会主义市场经济发展的前提条件。

信息化与智能化有效地提升了整个社会的信息收集与数据处理能力，有效改善了原有的信息不充分的问题，如中国正在进行的基于大数据与云平台技术的微观与宏观统计的一体化建设。但是由于大数据自身形态复杂与动态演化的特征，信息化和智能化仍然不能消除信息不完全的问题。

（2）政府官员的动机与委托-代理冲突

正如现代企业存在委托-代理冲突，政府机构与政策也存在类似问题。政府官员要实现自身权益，而政策具有公共品的性质，这就使得政府官员缺乏足够的动力去设计与完善符合公共利益的政策。在实际中只要政府干预市场的资源配置，寻租就不可避免。从“小政府，大社会”的理念或者服务型政府的模式出发，政府要尽可能远离市场资源配置，而这相当于消除了政府对于经济的调控职能。因此，寻租与政府职能是一对内在的矛盾。为了调节政府官员的委托-代理冲突，必须实施官员监察，建立反腐机制。但同时，这也会导致一部分官员的不作为，造成政府效率的降低。因此，需要在监管与效率之间寻找动态平衡。

从人力资源管理的角度看，政府官员在一套既定的公务员法规与规则下工作，但是这种规则的目标与重点往往滞后于市场的演进。在政府机构很难实行企业的激励约束制度，不能简单地给出官员的绩效评价，也无法及时地调整官员的薪酬或者给他们提供充分的晋升机会。反过来，当采取普惠的高薪养廉时，就会滋生官僚主义，此时，则难以对能力不足的官员实行淘汰机制。

总之，对于市场经济中政府的定位、职责的调整与监督是一个长期的课题。我们需要以改革的理念持续探索和实践。

（3）市场反应的不确定性与政策效果的不确定性

政府所实施的宏观经济政策的成效不仅取决于政府官员的动机和执行效率，而且取决于市场主体的预期和反应。企业、家庭和投资者对政府政策的反应有很大的差异。最突出的表现是时间滞后、反应不足或者过度反应。而市场反应的不确定性很难用某个统计分布来刻画，因此，依据经典概率论的分析与决策模型的应用就受到很大限制，甚至失效；而且，宏观经济政策的效果也存在不确定性。这两种不确定性是宏观经济学分析与决策的前提条件，无论是新古典主义还是新凯恩斯主义都要考虑这两种不确定性。金融危机前后，美国和中国的情况就很有说服力。

2001 年美国互联网经济泡沫破灭之际，美国政府为了保持美国经济的增长水平，实施了刺激房地产市场的政策，其重点在于货币政策的持续宽松和放松商业银行按揭贷款的严格监管。意想不到的是，房地产泡沫迅速增大。两年后美国政府为了控制通货膨胀而采取的大力度的紧缩货币政策又导致商业银行体系次级贷款危机爆发，随即引发全球金融市场的系统性风险失控，全球金融危机爆发，世界经济陷入混乱和长期低迷。小布什政府的一系列宏观经济政策与金融监管政策的实施至少部分忽视了市场行为主体的实际反应及其后续延伸，缺少系统性思维。

2008 年年底，为了抵御金融危机的冲击和外贸需求的迅速萎缩，进而保持中国经济的高速增长，中国政府实施了著名的“4 万亿”投资计划。该计划对于提振中国乃至全球经济的信心产生了重要作用。该计划本身并没有聚焦于房地产市场，而是侧重于传统制造业的产业升级和高新技术产业的发展，落实以十大产业振兴计划为代表的投资刺激措施。市场反应表现为基础工业产能迅速发展，房地产市场泡沫迅速膨胀大中城市的房价一路攀升，出现几近失控的状态。当然，应该同时看到，该计划对于小微企业的减税和科技型企业的金融扶持也产生了积极效果。“4万亿”投资计划的市场效果和长期影响值得继续深入研究。

（4）权力市场化与政府行为企业化

在职业公信力与市场提供的商业利益面前，政府官员面临着选择。政府官员由于拥有公共权力，在实际执行中，存在将公共权力作为稀缺资源与商业利益进行交易的风险。实践表明，在商业过程中市场主体之间已经形成了对“权力”的市场定价和交易“潜规则”。

在市场监管过程中，政府的审批手续已经成为市场主体执行项目成本的一部分。在公共产品的生产与供给过程中，政府机构的工作很难与市场行为进行区别。在国防产品和教育服务方面通行的成本逐次加成的方法说明最终价格包含了政府工作所体现的成本。因此，政府行为的企业化就难以避免。政府行为的企业化可能成为市场公平的障碍，尤其是在供不应求的情形下，政府行为与小部门利益紧密关联，最终导致“官商关联交易”乃至贪腐的后果。

（5）市场激励机制的弱化

在政府失灵的多种原因中，最根本的原因是政府主导模式导致的市场激励机制的弱化。中国在1949—1979年的计划经济的初期，人民整体生产热情高涨。但是随着经济的发展，分配“大锅饭”的长期负面作用就凸显了。待遇的平均化导致能力的平均化，劳动生产率的提升缺乏内在动力，即缺乏激励。通过经济模型可以证明计划经济的最优效率与市场经济的最优效率是相等的。但是模型要求行为人是同质理性的，且没有激励机制缺失时的非效率情况。在实践中，计划经济体制下，平均化的工作态度降低了生产效率，供给显著低于需求，“短缺经济”成为经济演化和运行的稳态。1978年以后的经济体制改革，关键在于引入市场化条件下的激励机制。从农村的家庭联产承包责任制和包干到户，到工业领域的市场化工资和非公企业准入，一系列改革措施的实行使人民的劳动热情和创造力得以激发。在公有制居于主导地位的所有制基础上，如何选择市场配置资源和政府调控之间的比例呢？过度的政府干预会损害市场激励的效果，而缺位的政府引导又会忽视弱势群体，从长期来看也会弱化激励机制。因此，社会主义市场经济体系需要探索政府规范与引导下的市场经济激励机制。

12.9.6 政府失灵的重点问题

政府失灵主要表现为宏观经济政策的低效率、政府机构运行的非经济性与低效率、政府的创租及官员的寻租、精简政府理念与政府规模扩张的内生性冲突四个方面。

（1）宏观经济政策的低效率

政府宏观经济政策的低效率，表现为政府干预经济活动没有达到预期目标或者虽然接近预期目标但却付出了高昂的市场成本，进而减缓长期发展的战略进程。

在应对经济危机或者市场泡沫时，政府会实施大力度的宏观经济政策手段。如果政府不加以干预，市场就会崩溃，经济无法自我修复。此时，主要宏观经济指标之间的矛盾使任何常规宏观经济政策手段都左右为难。政策偏向一侧，必然要损失另一侧。而权衡需要时间，实施也需要时间。在信息不充分的条件下，每一个宏观经济政策的市场效果都难以估计。

行为经济学的研究强调了行为人的非一致理性，而宏观经济学政策的经典理论则建立在行为人的一致理性基础上。掌握无数市场主体的利益诉求与经济预期，成为宏观经济政策效果估计的前提，也是宏观经济学研究的难点。经济过程是动态的和路径依赖的，而加入时间维度的经济学分析更具有复杂性与不确定性。

因此，在理论层面，微观层面的信息经济学成为宏观经济学的研究主题之一，动态经济模型成为研究前沿；而在实践层面，动态小步微调成为主要实施策略，经济运行中的反周期宏观审慎措施成为防止经济系统性风险的指导思想。

（2）政府机构运行的非经济性与低效率

均衡定价只有在公平竞争的市场中才会得以实现，均衡定价包含成本与收益。然而，无论是市场管控还是提供公共品，政府机构总是处于垄断地位。因此，政府行为具有非经济性和低效率。

政府机构运行的非经济性首先体现在市场成本的高企上。由于政府的支出来自财政部门管理的预算，没有硬性的产权约束，因此容易陷入随意性。在行政经费的年度管理上，当年的财政节余不仅不能留存，反而会根据历史延续规则导致次年的预算额度降低，因此政府部门总有扩大预算的倾向。例如，通行的政府采购会比同类市场交易付出更高的成本。人们常说公共品不具有价格敏感性，实际上，这种属性不是原因而是结果。在政府报价面前，市场主体完全没有议价能力，久而久之，人们就形成了公共品价格刚性的思维。

低效率是政府机构运行非经济性的更严重的表现。为了克服政府行为的不足，特别是防止寻租行为，应加强行政监督，但是这却会导致项目审批的时间延长，造成市场运行的低效率。

在实践中，解决上述不足的有效手段是在政绩驱动下的简单的行政命令，因此，集权制要比民主代议制的执行力更强。但是，一旦决策失误，集权制经济体会付出更为高昂的代价。

（3）政府的创租及官员的寻租

租金是在商业活动中因为某种资源使用权的让渡而产生的由承租人支付给出借人的补偿。当政府直接配置某种生产性资源时，政府的许可权就会产生隐形租金，形成政府与市场的创租行为。例如，矿产的开采权、销售权；金融信息服务的特许经营权等。在政府的管制之下，当企业为获取该种生产性资源或者许可而进行各种非市场经营活动时，产生的支付给政府机构或者相关个人的成本就是寻租租金。

政府实施积极财政政策，往往落实到扩大公共设施投资和战略性研究项目投资，如果没有公开有效的市场配置过程或者在相关领域的竞争性制度安排，就会产生寻租。寻租会导致资源的低效配置，增加企业的成本，影响积极财政政策的效果，浪费公共资源。

寻租是腐败的温床。在市场失灵面前，加强政府调控会导致政府职能增加，也就形成了针对市场的创租行为。这样一来，增加政府职能是对市场失灵的否定；而新产生的寻租又会为政府失灵埋下伏笔。

（4）精简政府理念与政府规模扩张的内生性冲突

20世纪70年代，在石油危机后新古典主义经济学兴起的背景下，伴随新技术发展与环境保护思潮的传播，服务型政府模式成为政府管理改革的目标，英国、美国、加拿大、澳大利亚和日本都开始了自己的探索。2003年，中国提出建设服务型政府的战略部署，将其作为深化市场经济体制改革中行政体制改革的目标。应该说，服务型政府模式是经济全球化的产物。2012年党的十八大提出“要在更大程度、更广范围发挥市场在资源配置中的基础性作用”；2013年十八届三中全会更进一步明确“使市场在资源配置中起决定性作用”。这为“新常态”下建设中国特色服务型政府奠定了政治基础。

市场要发挥资源配置的基础性决定性作用，政府就必须发挥服务职能。因此，政府就要放弃原有的分配资源的权力，就要精简机构。但是，在政府主导或者干预经济运行的体制下，各个政府机构按照领域或者行业行使资源调配职能，容易形成各自的管理目标和考核指标。这就形成了各个部门不断扩展自己管理边界的动力，也就是内生性的规模扩张趋势。

12.9.7 两种失灵的关系

1973 年石油危机是一个典型的政府失灵案例。传统工业化走到了尽头，发达经济体所奉行的旨在保持短期宏观经济稳定的财政政策与货币政策受到了颠覆性的挑战，于是，经济学家们开始用市场化的手段克服政府失灵。欧洲 20 世纪 70 年代的私有化改革和里根经济学推动了信息时代的新一轮市场机制建设，政府引导的创业金融与科技金融开启了金融创新的新时代，政府引导的重点科技项目带动了民间资本的科技导向。政府的支出向教育与基础科研倾斜，以形成国家长期发展战略。这对于立足短期的宏观经济政策是一个突破。政府失灵后引起的新的市场机制建设修正了政府的短视行为。

但是，市场失灵还是不能被根除，市场失灵的情况再度发生。2008 年全球金融危机正是市场失灵的又一例证。在房地产贷款资金链断裂和欧美大型银行濒临破产的危急时刻，市场只能坐以待毙，必须靠政府力挽狂澜。英国和美国政府实施的银行国有化以政府信用托起了银行信用；美国的量化宽松政策与重点企业的高额政府救助也是应对危机的有效财政手段。市场失灵的情况下还是需要政府介入。

正是这种不断循环的市场失灵与政府失灵的轮动，形成了新古典主义与新凯恩斯主义争雄的格局。

小结

凯恩斯理论的诞生开启了宏观经济学的新纪元。在不同宏观经济背景下，从不同前提出发的各种流派的发展是宏观经济学有别于微观经济学的显著特征。大萧条以后，主要经济体经济危机频发，对这些危机，宏观经济学要先给对策再给说法。这就是宏观经济学发展的历史轨迹和历史逻辑。经典凯恩斯主义支配欧美经济学界三十余年，针对的问题是市场失灵。20 世纪 60 年代货币主义对其发起挑战，向市场论回归，针对的问题是政府失灵，此间产生了奉行修正主义的新古典综合派。70 年代上半叶的石油危机开启了世界经济大调整的新时代。凯恩斯理论和货币主义都显得苍白无力，强调市场修复的供给学派诞生了，政府失灵成为矛盾的主要方面，此间从货币主义演化而来的理性预期理论为宏观经济学分析提供了新的视角和方法论。20 世纪 80 年代以来，凯恩斯主义一脉和古典主义一脉并行发展；新古典金融发展理论和金融市场理论、拓展新古典增长理论的内生增长理论、新国际分工理论等交相辉映，成为经济学界的亮丽的风景线。今天，学者们大多认为新凯恩斯主义与新古典主义是宏观经济理论的两个主要脉络，其中对于货币中性和宏观经济政策效果的争论成为焦点。

图 12-2 是宏观经济学流派的结构关系，此图有助于读者理清宏观经济学的流派和发展脉络。

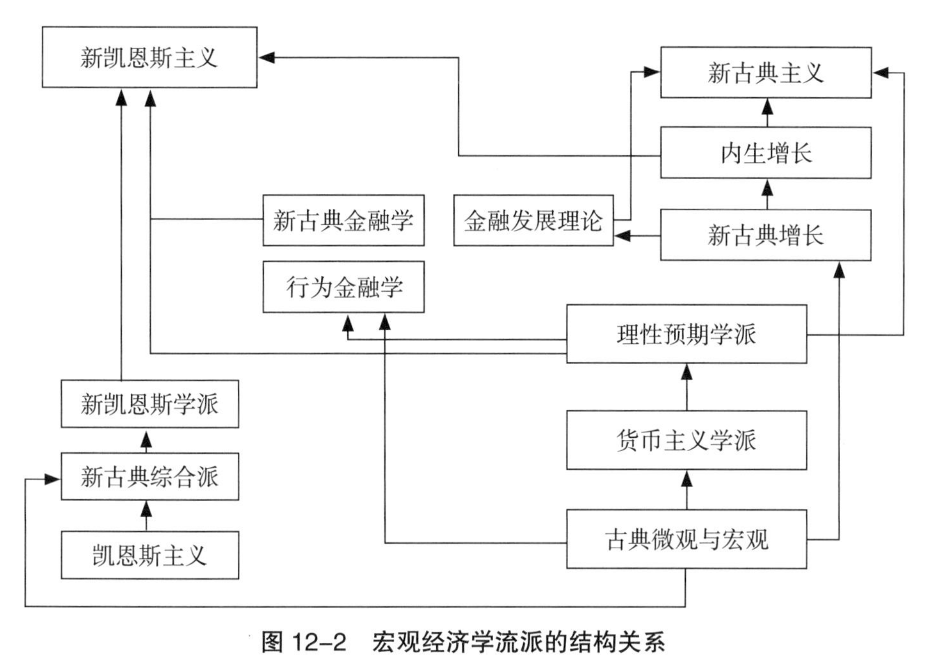

图 12-2　宏观经济学流派的结构关系

思政教学要点

1. 从马克思主义政治经济学的原理出发，讨论和归纳西方宏观经济学各个流派的本质。

2. 运用毛泽东的哲学思想，以主要矛盾和矛盾的主要方面的分析方法认识宏观经济学流派的演化与相互联系。

扩展阅读

1. 格雷德．美联储 [M]. 耿丹，译．北京：中国友谊出版公司，2013.

2. 贝恩，豪厄尔斯．货币政策：理论与实务 [M]. 杨农，周瀛，张慧卉，译．北京：清华大学出版社，2013.

3. 博芬格．货币政策：目标、机构、策略和工具 [M]. 黄燕芬，等，译．北京：中国人民大学出版社，2013.

4. 汪洋．中国货币政策工具研究 [M]. 北京：中国金融出版社，2009.

重点概念

凯恩斯学派；货币主义学派；理性预期；新古典综合派；新凯恩斯主义；新古典主义；货币中性；动态一般均衡理论

习 题

一、选择题（在以下四个选项中选择一个最合适的）

1. 下面错误的表述是（　　）。

A. 市场失灵与政府失灵交替呈现

B. 市场失灵与政府失灵不能同时存在

C. 市场失灵促进了宏观经济学的发展

D. 政府失灵促进了宏观经济学的发展

2.（　　）认为绝大多数大的经济波动来自经济的外部。

A. 新古典主义

B. 真实商业周期理论

C. 新凯恩斯主义

D. 货币主义

3. 新古典主义理论认为在遭遇市场失灵后，（　　）。

A. 政府干预是临时措施

B. 货币政策强于财政政策

C. 应该让市场机制自己恢复

D. 市场机制已经瘫痪

4. (　　) 是新凯恩斯主义的典型特征。

A. 接受货币中性的主张

B. 强调金融发展优先

C. 重视国际分工的作用

D. 坚持宏观经济政策有效性

5. 非充分就业假设是 (　　) 理论的前提。

A. 新古典主义

B. 供给学派

C. 新凯恩斯主义

D. 货币主义

二、问答题

1. 试述凯恩斯主义、货币主义和新古典宏观经济学关于货币供给增加的长短期影响的分歧。

2. 探讨理性预期概念在新古典主义和新凯恩斯主义中的作用。

3. 探讨金融发展理论的价值与局限。

4. 探讨内生增长理论与新凯恩斯主义的关系。

5. 试比较新结构主义经济学与新凯恩斯主义经济学的基本观点与前提假设。

请扫描上方二维码

观看“迷你课程视频”

参考文献

[1] 贝恩，豪厄尔斯 . 货币政策：理论与实务 [M]. 扬农，周瀛，张慧卉，译 . 北京：清华大学出版社，2013.
[2] 博芬格 . 货币政策：目标、机构、策略和工具 [M]. 黄燕芬，等，译 . 北京：中国人民大学出版社，2013.
[3] 陈德铭 . 经济危机与规则重构 [M]. 北京：商务印书馆，2014.
[4] 弗里德曼 . 货币的祸害：货币史片段 [M]. 安佳，译 . 北京：商务印书馆，2009.
[5] 弗里德曼 . 最优货币量 [M]. 杜丽群，译 . 北京：华夏出版社，2012.
[6] 格雷德 . 美联储 [M]. 耿丹，译 . 北京：中国友谊出版公司，2013.
[7] 郝一生 . 经济危机新论 [M]. 上海：生活·读书·新知三联书店，2013.
[8] 金德尔伯格，阿利伯 . 疯狂、惊恐和崩溃：金融危机史 [M]. 朱隽，叶翔，李伟杰，译 . 北京：中国金融出版社，2014.
[9] 莱因哈特，罗格夫 . 这次不一样：八百年金融危机史 [M]. 綦相，刘晓锋，刘丽娜，译 . 北京：机械工业出版社，2012.
[10] 黎德福 . 二元经济条件下中国的菲利普斯曲线和奥肯法则 [J]. 世界经济，2005，028（008）：51–59.
[11] 列宁 . 帝国主义是资本主义的最高阶段 [M]. 北京：人民出版社，2014.
[12] 列宁 . 国家与革命 [M]. 北京：人民出版社，2001.
[13] 林毅夫 . 解读中国经济 [M]. 北京：北京大学出版社，2018.
[14] 刘树成 . 论中国的菲利普斯曲线 [J]. 管理世界，1997，000（006）：21–23.
[15] 刘元春，等 . 中国通货膨胀新机制研究 [M]. 北京：中国人民大学出版社，2012.

[16] 刘元春 . 中国通货膨胀成因的研究［ M ］. 北京：中国人民大学出版社，2018.

[17] 鲁晓东，连玉君 . 中国工业企业全要素生产率估计：1999—2007［ J ］. 经济学（季刊），2021，11(2)：541–558.

[18] 罗斯，马奎斯 . 金融市场学：第 10 版［ M ］. 陆军，等，译 . 北京：机械工业出版社，2009.

[19] 马克思 . 哥达纲领批判［ M ］. 北京：人民出版社，1965.

[20] 马什 . 欧元的故事：一个新全球货币的激荡岁月［ M ］. 向松祚，译 . 北京：机械工业出版社，2011.

[21] 毛泽东 . 论十大关系［ M ］. 北京：人民出版社，1976.

[22] 毛泽东 . 矛盾论：第 2 版［ M ］. 北京：人民出版社，1952.

[23] 米什金 . 货币金融学：第 9 版［ M ］. 北京：中国人民大学出版社，2011.

[24] 皮萨里德斯 . 均衡失业理论［ M ］. 欧阳葵，王国成，译 . 北京：商务印书馆，2012.

[25] 萨缪尔森，诺德豪斯 . 萨缪尔森谈失业与通货膨胀［ M ］. 萧琛，主译 . 北京：商务印书馆，2012.

[26] 舒元 . 中国经济增长分析［ M ］. 上海：复旦大学出版社，1993.

[27] 斯米尔 . 美国制造：国家繁荣为什么离不开制造业［ M ］. 李凤海，刘寅龙，译 . 北京：机械工业出版社，2014.

[28] 斯泰尔 . 布雷顿森林货币战：美元如何统治世界［ M ］. 符荆捷，陈盈，译 . 北京：机械工业出版社，2014.

[29] 斯瓦卢普 . 金融危机简史：2000 年来的投机、狂热与崩溃［ M ］. 万娟，童伟华，叶青，译 . 北京：机械工业出版社，2015.

[30] 索洛，泰勒 . 通货膨胀、失业与货币政策［ M ］. 北京：中国人民大学出版社，1993.

[31] 汪洋 . 中国货币政策工具研究［ M ］. 北京：中国金融出版社，2009.

[32] 吴敬琏 . 改革大道行思录［ M ］. 北京：商务印书馆，2017.

[33] 易纲，樊纲，李岩 . 关于中国经济增长与全要素生产率的理论思考［ J ］. 经济研究，2003(8):13–20.

[34] 余永定 . 九十年代以来中国宏观调控研究［ M ］. 北京：中国社会科学出版社，

2019.

［35］张培刚．农业与工业化［M］．武汉：华中工学院出版社，1984.

［36］张亦春，郑振龙，林海．金融市场学：第4版［M］．北京：高等教育出版社，2013.

［37］中共中央党校．习近平新时代中国特色社会主义思想基本问题［M］．北京：人民出版社，2020.

［38］周小川．国际金融危机：观察、分析与应对［M］．北京：中国金融出版社，2012.

［39］Keynes, J. M. The End of Laissez Faire［M］. London: Palgrave Macmillan, 1926.

［40］Keynes, J. M. The General Theory of Employment, Interest, and Money［M］. Berlin: Springer, 2018.

［41］Modigliani, F. Life Cycle, Individual Thrift, and the Wealth of Nations［J］. Science, 1986, 234(4777):704–712.

［42］Vernon, R. International Investment and International Trade in the Product Cycle［J］. Quarterly Journal of Economics, 1966(5), 80 :190–207.